Jan Volmer
Taktvolle Nähe

AF185524

Forum Psychosozial

Jan Volmer

Taktvolle Nähe

Vom Finden des angemessenen Abstands in pädagogischen Beziehungen

Psychosozial-Verlag

Bibliografische Information der Deutschen Nationalbibliothek
Die Deutsche Nationalbibliothek verzeichnet diese Publikation
in der Deutschen Nationalbibliografie; detaillierte bibliografische Daten
sind im Internet über http://dnb.d-nb.de abrufbar.

2. Auflage 2024
© 2019 Psychosozial-Verlag GmbH & Co. KG, Gießen
E-Mail: info@psychosozial-verlag.de
www.psychosozial-verlag.de

Umschlagabbildung: Paul Klee, *Die Erfindung*, 1934
Umschlaggestaltung und Innenlayout nach Entwürfen von Hanspeter Ludwig, Wetzlar
ISBN 978-3-8379-2749-8 (Print)
ISBN 978-3-8379-7468-3 (E-Book-PDF)

Inhalt

**1 Warum ein weiteres Buch
über Beziehungsgestaltung?**   9

**2 Der rechtliche und ethische Rahmen
der Beziehungsgestaltung**   21

2.1 Rechte der Adressat*innen   26

2.2 Menschenrechts- oder Dienstleistungsorientierung?   34

2.3 Die Würde wahren   37

2.3.1 Würde als Erfahrung, wie man von anderen behandelt wird   39

2.3.2 Würde als eine Art, andere Menschen zu behandeln   42

2.3.3 Würde als Selbstachtung   44

2.3.4 Die Würde wahren – Ein Anwendungsbeispiel
aus der Kinder- und Jugendhilfe   46

**2.4 Der Entwicklungsprozess der Adressat*innen
als Leitschnur für unser Beziehungshandeln**   52

2.4.1 Erziehung zum Eigen- und Gemeinsinn
statt zum Gehorsam   54

2.4.2 Die Anerkennung der Subjektqualität der Adressat*innen   56

2.5 Zusammenfassung   60

3 Nähe und Distanz regulieren 63

3.1 Sich jemandem nahe fühlen 65

3.1.1 Nahbarkeit der Pädagog*innen 66

3.1.2 Formen der Nähe 69

3.1.3 Wozu wird Nähe benötigt? 72

3.2 Wann ist das Einhalten von »Distanz« entwicklungsförderlich? 77

3.3 Allgemeine Überlegungen zum Begriffspaar Nähe/Distanz 79

3.3.1 Die Verschränkung der körperlichen und emotionalen Dimension 82

3.3.2 Die emotionale Beziehungsqualität 86

3.3.3 Die Atmosphäre von Nähe und Distanz 87

3.4 Das Kontinuum von Nähe und Distanz 88

3.5 Die Regulation von Nähe und Distanz in stationären Einrichtungen 100

3.5.1 Pädagogische Beziehungen sind gleichzeitig artifiziell und echt 103

3.5.2 Pädagogische Beziehungen sind endlich 105

3.5.3 Pädagogische Beziehungen sind hierarchisch 107

3.5.4 Zur Diskussion gestellt: War die Nähe zu verantworten? 114

3.6 Der Takt als Beziehungsregulator 119

3.6.1 Begriffliche Annäherung an den Takt 122

3.6.2 Die Bedeutung des Taktes in Pädagogik und Psychotherapie 125

3.6.3 Die Haltung eines Taktvollen 127

3.6.4 Der »modus operandi« des Taktvollen 133

3.6.5 Kann man taktvoll werden? 137

3.6.6 Der Takt in taktlosen Situationen 139

3.6.7 Die Sphäre, die der Takt erzeugt 142

3.6.8 Zusammenfassung 144

4   Persönliche Grenzen   147

4.1   Der Verlauf persönlicher Grenzen   150

4.2   Grenzüberschreitungen und Grenzverletzungen   160

4.3   Die pädagogische Arbeit
       mit und an persönlichen Grenzen   172

4.3.1 Begegnungsmomente finden an Grenzen statt   180

4.3.2 Die berührte und veränderte Grenze   183

4.3.3 Zusammenfassung   184

**4.4   Gedanken zum pädagogischen Umgang
       mit Grenzüberschreitungen**   187

4.4.1 Die Reparatur von Grenzen   192

4.4.2 Intrapersonelle Grenzen   195

4.5   Die taktvolle Beschäftigung mit persönlichen Grenzen   200

5   Berührungen in pädagogischen Beziehungen   203

5.1   Zur Stimmigkeit von Berührungen   205

5.2   Die Notwendigkeit korrigierender Erfahrungen   211

5.2.1 Die Veränderung von Repräsentanzen   212

5.2.2 Die Waage in Balance bringen   214

5.2.3 Wie sind korrigierende Erfahrungen beschaffen?   215

5.2.4 Korrigierende emotionale Berührungen   219

5.2.5 Korrigierende körperliche Berührungen   224

5.3   Rahmung und Merkmale gelungener Berührungen   230

5.4   Taktvoller Körperkontakt   239

**6   Was dem Herstellen einer taktvollen Nähe
       im Weg stehen kann**   243

6.1   Erschwernisse, die mit den Adressat*innen zu tun haben   244

6.1.1 Angst vor Nähe   246

6.1.2 Wahlloses Beziehungsverhalten   247

6.1.3 Machtausübung 248

6.1.4 Parentifizierung 249

6.1.5 Sexualisierung 250

6.1.6 Täuschung 251

6.1.7 Regression 253

6.1.8 Fazit 253

6.2 Erschwernisse, die mit den Pädagog*innen zu tun haben 254

6.2.1 Mangel an Wissen 255

6.2.2 Mangel an Demut 257

6.2.3 Mangel an Selbstfürsorge 258

6.2.4 Überidentifikation 259

6.2.5 Leugnung eigener Vulnerabilitäten 262

6.2.6 Voyeurismus 265

6.2.7 Fazit 266

6.3 Erschwernisse, die mit der Einrichtung zu tun haben 267

6.3.1 Betriebsblindheit 268

6.3.2 Permissive Atmosphäre 272

6.3.3 Mangel an Reflexionsräumen 275

6.3.4 Fazit 276

6.4 Zusammenfassung 276

7 Schlusswort 277

Literatur 279

1 Warum ein weiteres Buch über Beziehungsgestaltung?

Gelingende Beziehungen sind eine Quelle der Freude, misslingende hingegen verursachen Frustration und Leid. Das gilt in privaten wie in professionellen Beziehungen und in beiden Fällen lohnt deshalb das Nachdenken darüber, wie sich Menschen so begegnen können, dass es beiden Interaktionspartnern im Kontakt miteinander gut geht. Im pädagogischen Kontext herrscht diesbezüglich gegenwärtig eine große Verunsicherung, die um die Frage des angemessenen Abstands in der Beziehung zwischen dem Pädagogen und dem Adressaten kreist: Wie sind Nähe und Distanz angemessen zu regulieren? Dass Pädagog*innen das Thema unter den Nägeln brennt, konnte ich vor einiger Zeit als Tagungsteilnehmer in einem Workshop beobachten: Es gab rege, teilweise regelrecht erhitzte Diskussionen, welcher Abstand denn nun der richtige und wie dieser zu ermitteln sei. Genau genommen wurde aber nicht so sehr darüber gesprochen, wie Nähe und Distanz gut ausbalanciert werden und welche Kriterien dabei angelegt werden könnten, sondern vielmehr darüber, was an Nähe überhaupt noch *erlaubt* sei. Die derzeitige Verunsicherung der Pädagog*innen bringt das Bedürfnis nach klarer Orientierung hervor: Im Workshop fand dieser Wunsch Ausdruck in anekdotischen Schilderungen von pädagogischen Interaktionen mit der Bitte um Rückmeldung des Kursleiters, »ob das jetzt zu nahe war oder nicht«. Steht die Nähe in pädagogischen Beziehungen heutzutage unter Generalverdacht?

Ein junger Mann, vielleicht 28 Jahre alt, beschrieb, wie er einer 15-jährigen Jugendlichen seiner Wohngruppe am Abend nach einem sehr krisenhaften Tag einen Tee kochte und ihr diesen ans Bett brachte. Er setzte sich

9

in diesem Kontext auf die Kante ihres Bettes und führte zur Abrundung des Tages dort ein Gespräch mit ihr. Dieser Vorgang – das Setzen auf die Bettkante – wurde jedoch im Workshop vom Kursleiter mit Verweis auf die Intimsphäre problematisiert: In vielen pädagogischen Einrichtungen gebe es die Vorschrift, dass ein solches »Eindringen« in jene »Intimsphäre Bett« für die Mitarbeiter*innen verboten sei. Auch angesichts der oft missbräuchlichen Erfahrungen der Kinder und Jugendlichen mit körperlicher Nähe sei – so die Argumentation – hier zwingend Distanz zu wahren. Der Teilnehmer war nun unsicher, ob sein Handeln rückblickend betrachtet vielleicht falsch oder unredlich gewesen sein könnte. Der Einwurf einer anderen Teilnehmerin des Workshops, mit solchen Dienstanweisungen würde doch eine Chance für die Adressatin verpasst werden, auch mal eine positive Nähe zu erfahren, wurde vom Kursleiter mit dem Hinweis zurückgewiesen, dass es dafür sicher auch andere Möglichkeiten gebe. Als Beispiel führte er an, dass Kinder durchaus auch mal »auf den Schoß« genommen werden dürften.

Letzteres wirft die Frage auf, ob das Sitzen auf dem Schoß nicht möglicherweise ein intimerer Vorgang ist als das Sitzen auf der Bettkante. Wodurch ist das eine als angemessene Nähe legitimiert und das andere als Grenzüberschreitung zu geißeln?

Bereits bei dieser kurzen Einführung offenbart sich die Komplexität der Thematik. Definiert sich die Angemessenheit von Nähe und Distanz denn allein durch die bloße Handlung? Können und sollen die Beziehungsqualität der Interagierenden und ihre jeweilige Motivation für das Beziehungshandeln gänzlich außer Acht gelassen werden? Nichts in der Schilderung des jungen teekochenden Kollegen »roch« nach grenzüberschreitendem Verhalten, sein Vorgehen wirkte ganz und gar »stimmig« – und dennoch stand er in dem Workshop unter einem hohen Rechtfertigungsdruck. Kann sich ein Mensch nicht mehr liebevoll um einen notleidenden Mitmenschen kümmern, ohne dass die Alarmglocken der Nähe- und Distanz-Wächter läuten? Diskussionen wie diese tragen leider mehr zu einer weiteren Verunsicherung als zu einer erhöhten Sensibilität der Pädagog*innen bei.

Hintergründe und Gefahren der derzeitigen Verunsicherung

Natürlich steht die aktuelle Debatte im Zusammenhang mit den abscheulichen Missbrauchsskandalen in pädagogischen Einrichtungen, die seit 2010 nach und nach aufgedeckt wurden: Skrupellos wurden in Institutionen jahrzehntelang Abhängigkeitsverhältnisse zur sexuellen Befriedigung der Mitarbeiter*innen ausgenutzt. Um aus den schlimmen Fehlern der Vergangenheit zu lernen und einer Wiederholung solcher Verbrechen vorzubeugen, wurden und werden von den pädagogischen Einrichtungen allerhand Maßnahmen ergriffen – was richtig und notwendig ist. Eine davon besteht aber darin, körperliche Nähe *grundsätzlich* zu problematisieren. Mit dem Versagen von Nähe jedoch droht uns Gefahr aus anderer Richtung. Thiersch fasst das Spannungsfeld folgendermaßen zusammen:

>»Wenn im pädagogischen Verhältnis die Spannung von Nähe und Distanz aufgehoben wird, kann die Verabsolutierung von Nähe in Verführung, Vertrauensmissbrauch, Nötigung, Verletzung des pädagogischen Inzestverbots und sexuelle Gewalt umschlagen und damit die Heranwachsenden in ihrer Entwicklung ruinieren. [...] Festzuhalten ist aber auch, dass die umgekehrte Auflösung des Spannungsverhältnisses zugunsten von Distanz zu Verhärtung der formalen Rollen und zu Gleichgültigkeit und damit zu Unterdrückungs- und Gewaltverhältnissen führen kann« (Thiersch, 2012, S. 38).

Tatsächlich erleben viele Pädagog*innen – insbesondere Männer –, die in pädagogischen Berufen arbeiten, derzeit eine große innere Unfreiheit in der Ausgestaltung ihrer professionellen Beziehungen. Sie werden vor dem Hintergrund der empörenden Geschehnisse – verständlicherweise – mitunter sehr argwöhnisch beäugt und fühlen sich dadurch als potenzielle Täter vorverurteilt. Da verwundert es nicht, dass viele dazu tendieren, das Spannungsverhältnis zugunsten der Distanz aufzulösen: Lieber unterdrücken sie einen trostspendenden oder liebevollen Impuls, als sich durch ein entsprechendes Handeln angreifbar zu machen. Besteht so aber womöglich die Gefahr, dass in pädagogischen Einrichtungen nach und nach die Mitmenschlichkeit verloren geht, weil alle panisch darauf bedacht sind, sich nicht dem Verdacht einer grenzüberschreitenden Handlung auszusetzen? Abrahamczik und Kollegen (2013) haben im Rahmen eines Expertenhearings Pädagog*innen zum Thema Körperkontakt befragt und fanden ihren Verdacht bestätigt, dass die körperliche Nähe mehr und mehr aus dem pädagogischen Alltag verschwindet.

Bei allem Verständnis für das Bedürfnis von Einrichtungen und Mitarbeiter*innen, sich vor Anfeindungen und Unterstellungen zu schützen: Was wäre das Ausklammern von Nähe aus Sicht der Adressat*innen für eine verquere Logik? Da erlebt ein Kind traurigerweise in seinem Elternhaus einen gravierenden Mangel an Geborgenheit oder einen sexuellen Missbrauch, muss deswegen in einer Einrichtung aufwachsen und weil es damit noch nicht genug gestraft ist, wird in der Einrichtung lieber viel Distanz eingehalten, weil sich die Pädagog*innen nicht falschen Verdächtigungen aussetzen wollen? Das kann bzw. das darf meines Erachtens nicht unsere Leitidee von pädagogischer Beziehungsgestaltung sein. Man macht sich dem Anderen gegenüber nicht nur dann schuldig, wenn man ihm immer wieder zu nahe kommt, sondern auch, wenn man ihm grundsätzlich zu fern bleibt.

Sicherlich ist es gut und notwendig, dass wir uns über die Regulation von Nähe und Distanz intensiv Gedanken machen und sich dadurch unsere Sensibilität erhöht: Denn das Thema ist wichtig und von immenser Komplexität. Zu dieser Komplexität gehört aber auch, nicht nur das gefahrvolle, sondern auch das entwicklungsfördernde Potenzial von Nähe zu berücksichtigen. Diese Perspektive ist – so zumindest mein Eindruck – gegenüber der allgegenwärtigen Warnung vor grenzüberschreitendem Verhalten in den Einrichtungen deutlich unterrepräsentiert. Mit dem Buch möchte ich dieser Entwicklung entgegensteuern: Die Basis heilsamer pädagogischer Beziehungen ist meiner Meinung nach nicht die »professionelle Distanz«, sondern in erster Linie die professionell gestaltete Nähe.

Was ist »angemessen«?

Fraglos gibt es bereits viele differenzierte Stimmen: In der akademischen Fachdiskussion wird das Vorenthalten von Nähe durchaus problematisiert und die Notwendigkeit körperlicher und emotionaler Zuwendung für die seelische Entwicklung anerkannt. Auch in der Handreichung »Prävention von sexualisierter Gewalt an Kindern, Jugendlichen und jungen Erwachsenen«, herausgegeben von der Kommission für Erziehung und Schule der Deutschen Bischöfe (2011), heißt es: »Bei der Gestaltung von alltäglichen Beziehungen kann es nicht pädagogisches Ziel sein, dass Berührungen tabuisiert werden. Körperkontakt entspricht dem existentiellen menschlichen Bedürfnis nach Nähe, Ausdruck und Anerkennung«. Doch damit ist das Problem noch lange nicht gelöst, denn es geht ja »nicht um Nähe oder Distanz an sich, sondern um ein jeweils als ›richtig‹ empfundenes Maß von Nähe und Distanz« (Dörr & Müller, 2012a, S. 7). Gefordert wird deshalb gemeinhin eine »Angemessenheit« in der Beziehungsgestaltung. Doch was ist »angemessen«? Wer bestimmt darüber und was müssen Pädagog*innen, die es »richtig« machen wollen, dafür tun?

Ich versuche dem Begriff in diesem Buch näherzukommen und die Mitarbeiter*innen aus pädagogischen Einrichtungen damit zu unterstützen, der berechtigten, aber unscharfen Forderung nach »Angemessenheit« zu entsprechen. Dazu müssen wir zunächst die Logik der Verbotsmoral infrage stellen. Wir sollten aus der Unmoral der fürchterlichen Geschehnisse bei den Regensburger Domspatzen, an der Odenwaldschule und an unzähligen anderen Einrichtungen nicht ableiten, dass wir emotionale und körperliche Nähe fortan aus der pädagogischen Arbeit ausklammern. Wenn wir der missbräuchlichen und gewaltvollen »Nähe« in einer Pendelbewegung nun ein »Distanz-Dogma« gegenüberstellen, droht uns eine neue Unmoral: Den Adressat*innen würde eine Nähe vorenthalten, die sie für ihre Entwicklung dringend benötigen. Das scheint auch nicht angemessen.

Mir leuchtet zwar ein, dass Distanz anmahnende Vorschriften für verunsicherte Pädagog*innen sehr orientierungsstiftend und entlastend sein können, aber ich frage mich, ob sie tatsächlich das Ausmaß des sexuellen Missbrauchs in Institutionen reduzieren können. Sicher könnten Adressat*innen sich auf solche Regeln berufen und sich deshalb gestärkt fühlen, unangemessene Annäherungen von Pädagog*innen zu melden. Aber ist das nicht eher eine Frage einer gelebten Beschwerdekultur in Einrichtungen als eine Sache von Verhaltensrichtlinien? Auf jeden Fall steht die Pauschalität solcher Vorschriften einem sehr wichtigen Aspekt entgegen: »Angemessen« ist, was die Adressat*innen *für ihre Entwicklung* von uns an fürsorglicher Zuwendung oder respektvoller Distanz benötigen. Unser gesamtes pädagogisches Handeln muss sich an dieser zentralen Maßgabe ausrichten. Bestünde ansonsten nicht die Gefahr, dass wir die ganze Zeit um uns selbst kreisen?

»Welche Nähe oder welche Distanz in welcher Beziehung ist für welchen Menschen zu welchem Zeitpunkt entwicklungsförderlich oder entwicklungshemmend?« – so lautet meines Erachtens die Kernfrage, die wir uns auf der Suche nach dem angemessenen Abstand stellen müssen. Anders ausgedrückt: Der (Schieds-)Richter bei der Frage nach dem richtigen Maß ist nicht die gerade populärste Expertenmeinung, sondern der Entwicklungsprozess des-/derjenigen, um dessen/deren Wohl und Wohlergehen wir uns mit Herz und Verstand zu kümmern haben. Für manche Menschen ist es eine unglaublich wertvolle Erfahrung, wenn ihr Wunsch nach Distanz endlich einmal respektiert wird, andere hingegen sind emotional ausgehungert und benötigen unsere Nähe wie die Luft zum Atmen. Wir können nicht unabhängig davon, was unsere Adressat*innen für ihre Entwicklung benötigen, einen objektiv »richtigen« Abstand definieren. Was für den Einen gut und richtig ist, kann dem Anderen schaden. »Mit gut gemeinten Ratschlägen, die im Rasenmäherprinzip über die komplexe Realität hinweggehen, wird man weder pädagogischen Erfordernissen noch komplexen Moralfragen gerecht« (Sielert & Schmidt, 2012, S. 147).

Komplexe Realitäten und Moralfragen
Was antworten wir nun dem jungen Kollegen, der dem jugendlichen Mädchen einen Tee kochte und sich auf ihre Bettkante setzte? *Ja*, das Bett gehört zu der Intimsphäre, natürlich dürfen wir uns dieses Raumes nicht einfach bemächtigen. Wir müssen im Gegenteil sehr achtsam und sensibel mit dem persönlichen und intimen Raum unserer Adressat*innen umgehen. Aber *trotzdem* kann sein Handeln genau richtig gewesen sein, wenn – stark vereinfacht ausgedrückt – seine Nähe der Jugendlichen in diesem Augenblick gut tat und der Mitarbeiter ganz allein eben diese Absicht verfolgte.

Wenn sich Pädagog*innen von der Angst, den Adressat*innen »zu nahe kommen« zu können, lähmen ließen und wenn sie sich in ihrem Beziehungshandeln auf Paragrafen bezögen statt darauf, was der individuelle Entwicklungsprozess benötigt, dann könnte das heilsame Potenzial unserer Arbeit nicht vollends entfaltet werden. Doch wer kann schon mit letzter Sicherheit wissen, was der Entwicklungsprozess des Adressaten benötigt und welche Folgen sein pädagogisches Beziehungshandeln für diesen haben wird? Wer mutig ist und sich auf nahe Momente und Beziehungen einlässt, der/die wird in manchen Momenten etwas tun, was er/sie oder die Kolleg*innen im Nachhinein als Fehler bezeichnen werden. Das ist unvermeidlich. Grenzen, die ein »angemessen nahe« von einem »zu nahe« unterscheiden, werden intersubjektiv abgesteckt und konstituieren sich oft erst im Moment des Beziehungsgeschehens, denn: »In diesen Auseinandersetzungen bilden sich ja viele Abgrenzungen erst« (Schmauch, 2011, S. 48). Doch natürlich können wir mehr oder weniger sensibel für diese unsichtbare Grenze sein und das angemessene Maß entsprechend feinfühlig erspüren. Genau dazu möchte dieses Buch beitragen.

Unabhängig davon, welches Maß an Nähe wir herstellen, müssen wir unser Handeln fachlich begründen können – das gebietet unsere Professionalität. Der Pädagoge aus dem genannten Beispiel sollte erklären können, warum die Nähe zu der Jugendlichen seiner Meinung nach ethisch vertretbar und der Entwicklung des Mädchens zuträglich war. Wer das Handeln des Kollegen missbilligt, der sollte klar benennen, wodurch er in dieser Sequenz den Entwicklungsprozess der Jugendlichen gefährdet sieht oder welchen moralischen Vergehens sich der Pädagoge schuldig gemacht hat.

Statt eines Korsetts starrer oder trivialer Dienstanweisungen braucht professionelles Beziehungshandeln *differenzierte fachliche Abwägungen* sowie *ethische Leitplanken*. Das sind – wie gesagt – komplexe Fragen, die sich auch im folgenden Fallbeispiel auftun:

In einer therapeutischen Wohngruppe für Kinder stritten sich zwei Mitarbeiter*innen in der Teamsitzung über den richtigen Umgang mit einem neunjährigen Jungen. Dieser Junge zeigte ein sehr impulsives, rastloses, dabei oft fremd- und autoaggressives Verhalten. Dabei schrie und fluchte er sehr ausdauernd und ließ sich weder verbal noch körperlich beruhigen. Trotz aller Bemühungen ließen sich diese extrem lang anhaltenden Erregungszustände über Monate hinweg nicht abmildern und die Mitarbeiter*innen wussten sich kaum noch zu helfen. Der Streit in der Teamsitzung entzündete sich daran, dass eine erfahrene und in der Festhaltetherapie nach Jirina Prekop ausgebildete Kollegin den Jungen während eines solchen impulsiven Ausbruchs über einen Zeitraum von 20 bis 25 Minuten festhielt. Der Kollege, der mit im Dienst war, fand das Vorgehen erschreckend invasiv und bezeichnete es in der Teamsitzung als Freiheitsberaubung.

Beide Mitarbeiter*innen konnten ihre Haltung fachlich gut begründen. Die festhaltende Kollegin hatte ihre liebevolle Grundhaltung dem Jungen gegenüber nicht verloren, sodass mir das Festhalten nicht wie eine aggressiver Akt erschien. Aber war die körperliche Nähe, die sie herstellte, »angemessen«? Der Kollege schilderte den Widerstand des Kindes so plastisch, dass ich die Verwendung der Begriffe Freiheitsberaubung, »Brechen des Willens« und Gewaltanwendung gut nachvollziehen und nachempfinden konnte. Als Vorgesetzter sollte ich nun die Rolle des Schiedsrichters einnehmen und festlegen, ob die Kollegin richtig oder falsch gehandelt habe bzw. ob der Kollege ihre Intervention also zu Recht oder zu Unrecht anprangerte.

War das Festhalten »zu nahe« oder war es fachlich geboten? Vielleicht sogar beides? Wenn beides nachvollziehbar ist, wie kann der Widerspruch aufgelöst werden? Unbestreitbar ist die Festhaltetherapie eine massive Intervention und wird oft scharf kritisiert (persönlich teile ich auch die Einschätzung vieler Kolleg*innen, dass das Festhalten traumatisierende Ausmaße annehmen *kann*), aber ihre theoretischen Hintergründe und ihre Anwendung sind nicht völlig abstrus. Auch in der Erziehung meiner eigenen Kinder habe ich manchmal über einen längeren Zeitraum festgehalten, wenn ich der Auffassung war, körperlich Halt und Begrenzung vermitteln zu müssen. Erregte Kinder sind über Sprache nicht immer zu erreichen.

Ist das Zwang? Ja, aber ist es deswegen gleich unmoralisch oder unprofessionell? Vieles sprach dafür, dass in der therapeutischen Wohngruppe der Zeitpunkt für diese Intervention gekommen war, nachdem sich das »haltlose« Verhalten des Jungen über Monate hinweg manifestiert hatte und sowohl der Junge selbst als auch die Mitarbeiter*innen sehr unter dem Ausdruck dieser Haltlosigkeit litten. Man hätte es vielleicht als eine Art unterlassene Hilfeleistung werten können, nicht alles zu versuchen, was dem Jungen Halt und Sicherheit geben könnte. Wie, wenn nicht durch Formen der Nähe, kann denn ein Kind die Fähigkeit entwickeln, sich selbst zu beruhigen?

Die Frage, ob das Festhalten also eine fachlich vertretbare pädagogische Maßnahme oder eine massive Grenzüberschreitung war, ließ sich nicht so ohne Weiteres beantworten. Dies, zumal eine psychiatrische Einweisung gegen den Willen des Jungen – worauf es hinauszulaufen drohte – sicherlich keine weniger »gewaltige« Intervention gewesen wäre, nur dass eben die herbeigerufenen Rettungssanitäter und nicht wir den Jungen festgehalten hätten.

Ich hatte in der Kontroverse zwischen den beiden Teammitgliedern Verständnis für beide Positionen – und ich habe mich trotz des Dissens sehr darüber gefreut, dass wir diese Diskussion überhaupt führten: Sie hat uns dabei geholfen, unsere Sinne für die Belange und die Bedürfnisse des Jungen (aber auch für unser eigenes Tun) zu schärfen.

Macht und Würde

In dem Fallbeispiel offenbart sich ein Aspekt des Themas Nähe-Distanz-Regulation, der nicht immer ausreichend reflektiert wird: Die Verantwortung und die Macht, Angemessenheit zu definieren, liegen bei uns. Anders als in nicht-hierarchischen Beziehungen bestimmt nur eine/r der Interaktionspartner*innen die Regeln: Die Pädagog*innen konstituieren den Rahmen, in dem sich das Beziehungshandeln abspielen soll. Ich plädiere in diesem Buch dafür, in pädagogischen Einrichtungen einen möglichst großen Rahmen herzustellen, der dem Entwicklungsprozess der Adressat*innen gleichermaßen durch intensivere Nähe sowie auch durch das Einhalten einer respektvollen Distanz gerecht werden kann. Das ist aber kein Plädoyer für Beliebigkeit oder Willkür. Es erfordert im Gegenteil sehr verantwortungsvolle Mitarbeiter*innen, die sich ihrer Macht und ihrer moralischen Verantwortung bewusst sind: Das Festhalten eines Kindes muss das Wohl des Kindes intendieren. Nur wenn die Pädagogin aus einem fürsorglichen, liebevollen Impuls heraus handelt und nicht unter dem Deckmantel eines vorgeblich theoriengeleiteten Vorgehens lediglich ihre Macht demonstriert, ist ihr Handeln legitim. Dazu muss sich noch ein weiterer Aspekt gesellen: Ihr Handeln muss die Würde des Kindes wahren. Der Begriff der Würde ist in Fragen der pädagogischen Beziehungsgestaltung nach meinem Dafürhalten von zentraler Bedeutung. Man begrenzt einen Adressaten anders, wenn man als innere Haltung verinnerlicht hat, seine Würde nicht gefährden zu wollen. Wir sollten zudem nicht vergessen, dass die Würde der meisten unserer Adressat*innen im Laufe ihres Lebens massiv beeinträchtigt oder gar zerstört worden ist – und daraus die Wiederherstellung und Wahrung dieser Würde als oberste Priorität in der Praxis unserer Beziehungsgestaltung ableiten. Wie können wir den Adressat*innen in diesem Sinne begegnen? Es lohnt sich, den Begriff für unsere Arbeit als Pädagog*innen etwas genauer unter die Lupe zu nehmen. Unverzichtbar war für mich in diesem Zusammenhang das Buch *Eine Art zu leben. Über die Vielfalt menschlicher Würde* des Schweizer Philosophen Peter Bieri (2015), das ich jedem philosophisch interessierten Leser sehr ans Herz legen möchte. Bieri beschreibt Würde darin als eine Lebensform, als eine Art, wie Menschen miteinander umgehen sollten.

Mein persönlicher Zugang zum Thema dieses Buches

Ein weiterer zentraler Begriff neben der Würde ist in diesem Buch der »Takt«. Ich bin vor Jahren (vgl. Volmer, 2014) auf den Takt als beziehungsregulatorisches Prinzip gestoßen und konnte in Vorträgen und Seminaren feststellen, dass die Kolleg*innen viel mit dem Terminus anfangen konnten. Diese Resonanz hat mich ermutigt, den eher intuitiv verwendeten und verstandenen Begriff zu definieren und für unsere pädagogische Beziehungsarbeit fruchtbar zu machen. Könnte der Takt vielleicht dazu beitragen, das angemessene Maß an Nähe und Distanz zu bestimmen?

Ich bin allerdings nicht der Erste, der dem Takt einen hohen Stellenwert in der pädagogischen Beziehungsgestaltung einräumt (vgl. in der neueren Literatur insbesondere Gödde & Zirfas, 2012b), und überhaupt ist die Frage noch nicht beantwortet, warum der reichhaltigen und geistreichen Literatur zur Nähe-Distanz-Thematik noch ein weiteres Buch hinzugefügt werden sollte: Ich hatte den Eindruck, dass in den Veröffentlichungen zwischen den teilweise vielleicht etwas schwer zugänglichen wissenschaftlichen Publikationen, der Ratgeberliteratur und der zumeist aufgeregt geführten öffentlichen Debatte noch eine Lücke klaffte. Deshalb habe ich mich bemüht, meinen Text mit vielen Fallbeispielen[1] aus dem pädagogischen Alltag zu versehen und ihn lebendig und gut lesbar zu formulieren, aber dieses schwierige Thema auch nicht zu banalisieren. Der Fokus auf die Praxis und die Breite der Themen bedingen naturgemäß eine Vernachlässigung der Theorie: Höchsten wissenschaftlichen Ansprüchen kann dieses Buch daher sicher nicht an jeder Stelle genügen.

Da ich fast mein ganzes Berufsleben als Pädagoge, Therapeut und Supervisor in stationären Einrichtungen verbracht habe, stammen meine Praxisbeispiele überwiegend aus diesem Setting und hier insbesondere aus dem Bereich der Kinder- und Jugendhilfe. Ich bin der Meinung, dass das Nachdenken zum Beispiel über die Frage, wie in professionellen Beziehungen die Würde der Adressat*innen gewahrt wird, auch für den Bereich der Alten-, Behinderten- und Krankenpflege bedeutsam ist. Ebenso denke ich, dass viele Gedanken aus dem Buch auch für den nicht-stationären Bereich von Relevanz sind. Dennoch kann das richtige Maß an Nähe und Distanz nicht unabhängig von den Kontextvariablen ermittelt werden: Die Spezifika des Settings müssen bei der Suche nach der Angemessenheit der jeweiligen Nähe-Distanz-Regulation zwingendermaßen berücksichtigt werden. Wer das immer mitdenkt, kann die Überlegungen in dem Buch sicherlich auf seinen eigenen Arbeitskontext beziehen.

Zielgruppe des Buches

Ich richte mich mit diesem Buch sowohl an Pädagog*innen, die » an der Basis« tätig sind, als auch an Leitungskräfte, die für den Rahmen und für den »Geist« der pädagogischen Arbeit Verantwortung tragen. Die »Basismitarbeiter*innen« möchte ich dabei unterstützen, Distanz zu ihrem »täglich Brot« des Beziehungshandelns zu gewinnen und dieses entlang theoretischer Überlegungen zu reflektieren, um dann mit einer erhöhten Sensibilität in die Praxis zurückzukehren. Vielleicht kann das Lesen des Buches auch dazu beitragen, eigene Positionen und Haltungen zu fundieren und sich mit der damit gewonnenen Sicherheit ermutigt zu

---

1 Bei Fallbeispielen muss der Spagat gelingen, die Anonymität der Beteiligten zu wahren (alle Namen aus den Beispielen sind geändert) und gleichzeitig den Charakter der Situation nicht zu verfälschen. Gerade wenn Nuancen entscheidende Unterschiede machen, ist das nicht so einfach. Ich bitte vorauseilend um Entschuldigung, sollten sich trotz größter Mühe doch einzelne Adressat*innen oder Kolleg*innen erkennen und dabei unangenehm berührt fühlen. Das ist nicht meine Absicht.

fühlen, stärkeren Einfluss auf die konzeptionelle Arbeit der Einrichtung zu nehmen. Im Hinblick auf Leitungskräfte freue ich mich, wenn meine Überlegungen ihrer Sicht auf Fragen der Beziehungsgestaltung neue Facetten hinzufügen können und sie ihre Mitarbeiter*innen dadurch noch kompetenter im Umgang mit diesem Thema begleiten können. Im Idealfall fördert das Buch den Austausch der Perspektiven zwischen den Pädagog*innen an der Basis und jenen in der Leitung im gemeinsamen Streben nach pädagogisch verantwortlicher Beziehungsgestaltung.

Zielsetzung des Buches

Es hätte viele gute Gründe gegeben, bei einem Buch über Beziehungsgestaltung in pädagogischen Einrichtungen einen starken Bezug zur Bindungstheorie herzustellen. Es wäre auch denkbar gewesen, die Nähe-Distanz-Problematik unter dem Aspekt der Prävention sexuellen Missbrauchs zu thematisieren. Allerdings gibt es, wie zuvor erwähnt, dazu schon sehr viele und vor allem auch sehr gute Bücher, die einen Praxisbezug aufweisen. Ich habe mich deshalb dafür entschieden, über die Begriffe der Würde, des Taktes, der Grenzen und der Berührungen eher die ethische und die ästhetische Dimension des Themas aufzugreifen. Die Bedeutung von Ästhetik im interaktionellen Zusammenhang findet sich in unserem Sprachgebrauch wieder, wenn wir Gespräche oder Beziehungen als »schön« bezeichnen: Wir kennzeichnen damit die besondere Nuanciertheit einer Begegnung, die höchste Form der Angemessenheit. Schönheit in Beziehungen ist das Ergebnis vollendeten Taktes.

Mir ist wichtig zu betonen, dass ich bei alledem keinen Anspruch darauf erhebe, eine Formel oder Rezeptur für »Angemessenheit« in der Nähe-Distanz-Regulation gefunden zu haben. Weder kann ich eine allgemeingültige Lösung für das Nähe-Distanz-Dilemma präsentieren noch will ich Verhaltensratschläge erteilen. Ich möchte lediglich dabei helfen, dass Pädagog*innen das richtige Maß an Nähe und Distanz künftig *selbst herausfinden können*. Das Buch soll dazu beitragen, ein (noch) feineres Gespür für die in ihrem beruflichen Kontext angemessene Beziehungsgestaltung zu entwickeln. Diesem Ansinnen versuche ich durch folgende Struktur gerecht zu werden.

Die Struktur des Buches

Im zweiten Kapitel komme ich auf die rechtlichen und ethischen Rahmenbedingungen pädagogischen Beziehungshandelns zu sprechen. In der

Hektik und im Trubel des beruflichen Alltags droht das Bewusstsein für die ethischen Grundpfeiler und für den fachlich-rechtlichen Auftrag unserer Arbeit verloren zu gehen. Hier ist mir besonders die Rückbesinnung auf den Erhalt der Würde der Adressat*innen ein zentrales Anliegen. Anhand eines ausführlichen Fallbeispiels wird die Relevanz dieser Dimension veranschaulicht.

Im dritten Kapitel greife ich das Sprachbild von Nähe und Distanz auf: Damit können zwar nicht alle relevanten Phänomene pädagogischer Beziehungen beleuchtet und erklärt werden, es bildet aber ein hilfreiches Konstrukt, um die Frage nach der Angemessenheit sprachlich besser fassen zu können. Dafür fächere ich das Kontinuum von Nähe und Distanz mithilfe eines Schaubilds auf. Am Ende des dritten Kapitels schlage ich den Takt als Nähe und Distanz regulierendes Richtmaß vor.

Das vierte Kapitel widmet sich der Metaphorik der Grenzen. Die massiven Grenzverletzungen von Pädagog*innen gegenüber Adressat*innen – und umgekehrt – erfordern eine Beschäftigung mit der Frage, was persönliche Grenzen sind, wie sie verlaufen und was sie schützen sollen. In dem Zusammenhang wird auffallen, dass die Forderung nach Wahrung der Grenzen auf den ersten Blick sehr verständlich erscheint, der Komplexität pädagogischen Handelns aber nicht genügen kann: Bedeutsame Begegnungen zwischen Menschen verdanken ihre Bedeutsamkeit nämlich oftmals dem Umstand, dass sie sich jenseits der bisherigen Grenzen ereignen.

Im fünften Kapitel geht es um emotionale und körperliche Berührungen. Ich möchte sowohl die Notwendigkeit angemessener Berührungen verdeutlichen als auch Merkmale gelingender und misslingender Berührungen herausarbeiten. Dem Begriff der »Stimmigkeit« von Nähe wird dabei ebenso nachgegangen wie der Frage, was unter einer »korrigierenden« Berührung zu verstehen ist.

Im sechsten Kapitel versuche ich mich an einer systematischen Betrachtung, wo mögliche Fallstricke für angemessenes, taktvolles Beziehungshandeln in pädagogischen Einrichtungen liegen könnten. Dabei greife ich die erschwerenden Bedingungen aufseiten der Adressat*innen (insbesondere unter dem Gesichtspunkt von Bindungstraumatisierungen), der Pädagog*innen und der Einrichtungen auf und stelle fest, dass es der Takt in Institutionen nicht immer leicht hat.

Im Schlusswort wende ich mich an die Leser*innen mit einer kurzen Ermutigung, dennoch mehr »taktvolle Nähe« zu wagen.

2 Der rechtliche und ethische Rahmen der Beziehungsgestaltung

Die pädagogischen Beziehungen, von denen in diesem Buch die Rede ist, benötigen einen gut definierten, sicherheits- und orientierungsstiftenden Rahmen: Zum einen müssen sich Pädagog*innen bei der Ausübung ihres Berufes an Gesetze halten, auf die ich am Anfang dieses Kapitels hinweise. Zum anderen zeigen die trotz geltender Gesetze stattgefundenen institutionellen Missbräuche und Misshandlungen ebenso wie die zunehmende Ökonomisierung des sozialen Bereiches sehr deutlich die Notwendigkeit ethischer Reflexionen zur pädagogischen Arbeit auf (vgl. Graf, 2014). Welches Beziehungshandeln und welche Arbeitsweise halten wir im moralischen Sinne für richtig? Steht das, was wir tun, im Einklang mit der Menschen- und Kinderrechtskonvention? Ist die Würde des Menschen auch in stationären Einrichtungen unantastbar? Ich bin der Meinung, dass uns die skandalösen Vorkommnisse in zahllosen Institutionen lehren sollten, pädagogisches Handeln und die ihm innewohnende Moral immer wieder gründlich zu hinterfragen. Auch das kaum noch angezweifelte Verständnis sozialer Arbeit als Dienstleistung erlaubt die Frage, ob sich soziale Arbeit dadurch nicht immer mehr ihres Anspruchs beraubt, eine Menschenrechtsprofession zu sein.

Das Rekurrieren auf ethische Reflexionen soll dabei nicht im Sinne eines erhobenen Zeigefingers verstanden werden, sondern als Hinweis auf die Notwendigkeit, pädagogische Routinen und institutionelle Selbstverständnisse immer wieder zu hinterfragen. So stehen in vielen Einrichtungen moralische Positionen, die einander widersprechen, unhinterfragt nebeneinander. Exemplarisch festmachen möchte ich diese Behauptung einleitend am Beispiel des Umgangs mit Sexualität:

Nicht erst seit dem Aufdecken der Missbrauchsskandale haben Präventionsmaßnahmen gegen sexuellen Missbrauch berechtigterweise ihren festen Platz in der pädagogischen Arbeit. »Deine Sexualität gehört dir!«, lautet die Kernbotschaft, »Niemand hat das Recht, dich gegen deinen Willen zu sexuellen Handlungen zu zwingen!« Diese Aussagen werden aber in vielen pädagogischen Einrichtungen konterkariert, indem das Menschenrecht auf Ausleben der eigenen Sexualität eingeschränkt wird. Einer statistischen Erhebung zufolge (vgl. Meyer-Deters, 2016) wird sexualmündigen Adressat*innen in über 73 Prozent der Kinder- und Jugendhilfeeinrichtungen nicht zugestanden, ihrer Sexualität selbstbestimmt in den Räumlichkeiten der Einrichtung – immerhin also in ihrem dauerhaften oder vorübergehenden Zuhause! – nachzugehen. In den einen Einrichtungen darf eine Tür nicht geschlossen werden, sobald zwei sexuell aneinander interessierte Jugendliche sich in einem Zimmer befinden, in den anderen wird mit der Entlassung gedroht, sollte eine Beziehung zwischen zwei Jugendlichen nicht beendet werden. Für diese Regelungen und Haltungen werden folgende Gründe angeführt:

a) Pädagogische Komplikationen

»Das tun wir uns nicht an mit sexuellen Beziehungen in der Gruppe«, heißt es oft, »wissen Sie, was hier los ist, wenn wir das erlauben?« Eine »Wahnsinns-Dynamik« entstehe dann in der Gruppe, geprägt von Eifersüchteleien, Neid und Beziehungsstress. Türen knallen und Tränen kullern, ein geregeltes Gruppenleben sei dann nicht mehr möglich. Andere Gruppenmitglieder könnten zudem »zur Nachahmung« angeregt werden.

Vielfach trifft das zu, aber können wir das Recht auf Ausleben der eigenen Sexualität verwehren, weil wir uns vor einer komplizierten Gruppendynamik fürchten? Dies sollte meines Erachtens nicht geschehen, denn das Ausleben einer selbstbestimmten Sexualität ist ein Recht und kein Privileg, das nach Gutdünken wieder entzogen werden kann. Auch unter pädagogischen Gesichtspunkten ist die Regel, sexuelle Beziehungen innerhalb der Wohngruppe zu verbieten, fragwürdig: Die Emotionen bieten sehr wertvolles Material, mit dem wir pädagogisch arbeiten können.

*In einer Wohngruppe, in der sexuelle Beziehungen akzeptiert werden, kommt es in der Beziehung zwischen Kevin und Martha zu großen Emotionen: Kevin vertraut sich den Pädagog*innen an, dass Martha mit ihrem Suizid gedroht hat, sollte er sie verlassen. Martha erzählt ihrerseits, dass Kevins Eifersucht sie wahnsinnig mache. Hier begegnet uns genau das wert-*

volle Material, das ich meine. Eine Pädagogin könnte mit den beiden einmal pro Woche ein »Beziehungsgespräch« führen: »Was glaubst du, Martha, wie das für Kevin ist, wenn du ihm mit Selbstmord drohst? Kann er dann überhaupt noch aus Liebe mit dir zusammen sein?« Oder die Frage an Kevin: »Fällt es dir schwer, Martha zu vertrauen? Wie könnte es gelingen, dass deine Eifersucht eure junge Liebe nicht zu schwer belastet?«

Sind das nicht sehr zentrale Lebensfragen, mit denen sich nahezu alle Menschen beschäftigen und die sie für sich lösen müssen, um glückliche Partnerschaften führen zu können? Es entsteht ein riesiges und sehr wichtiges Lernfeld, in dem unsere Kompetenzen als Begleiter*innen der Entwicklung der Adressat*innen besonders benötigt werden – deswegen ist es gut, dass wir präsent sind, wenn diese früher oder später unvermeidbaren Gefühlsturbulenzen aufbrechen.

b) Das traumatisierende Potenzial von Sexualität

Sexualität sei »ein heikles Thema«, wird oft befunden: Da viele Adressat*innen sexuell vorbelastet seien, könnten sie »getriggert« werden, wenn »vor ihrer Nase« bzw. »vor ihren Augen« Sexualität gelebt würde. Wird daraus der Schluss gezogen, dass die Jugendliche X in der Einrichtung keine sexuelle Intimität leben darf, weil Mitbewohnerin Y sexuell traumatisiert ist? Sicherlich sollen Mitbewohner*innen vor der Konfrontation mit der Sexualität anderer geschützt werden. Gerade deswegen sollten sexuelle Intimitäten nur hinter geschlossen Türen ausgetauscht werden und sich nicht auf den öffentlichen Bereich der Wohngruppe erstrecken.

Zugleich kann eine sexuell traumatisierte Jugendliche von einer sexualfreundlichen, unverkrampften Atmosphäre in einer Einrichtung sogar profitieren, weil sie auf diesem Weg Sexualität in einer normalen, nicht pathologischen Form kennenlernen kann. Wenn Sexualität hingegen tabuisiert oder sogar dämonisiert wird, sind in dieser Hinsicht für sie keine korrigierenden Erfahrungen möglich.

Manchmal schwingt bei Pädagog*innen auch die Angst mit, dass Bewohner*innen in der Einrichtung schlechte Erfahrungen mit Sexualität machen und im schlimmsten Fall dadurch traumatisiert werden könnten. Dann wären sie, die den sexuellen Kontakt zugelassen haben, vermeintlich dafür verantwortlich. Hier ist aber zu entgegnen, dass es bei den ersten Versuchen von Intimität und Sexualität aus Unwissenheit, Unachtsamkeit oder im Überschwang zwangsläufig zu schwierigen Situationen, Missverständnissen oder sogar Grenzverletzungen kommen kann. Es ist zu begrüßen, wenn dann Erwachsene zur Verfügung stehen, die die Jugendlichen beraten und begleiten können.

c) Vermeintliche rechtliche Bestimmungen

Oft wird auf einen sogenannten »Kuppelparagrafen« verwiesen, nach dem man die Sexualität der Schutzbefohlenen nicht »fördern« dürfe. Aus ihm wird geschlussfolgert, dass man Jugendlichen »keine Gelegenheiten« zu sexuellen Aktivitäten schaffen dürfe, folglich seien also alle potenziellen Gelegenheiten zu unterbinden. Der Paragraf 180 des Strafgesetzbuches, auf den sich hier bezogen wird, wird damit jedoch missverstanden. Der genaue Gesetzestext lautet:

(1) Wer sexuellen Handlungen einer Person unter sechzehn Jahren an oder vor einem Dritten oder sexuellen Handlungen eines Dritten an einer Person unter sechzehn Jahren
1.   durch seine Vermittlung oder
2.   durch Gewähren oder Verschaffen von Gelegenheit
Vorschub leistet, wird mit Freiheitsstrafe bis zu drei Jahren oder mit Geldstrafe bestraft. *Satz 1 Nr. 2 ist nicht anzuwenden, wenn der zur Sorge für die Person Berechtigte handelt* [Hervorh. d. A.]; dies gilt nicht, wenn der Sorgeberechtigte durch das Vorschubleisten seine Erziehungspflicht gröblich verletzt.

Aus der kursiv gesetzten Gesetzestextpassage geht hervor, dass dieser Paragraf keine Anwendung findet, wenn es sich um eine sorgeberechtigte Person handelt. Letztere darf lediglich die *Erziehungspflicht nicht gröblich verletzen*. Dies wäre zum Beispiel der Fall, wenn wir starke Anhaltspunkte dafür hätten, dass hinter der geschlossenen Tür gegen den Willen der unter 16-jährigen Adressatin sexuelle Handlungen vorgenommen würden. Mit dem Paragrafen soll verhindert werden, dass Jugendliche in die Prostitution abrutschen oder gegen ihre sexuelle Selbstbestimmung verstoßen wird. Er dient damit dem Jugendschutz und sollte nicht als Legitimationshilfe für eine sexualfeindliche oder eine die Sexualität tabuisierende Konzeption herhalten.

d) Drohendes Schreckensszenario: »Was, wenn ein Kind entsteht?!«

Die Geburt eines Babys wird mitunter als ein Ereignis katastrophalen Ausmaßes fantasiert. Unbestreitbar sind ungewollte Schwanger- und Elternschaft kritische Lebensereignisse und fraglos ist dem neugeborenen Baby zu wünschen, dass seine Eltern die Reife besitzen, es verantwortungsvoll zu versorgen und zu erziehen. Und dennoch kann auch ein nicht geplantes Kind für die Adressat*innen großes Glück bedeuten, wenn sie kompetent unterstützt werden. Darüber hinaus ist davon auszugehen, dass die Wahrscheinlichkeit ungewollter Schwangerschaften in Einrichtungen mit einer aufgeklärten, sexualfreundlichen Atmosphäre geringer ist als in Einrichtungen, in denen Sexualität nur heimlich gelebt werden kann.

Es geht hier aber nicht darum, den Bedenken von Pädagog*innen jede Berechtigung abzusprechen und 73 Prozent aller Einrichtungen der Unmoral anzuklagen. Ich will am Beispiel »Umgang mit Sexualität« lediglich verdeutlichen, dass wir über ethische Fragen differenziert diskutieren müssen. Das scheinbar so selbstverständliche Recht auf sexuelle Selbstbestimmung wird ansonsten durch Gruppenregeln ausgehebelt. So entsteht eine Doppelmoral, wenn einerseits in Präventionsveranstaltungen das Recht auf sexuelle Selbstbestimmung propagiert wird und selbiges im pädagogischen Alltag durch Verbote oder Drohungen faktisch wieder verwehrt wird. Das riecht sehr stark nach Willkür und es bedarf deshalb der ethischen Reflexion, ob die Androhung eines »Rauswurfs« beim Aufrechterhalten einer sexuellen Beziehung zwischen zwei Gruppenmitgliedern oder das Verbot des Türschließens wirklich moralisch zu vertreten sind. Welchen riesigen Einfluss nehmen wir mit unseren Interventionen – zum Beispiel beim Aufrechterhalten einer sexuellen Beziehung die Wohngruppe verlassen zu müssen – auf das Leben der Adressat*innen und wie wichtig ist gerade angesichts dieses Einflusses die moralische Legitimation unseres Handelns? Ein offener Diskurs über solche und andere ethische Fragestellungen findet aber nicht in allen Einrichtungen Platz. Ein reales Beispiel:

*Sabrina (16) und Tom (17) sind seit einiger Zeit ein Paar. Sabrina praktizierte seit einigen Jahren eine sehr verwahrloste Sexualität, die Pädagog*innen der Wohngruppen wussten davon und hatten sich darum gekümmert, dass Sabrina verhütete. Jetzt hat Sabrina ihre Sexualität erstmals an eine Person gebunden, die sie wirklich mag und mit der sie eine Beziehung eingehen möchte. Allerdings lebt Tom in der gleichen Wohngruppe wie sie. Sabrina und Tom bekommen einen Monat Zeit, ihre Beziehung zu beenden, ansonsten müsse einer von beiden die Gruppe verlassen. Bis dahin wird es ihnen untersagt, sexuell miteinander zu verkehren. Als die Beziehung nach einem Monat noch immer andauert, muss Sabrina die Wohngruppe nach drei Jahren, die sie dort lebte, verlassen.*

Sabrina wurde durch die Regelung in den schier unauflösbaren Konflikt getrieben, sich zwischen ihrer ersten echten Liebe und ihrem Zuhause entscheiden zu müssen. Auch abseits der Frage, woher wir aus moralischer Perspektive die Befugnis für unser Handeln nehmen, ist das Vorgehen zusätzlich aus fachlicher Perspektive fragwürdig: Sabrina hatte einen wichtigen Entwicklungsschritt vollzogen, indem sie ihre Sexualität in eine Partnerschaft integrierte. Da abzusehen war, dass Sabrina Schwierigkeiten haben würde, intime Beziehungen zu gestalten und zu pflegen, bot sich auf der Wohngruppe eigentlich eine vortreffliche Gelegenheit, dieses mit der Unterstützung der Pädagog*innen zu erlernen. Eine glückliche Partnerschaft ist langfristig einer der wichtigsten – wenn nicht der wichtigste – Faktor für die Lebenszufriedenheit. Das Vorgehen der Einrichtung war deshalb nicht nur ein fragwürdiger Eingriff in das Selbstbestimmungsrecht, sondern auch eine ungenutzte Chance, die Entwicklung der Jugendlichen in einem der zentralsten Lebensbereiche konstruktiv zu begleiten.

Was hat das alles aber nun mit dem Thema der Nähe-Distanz-Regulation zu tun? Viel, denn mit dem Eingriff in das Selbstbestimmungsrecht der Adressat*innen überschreiten wir eine Grenze. Wir kommen ihnen in diesem Moment *zu nahe*. Die Frage nach Nähe und Distanz wird meistens auf die körperliche Begegnung reduziert, dabei sind emotionale Übergriffe – hierzu zähle ich auch mangelnden Respekt vor dem Willen und den Rechten der Adressat*innen – das häufigere und subtilere Problem: Die Art und Weise, wie wir die pädagogische Beziehung gestalten und von unserer strukturellen Macht Gebrauch machen, ist nicht willkürlich zu wählen. Die Adressat*innen haben Rechte, die unserem Beziehungshandeln einen Rahmen geben. Diese Rechte werde ich im Folgenden in groben Zügen skizzieren.

2.1 Rechte der Adressat*innen

Um die Rechte der Adressat*innen wahren zu können, müssen wir sie zunächst kennen. Die Grundlage bildet die UN-Menschenrechtscharta von 1948, von der sich alle weiteren Menschenrechtsinstrumente ableiten. Neben dieser Charta sollten die UN-Kinderrechtskonvention, das Grundgesetz, das Bürgerliche Gesetzbuch, das achte Sozialgesetzbuch und das Strafgesetzbuch von Interesse sein: Es ist wichtig, Kenntnis darüber zu besitzen, weil die ungenügende Berücksichtigung der Rechte der

Adressat*innen mit einer ethisch verantwortlichen Pädagogik unvereinbar ist.

UN-Menschenrechtskonvention

Als Reaktion auf die unmenschlichen Taten im Zweiten Weltkrieg wurde von den Vereinten Nationen 1948 die »Allgemeine Erklärung der Menschenrechte« verabschiedet. Diese Charta bildet das Fundament des heutigen internationalen Menschenrechtsschutzes. Den Kerngedanken der 30 Artikel umfassenden Konvention bildet die Anerkennung der allen Menschen innewohnenden Menschenwürde. Die Menschenrechte werden nicht vom Staat verliehen, sondern von ausnahmslos allen Menschen von Geburt an *besessen*. In der Präambel der Erklärung heißt es:

> »*[D]a Verkennung und Missachtung der Menschenrechte zu Akten der Barbarei führten, die das Gewissen der Menschheit tief verletzt haben*, und da die Schaffung einer Welt, in der den Menschen frei von Furcht und Not, Rede- und Glaubensfreiheit zuteilwird, als das höchste Bestreben der Menschheit verkündet worden ist, [...] verkündet die Generalversammlung die vorliegende *Allgemeine Erklärung der Menschenrechte als das von allen Völkern und Nationen zu erreichende gemeinsame Ideal, damit jeder einzelne und alle Organe der Gesellschaft sich diese Erklärung stets gegenwärtig halten und sich bemühen, durch Unterricht und Erziehung die Achtung dieser Rechte und Freiheiten zu fördern* und [...] zu gewährleisten« (nachzulesen u. a. auf https://www.menschenrechtserklaerung.de; Hervorh. d. A.).

Hier dürfen sich Pädagog*innen direkt aufgefordert fühlen, das Ideal der Menschenrechte »stets gegenwärtig« zu halten und, weil es in ihrer unmittelbaren Verantwortung liegt, »durch Unterricht und Erziehung die Achtung dieser Rechte und Freiheiten zu fördern«. Es würde an dieser Stelle zu weit führen, alle Artikel aufzuführen und zu kommentieren, aber zumindest der *Artikel 1* soll hier erwähnt werden:

Artikel 1 – Freiheit, Gleichheit, Solidarität: Alle Menschen sind frei und gleich an Würde und Rechten geboren. Sie sind mit Vernunft und Gewissen begabt und sollen einander im Geiste der Brüderlichkeit begegnen.

Die Perspektive, dass alle Menschen gleich an Würde und Rechten geboren wurden und wir ihnen »im Geiste der Brüderlichkeit« begegnen sollen, ist eine gute moralische Leitplanke für unsere pädagogische Beziehungsgestaltung. Es wäre schön, wenn uns bei aller Professionalität und Rollenbewusstsein nicht aus dem Blick geraten würde, dass in der pädagogischen Beziehung letztlich zwei Mitmenschen miteinander »zu schaffen« haben – zumal ein Bewusstsein für die Gleichheit aller Menschen gerade angesichts des hierarchischen Gefälles pädagogischer Beziehungen von großer Wichtigkeit ist.

Die »Allgemeine Erklärung der Menschenrechte« von 1948 ist eine Absichtserklärung, die für sich genommen rechtlich noch nicht bindend ist. Beschrieben sind hierin angestrebte Ideale, die von den Staaten nach und nach in geltendes Recht umgesetzt werden sollen. Aus der Menschenrechtscharta wurden verschiedene UN-Menschenrechtsabkommen abgeleitet, mit deren Ratifizierung sich die unterzeichnenden Staaten zur rechtlichen Umsetzung der in den Konventionen spezifizierten Menschenrechte verpflichten. Diese Abkommen werden als »Menschenrechtsinstrumente« verstanden, also als rechtliche Mittel zur Durchsetzung der Menschenrechte. Dazu gehört auch die UN-Kinderrechtskonvention (1989):

UN-Kinderrechtskonvention

Die Kinderrechte (als »Kind« gilt, wer das 18. Lebensjahr noch nicht vollendet hat) erweitern und konkretisieren die Menschenrechte im Hinblick auf die besonderen Belange und Bedürfnisse von Kindern und Jugendlichen. Die Kinderrechtskonvention wurde von den Vereinten Nationen 1989 verabschiedet und 1992 zunächst mit Vorbehalt, 2010 dann uneingeschränkt von Deutschland ratifiziert. Den Rechten der Kinder und Jugendlichen stehen Pflichten der Erwachsenen gegenüber, mit denen sie für die Verwirklichung der Kinderrechte die Verantwortung tragen.

Die Kinderrechte umfassen Schutz-, Förder- und Beteiligungsrechte, die sich auf insgesamt 54 Artikel erstrecken und zu deren Umsetzung sich alle Vertragsstaaten verpflichtet haben. Im Hinblick auf die Gestaltung von pädagogischen Beziehungen in stationären Einrichtungen halte ich den folgenden Artikel für besonders relevant (nachzulesen u. a. auf https://www.unicef.de):

Artikel 12 [Berücksichtigung des Kindeswillens]

(1) Die Vertragsstaaten sichern dem Kind, das fähig ist, sich eine eigene Meinung zu bilden, das Recht zu, diese Meinung in allen das Kind berührenden Angelegenheiten frei zu äußern, und berücksichtigen die Mei-

nung des Kindes angemessen und entsprechend seinem Alter und seiner Reife.

Des Weiteren haben *Artikel 16 [Schutz der Privatsphäre und Ehre], Artikel 19 [Schutz vor Gewaltanwendung, Misshandlung, Verwahrlosung] und Artikel 34 [Schutz vor sexuellem Missbrauch] hohe Relevanz.* In *Artikel 42 [Verpflichtung zur Bekanntmachung]* wird festgehalten:

Die Vertragsstaaten verpflichten sich, die Grundsätze und Bestimmungen dieses Übereinkommens durch geeignete und wirksame Maßnahmen bei Erwachsenen und auch bei Kindern allgemein bekannt zu machen.

Dies bedeutet: Unsere minderjährigen Adressat*innen müssen über ihre Rechte aufgeklärt werden. Das übergeordnete Ziel, das mit der UN-Kinderrechtskonvention verfolgt wird, ist in *Artikel 3 [Wohl des Kindes]* benannt und sollte allen Akteuren der Jugendhilfe stets gegenwärtig sein:

(1) *Bei allen Maßnahmen*, die Kinder betreffen, gleichviel ob sie von öffentlichen oder privaten Einrichtungen der sozialen Fürsorge, Gerichten, Verwaltungsbehörden oder Gesetzgebungsorganen getroffen werden, *ist das Wohl des Kindes ein Gesichtspunkt, der vorrangig zu berücksichtigen ist* (Hervorh. d. A.).

Die Staaten, die das Abkommen ratifiziert haben, haben sich damit zur Umsetzung der Kinderrechte verpflichtet. Die Rechte können jedoch nicht eingeklagt werden, solange sie nicht auch in der Gesetzgebung der jeweiligen Staaten verankert sind. Das wird im Hinblick auf die Kinderrechte von Kinderschutzorganisationen und von verschiedenen politischen Parteien immer wieder gefordert, ist in Deutschland bislang aber nicht erfolgt. Im nächsten Absatz geht es deshalb darum, wie sich die Menschen- und Kinderrechte in der deutschen Gesetzgebung widerspiegeln.

Grundgesetz und Bürgerliches Gesetzbuch

Das *Grundgesetz* umfasst 19 unantastbare Grundrechte (alle Gesetze sind nachzulesen auf https://www.gesetze-im-internet.de). Derzeit finden sich im Grundgesetz keine explizit für Kinder und Jugendliche geltenden Rechte, wohl aber allgemeine Menschenrechte, die natürlich auch für sie gelten. Das Grundgesetz für die Bundesrepublik Deutschland trat im Jahr 1949 wenige Monate nach der Verabschiedung der UN-Menschenrechtskonvention in Kraft. In *Artikel 1* wird die Unantastbarkeit der Menschenwürde garantiert und die Wahrung der Menschenrechte in der Verfassung verankert:

(1) Die Würde des Menschen ist unantastbar. Sie zu achten und zu schützen ist Verpflichtung aller staatlichen Gewalt.
(2) Das deutsche Volk bekennt sich darum zu unverletzlichen und unveräußerlichen Menschenrechten als Grundlage jeder menschlichen Gemeinschaft, des Friedens und der Gerechtigkeit in der Welt.

Von besonderer Bedeutung ist auch der *Artikel 2*:

(1) Jeder hat das Recht auf die freie Entfaltung seiner Persönlichkeit, soweit er nicht die Rechte anderer verletzt und nicht gegen die verfassungsmäßige Ordnung oder das Sittengesetz verstößt.
(2) Jeder hat das Recht auf Leben und körperliche Unversehrtheit. Die Freiheit der Person ist unverletzlich. In diese Rechte darf nur auf Grund eines Gesetzes eingegriffen werden.

Artikel 2 umfasst auch das Recht auf sexuelle Selbstbestimmung, aus der sich im Rahmen geltender Gesetze und unter Berücksichtigung schützenswerter Belange anderer die Freiheit ergibt, seine Sexualität frei zu gestalten. Die rechtlichen Bestimmungen sehen vor, dass Jugendliche ab 14 Jahren sexualmündig sind, sexuelle Handlungen mit Personen unter 14 Jahren sind hingegen ein sexueller Missbrauch. Es gibt Sonderfälle, bei denen das sogenannte Schutzalter bei 16 oder sogar 18 Jahren liegt: So dürfen zum Beispiel über 21-jährige Erwachsene keine Sexualkontakte zu unter 18-jährigen Jugendlichen unterhalten, sofern letzteren auf Betreiben ihrer Sorgeberechtigten durch einen Sachverständigen die fehlende Fähigkeit zur sexuellen Selbstbestimmung attestiert wird. Ansonsten aber sind freiwillige sexuelle Handlungen zwischen Personen ab 14 Jahren, die in keinem Dienst-, Betreuungs- oder Ausbildungsverhältnis zueinander stehen, erlaubt und fallen unter das Recht auf sexuelle Selbstbestimmung. Das bedeutet mit Bezug auf das Eingangsbeispiel: Das Ausleben von Sexualität darf, sofern nicht gegen diese rechtlichen Bestimmungen verstoßen wird, unter (menschen-)rechtlichen Gesichtspunkten nicht verboten werden. Meyer-Deters (2016) berichtet aus einer Untersuchung mit ehemaligen Heimkindern:

»Die moralisch begründete Praxis der Verbote und der Verweigerung von Erfahrungsräumen, die Verhinderung von Möglichkeiten für sexuelle Aktivitäten und Begegnungen – insbesondere im kirchlichen Milieu – erlebten die Adressaten fast immer wie unmittelbar ausgeübte Gewalt, weil mit diesen Verboten, Verweigerungen und Verhinderungen stets das Recht auf und das Bedürfnis nach Sexualität und ihre sexuellen Persönlichkeitsanteile bekämpft wurde« (o. S.).

Im *Bürgerlichen Gesetzbuch* finden die spezifischen Rechte von Kindern und Jugendlichen Widerhall, indem ein Gesetz zur Ächtung der Gewalt in der Erziehung eingeführt wurde. Seit dem Jahr 2000 heißt es in *§1631 Abs. 2:*

Kinder haben ein Recht auf gewaltfreie Erziehung. Körperliche Bestrafungen, seelische Verletzungen und andere entwürdigende Maßnahmen sind unzulässig.

Nicht nur Eltern, sondern auch anderen Erziehungspersonen ist es damit untersagt, Gewalt in Form von körperlichen und seelischen Verletzungen sowie anderer entwürdigender Handlungen anzuwenden. Das Recht auf gewaltfreie Erziehung ist einklagbar und Zuwiderhandlungen des Gesetzes werden bestraft (s. Absatz über Strafgesetzbuch im weiteren Verlauf).

Im achten Sozialgesetzbuch wird aufgeführt, welchen Anspruch hilfsbedürftige Menschen haben.

Das achte Sozialgesetzbuch

Im achten Sozialgesetzbuch, auch Kinder- und Jugendhilfegesetz (KJHG) genannt, wird geregelt, auf welche Leistungen Kinder, Jugendliche, jüngere Erwachsene und ihre Familien einen Rechtsanspruch haben.

In *§1 SGB VIII (Recht auf Erziehung, Elternverantwortung, Jugendhilfe)* steht dazu:

(1) Jeder junge Mensch hat ein Recht auf Förderung seiner Entwicklung und auf Erziehung zu einer eigenverantwortlichen und gemeinschaftsfähigen Persönlichkeit.
[...]
(3) Jugendhilfe soll zur Verwirklichung des Rechts nach Absatz 1 insbesondere

1.   junge Menschen in ihrer individuellen und sozialen Entwicklung fördern und dazu beitragen, Benachteiligungen zu vermeiden oder abzubauen,

[...]

3.   Kinder und Jugendliche vor Gefahren für ihr Wohl schützen.

Die öffentliche Jugendhilfe – also Landesjugendämter und Jugendämter – ist für die Erbringung der Leistungen verantwortlich, angeboten werden sie aber überwiegend von den freien Trägern der Jugendhilfe. Für Pädagog*innen, die in der Jugendhilfe tätig sind, ergibt sich daraus, dass die *Förderung der Entwicklung* und die *Erziehung zu einer eigenverantwortlichen und gemeinschaftsfähigen Persönlichkeit bei Sicherung des Kindeswohls* die oberste Maßgabe in der Frage ist, wie wir pädagogische Beziehungen gestalten. Ich komme darauf in Kapitel 2.4 zurück.

Strafgesetzbuch

Im Strafgesetzbuch schließlich ist festgesetzt, welche Strafen bei Verstößen gegen die Rechte der Adressat*innen drohen. In Bezug auf das Thema der Nähe-Distanz-Regulation wird hier nun deutlich, was tatsächlich im rechtlichen Sinne *verboten* ist. Hier eine Auswahl von Paragrafen, die für die pädagogische Arbeit von besonderer Relevanz sind (Stand: Mai 2018): *§92 StGB (Quälen oder Vernachlässigen unmündiger, jüngerer oder wehrloser Personen), §171 StGB (Verletzung der Fürsorge- oder Erziehungspflicht), §174 StGB (Sexueller Missbrauch von Schutzbefohlenen);* hier insbesondere *§174a StGB (Sexueller Missbrauch von Gefangenen, behördlich Verwahrten oder Kranken und Hilfsbedürftigen in Einrichtungen)* sowie der *§174c StGB (Sexueller Missbrauch unter Ausnutzung eines Beratungs-, Behandlungs- oder Betreuungsverhältnisses).* Der *§225 StGB (Misshandlung von Schutzbefohlenen)* soll ausführlicher erläutert werden:

(1) Wer eine Person unter achtzehn Jahren oder eine wegen Gebrechlichkeit oder Krankheit wehrlose Person, die

1.   seiner Fürsorge oder Obhut untersteht,
2.   seinem Hausstand angehört,
3.   von dem Fürsorgepflichtigen seiner Gewalt überlassen worden oder
4.   ihm im Rahmen eines Dienst- oder Arbeitsverhältnisses untergeordnet ist,

quält oder roh misshandelt, oder wer durch böswillige Vernachlässigung seiner Pflicht, für sie zu sorgen, sie an der Gesundheit schädigt, wird mit Freiheitsstrafe von sechs Monaten bis zu zehn Jahren bestraft.

Zu der Misshandlung wird hier nicht nur die körperliche Gewalt gezählt, sondern richtigerweise auch die »böswillige« Vernachlässigung. Das eher »leise« Thema Vernachlässigung erfährt sowohl medial als auch in der Forschung gegenüber der »lauten« körperlichen und sexuellen Gewalt viel weniger Aufmerksamkeit, kommt aber nicht nur häufiger vor, sondern führt insbesondere bei früh vernachlässigten Kindern zu gravierenden Folgen in der seelischen und physischen Entwicklung.

Müssen in einem Buch über die Regulation von Nähe und Distanz wirklich Gesetzesbücher und Menschenrechtskonventionen herangezogen werden? Einerseits finde ich es müßig und etwas langatmig, Paragrafen zu zitieren. Andererseits ist auch die jüngere Geschichte institutioneller Erziehung voller unfassbarer Beispiele für strafbare und ethisch nicht zu vertretende Handlungen. Zudem berichten junge Kolleg*innen immer wieder davon, dass Ihnen während ihrer Ausbildung wiederholt gelehrt worden sei, »mit einem Bein im Knast« zu stehen, sollten sie »zu viel Nähe« zu den Adressat*innen herstellen. Hier erscheint es mir sinnvoll, die Debatte durch den Verweis auf die rechtlichen Grundlagen zu versachlichen. Niemand braucht eine berechtigte Sorge vor Strafverfolgung zu haben, wenn die Nähe, die er/sie zu einem/einer Adressat*in herstellt, eindeutig asexuell und gewaltfrei ist. Ich denke, dass die meisten Pädagog*innen selbst ein Bewusstsein für die Ein- oder Zweideutigkeit ihrer Handlungen besitzen.

Die Menschenrechte und die aus ihnen abgeleiteten Gesetze und Bestimmungen geben uns eine erste Orientierung für die pädagogische Beziehungsgestaltung. Verhalten, das einen Straftatbestand erfüllt, ist im wahrsten Sinne des Wortes verboten und liegt klar außerhalb dessen, was als »angemessen« bezeichnet werden kann. Es wäre schön, wenn dieser Hinweis obsolet wäre, aber sexuelle und körperliche Gewalt sowie Vernachlässigung und Verwahrlosung kommen – wie immer wieder bekannt und wahrscheinlich noch viel öfter *nicht* bekannt wird – auch in pädagogischen Einrichtungen und in Einrichtungen der Alten- und Behindertenpflege nicht nur in Einzelfällen vor. Einer empirischen Studie der Fachhochschule Dortmund (2008) zufolge ist beispielsweise über die Hälfte der pädagogischen Fachkräfte in Heimen und Wohngruppen der Ansicht, dass körperliche Gewalt als Strafe in der heutigen Heimerziehung vorkommt.

Da es in diesem Buch aber nicht um die Prävention strafrechtlicher Handlungen geht, sondern um die Frage, was uns im Streben nach Angemessenheit in der Nähe-Distanz-Regulation zu unseren Adressat*innen leiten kann, möchte ich nun das Augenmerk auf die ethische Dimension der Rechte lenken. Anders ausgedrückt:

Nicht das, was *ver*boten ist, soll uns im Weiteren beschäftigen, sondern das, was *ge*boten ist. Wir können unser Handeln schließlich nicht in erster Linie danach ausrichten, was wir *nicht* tun sollen.

Unser Beziehungshandeln muss dem Wohl und der Entwicklung unserer Adressat*innen dienen. Das ist kein marginaler Aspekt, sondern unser eigentlicher »Job«. Ich frage mich allerdings angesichts des Siegeszugs des marktwirtschaftlichen Denkens im sozialen Sektor und des damit verbundenen Kostendrucks manchmal, wie ernst wir diesen Auftrag tatsächlich nehmen können.

2.2 Menschenrechts- oder Dienstleistungsorientierung?

Die pädagogische Arbeit entlang der Rechte der Adressat*innen und unseres gesetzlichen Auftrags auszurichten, klingt nach einer Selbstverständlichkeit. Und doch fragt man sich nicht nur bei dem folgenden Beispiel, ob sich die gängige Jugendhilfepraxis tatsächlich immer »vorrangig am Kindeswohl« orientiert:

*Das zwölfjährige Mädchen ist eine typische »Systemsprengerin«, die in kein Setting der Jugendhilfe so richtig »hineineinpasst«. Sie hat eine schwere, von viel Gewalt und Bindungsabbrüchen geprägte Biografie und nun eine ausgeprägte emotionale Störung entwickelt. Sie kommt, nachdem sie wieder einmal »Hals über Kopf« eine Einrichtung verlassen musste, übergangsweise in eine neue Wohngruppe. Dieser »Übergang« zieht sich in die Länge, da sich kein neuer adäquater Platz für sie finden lässt. Die Jugendliche nimmt mit der Zeit immer mehr Bindung zu den Pädagog*innen ihrer »Übergangseinrichtung« auf und die Gruppe entschließt sich, ihr entgegen der ursprünglichen Planung dauerhaft einen Platz anzubieten, wenn das Jugendamt sich im Gegenzug zur Gewährung einer Zusatzleistung bereit erklärt, um dem erhöhten Betreuungsbedarf der Jugendlichen zu entsprechen. Das Jugendamt lässt sich darauf ein, doch mehrere Monate später findet sich doch noch anderweitig eine günstigere »Unterbringungsmöglichkeit«. Das Jugendamt trifft die Entscheidung, diesen Platz auch in Anspruch zu nehmen. Aus der Perspektive* *der Jugendhilfeeinrichtung ist das eine aufgrund der erfolgten Bindungsaufnahme fachlich und ethisch nicht vertretbare Maßnahme, die der Jugendlichen ihr ohnehin schon schweres Leben zusätzlich erschwert und »ihrem Kindeswohl« sicher nicht dient. Jeder neue Bindungsabbruch ist für ihre weitere Entwicklung ein schweres Handicap. Der Wechsel des Bezugssystems wäre vermeidbar, aber etwas teurer als die »neue« Lösung. Zynisch kommentiert der Mitarbeiter des Jugendamtes die Entscheidung »von oben« mit den Worten, die Jugendliche könne woanders »billiger geparkt« werden. Die fachlichen Argumente konnten sich gegenüber den monetären nicht durchsetzen. Die Pädagog*innen sind zwar empört, setzen sich aber nicht mit aller Vehemenz für die Jugendliche ein: Der Kostenträger sieht es nicht so gerne, wenn der Anbieter konträre Positionen vertritt.*

Aus der Perspektive einer Anwaltschaft für die Adressatin hätte die Einrichtung der Entscheidung widersprechen und versuchen müssen, der Jugendlichen zu ihrem Recht zu verhelfen. So aber stehen die Pädagog*innen und die Adressatin der Entscheidung des Jugendamtes ohnmächtig gegenüber. Diese Entwicklung hat sicherlich auch mit dem scheinbar kaum mehr hinterfragten Diktat der Dienstleistungsorientierung zu tun, dem sich die soziale Arbeit zunehmend unterwirft. Viele Anbieter sind – oder fühlen sich? – existenziell abhängig von der Gunst der Kostenträger, von denen sie belegt werden. Wenn eine solche Bedrohung besteht oder empfunden wird, leuchtet die Logik der Redensart »Wes Brot ich ess, des Lied ich sing« schnell ein. Das bedeutet aber auch, dass es in dem Dienstleistungsdreieck zwischen dem/der Adressat*in, dem Anbieter und dem Träger ein klares Machtgefälle gibt, bei dem der/die Adressat*in den schwächsten Part innehat. Dieser Umstand trifft umso mehr zu, wenn die Adressat*innen intellektuell schwach und/oder sozial schlecht eingebunden sind und sie ihre Rechte entweder gar nicht kennen oder sich nicht für sie einsetzen können. Die Rechte der Adressat*innen sind aber ihr entscheidender Schutzwall gegen Willkür! Wenn sich nun auch der Anbieter nicht mehr in erster Linie als Dienstleister der Adressat*innen und damit auch als Anwalt ihrer Rechte versteht, sondern im Zweifel eher als Dienstleister für die Kostenträger auftritt, dann weist das aufgezeigte Machtdifferenzial eine missbräuchliche Dimension auf.

Jetzt lässt sich zu Recht argumentieren, dass in dem Fallbeispiel das Jugendamt ein Mandat als staatliches Wächteramt innehat und prinzipiell über die Macht verfügen muss, einen Hilfebedarf zu bestimmen. Es ist wahrlich auch nichts dagegen zu sagen, dass mit Steuergeldern ökonomisch gewirtschaftet wird. Dennoch darf die marktwirtschaftliche Logik, die längst den sozialen Sektor dominiert, aus den grob skizzierten Gründen nicht unreflektiert übernommen werden. Das Streben nach Effektivität und Effizienz muss in der Orientierung an den Menschenrechten ein regulatives Gegengewicht finden, damit die im hohen Maße lebensrelevanten Entscheidungen und Maßnahmen, die getroffen oder eben nicht getroffen werden, keine unmenschlichen Züge bekommen. Allerdings darf sich eine Orientierung an den Menschenrechten auch nicht darauf beschränken, vermeintliche Missstände in der Gesellschaft oder bei den Kooperationspartnern aufzuzeigen, sondern muss soziale Arbeit und damit auch jeder/ jede einzelne Pädagog*in diesen Anspruch zuvorderst an sich selbst stellen. Darüber hinaus wäre es ungerecht und falsch, Auftraggebern oder auch Anbietern pauschal mangelnde ethische Orientierung zu unterstellen – an vielen Stellen wird einvernehmlich und im besten Sinne zum Wohl der Adressat*innen zusammengearbeitet.

Eine differenzierte Betrachtung des Dienstleistungsgedankens in der sozialen Arbeit unter Auflistung der vielen Pros und Kontras würde an dieser Stelle zu weit führen. Die umfassendste Darstellung findet sich bei der Schweizerin Silvia Staub-Bernasconi (2018) in ihrem Buch *Soziale Arbeit und Menschenrechte: Vom beruflichen Doppelmandat zum professionellen Tripelmandat*. Die Autorin ist eine ebenso renommierte wie vehemente Verfechterin für ein Selbstverständnis sozialer Arbeit als Menschenrechtsprofession. Der Untertitel ihres Buches bezieht sich auf ihren Vorschlag, das Doppelmandat sozialer Arbeit (Verpflichtung gegenüber dem Wohl der Adressat*innen als auch gegenüber der Gesellschaft; Auftrag zur Hilfe einerseits und zur Kontrolle andererseits) um ein vermittelndes, das Spannungsverhältnis auflösendes drittes Mandat zu ergänzen: einer Art »pädagogischem Fachmandat«, das sich sowohl auf seine wissenschaftliche Fundierung als auch auf einen Ethikkodex (Menschenrechte und Menschenwürde) bezieht und darüber kritische Distanz zu den Aufträgen der Adressat*innen, Auftraggeber*innen und der Politik gewinnt. Vertreter*innen der sozialen Arbeit schaffen sich damit eine Legitimationsbasis für eigene Aufträge: Sie orientieren sich im Zweifel weder an dem Auftrag der Adressat*innen noch an dem der Gesellschaft oder des Staates, sondern selbstreferenziell an dem, was sie als fachlich und ethisch geboten ansehen.

Um nun den Bogen zum Thema zu schlagen: Macht es für die Fragen der Beziehungsgestaltung überhaupt einen Unterschied, ob Pädagog*innen ausschließlich ein Selbstverständnis als soziale Dienstleister haben oder sich gleichzeitig als Anwälte von Menschenrechten verstehen? Ist die Frage rein akademischer Natur? Nein, ich glaube, dass sie aus dem Grund in einem hohen Maße relevant ist, da sie maßgeblich unsere Werthaltungen und Zielsetzungen bestimmt. Ich plädiere deshalb dafür, dass neben unserem Entwicklungswissen die Menschenrechte zu der zweiten Quelle und damit zu einer echten relevanten Bezugsgröße für unser Handeln werden. Das impliziert eine klare Anwaltschaft für die Rechte der Adressat*innen nach Schutz, Beteiligung und Förderung sowie den Erhalt ihrer Würde als oberste Maximen unserer pädagogischen Arbeit.

2.3 Die Würde wahren

Da die Gesetze, Erklärungen und Konventionen immer wieder den Bezug zur Würde des Menschen herstellen, lohnt es sich, dem normativen Gehalt dieses Begriffes auch abseits konkreter rechtlicher Bestimmungen näher zu kommen und ihn im Hinblick auf die Gestaltung pädagogischer Beziehungen auf seine Relevanz hin zu untersuchen. Würde ist ein großer Begriff, der gemeinhin mit *Artikel 1* des Grundgesetzes »Die Würde des Menschen ist unantastbar« assoziiert wird, dabei aber viele Fragen aufwirft: Soll das bedeuten, dass jeder Mensch eine Würde hat, ich demnach auch? Muss Würde nicht erst durch besondere Leistungen erworben werden und ist sie nicht eher etwas, was manche ältere weise Menschen besitzen? Kann schon ein Baby Würde haben? Um der Bedeutung dieses Wortes näher zu kommen, werfen wir einen Blick darauf, wo sich der Begriff der Würde in unserem allgemeinen Sprachgebrauch wiederfindet: Jemand, der in eine neue Position kommt, kann dadurch nun »in Amt und Würden« sein, ein Ausspruch, der häufig mit ironischem Unterton verwendet wird. Gleiches gilt für den Ausspruch »Das ist wohl unter seiner Würde«, mit dem Leute bedacht werden, die sich für niedrige Arbeit vermeintlich zu schade sind. In beiden Formulierungen wird Würde ein snobistischer, überheblicher Einschlag unterstellt, etwas, das den »Würdenträger« zu »etwas Besserem« macht, etwas, das ihn dadurch von anderen Menschen unterscheidet. Gänzlich ironiefrei wird Würde jedoch demjenigen attestiert, der in einer schwierigen oder leidvollen Situation »Haltung bewahrt«, sein Schicksal »würdevoll annimmt«. Auch die konkrete Körperhaltung und die Art, sich zu bewegen, können »würdevoll« sein oder »Würde ausstrahlen«. Ansonsten taucht der Begriff der Würde noch im Zusammenhang mit dem

Tod auf, »in Würde zu sterben« wünschen sich viele Menschen für sich oder für ihre nahen Angehörigen. Im Zusammenhang mit der Sterbehilfe ist die Formulierung viel bemüht worden: Demnach wird das Sterben dadurch würdevoll, dass das Ende des Lebens selbstbestimmt (etwa durch assistierten Suizid) erfolgen kann und es nicht durch medizinische Apparate künstlich verlängert wird. Würde scheint also etwas zu sein, was man durch mangelnde Selbstbestimmung potenziell verlieren kann.

Das Verständnis von Würde im Sinne der Menschenrechtscharta und des Grundgesetzes impliziert, dass Würde nicht erst erworben werden muss, sondern jedem Menschen von Anfang an innewohnt. So erklärt sich auch die heutige Fokussierung der Würde unter dem Gesichtspunkt ihres tatsächlichen oder drohenden Verlustes. Geschichtlich basiert die Anerkennung einer allgemeinen Menschenwürde, die nicht nur bestimmten Würdenträgern zuteilwird, auf den Schriften des römischen Politikers und Philosophen Cicero (1. Jh. v. Chr.). Cicero sah in der generellen Vernunftbegabung des Menschen, die ihn über andere Lebewesen erhöhe, die menschliche Würde begründet. Allerdings müsse sich der Mensch durch sittliche Lebensführung – Sparsamkeit, Nüchternheit, Enthaltsamkeit, Strenge gegen sich selbst – seines würdigen Menschseins immer wieder erweisen. Im Zeitalter der Renaissance und namentlich durch den Philosophen Giovanni Pico della Mirandola (1463–1494) änderte sich das Verständnis der Würde: Nicht in der Vernunftbegabung, sondern in der Freiheit, sein Wesen frei erschaffen und bestimmen zu können, wurzele die Würde des Menschen. Mit der Freiheit und Selbstbestimmung des Menschen gehe die Verantwortung des Menschen für sein Handeln einher. So wurde Würde mit der Zeit zu einem moralischen Wert, der auf eine bestimmte Qualität eines Handelns verweist. Das Fundament für unser heutiges Verständnis von Würde aber ist die Moralphilosophie Immanuel Kants (1724–1804). Kant definiert die Würde des Menschen in seiner »Grundlegung zur Metaphysik der Sitten« (1785) als »einen absoluten inneren Wert, der über allen Preis erhaben ist«. Demnach ist die Würde unabhängig von allem Äußeren wie etwa der Herkunft, dem Stand oder bestimmten Lebensleistungen. Sie wird notwendigerweise allen Menschen zuteil und kann, da sie nicht erworben werden muss, nach Kant auch nicht verloren werden. Mit der Formulierung, dass die Würde »über allen Preis erhaben ist«, verweist Kant auf die Nicht-Verrechenbarkeit der Würde: Würde hat keinen Preis und kann gegen nichts aufgewogen oder eingetauscht werden. Dieser besondere Wert liegt in der Moralität des Menschen begründet: Er verfügt aufgrund seiner Vernunft über die Fähigkeit, ein Handeln moralisch zu bewerten. Somit ist bei

Kant die Menschenwürde »kategorisch« mit einer moralischen Verpflichtung verbunden: Menschen sollen immer und überall moralisch handeln. Anders als bei Cicero verliert der Mensch bei Kant seine Menschenwürde jedoch nicht, wenn er gegen diese moralische Selbstverpflichtung verstößt: Es genügt allein, des sittlichen Handelns *fähig* zu sein.

Der Schweizer Philosoph Peter Bieri (2015) interpretiert Würde hingegen als eine bestimmte Lebensform. In der Einleitung seines Buches legt er dar, welche Gedanken ihn dabei leiten:

> »Warum haben wir die Lebensform der Würde *erfunden*? Worauf ist sie eine *Antwort*? Der Gedanke, der sich dabei langsam herausbildete, lautet: Unser Leben als denkende, erlebende und handelnde Wesen ist zerbrechlich und stets gefährdet – von außen wie von innen. Die Lebensform der Würde ist der Versuch, diese Gefährdung in Schach zu halten. Es gilt, unser stets gefährdetes Leben selbstbewusst zu *bestehen*« (S. 15).

Die Frage nach der Würde ist eine Frage danach, wie wir miteinander und mit uns selbst umgehen wollen, um das Leben im guten Sinne zu meistern. Bieri unterteilt die Lebensform der Würde in drei Dimensionen:

1.   Die Art, wie man von anderen Menschen behandelt wird; nämlich so, dass die Würde gewahrt oder aber zerstört wird.
2.   Die Art, wie man selbst andere Menschen behandelt; welche Einstellung man zu ihnen hat.
3.   Die Art, wie man zu sich selbst steht; wie man sich selbst die Erfahrung der Würde gibt.

Diese Lesart von Würde halte ich für unmittelbar relevant im Hinblick auf die Frage nach einer ethisch fundierten pädagogischen Beziehungsgestaltung. Natürlich sind die Dimensionen miteinander verwoben, lassen sich aber dennoch gedanklich trennen, sodass sie das Unterkapitel zum Thema der Würde im Folgenden strukturieren.

2.3.1 Würde als Erfahrung, wie man von anderen behandelt wird

Kinder haben ein Recht auf gewaltfreie Erziehung. Körperliche Bestrafungen, seelische Verletzungen und andere entwürdigende Maßnahmen sind unzulässig.

So heißt es im Gesetz zur Ächtung der Gewalt in der Erziehung in §1631 Abs. 2 des Bürgerlichen Gesetzbuchs. Kinder haben ein Recht darauf, nicht entwürdigend behandelt zu werden. Baer und Frick-Baer (2009) benennen in ihrem Buch *Würde und Eigensinn* vier »Geißeln«, die zu einem Verlust der Würde führen können: die Gewalttätigkeit, die Erniedrigung, die Missachtung und die Beschämung. Entlang dieser Systematik werde ich die Gefahren würdeverletzender Behandlung auf den pädagogischen Kontext beziehen:

Mit der *Gewalt* und der *Erniedrigung* müssen wir uns nicht lange beschäftigen: Wer mit Worten oder Taten niedergemacht wird oder Schikanen ausgesetzt ist und keine Unterstützung dabei erhält, sich zu verteidigen, erlebt sich in seiner Hilflosigkeit und vermeintlichen Nutzlosigkeit früher oder später wert- und würdelos.

Die Missachtung ist eine Geißel, deren entwürdigender Charakter sich im Gegensatz zur Gewalttätigkeit und Erniedrigung jedoch nicht auf Anhieb erschließt: Das Instrument des Ignorierens kommt in pädagogischen Beziehungen nicht selten als Strafe zum Einsatz.

Eine Jugendliche aus einer Jugendhilfeeinrichtung erzählte mir, dass sie von einer Pädagogin belauscht wurde, als sie mit einer Mitbewohnerin über die besagte Mitarbeiterin »ablästerte«: »Als Konsequenz hat die drei Wochen nicht mit mir gesprochen. Das war voll der Horror. Mir wär' lieber gewesen, die hätte mir eine fette Strafe gegeben«.

Der Entzug von Zuwendung und Aufmerksamkeit durch eine Person, mit der ein Mensch in einer emotional bedeutsamen Beziehung steht, wird nicht selten als Existenzbedrohung erlebt: *Ich existiere scheinbar gar nicht mehr.* Im Ignorieren verweigert ein Mensch dem Anderen die Begegnung. Dabei entsteht »eine Ohnmacht wie bei einem, der in eine tote Leitung hineinruft: ›Hört mich denn niemand?‹« (Bieri, 2015, S. 102). Baer und Frick-Baer (2009) betonen, dass Würde zwingend Resonanz benötigt: »Würde setzt voraus, dass man sich in den Augen, den Worten und im Verhalten des anderen gespiegelt sieht. Fehlt dies, greift man in seinem Erleben ins Leere, wird man selbst leer, wird der Würde der Boden entzogen« (ebd., S. 17).

Die Beschämung schließlich, die vierte Geißel, untergräbt die Schutzfunktion der natürlichen Scham: »Scham ist die Hüterin der menschlichen Würde«, betont der Psychoanalytiker Leon Wurmser in seinem Buch *Die Maske der Scham* (1997). Durch eine boshafte Beschämung von außen wird der Schutz eingerissen, der das Innerste vor der Bloßstellung bewahrt – mit der Folge, dass die Würde verloren gehen kann. Auch die Beschämung ist ein »bewährtes« pädagogisches Mittel, eine Veränderung des Verhaltens zu erzwingen. Eine Kollegin berichtete mir vor gar nicht allzu langer Zeit entsetzt, dass in dem Kindergarten ihres Sohnes erwünschtes Verhalten von den Erzieher*innen mit dem Ausspruch »Toll gemacht, toll gemacht, dann wirst du auch nicht ausgelacht« beklatscht würde. Das Auslachen – das Kindern, die es nicht »toll machen«, offensichtlich droht – ist eine niederträchtige Form der Entwertung, die zutiefst beschämend ist und die Würde massiv beschädigt. Eine Beschämung kann auch in weniger subtiler Form erfolgen, zum Beispiel darüber, die eigene moralische oder intellektuelle Überlegenheit zu demonstrieren. Der Beschämte fühlt sich dann – was vom Beschämenden auch so intendiert ist – entsprechend klein und minderwertig.

Es ist wichtig, eine Unterscheidung zwischen Scham und Beschämung zu treffen: Scham ist eine natürliche Reaktion auf eine ungewollte Entblößung. Sie tritt auf, wenn etwas Inneres, was als geheim und schützenswert empfunden wird, ans Licht der Öffentlichkeit gerät. Wir fühlen uns auf eine unangenehme Weise gesehen, *ertappt*. Wenn wir uns schämen, sehen wir uns in diesen Momenten durch die Augen der anderen und befürchten, vor diesen Augen nicht zu bestehen oder uns sogar der Lächerlichkeit preiszugeben. Scham kann sehr unangenehm oder sogar peinigend sein, hat in ihrem Kern aber dennoch die positive Funktion, die Würde zu schützen: »Die natürliche Scham ist eine Funktion des Intimen Raums, eine Wächterin der Grenze des Intimen Raums« (Baer & Frick-Baer, 2008, S. 19). Die Beschämung hingegen kommt von außen und hat immer einen abwertenden Charakter.

Wem die Blicke und die Bewertungen der anderen gleichgültig sind oder wer erst gar nicht die Perspektive der anderen auf sich einnimmt, der wird als schamlos bezeichnet. Die Schamlosigkeit begegnet uns in der Arbeit mit Menschen, die in ihrem Leben oft beschämt wurden, häufig: Manche haben aufgegeben, vor den Augen anderer bestehen zu wollen (das kann manchmal auch sehr befreiend sein), andere haben kein Gefühl dafür entwickelt, dass es etwas Schützenswertes in ihnen gibt. Sie geben sich anderen vollkommen preis, behalten kein Geheimnis mehr exklusiv für sich selbst zurück. Sie haben keinen *Intimen Raum*. Diese Form der Schamlosigkeit ist mehr als ein Verstoß gegen Sitte und Anstand: Sie kennzeichnet einen Mangel an Eigenständigkeit und Selbstschutz und verweist auf eine verlorene Würde.

In den Erfahrungen von Gewalttätigkeit, Erniedrigung, Missachtung und Beschämung steckt das würdezersetzende Gift der Demütigung. Die Demütigung ist die Handlung eines Menschen, der in seinem Gegenüber Ohnmacht erzeugt. Viele von uns werden in ihrer eigenen Erziehung ebenfalls Erfahrungen mit Missachtung, Gewalt und Beschämung gemacht haben und können nachempfinden, wie solche Erfahrungen die eigene Würde bedrohen. Noch weiter verschlimmert werden die Gefühle der Ohnmacht und der Entwürdigung, wenn der Täter seine Macht nicht nur ausnutzt, sondern geradezu auskostet. Bieri (2015) veranschaulicht diese Dynamik am Beispiel der amerikanischen Soldaten in Abu Ghraib, die sich »am Anblick der aufgeschichteten nackten Gefangenen delektieren« (ebd., S. 35).

Es gibt eine Reihe weiterer Arten entwürdigender Behandlung: bestimmte Formen der Bevormundung, auch wenn sie fürsorgliche Züge trägt; Botschaften, dass der Andere auf Gedeih und Verderb von meinem Willen abhängig ist; Manipulieren, Täuschen und Belügen; Formen des Mitleids, mit dem ich dem Anderen indirekt zu verstehen gebe, dass ich ihn für schwach und eben »bemitleidenswert« halte (etwas, was fast alle körperbehinderten Menschen zutiefst hassen). Nicht jede dieser »Behandlungen« führt zu einem Verlust der Würde, doch sie stellen zumindest einen Angriff auf sie dar. Die Würde wird durch die Infragestellung oder Unterwanderung der menschlichen Selbstständigkeit, Subjekthaftigkeit und Selbstbestimmung bedroht.

2.3.2 Würde als eine Art, andere Menschen zu behandeln

Wie sieht nun eine würdevolle Behandlung anderer Menschen aus? Baer und Frick-Baer (2009, S. 31 f.) unterscheiden drei Formen von Resonanz, die die Würde wachsen und gedeihen lassen: Die erste ist die *nährende Resonanz,* die im Wahrnehmen des und in dem Interesse am Anderen liegt. In meinen Seminaren bitte ich die Teilnehmer*innen manchmal, sich zu zweit zusammenzusetzen und ein »schönes« Gespräch zu führen, das mit der Frage »Wie geht es dir?« eröffnet wird. Was anfangs banal anmutet, entpuppt sich mit zunehmender Dauer häufig als sehr wohltuende Erfahrung. Als »schön« wird empfunden, das ernsthafte Interesse eines Mitmenschen zu spüren, seine Anteilnahme wahrzunehmen. Für manche Menschen fühlt sich diese Erfahrung jedoch zunächst fremd und ungewohnt an. Sie haben es sich in ihrem Schneckenhaus eingerichtet und eine Scheu davor entwickelt, gesehen und bemerkt zu werden, möglicherweise aus der Befürchtung heraus, sie könnten des Interesses des Gesprächspartners nicht wert sein. Es ist ihnen zu wünschen, dass sie noch viel ernsthaftes Interesse anderer an ihrer Person erleben können, damit ihre Würde ausreichend Nahrung erhält.[2]

Die zweite Form der Resonanz nach Baer und Frick-Baer ist die *spiegelnde Resonanz*, die im Wesentlichen aus ehrlichen Rückmeldungen besteht: »[w]eder verachtende noch abwertende Rückmeldungen, weder süßen Honig noch feige Schönrederei – sondern Ehrlichkeit und Aufrichtigkeit« (ebd., S. 32). In pädagogischen und therapeutischen Kontakten verspüre ich Widerwillen, wenn forcierte Lobhudeleien über die Ressourcen und Stärken der Adressat*innen angestimmt werden. Ich empfinde es als respektlos, den Adressat*innen zum Zwecke einer vermeintlichen Selbstwertsteigerung »Honig um den Bart« zu schmieren, während ihr Selbsterleben doch von den Gefühlen der Schwäche und Minderwertigkeit geprägt ist. Die Menschen, mit denen wir arbeiten, müssen nicht vor allem gelobt, sondern in erster Linie *gesehen* werden. Es geht dabei um die *Anerkennung* ihres Seins und natürlich auch ihrer *echten* Leistungen. Die schönen Worte dürfen nicht als Mittel zum Zweck eingesetzt werden, sondern sollten fein auf das Gegenüber abgestimmt und wohl dosiert sein. Der Erwerb dieser Kompetenz setzt jedoch, wie zuvor erwähnt, ein ernsthaftes Interesse an seiner Person voraus, denn nur den Menschen, den ich wirklich sehe, kann ich aufrichtig für etwas loben oder bewundern.

Die dritte Form der Resonanz besteht nach Baer und Frick-Baer darin, den Adressat*innen ein *echtes Gegenüber* zu sein. Sie sind es wert, dass ich mich auf die Begegnung mit ihnen einlasse, mich mit ihnen auseinandersetze und dabei vielleicht auch mit ihnen streite. Sie sind ein Mensch wie ich auch einer bin. Im »Miteinander-Mensch-Sein« vergesse ich meine Rolle als Pädagoge oder Therapeut nicht, aber ich verstecke mich auch nicht hinter ihr. Durch die wechselseitige Resonanz entsteht das, was man eine Begegnung nennt. In Begegnungen wirkt das, was zwischen zwei Menschen geschieht, auf beide zurück. Das Gesagte oder Geschehene verhallt nicht, sondern erzeugt im Inneren ein Echo. Man kennt es aus manchen Gesprächen, mögen ihre Inhalte auch vermeintlich noch so tiefsinnig sein, dass man lediglich Worte wechselt oder sich auch nur als Empfänger von Worten fühlt. Wir antworten viel-

---

2 Ein wichtiger Wirkfaktor gelingender Psychotherapien ist meines Erachtens das Wiedererleben von Würde durch die nährende Resonanz der Therapeut*innen.

leicht dennoch auf Fragen, die uns unser Gegenüber stellt, aber wir antworten nicht von Herzen, nicht aus dem Wunsch heraus, dem Anderen zu begegnen – sondern vielleicht nur aus Höflichkeit oder um auf einer Party nicht alleine herumzustehen. Hier findet aber anders als bei einem resonanten Austausch keine Begegnung statt, die einen Beitrag zur Würde leisten könnte.

2.3.3 Würde als Selbstachtung

Neben einer Lebensform der Würde, die sich auf den Umgang der Menschen miteinander bezieht, gibt es eine Form der Würde, die sich auf den Umgang mit sich selbst bezieht. Ein würdevoller Umgang mit sich selbst ist schwer, wenn die eigene Würde von anderen Menschen wiederholt angegriffen und beschädigt wurde. Die Fähigkeit zur Achtung meiner selbst setzt als Bedingung voraus, dass ich durch die Resonanz anderer die Achtungswürdigkeit meiner Person internalisiert habe. Wir kennen es von unseren Adressat*innen eher umgekehrt: Wiederholte Beschämungen, mangelnde Fürsorge oder die erlittene Gewalt führen zu einem Selbsterleben der Wertlosigkeit. Irgendwann braucht es keinen äußeren Aggressor mehr, da er »nach innen genommen« – internalisiert – worden ist und in einem unbarmherzigen Umgang mit sich selbst weiter an der Zerstörung der Würde arbeitet. Andersherum heißt das aber auch, dass jeder selbst aktiv etwas für den Erhalt oder für die Wiederherstellung seiner Würde tun kann, wenn ihm würdevoll begegnet wird und er diese Erfahrung der Würde ebenfalls mit nach innen nimmt.

Wie muss es Menschen gehen, die in Einrichtungen aufwachsen und leben müssen, was ist mit ihrer Selbstachtung? Wie mag es sich zum Beispiel für ein Kind anfühlen, als einziges Geschwisterkind »ins Heim« zu müssen? Dann scheint doch wohl irgendwas nicht mit ihm »zu stimmen«, wenn es dann in Hilfeplangesprächen hört, welche Defizite es hat und an welchen Zielen gearbeitet werden muss, damit es wieder nach Hause kann – welche Gefühle mögen sich beim Zuhören einstellen?

*Ich denke dabei an einen neunjährigen Jungen, dessen Leben ein einziger Kampf um seine Selbstachtung ist. Er musste aufgrund seiner Impulsivität und Aggressivität schon mehrere Einrichtungen verlassen. In der Wohngruppe, in der er nun lebt, begehrt der Junge gegen jede Einschränkung seiner Freiheit auf und widersetzt sich allen Veränderungswünschen, die seitens seiner Eltern, des Jugendamtes, der Schule und der Pädagog*innen der Wohngruppe an* *ihn herangetragen werden. Er bringt wahnsinnig viel Kraft für Widerstand auf, doch irgendwann, wenn alles zu viel wird, bricht sein Schutzwall ein: Er schreit herum, dass er ja selbst wisse, wie »scheiße« er sei und dass es besser für alle sei, er würde nicht leben. Danach kauert er wie »ein Häufchen Elend« in einer Ecke seines Zimmers und schluchzt herzzerreißend.*

Ich habe ihn oft mit Befremden angeschaut, wenn er mit hasserfülltem Gesicht herumlief, die Mitarbeiter*innen unflätig beschimpfte und sich insgesamt eher animalisch als menschlich verhielt. Ich nahm wahr, dass er kämpfte wie ein Löwe, aber ich wusste nicht, worum er kämpfte. Irgendwann glaubte ich endlich zu verstehen, dass er um seine Selbstachtung rang: Während des Kampfes – so interpretierte ich es zumindest – kämpfte er um den Erhalt seiner Würde, im Schluchzen beweinte er ihren Verlust. Seine Zusammenbrüche nach den »Ausrastern« legten den Blick auf die verlorene Selbstachtung frei und lösten ein tiefes Mitgefühl bei mir aus. Die Perspektiven, wie würdelos er *uns* behandelte und welche sozialen Kompetenzen er noch alle zu erlernen hätte, rückten dagegen in den Hintergrund. Statt mit den Begriffen der Selbstachtung oder Würde arbeitete ich mit ihm mit dem Begriff des Stolzes. Ich versuchte ihn dabei zu unterstützen, seinen Stolz zu bewahren und damit sein Innerstes, »seinen Kern«, vor Zugriffen zu schützen. Er machte langsame Fortschritte, vor allem aber ist unsere Beziehung seit unserem Gespräch über seinen Stolz spürbar weicher und näher. »Pass auf dich auf«, denke und signalisiere ich jedes Mal, wenn ich ihn in einem schlecht regulierten Zustand erlebe, »lasse dich von anderen nicht in deiner Würde verletzen und wahre die Achtung vor dir selbst!« Menschenrechtsorientiert zu arbeiten beinhaltet auch das Bemühen, die Adressat*innen beim Aufbau oder beim Erhalt ihrer Selbstachtung zu unterstützen.

Wie kann man seine Würde aber verlieren, wenn man sie bereits gefühlt hat? Zum Verlust der Selbstachtung führt auch, wenn wir *vor uns selbst nicht mehr bestehen.* Wenn wir alle moralischen Grenzen, die unserem Tun Einhalt gebieten, einstürzen lassen und wir Dinge tun, die wir nicht mit unserem Gewissen vereinbaren können. Es müssen aber nicht zwangsläufig moralische Grenzen sein: Auch wenn wir etwas machen, was wir als Verrat an dem empfinden, woran wir fest geglaubt haben, verlieren wir die Achtung vor uns selbst: »Ich habe früher immer fest an die kommunistische Idee geglaubt ... ich hatte Ideale«, mag ein Mann beim Geschäftsessen nach der zweiten Flasche Rotwein sagen, »und jetzt laufe ich wie ein lupenreiner Kapitalist selbst dem Geld hinterher und fresse mir den Wanst voll.

Ich ertrage mein aufgedunsenes Gesicht im Spiegel nicht mehr, ich kann mir nicht mehr in die Augen schauen«. Er hat die Grenzen seiner Ideale überschritten und darüber seine Selbstachtung verloren. Der Verlust der Selbstachtung durch den Einsturz von Grenzen ist aber nicht die einzige Form, wie Menschen ihre Würde bedrohen: Auch die mangelnde Verantwortungsübernahme für sich und sein Leben gefährdet die Selbstachtung:

> »Zur Verantwortung, die einer für sich selbst hat, gehört, daß er *zu sich* steht: zu seinen Überzeugungen, seinen Gefühlen, seinem Willen und seiner ganzen Art zu leben. Das bedeutet die Fähigkeit und den Mut, sich gegen andere *abzugrenzen*. Und das wiederum bedeutet die Stärke, Konflikten nicht aus dem Weg zu gehen« (Bieri, 2015, S. 261; Hervorh. i. O.).

Natürlich ist diese Kompetenz mit Gefahren verbunden, zum Beispiel mit einer unpopulären Meinung bei »wichtigen« Leuten anzuecken und dadurch gravierende Nachteile für sich zu riskieren. Doch genau hier ist die Brücke, die wieder zum Thema zurückführt: Diese Courage und Unbestechlichkeit werden von uns benötigt, um notfalls die Rechte unserer Adressat*innen gegen Willkür und Sparmaßnahmen zu verteidigen. Und wenn wir uns moralisch zur Wahrung der Menschenwürde verpflichteten, gefährdete es unsere eigene Würde, die Würde unserer Adressat*innen zu verletzen oder ihre Verletzung wissentlich zu dulden. Auch aus diesem Grund ist es relevant, ob wir soziale Arbeit als Menschenrechtsprofession oder als reine Dienstleistung verstehen. Diese Meinung wird auch von der internationalen Berufsorganisationen der Sozialen Arbeit vertreten. Sie haben Richtlinien für ethisches Verhalten ihrer Berufsgruppenvertreter*innen beschlossen. Darin heißt es unter anderem: »Sozialarbeiter/innen sollten Debatten über Ethik pflegen und fördern sowohl mit ihren Kollegen, wie mit ihren Anstellungsträgern. Sie sollen Verantwortung übernehmen für ethisch begründete Entscheidungen« (zit. n. Kavemann, 2011, S. 27).

2.3.4 Die Würde wahren – Ein Anwendungsbeispiel aus der Kinder- und Jugendhilfe

In einem Verständnis von Würde als Lebensform finden wir einen ersten unmittelbaren Bezug zu der Frage, wie Menschen aus moralischer Perspektive miteinander und mit sich selbst umgehen sollten. Dabei versteht es sich von selbst, dass die von Baer und Frick-Baer als »Geißeln« der Würde bezeichneten Umgangsformen von Gewalt, Erniedrigung, Missachtung und Beschämung auch keinen Platz in pädagogischen Beziehungen haben dürfen. Eine gute Orientierung bietet zudem die Erkenntnis, dass Würde Resonanz und Begegnung benötigt: Hieraus ergibt sich die Bedeutung der persönlichen Dimension in der Beziehungsgestaltung. Da die Mehrzahl unserer Adressat*innen in ihrer Biografie viele »Geißeln«, aber wenig Resonanz erlebt hat, ist ihre Würde häufig stark beschädigt. Ihnen beim Erhalt oder bei der Wiederherstellung ihrer Selbstachtung zu helfen, ist unter ethischen Gesichtspunkten eine unserer wichtigsten Aufgaben, die gerade in stationären Einrichtungen eine ungeheure Tragweite hat.

Was aber in einem Buch auf theoretischer Ebene breit aufgefächert werden kann, muss für die Praxis in seiner Komplexität zwangsläufig reduziert werden. Mit dem folgenden Fallbeispiel soll jedoch veranschaulicht werden, dass die Einbeziehung einer ethischen Perspektive in komplexen Situationen eine hilfreiche Orientierung bieten und eine unmittelbare Relevanz für die Interventionsplanung aufweisen kann:

In einer Supervisionssitzung wird mir der Fall der elfjährigen Rahel geschildert: Das Mädchen lebt bereits seit sieben Jahren in der Jugendhilfeeinrichtung und wird mir als schnippisch und körperlich frühreif beschrieben. Auf der Beziehungsebene fallen den Mitarbeiter*innen ihre starken Schwankungen zwischen dem Wunsch nach körperlicher Nähe und einer regelrechten Aversion gegenüber Körperkontakt auf. Zum Supervisionsthema wird Rahel, weil sie ihre gleichaltrige Zimmernachbarin Sarina »sexuell missbraucht« habe. Sie habe sich abends zu ihr ins Bett gelegt, ihr die Unterhose heruntergezogen und sie am ganzen Körper berührt. Sarina sei – vor dem Hintergrund eines erlebten sexuellen Missbrauchs in früher Kindheit – erstarrt und habe es »über sich ergehen lassen«. Parallel dazu werden in der Einrichtung Gerüchte laut, Rahel biete sich Jungen aus der gesamten Einrichtung sexuell an und schicke ihnen über das Handy auch Nacktbilder von sich. Die Mitarbeiter*innen nehmen im Handy des Mädchens Einblick in den Chatverlauf, wo sich die Gerüchte bewahrheiten. Das Mädchen verwehrt sich dagegen, über diese Vorkommnisse zu sprechen und ist furchtbar böse auf die Mitarbeiter*innen, dass diese »in der ganzen Einrichtung herumerzählten«, dass sie »eine Schlampe« sei. Es stelle sich nun die Frage, ob Rahel zum Schutze der anderen Kinder die Einrichtung verlassen müsse.

Der Fall enthält einige Facetten, die dieser Fragestellung eine hohe Komplexität verleihen: So berichten die Mitarbeiter*innen, es habe vor einiger

Zeit schon einmal einen sexuellen Übergriff von Rahel gegeben und man habe ihr damals gesagt, dass man sie entlassen würde, sollte dies noch einmal vorkommen. Allerdings habe man die Aufarbeitung des Geschehens auch nicht gut begleitet, die begonnene Kindertherapie wurde schnell abgebrochen, weil sich Rahel »nicht auf die Therapie eingelassen« habe. War die Androhung einer Entlassung rückblickend betrachtet falsch? Konnte man von Rahel verlangen, ihr Verhalten zu ändern, ohne verstanden zu haben, welche Bedürfnisse und Nöte sich hinter dem Verhalten verbargen und ohne ihr alternative Lösungswege aufzuzeigen, wie sie diese Bedürfnisse und Nöte adäquat befriedigen kann? Ist es nicht ein bisschen einfach, wenn man einem elfjährigen, mutmaßlich selbst sexuell missbrauchten Mädchen lediglich ein einfaches Verbot ausspricht und diesem Verbot mit der Androhung eines »Rauswurfs« Ausdruck verleiht? Kann man sie überhaupt entlassen, wo sie doch schon sieben Jahre in der Einrichtung lebt und »sonst niemanden hat«? Soll man ihr »noch eine Chance« geben oder würde man dann unglaubwürdig? Würde das sexualisierte Verhalten nicht einfach nur in eine andere Einrichtung verschoben? Sind Rahels »Opfer« dort weniger schützenswert als die aus der eigenen Einrichtung? Was ist mit Rahels Bindungen zu den Pädagog*innen, mit ihren Freundinnen, mit ihrer Schule? Letztlich ringt man um die Frage, welche Intervention nun die »richtige« ist – die Supervision soll am Ende eine Entscheidung hervorbringen.

Ich schlug in der Supervision vor, im Dickicht dieser ganzen Fragen nicht den Erhalt der Würde des Mädchens und ihres »Opfers« Sarina in Vergessenheit geraten zu lassen. Dieser Aspekt wurde bis dahin nicht beleuchtet. Beide Mädchen aus diesem Fallbeispiel sind im wörtlichen wie im übertragenen Sinne *entblößt*. Schauen wir zunächst auf Sarina:

Sarina wurde auf intime Weise von Rahel berührt. Die Verletzung der Würde bezieht sich nicht auf die Berührung an sich, sondern auf ihren Charakter: Sarina *wollte* nicht berührt werden, konnte ihre Grenzen aber offenbar nicht artikulieren. Als Hintergrund für diese Handlungsunfähigkeit ist zu vermuten, dass die Annäherung Rahels Sarina aufgrund ihrer sexuellen Vorerfahrungen getriggert hat. Die damalige Entwürdigung durch den Missbrauch erfuhr im Übergriff von Rahel eine Aktualisierung.

Während die Beschädigung der Würde von Sarina offensichtlich ist, bedarf die Beschädigung von Rahels Würde eines genaueren Blicks:

1. Rahel beschwerte sich vehement darüber, dass die Pädagog*innen ihrer Gruppe den Mitarbeiter*innen der ganzen Einrichtung von

dem Vorfall mit Sarina erzählt hätten und sie jetzt überall als »Täterin« gesehen werde. Die Pädagog*innen wiederum rechtfertigten sich damit, dass dieses zum Schutz der anderen Kinder der Einrichtung geschehen sei, die Kolleg*innen müssten wissen, dass man Rahel nicht unbeaufsichtigt mit anderen Kindern spielen lassen könne. Was macht das mit Rahels Würde (bedenken wir, dass sie erst elf Jahre alt ist)?

2. Die Mitarbeiter*innen der Gruppe sind in die Intimsphäre des Mädchens eingedrungen, als sie ihr Handy durchsucht haben. Das geschah zwar mit Rahels Einverständnis, doch es ist fraglich, wie freiwillig sie dieses Einverständnis gab. Das Team bekam Fotos zu sehen, auf denen Rahel leicht bis gar nicht bekleidet abgelichtet war und auf denen sie für den angedachten Betrachter der Fotos posierte – und das waren sicher nicht die Erwachsenen. Was macht es mit ihrer Würde, dass ihre Erzieher*innen sie so sehen?

3. Eben diese Fotos kursieren nun in der Einrichtung und auch in Rahels Schule. Man darf mit einer flächendeckenden Verbreitung der Fotos im Bekanntenkreis des Mädchens rechnen. Wir können uns leicht vorstellen, wie die Kinder und Jugendlichen diese Fotos betrachten und wie ihr Bild von Rahel von diesen Fotos beeinflusst wird. Was macht es mit Rahels Würde, wenn sie in Interaktionen mit anderen stets deren Kenntnis von ihrem Körper und ihren Posen im Bewusstsein hat?

Jetzt ließe sich leicht argumentieren, dass Rahel ja »selbst schuld« sei, wenn sie andere Kinder »missbrauche« und solche Fotos von sich verschicke. Wer die Würde anderer verletze oder Dummheiten begehe, dürfe sich anschließend nicht wundern und noch weniger beschweren, wenn die eigene Würde beschädigt werde. Doch wenn die Würde des Menschen unantastbar ist und wir unsere Arbeit als Menschenrechtsprofession verstehen, dann sollte uns gerade bei einem elfjährigen Kind nichts davon abhalten, für die Wahrung seiner Würde Sorge zu tragen. Können wir davon ausgehen, dass ein elfjähriges Kind wie Rahel ein Bewusstsein für seinen Missbrauch an Sarina hat, wo es doch selbst mutmaßlich einen Missbrauch erlebt hat und Sarina nicht deutlich ihr mangelndes Einverständnis dazu zum Ausdruck gebracht hat? Deutet nicht alles in Rahels Verhalten darauf hin, dass sie vor allem kein Gespür für sexuelle Grenzen und Intimität hat? Wenn uns die Wahrung oder Wiederherstellung der Würde das übergeordnete Anliegen ist, werden unsere Überlegungen zunächst ganz andere sein als die Frage nach einer möglichen Entlassung: Wie kann der »entblößte Zustand« beendet werden und wie können sich die Mädchen wieder »angezogen« und damit geschützt fühlen?

Was die Mädchen als Erstes benötigen, ist die Sicherheit vor weiteren entwürdigenden Vorkommnissen. Sarina braucht die Sicherheit, dass Rahel sie nicht wieder sexuell bedrängen oder in irgendeiner Form verspotten wird. Was ihr widerfahren ist, sollte zudem als unrechtes und leidvolles Geschehen validiert werden, ohne dass man sie ab jetzt auf ihre Opfererfahrung reduziert. Sarina sollte Zugang zu einem Raum gewährt bekommen, in dem sie die Erfahrung mit Rahel verarbeiten und lernen kann, sich vor erneuten Übergriffen zur Wehr zu setzen. Vielleicht dient die Situation mit Rahel auch als Initialzündung, um den früheren sexuellen Missbrauch in einer Therapie aufzugreifen. Zur Wiederherstellung der Würde ist es jedoch zentral, dass Behutsamkeit und Diskretion den weiteren Umgang dominieren. Entwürdigend wäre jedes öffentliche Ausweiden der Szene, jedes hektische Agieren.

Das gilt genauso für den Umgang mit Rahel: Was kann ihr helfen, sich wieder »angezogen« zu fühlen? Zunächst benötigt sie jemanden an ihrer Seite, einen/eine Anwalt/Anwältin und Fürsprecher*in, der/die sie im weiteren Verlauf begleitet. Ich nehme an, sie fühlt sich sehr allein und ungeschützt. Die Erwachsenen sind gefragt, auch für ihre Sicherheit zu sorgen und sie gegen Gespött und Verleumdungen zu verteidigen. Alle Kinder und Jugendlichen der Einrichtungen sollten zudem aufgefordert werden, die Bilder von Rahel zu löschen. Ist es realistisch, dass dadurch das Gerede und die Verbreitung der Bilder gestoppt werden? Wahrscheinlich nicht, aber das ist auch zweitrangig. Zunächst geht es darum, Rahel zu signalisieren, dass sich die Erwachsenen weiterhin verantwortlich für sie fühlen und dass man sie nicht zum öffentlichen »Abschuss« freigibt, gleichgültig welchen Fehler sie begangen hat. Vielleicht kann man sie auch um Verzeihung bitten, dass man in ihr Handy geschaut hat – selbst wenn man es womöglich tun musste. Zur Wiederherstellung von Rahels Würde trägt bei, dass man sie ernst nimmt und die Situation zwischen ihr und Sarina in aller Differenziertheit, aber ohne zu moralisieren, mit ihr bespricht. Insgesamt sollte in der Einrichtung zunächst alles dafür getan werden, dass die aufgeheizte Stimmung »heruntergekocht« wird. Wichtig sind Beruhigung und Versachlichung, damit die Situation anschließend präzise analysiert und das weitere Vorgehen bestimmt werden kann.

Im Team macht sich mit zunehmender Dauer der Supervisionssitzung die Erkenntnis breit, dass zum jetzigen Zeitpunkt noch keine Entscheidung über den Verbleib des Mädchens in der Einrichtung getroffen werden kann. Man möchte sich Zeit geben und zunächst mit der beschädigten Würde der beiden Mädchen arbeiten.

Für mich als Supervisor war es sehr eindrücklich, wie sich im Laufe der zwei Stunden die Stimmung veränderte: Zu Beginn der Sitzung war ein großer Druck wahrnehmbar, eine Entscheidung für oder gegen eine Entlassung zu fällen. Je mehr Argumente ausgetauscht wurden, desto ferner rückte jedoch die erhoffte klare Lösung. Beide Positionen hatten ihre Berechtigung, waren aber moralisch angreifbar: »Man kann doch nicht erst sagen, dass Rahel die Einrichtung verlassen muss, wenn sich ein erneuter Übergriff ereignet, und es dann nicht durchziehen. Man muss doch die anderen Kinder schützen, sonst kann diese Einrichtung niemals der sichere Ort sein, den wir den Kindern bieten möchten!« »Schon, aber man kann doch ein Kind aufgrund solcher Vorfälle nicht seiner Heimat berauben! Rahel ist erst elf! Sie reinszenierte da sehr wahrscheinlich ihre eigenen Opfererfahrungen! Wir dürfen sie doch jetzt nicht verloren geben, wir haben eine Verantwortung für sie!« »Ja, aber für Sarina auch ...« usw.: Es ergab sich eine Dilemma-Situation, aus der es zunächst keinen Ausweg zu geben schien. Als wir aber damit begannen, die Situation unter dem Aspekt der Würde zu beleuchten, wichen Spannung und Ausweglosigkeit einer nachdenklichen und wohlwollenden Atmosphäre. Die Fragestellung veränderte sich von »Entlassung ja oder nein?« zu »Welches Vorgehen ist zur Wahrung der Würde aller Beteiligten geboten?« – und mit dieser Frage konnte das Team gut weiterarbeiten.

Solche ethischen Fallbesprechungen benötigen Zeit. Als Unterbrechungen der Alltagsroutinen ziehen sie ihren hohen Wert aus der vertieften Reflexion der Moral pädagogischen Handelns. Ethische Fallbesprechungen können damit einen eminent wichtigen Beitrag zur Wahrung der Würde der Adressat*innen leisten. Es wäre wünschenswert, dass Pädagog*innen, noch mehr aber Einrichtungen und Kostenträger, diesen Wert erkennen und solchen Fallbesprechungen viel (mehr) Raum geben.

Neben der Wahrung der Rechte und der Würde der Adressat*innen bildet unser gesetzlicher fachlicher Auftrag eine weitere Dimension, die unsere Beziehungsgestaltung rahmt. Unser gesamtes Handeln muss – so banal sich das anhören mag – darauf ausgerichtet sein, der Entwicklung der Adressat*innen zu dienen. Dass dieses Ziel im Alltag leicht aus dem Auge verloren werden kann, darauf komme ich nun zu sprechen.

2.4 Der Entwicklungsprozess der Adressat*innen als Leitschnur für unser Beziehungshandeln

Im achten Sozialgesetzbuch findet sich als gesetzlicher Auftrag an die Akteur*innen der Jugendhilfe, die *Förderung der Entwicklung* durch eine *Erziehung zu einer eigenverantwortlichen und gemeinschaftsfähigen Persönlichkeit* zu gewährleisten. Die Art, wie wir erzieherisch wirken, soll zum einen zur Stärkung der Eigenverantwortung beitragen und zum anderen den Sinn für das Gemeinwohl schärfen. Dabei ist zu beachten, dass das Wohl der Adressat*innen – die Wiederherstellung oder der Erhalt ihrer psychischen und physischen Gesundheit – bei allen zu treffenden Entscheidungen *vorrangig* berücksichtigt wird. Dieser Auftrag muss sich handlungsleitend in unserer Form, die Beziehungen zu unseren Adressat*innen zu gestalten, widerspiegeln. Was bedeutet das nun?

Nähe und Distanz sind nicht nach Gutdünken auszurichten, sondern entlang der Maxime, dass das jeweils gewählte Maß dem Entwicklungsprozess der Adressat*innen in bestmöglicher Weise entspricht. Selbstverständlich leitet sich hieraus das Erfordernis eines fundierten theoretischen Wissens ab, welches Maß an Nähe oder Distanz einer guten Entwicklung zuträglich sein könnte. Diese Frage ist nicht pauschal zu beantworten, sondern muss individuell und situativ, aber immer entlang theoretischer Überlegungen entschieden werden. Die Bestimmung eines allgemeingültigen Maßes (wie die schon mehrfach zitierte Anweisung, sich nicht auf das Bett des Kindes zu setzen) kann sicher nicht bei allen Adressat*innen dem Anspruch nach der bestmöglichen Entwicklungsförderung entsprechen. Während der/die eine Adressat*in die sicherheitsspendende oder tröstende Nähe des Erwachsenen für sein/ihr seelisches Wachstum benötigt, erlebt der/die andere dieselbe Nähe als bedrängend oder übergriffig. Während der/die eine Adressat*in die gewahrte Distanz als Respekt vor seiner Intimsphäre und Autonomie versteht, erlebt sie der/die andere als Kälte oder Zurückweisung. Manche Adressat*innen schränkt die Nähe der Bezugspersonen in ihren Entwicklungsmöglichkeiten ein, bei den anderen gilt das Gleiche für die Distanz. Das hat viel mit den bisherigen Lebensverhältnissen, aber auch mit dem Temperament und Charakter der Adressat*innen zu tun. *Das Finden des richtigen Maßes an Nähe oder Distanz setzt entsprechend ein möglichst tiefgehendes Fallverstehen voraus, auf dessen Basis dann ein Gespür für das situativ Richtige ermittelt werden kann.* Für die Entwicklung dieses Gespürs ist es erforderlich, dass sich der Pädagoge emotional auf die Situation und auf sein Gegenüber einlässt.

Auch wenn Nähe und Distanz grundsätzlich situativ und individuell bestimmt werden müssen, so dienen sie im Rahmen pädagogischer Beziehungen langfristig doch immer dem gleichen Entwicklungsziel: die Adressat*innen zu befähigen, ein möglichst selbstbestimmtes und eigenverantwortliches Leben führen zu können und gesellschaftliche Mitverantwortung zu übernehmen. In Teilen der pädagogischen Praxis, so zumindest mein Eindruck, kommt der emanzipatorische Aspekt zu kurz oder wird missverstanden: Erziehung zur Autonomie bedeutet nicht, Unterstützung zu versagen und die Adressat*innen »alleine machen« zu lassen. Das Ergebnis einer solchen »Erziehung« sehen wir in der Jugendhilfe oft bei Kindern und Jugendlichen, die aufgrund der emotionalen Abwesenheit ihrer Bezugspersonen sehr früh eigene Lösungen für alle möglichen Probleme finden mussten: Diese »notgereiften« Adressat*innen wirken oberflächlich sehr kompetent und autonom, ihre emotionale Vernachlässigung spiegelt sich jedoch in der Unfähigkeit wider, ihre Gefühle wahrzunehmen oder sie auf funktionale Weise zu regulieren: Sie »funktionieren« zwar, sind aber emotional verarmt. Kinder und Jugendliche sind auf dem Weg zur Entwicklung einer gesunden Autonomie und echten Reife auf emotionale Unterstützung durch Erwachsene angewiesen.

Die Erziehung zur Autonomie kommt demgegenüber zu kurz, wenn Fürsorge und Fremdbestimmung den Erziehungsalltag dominieren. In Anlehnung an Kants Überlegungen zur Menschenwürde ist Autonomie als Möglichkeit des Menschen zu verstehen, sich selbst Gesetze des Handelns zu geben. In der Jugendhilfepraxis wird Autonomie hingegen oft auf die Erlangung eines Funktionsniveaus reduziert: einen Haushalt führen und Anträge ausfüllen sowie Schule und Lehre absolvieren zu können. Nicht, dass eine so verstandene Autonomie keinen Wert für eine gelingende Lebensführung hätte, seine Bedeutung erscheint mir gegenüber einer Autonomie im Kant'schen Sinne aber derzeit übermächtig. So leistet eine Erziehung, die viel mit Belohnung und Bestrafung arbeitet, einem gesellschaftlichen Funktionieren Vorschub, nicht aber der Übernahme gesellschaftlicher Verantwortung. Wer gesellschaftliche Verantwortung übernehmen möchte, sollte zunächst für sich selbst Verantwortung übernehmen können, er sollte im Selbst-Denken geübt sein und Maßstäbe für das Treffen eigener Entscheidungen entwickelt haben. Ganz praktisch bedeutet das für uns: Statt den Adressat*innen einzuimpfen, was gut für sie ist, und sie zu den von uns festgesteckten Zielen zu führen, unterstützen wir sie bei der Entwicklung eigener Ziele und helfen ihnen dabei, ein möglichst unbestechliches Gefühl für »das Richtige« zu entwickeln. Dieses Gefühl für »das Richtige« befähigt sie des moralischen Handelns und damit einer autonomen Lebensführung. Ein autonomer Mensch unterwirft sich nicht den geltenden Gesetzen, sondern befolgt sie aus freien Stücken – oder rebelliert gegen sie, wenn sie seinen moralischen Überzeugungen widersprechen.

Ein Erziehungsprozess, der die Entwicklung von Autonomie zum Ziel hat, muss die Selbstbestimmung der Adressat*innen also von vornherein in größtmöglichem Umfang berücksichtigen, ohne aber die zur Reifung notwendigen Fürsorgequalitäten zu verwehren.

2.4.1 Erziehung zum Eigen- und Gemeinsinn statt zum Gehorsam

Wie kann eine Erziehung zu einer *eigenverantwortlichen und gemeinschaftsfähigen* Persönlichkeit, wie es im achten Sozialgesetzbuch gefordert wird, aussehen? Ich denke, dass wir die Adressat*innen auf dem Weg dorthin durch die Förderung ihres Eigensinns und ihres Gemeinsinns am besten unterstützen könnten, wir aber dafür auf die Einforderung von unbedingtem Gehorsam verzichten müssten. Dazu einleitend ein kurzer Schwenk zur Kinderbuchliteratur:

Auf die Frage nach ihren liebsten Kinderromanfiguren nennen mir Kolleg*innen regelmäßig die Namen aus Astrid-Lindgren-Romanen: Ronja Räubertochter, Pippi Langstrumpf und natürlich Michel aus Lönneberga. Allen Figuren gemein ist ihr ausgeprägter Eigensinn, der sie mit unbändigem Willen ihre eigenen Wege gehen lässt – auch gegen den familiären (Ronja und Michel) und gesellschaftlichen (Pippi) Widerstand. Als Kinder haben wir sie vermutlich deshalb so geliebt, weil wir uns selbst ein selbstbestimmtes Leben ohne Bevormundung und Kontrolle gewünscht haben. Was, wenn diese Drei in einer Jugendhilfeeinrichtung gelandet wären – hätte man von ihnen Gehorsam eingefordert und ihnen ihren starken Eigensinn, der ihren Charme letztlich ausmacht, ausgetrieben?

Eigensinn ist mit der Erfahrung von Würde eng verknüpft. Der Gehorsam, verstanden als Unterwerfung unter den Willen eines anderen, behindert hingegen die Entfaltung der Würde. Wenn wir in pädagogischen Zusammenhängen die Adressat*innen dafür belohnen, dass sie unseren Erwartungen entsprechen, oder sie bestrafen, wenn sie es nicht tun, fordern wir einen Gehorsam ein, in dem der Sinn für das Eigene nach und nach verloren geht. Weil sie uns ausgeliefert sind, lernen sie bei einer Erziehung zum Gehorsam, in unserem Sinne zu funktionieren, und entfremden sich durch diese ständigen Anpassungsleistungen ihrer selbst. Sie füllen nur noch die Rolle aus, die wir ihnen zugewiesen haben. Es ist wahr, dass Sozialisierung und Zivilisierung zu den erzieherischen Aufgaben zählen, aber das Einfordern von autoritätshörigem Gehorsam (wie es Michels Vater erfolglos praktiziert) ist etwas anderes als Sozialisierung. Das »Nein« eines/einer Adressat*in zu unseren Anweisungen verweist auf seinen Eigensinn: Mit dem »Nein« zu uns sagt der/die Adressat*in auch »Ja« zu seinem Eigenen.

Das ist etwas sozialromantisch, kann man vielleicht einwenden: Wenn der Eigensinn nicht eingedämmt wird, ufert er aus und verwächst sich zu Egoismus und sozialer Unverträglichkeit! Dem pflichte ich bei. Den Eigensinn der Adressat*innen grundsätzlich gutzuheißen, bedeutet nicht, ihn nicht zu begrenzen. Egoismus als ausgeuferter Eigensinn schert sich nicht um die Grenzen und Bedürfnisse der anderen. Aber die Begrenzung eines Eigensinns, der dem Gemeinsinn entgegenläuft, ist deshalb nicht gleichbedeutend mit seiner Unterdrückung. Wir machen es uns zu leicht, wenn wir das »Nein« der Adressat*innen mit der Androhung von Strafen beantworten. »Du räumst jetzt dein Zimmer auf oder du fährst nicht mit zum Ausflug« – eine solche Basta-Pädagogik soll unmissverständlich klarmachen, wer hier »das Sagen« hat. Ein nicht aufgeräumtes Zimmer bedroht unsere eigene Grenze oder den Gemeinsinn nicht, die Durchsetzung einer entsprechenden Forderung kann hier nur mit dem Ziel nach Zivilisierung des/der Adressat*in begründet werden. Hier ist nun – wenn keine einvernehmliche Lösung gefunden werden kann – das Recht auf Selbstbestimmung der Adressat*innen gegen unseren Zivilisierungsanspruch abzuwägen. Insbesondere wenn aufgrund biografischer Vorerfahrungen eine besondere Spannung auf dem Thema liegt (das Befolgen pädagogischer Anweisungen wird von Adressat*innen, die Machtmissbrauch erlebt haben, oft und schnell als Unterwerfung erlebt), erzielen wir mit machtvollen Maßnahmen der Fremdbestimmung weder Einsicht noch Zivilisierung, sondern Machtkämpfe: Welche Möglichkeiten – außer verdeckter oder offener Rebellion – blieben den Adressat*innen denn noch, wenn sie ihren Eigensinn wahren wollen? Je weniger Selbstbestimmung wir zugestehen, desto mehr werden die Adressat*innen darum kämpfen. Am Ende solcher symmetrischen Eskalationen steht dann entweder die Unterwerfung der Adressat*innen oder deren Ausstoßung aus der Einrichtung.

Den Eigensinn der Adressat*innen bei der Erarbeitung von Entwicklungszielen zu berücksichtigen, ist anfangs häufig ein mühsames Unterfangen: Oft wissen sie ja selbst nicht, »wo sie eigentlich hin wollen«. Das ist nicht verwunderlich, wenn sie aus Angst vor Bestrafungen wie Bindungsverlust oder Gewalt gezwungen waren, ihren eigenen Willen und ihre eigenen Bedürfnisse fortwährend zurückzustellen. Nach meinen Beobachtungen und Einschätzungen der gängigen Praxis in Einrichtungen dürfte den Adressat*innen bei der Suche nach dem Eigenen gerne mehr Raum zugestanden und Zeit gelassen werden. Sie werden sich – um in der Metapher zu bleiben – dabei sicherlich mal verlaufen, na und? Wie sollen sie, deren Eigenes in der Vergangenheit häufig massiv bedroht wurde, ansonsten lernen, ein Gefühl für sich zu entwickeln? Wie sollen sie ohne selbstbestimmte Entscheidungen ihre beschädigte Würde aufrichten? Ermutigen wir sie, ihren Sinn für das Eigene hervorzubringen, und unterstützen wir sie dabei, diesen im Sinne des Ziels eines selbstbestimmten Lebens in einer Weise zu kultivieren, dass er dem Gemeinsinn nicht zuwiderläuft. Die Unterstützung des Eigensinns ist jedoch nicht nur ein Zugeständnis an die Klient*innen, sondern sie steht auch im Dienste demokratischer Gemeinschaften: Erst durch Eigensinn entwickeln Individuen jene innere Verantwortlichkeit, die sie des moralischen Handelns befähigt. Jesper Juul und Helle Jensen (2017) haben dies in ihrem Buch *Vom Gehorsam zur Verantwortung* sehr deutlich beschrieben. Eine demokratische Gesellschaft benötigt Bürger, die Verantwortung übernehmen – und keine Duckmäuser, die sich Autoritäten in blindem Gehorsam unterordnen.

2.4.2 Die Anerkennung der Subjektqualität der Adressat*innen

Die Entwicklung einer *eigenverantwortlichen und gemeinschaftsfähigen Persönlichkeit* ist nach meinem Verständnis also eng mit der Kultivierung des Eigensinns verknüpft. Der Begriff der »Persönlichkeit« betont zudem die Individualität des Menschen, seinen Charakter und sein unverwechselbares So-Sein. Unbestreitbar sind Michel, Ronja und Pippi große Persönlichkeiten. Würden wir in der Jugendhilfeeinrichtung damit klarkommen, wenn Pippi die Füße beim Schlafen auf das Kopfkissen legte? Wie stärken und wie schwächen wir durch Erziehung »Persönlichkeiten«? Gestärkt wird eine Persönlichkeit, wenn sie sich entfalten, *das Eigene hervorbringen* kann.

Der gemeinsame Nenner entwürdigender Handlungen ist hingegen die Degradierung des anderen Menschen zum Objekt, was gleichbedeutend mit der Aberkennung seines Eigenrechts und seiner Selbstbestimmung ist.

In einer Wohngruppe einer Jugendhilfeeinrichtung wurde ein 13-jähriger Junge aufgenommen, der mit sechs Jahren von einem wohlhabenden deutschen Ehepaar aus einem kolumbianischen Kinderheim adoptiert wurde. Die Adoptiveltern hatten bereits zwei leibliche Mädchen und wünschten sich sehnlichst einen Jungen. Nach seiner Adoption wurde der bis dato entwicklungsverzögerte Junge stark gefördert und reichhaltig versorgt, er wuchs zu einem hübschen und sehr sportlichen Jungen heran, den die Adoptiveltern bei gesellschaftlichen Anlässen stolz vorzeigten. Mit Beginn der Pubertät aber häuften sich die Probleme mit ihm: Er zündelte, bestahl die Eltern, log. Der Junge wurde vom Jugendamt in Obhut genommen, nachdem er der Mutter eines Freundes gegenüber behauptete, seine Eltern würden ihn sexuell missbrauchen. Bei einem Gespräch mit den Adoptiveltern in der Wohngruppe zeigten sich diese maßlos enttäuscht von dem Verhalten des Jungen, »nach allem, was wir für ihn getan haben«. Man habe trotz aller Bemühungen diese »kriminellen Gene« einfach »nicht aus ihm herausbekommen«.

Nachdem seine Dankbarkeit für die »Rettung« aus Kolumbien und die jahrelange Förderung ausblieb und er sie sogar des Missbrauchs beschuldigte, brach die Idealisierung des Jungen in sich zusammen. Der Stolz der Adoptiveltern auf den Jungen galt nicht ihm als Person, sondern ihrer eigenen Erziehungsleistung, die sich lediglich in dem Jungen widerspiegelte. Der Junge war, so bestätigte sich der Eindruck im Laufe der Zeit immer mehr, ein Prestigeobjekt seiner Adoptiveltern geworden. Möglich, dass der Junge dies spürte und mit der (wahrscheinlich haltlosen) Beschuldigung des sexuellen Missbrauchs dafür sorgte, dass er die Familie verlassen konnte. Der eigentliche Missbrauch bezog sich jedoch nicht auf den Bereich der Sexualität, sondern auf die Beschlagnahmung seines Subjektstatus: Er war zum Objekt narzisstischer Bedürfnisse seiner Adoptiveltern geworden, die ihn – zu ihrer eigenen Erhebung – wie »Phönix aus der Asche« aus den vermeintlichen Ruinen seiner Kindheit zu einem idealen, wohlerzogenen Jungen emporsteigen sehen wollten. Den Preis für seine »Rettung« zahlte der Junge jedoch mit dem Verlust des Eigenen.

So wie ihm geht es vielen unserer Klient*innen, die die narzisstischen (wie in dem Fallbeispiel), sexuellen und manchmal auch finanziellen Bedürfnisse ihrer Bezugspersonen befriedigen mussten oder deren Eigenes als Ungehorsam ausgelegt und mit Gewalt bekämpft wurde. Vor diesem Hintergrund kann leicht der Auftrag an die Akteur*innen der Jugendhilfe abgeleitet werden, diesen schlimmen Erfahrungen der Degradierung zum Objekt nun korrigierende Erfahrungen des Erlebens von Subjekthaftigkeit gegenüberzustellen. Wie sieht es aber mit der Anerkennung der Subjektqualität der Klient*innen in Institutionen aus? Inwieweit kann ihr Eigenes gehört und berücksichtigt werden?

Es gehört seit jeher zu einer der kompliziertesten pädagogischen Aufgaben, zwischen der Akzeptanz des kindlichen Willens und des kindlichen So-Seins auf der einen sowie den gesellschaftlichen Erwartungen an das Verhalten des Kindes auf der anderen Seite eine Position zu finden. Das Recht auf Selbstbestimmung ist leichter zu fordern, als es einzuräumen, insbesondere bei »schwierigen« Adressat*innen. Viele von ihnen haben infolge entwürdigender biografischer Erfahrungen einen besonders starken, fast schon unbeugsamen Willen entwickelt, mit dem sie letztlich ihre Subjekthaftigkeit behaupten wollen. Dieser starke Wille ist für uns Pädagog*innen lästig und unbequem, manchmal auch bedrohlich. Da wird schnell eine »harte pädagogische Hand« gefordert, die den Widerstand der Zöglinge gegen die erzieherischen Bemühungen zu brechen vermag. Diese Erziehung zum Gehorsam kommt sowohl unverhohlen in einer strafenden Pädagogik als auch in der vermeintlich freundlicheren Version von positiven Verstärkern wie Lob und Belohnung zum Ausdruck. Wo aber die pädagogische Arbeit zur Anwendung ausgefeilter Verstärkerpläne degeneriert, da ist es mit der Anerkennung der Subjektqualität der Klient*innen nicht mehr weit her. Es ist tragisch, wenn sich Adressat*innen mit entwürdigenden Vorerfahrungen nun im pädagogischen Kontext mit punitiven oder manipulativen Maßnahmen konfrontiert sehen, die wieder der Logik der Fremdbestimmung folgen.

»Was krieg ich dafür?«, fragt das zehnjährige Mädchen die Erzieherin, nachdem diese sie gebeten hat, ihr beim Tisch decken zu helfen. »Und wenn ich es nicht mache?«, fragt der zwölfjährige Junge nach der Bitte der gleichen Erzieherin, er möge doch den Müll nach draußen bringen. Wenn Kinder und Jugendliche mit vielen Belohnungen und Bestrafungen erzogen worden sind, ereignen sich solche Interaktionen häufig. Jemandem einen Gefallen zu tun, ist keine Frage der Mitmenschlichkeit, sondern eine der Kosten-Nutzen-Kalkulation. Das Mädchen möchte einschätzen, welchen Vorteil es mit sich brächte, den Tisch zu decken. Der Junge möchte einschätzen, ob er die mögliche Konse-

quenz seiner Verweigerung zu tragen bereit wäre, bevor er sich für oder gegen das Raustragen des Mülls entscheidet. Das ist nicht verwunderlich, wenn die beiden Kinder in der Wohngruppe Sternchen oder Smileys für artiges und Wolken oder finster dreinblickende Emojis für unartiges Verhalten bekommen.
Mit einer solchen »Pädagogik« werden Anpassungsleistungen erzwungen, die manchmal zwar den erwünschten Erfolg zeitigen können, aber mit einer Beschädigung des Subjektstatus bezahlt werden. Wie viele Auseinandersetzungen in pädagogischen Einrichtungen ranken sich um die Frage, ob ein Adressat nun einen Smiley »verdient« habe oder nicht?!

Die eigentliche und entscheidende Frage lautet doch vielmehr, wie wir die Würde und Selbstbestimmung unserer Adressat*innen wahren und ihrem Wunsch nach Selbstbestimmung Rechnung tragen können, ohne uns ihrer Aggression zu unterwerfen und unseren erzieherischen Auftrag zu vernachlässigen. Ich habe dafür kein Patentrezept. Doch ich bin davon überzeugt, dass ein Bewusstsein der Pädagog*innen für den Kampf der Adressat*innen um ihre Subjekthaftigkeit und ihren Stolz hilfreich ist, um ihr Verhalten nicht voreilig als zu bezwingenden Ungehorsam zu interpretieren und diesen mit »Zuckerbrot und Peitsche« zu bändigen.

Das Erfahren der Subjektqualität
bei der Erziehungsplanung – kritische Anmerkungen

Eine Erziehung zur Würde impliziert die unbedingte Achtung vor der Subjekthaftigkeit der Adressat*innen, womit sie letztlich auch als »Akteur*innen ihrer Entwicklung« anerkannt werden. Pädagog*innen sind in dem Entwicklungsprozess der Adressat*innen kompetente Begleiter und Förderer, nicht aber die eigentliche Entwicklungsinstanz. Was sich nach einer sprachlichen Spitzfindigkeit anhört, entpuppt sich in der praktischen Umsetzung als himmelweiter Unterschied: Während sich die Subjektqualität im Finden eigener Wege widerspiegelt, verweist das Befolgen von außen festgelegter Wege auf einen Objektstatus (s. das Fallbeispiel mit dem kolumbianischen Jungen). In Hilfeplangesprächen wird aber eher selten die Frage gestellt, welche Wege die Adressat*innen beschreiten wollen: Meistens erstreckt sich »Partizipation« auf das Einholen des Einverständnisses der Adressat*innen, die von Helferseite formulierten Entwicklungsziele zu unterstützen. Das ist sehr oft eher Rechtsrhetorik als realisierte Beteiligung. Die gesetzlich festgeschriebenen Beteiligungsrechte verkümmern so zu einer Alibi-Partizipation: Wir wissen schließlich, was gut für die Adressat*innen ist! Auch diese Anmaßung der Erwachsenen ist letztlich eine Aberkennung der Subjektqualität der Adressat*innen. Unsere Aufgabe besteht aber darin, dem Selbstgestaltungsanspruch der Adressat*innen an *ihrem* Leben Rechnung zu tragen, indem wir eine möglichst geeignete Lebensumwelt schaffen. Es ist nun aber keine Forderung, dass Hilfeplangespräche von nun an Wunschkonzerte von Adressat*innen wären. Es geht vielmehr um die *tiefgreifende Anerkennung*, dass der/die Adressat*in ein/e Andere/r ist und er/sie ein Recht – nämlich sein Eigenrecht – darauf hat, eigene Wünsche, Ideen und Vorstellungen von seinem/ihren Leben zu haben. Er/Sie darf von uns darin nicht bevormundet werden.

Nach meinen Erfahrungen können wir uns bei der Einigung mit den Adressat*innen auf (Entwicklungs-)Ziele darauf verlassen, dass im Kern jede/r den Wunsch nach einem guten Leben und nach einem friedvollen Zusammenleben mit anderen Menschen hat. Es kann erst einmal langwierig und mühsam sein, sich auf die Ziele und die Wege dorthin zu verständigen, aber es bringt den unschätzbaren Vorteil mit sich, dass wir anschließend an der Seite der Adressat*innen für die Erreichung dieser Ziele kämpfen – und nicht gegen den Widerstand der Adressat*innen, die sich in der Wiederholung ihres Lebensthemas gegen eine Fremdbestimmung zur Wehr setzen.

2.5 Zusammenfassung

Mein Anspruch an dieses Kapitel bestand darin, einen rechtlichen und ethischen Rahmen für unser Beziehungshandeln zu formulieren. Zusammenfassen lässt sich das folgendermaßen:

Die Rechte unserer Adressat*innen leiten sich aus dem Grundgesetz, dem Bürgerlichen Gesetzbuch und dem achten Sozialgesetzbuch ab. Welches Beziehungshandeln im rechtlichen Sinne verboten, also strafbar ist, steht im Strafgesetzbuch. Das Leitziel unserer pädagogischen Bemühungen besteht in der Förderung der Entwicklung unserer Adressat*innen, was eine Erziehung zur Eigenverantwortung impliziert. Unsere Nähe-Distanz-Regulation hat sich an diesem Ziel zu orientieren. Handlungsleitend im ethischen Sinne sind für uns die UN-Menschenrechtscharta und die von ihr abgeleiteten Menschenrechtsinstrumente, insbesondere die UN-Kinderrechtskonvention. Die Wahrung der Würde ist in allen aufgeführten Gesetzen und Konventionen ein zentraler Begriff, der in seiner Tragweite und Relevanz als ethische Leitplanke für unser Beziehungshandeln besondere Beachtung verdient.

Den Rahmen für unsere Beziehungsgestaltung bilden
a)   die gesetzlichen Bestimmungen (Fundament);
b)   die Menschen- und Kinderrechte (ethische Leitplanke);
c)   die Wahrung der Menschenwürde (ethische Leitplanke);
d)   das übergeordnete Ziel der Entwicklung der Adressat*innen zu einer
     eigenverantwortlichen und gemeinschaftsfähigen Persönlichkeit.

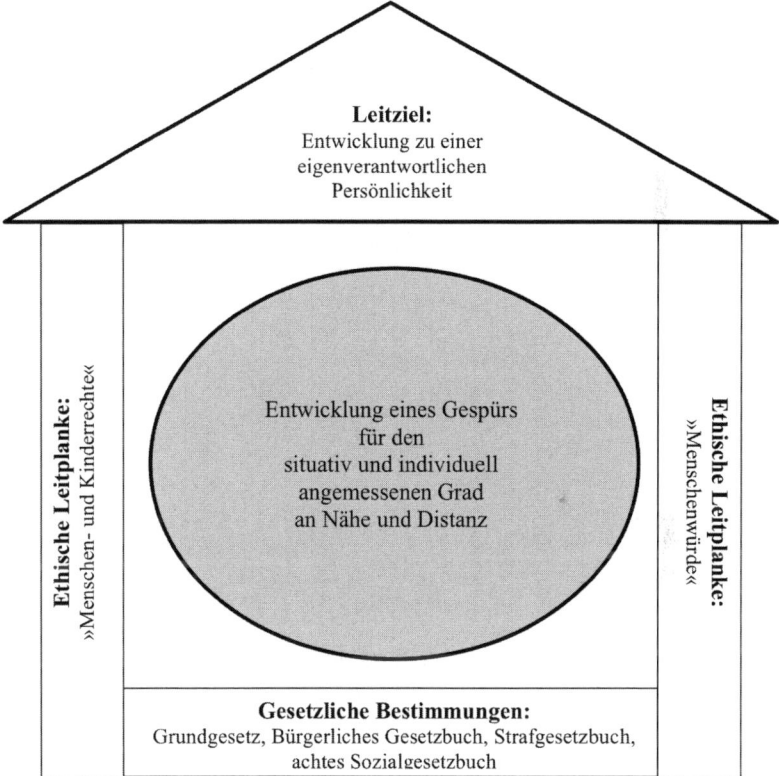

Abb. 1: Das Rahmengerüst pädagogischer Beziehungsgestaltung

Nun geht es darum, innerhalb dieses Rahmens ein Gespür für den situativ und individuell passenden Abstand zu ermitteln. Wie wir diesem Ziel näher kommen können und wie uns die Metapher von Nähe und Distanz dabei helfen könnte, davon handelt das nächste Kapitel. Aus den bisherigen

Ausführungen nehmen wir im Hinblick auf die Frage nach der adäquaten Nähe-Distanz-Regulation mit:

1. Wir kommen den Adressat*innen zu nahe, wenn wir ihr Eigenrecht und ihre Selbstbestimmung nicht ausreichend achten.
2. Wir bleiben den Adressat*innen zu fern, wenn wir ihnen die Begegnung und unsere Fürsorge verweigern.

3 Nähe und Distanz regulieren

»Eine Gesellschaft Stachelschweine drängte sich an einem kalten Wintertage recht nah zusammen, um sich durch die gegenseitige Wärme vor dem Erfrieren zu schützen. Jedoch bald empfanden sie die gegenseitigen Stacheln, welches sie dann wieder von einander entfernte« (Schopenhauer, 1851).

So beginnt Arthur Schopenhauers Parabel »Die Stachelschweine«[3]. Na gut, denkt man sich, Stachelschweine kennen das Problem der Nähe-Distanz-Regulation also auch, zumindest im Winter. Die Metapher vom Menschen als stacheligem Wesen schmeichelt zwar nicht unbedingt, aber dass körperliche Nähe wärmt und Stacheln unangenehm sind, das kann jede/r sicher gut nachempfinden. Die Parabel geht folgendermaßen weiter:

»Wann nun das Bedürfnis der Erwärmung sie wieder näher zusammenbrachte, wiederholte sich jenes zweite Übel, so daß sie zwischen beiden Leiden hin und her geworfen wurden, bis sie eine mäßige Entfernung voneinander herausgefunden hatten, in der sie es am besten aushalten konnten« (ebd.).

Jetzt heißt es über Schopenhauer, er sei zwar geistreich, aber kein sonderlicher Menschenfreund gewesen. Als er 17 Jahre alt war, beging sein Vater Selbstmord, zu seiner Mutter und seiner Schwester hat er als junger Erwachsener den Kontakt abgebrochen. Von der Ehe hielt er nicht viel, wie dieses Zitat verrät: »Zu Dem, *was Einer hat*, habe ich Frau und Kinder nicht gerechnet; da er von diesen vielmehr gehabt wird«. Es verwundert

---

3 Die Idee, das Thema über die Parabel einzuleiten, geht auf das ebenso amüsante wie einfühlsame Buch von Luepnitz (2007) zurück: *Schopenhauers Stachelschweine. Psychotherapiegeschichten über die Nähe und ihre Tücken.*

also selbst bei nur oberflächlicher Kenntnis seiner Biografie nicht, wenn Schopenhauer Nähe wie Distanz als »Leiden« empfindet und der mäßige Abstand bestenfalls etwas sei, was »auszuhalten« wäre.

»So treibt das Bedürfnis der Gesellschaft, aus der Leere und Monotonie des eigenen Innern entsprungen, die Menschen zueinander; aber ihre vielen widerwärtigen Eigenschaften und unerträglichen Fehler stoßen sie wieder voneinander ab« (ebd.).

Waren es bei den Stachelschweinen noch die Stacheln, so sind es auf die Menschen übertragen nun die widerwärtigen Eigenschaften und unerträglichen Fehler, die den Wunsch nach Distanz erzeugen. Die Suche nach Nähe hingegen sei nicht mehr als eine Flucht aus der inneren Leere und Monotonie. Damit wird der Mensch hin- und hergeworfen zwischen zwei bösen Übeln – und wer das so empfindet, der lebt wie Schopenhauer traurig und zurückgezogen und stirbt einsam. Bedauerlich, dass er die Nähe anderer Menschen nicht als wärmend erleben und das Alleinsein nicht mit seinem inneren Reichtum füllen konnte. Sicherlich bedingt das eine das andere: Das Erleben von Nähe schafft erst die Voraussetzungen für den Genuss des Alleinseins. Umgekehrt ermöglicht erst die Wahrung von Distanz den Genuss von Intimität. Es geht also bei genauerer Betrachtung in der Beziehungsgestaltung nicht darum, zwischen Nähe und Distanz eine Mitte im Sinne einer statischen Balance zu finden – diese Mitte wäre lediglich das »Aushalten« im Sinne der Parabel –, sondern sowohl Nähe als auch Distanz als eigenständige und wertvolle Qualitäten zu erfahren.

»Die mittlere Entfernung, die sie endlich herausfinden, und bei welcher ein Beisammensein bestehen kann, ist die Höflichkeit und feine Sitte. Dem, der sich nicht in dieser Entfernung hält, ruft man in England zu: keep your distance! – Vermöge derselben wird zwar das Bedürfnis gegenseitiger Erwärmung nur unvollkommen befriedigt, dafür aber der Stich der Stacheln nicht empfunden« (ebd.).

Höflichkeit und feine Sitte sind zwar viel besser als Respektlosigkeit und Grobheit, aber als alleinige Zutaten für eine Beziehungsrezeptur nun doch zu fad. Wir können unser Leben ja nicht zuallererst danach ausrichten, etwas (hier: die Stiche der Stacheln) *nicht* zu empfinden. Zweifelsohne ist das Bedürfnis nach Schutz bei Menschen, die durch Stiche schon oft böse verletzt worden sind, gut nachvollziehbar. Aber sollten nicht gerade diese Menschen erfahren dürfen, dass Nähe auch angenehm sein kann? Und ist es nicht ohnehin menschenfreundlicher, bei Überlegungen zur Beziehungsgestaltung in pädagogischen Einrichtungen das »Bedürfnis gegenseitiger Erwärmung« zu fokussieren? So ein Leben als Stachelschwein klingt betrüblich und anstrengend: Egal, wo man sich aufhält, immer wird ein Mangel empfunden. Bewegung setzt dann ein, wenn der Mangel zur Qual wird und nicht mehr auszuhalten ist. Nur ganz genau in der Mitte, unter der Regie der Höflichkeit und der feinen Sitte, befindet sich ein Bereich, in dem »ein Beisammensein bestehen kann«. »Höflichkeit und feine Sitte« sind jedoch nicht gerade die Paradedisziplinen unserer Adressat*innen: Die meisten Kinder, Jugendlichen und Erwachsenen, mit denen wir arbeiten, haben Gewalt, Unachtsamkeit, Taktlosigkeit und Rohheit erlebt – das ist nicht die Sphäre, in der die Feingeistigkeit gedeiht. Durch Höflichkeit und feine Sitte alleine entsteht auch keine Bindung: Hierfür müssen Emotionen miteinander geteilt und intensiv miteinander gerungen werden.

Viel besser wäre es daher, wenn die Stachelschweine in der Lage wären, die Nähe zu den Artgenossen zu genießen und das Alleinsein als wertvolle Zeit zu empfinden. Welche Umstände würden es in pädagogischen Beziehungen ermöglichen, Distanz nicht als Kälte und Nähe nicht als Enge zu empfinden? Es ist in unserer pädagogischen Arbeit weder möglich noch sinnvoll, sich immerzu im mittleren Abstand aufzuhalten. Schopenhauers Parabel greift deshalb zwar pointiert das Nähe-Distanz-Dilemma auf, bietet für unseren Beruf aber keine überzeugende Lösung an. Im Folgenden spanne ich das weite Feld von Nähe und Distanz noch etwas auf, indem ich die Begriffe zunächst nicht als Begriffspaar verwende, sondern sie für sich genommen untersuche.

3.1 Sich jemandem nahe fühlen

Sich jemandem nahe zu fühlen, ist ein wunderbar warmer, ruhiger Zustand. Man kann ihn nicht nur im Freundes- und Familienkreis erleben, sondern auch in den Beziehungen zu unseren Adressat*innen. Das ist einer der Gründe, warum ich den Beruf so mag: Ich kann mich anderen Menschen im Menschsein verbunden fühlen. Wann und warum ist das so? Ich glaube, ich fühle mich den Adressat*innen paradoxerweise dann besonders nahe, wenn diese nahe bei sich und ich nahe bei mir bin. Das sind die Momente, in denen ich den Eindruck habe, einem anderen Menschen zu begegnen.

Ich bin berührt, wenn der Andere im engen Kontakt mit seinen Gefühlen steht und ich daran teilhaben darf. Die Nähe, die ich dann empfinde, wird mir von dem Anderen erlaubt, ich kann sie nicht erzwingen. Die Art des Gefühls ist dabei ohne Bedeutung, es kann Schmerz, Verzweiflung, Rührung, Hass, Panik, Lust, Freude oder etwas anderes sein: Wenn ich etwas mitbekomme von dem, was der Andere tief in seinem Innern empfindet, dann fühle ich mich ihm nahe. Dazu muss der Andere sich trauen, etwas von sich zu zeigen.

Wichtig erscheint mir dabei, die Offenheit meines Gegenübers als ein Geschenk zu betrachten. Mit Geschenken muss man sehr vorsichtig sein: Viele Kinder haben die Erfahrung gemacht, dass das, was sie von sich gezeigt haben, von anderen bewertet wurde, unbeachtet blieb oder schlicht nicht erwidert wurde. Das ist eine Form von »Stacheln«, die das Angebot von Nähe zu einer schlechten, schmerzhaften Erfahrung werden lässt. Von jemandem, in dessen Nähe ich mich begebe, indem ich etwas von mir zeige, möchte ich schonend und achtungsvoll behandelt werden. Es geht dabei nicht um Kritiklosigkeit, sondern um eine Art des Verhaltens, das mit »taktvoll« am treffendsten beschrieben werden kann. Nähe braucht eine taktvolle Einbettung, damit sie als positive Erfahrung erlebt und verankert werden kann.

Um emotionale Nähe zu einem anderen Menschen verspüren zu können, brauche ich also in mir die Bereitschaft, mich berühren zu lassen. Die Offenheit des Anderen wird erst in dem Moment meiner gefühlsmäßigen Resonanz auf diese Offenheit zu einem nahen Moment. Und wenn das Empfinden von Nähe im Zusammenhang damit steht, ob Menschen etwas von sich zeigen, dann stellt sich diese Frage auch für die Pädagog*innen bei der Ausübung ihres Berufes. Wie nahbar wollen wir selbst im Rahmen der pädagogischen Beziehung sein?

3.1.1 Nahbarkeit der Pädagog*innen

Inwieweit stehen wir unseren Adressat*innen nicht nur als Anwender einer technologisierten Pädagogik, sondern auch als Mitmenschen zur Verfügung? Können wir emotionale Nähe zu jemandem empfinden, wenn unser Herz nicht geöffnet ist, wenn wir nicht bereit sind, emotional Anteil zu nehmen am Empfinden, an der Not, an den Bedürfnissen des Anderen? Und kann uns Pädagog*innen Vertrauen entgegengebracht werden, wenn wir selbst nicht bereit sind, etwas von uns zeigen?

Ein erfahrener Supervisor gab mir früh in meinem Berufsleben den Leitsatz »Heilend ist die menschliche Begegnung« mit auf den Weg. Dieser

Satz ermutigte mich, mich mit mehr Offenheit auf die Begegnung mit den Adressat*innen einzulassen und meine Person nicht hinter einer fachlichen Maske zu verstecken. Damit ist natürlich nicht gesagt, dass auf Fachlichkeit ebenso gut verzichtet werden kann – zur Professionalität gehört die Kompetenz, eigene Werthaltungen, Empfindungen und Erfahrungen im richtigen Maße, also im Sinne der Entwicklung der Adressat*innen, einzubringen. Bleibt diese Form der persönlichen Beteiligung aber gänzlich aus, kann Nähe meines Erachtens nur schwerlich entstehen: Wird der Mensch hinter seiner Rolle nicht sichtbar, wie kann ich ihm dann wirklich vertrauen? Woher weiß ich, dass er mich nicht insgeheim verachtet? Wie kann ich sicher sein, dass er seine Macht über mich nicht ausnutzt?

Ich versetze mich in die Rolle eines/einer Adressat*in: *Zu Beginn unserer Beziehung empfinde ich zunächst Unterlegenheit gegenüber dem professionellen Helfer. Ich befürchte, belehrt oder bevormundet zu werden. Wehe, er begegnet mir mit routinierter Freundlichkeit, die doch nur dem Ziel dient, mich emotional auf Distanz zu halten. Wehe, er drischt die gleichen Phrasen von »Wertschätzung«, die er mir entgegenbringe, wie schon so viele andere Helfer zuvor. Ich bin zwar in Not, aber ich habe eine Würde. Ich möchte nicht gekonnt »abgespeist« werden und schon gar nicht will ich mit irgendeiner Form von Verlogenheit konfrontiert werden. Als Adressat*in wünsche ich mir Pädagog*innen, die integer und glaubwürdig sind: deren Taten konform gehen mit ihren Worten; die ihre Gefühle nicht verleugnen und sich ihrer nicht schämen; die auch manchmal Schmerzen haben und ratlos sind; die selbst hadern, zweifeln und Verzweiflung kennen; die eigene Positionen einnehmen und sie engagiert vertreten, auch gegen den gesellschaftlichen Mainstream; die mir aber nicht nach dem Mund reden, auch aus dem gewichtigen Grund nicht, weil ich ihrer wahren Meinung würdig bin. Ich wünsche mir Pädagog*innen, denen ich in jedem Moment anmerken kann, dass sie »echt« sind und ihre Gefühle nicht vor mir verbergen. Von Pädagog*innen, die mir mit dieser Authentizität begegnen, fühle ich mich als Mitmensch ernstgenommen. Ich fühle mich sicher in ihrer Gegenwart, sie sind keine Übermenschen. Sie sind auch fehlbar, so wie ich. Es tut mir gut zu sehen, dass in ihrem Leben auch nicht immer alles glatt lief oder läuft. Ich möchte gerne von ihnen lernen. Was sie zum Thema Werte zu sagen haben, das interessiert mich, das kann ich ernst nehmen. Solche Pädagog*innen dienen mir zum einen als Vorbild für meinen eigenen Umgang mit Gefühlen und zum anderen kann ich in der Auseinandersetzung mit ihnen meine eigene Meinung herausbilden.*

Leider wird der Wert von Nahbarkeit in der Ausbildung von Pädagog*innen kaum erkannt und der Umgang mit den eigenen Gefühlen kaum gelehrt (vgl. Volmer, 2017). Am besten wäre es, wenn die Pädagog*innen den Adressat*innen gegenüber die allseits geforderte Wertschätzung immer ganz authentisch – denn das sollen sie gleichzeitig ja auch sein – fühlen würden. Was aber, wenn sie Hass und Ekel verspüren oder sie schwer gekränkt sind? Was, wenn sie die manchmal so unermesslich provokanten und grenzüberschreitenden Adressat*innen am liebsten anschreien oder schlagen würden? In der Regel greift dann die Selbstzensur: Solche Gefühle »darf« man nicht haben! Häufig verbergen Pädagog*innen ihre aversiven Gefühle hinter vermeintlich »edlen« pädagogischen Maßnahmen, die meist viel Moralin enthalten, denen aber fachliche Sinnhaftigkeit abhanden geht. Dabei wäre das Eingeständnis der Wut oder Ohnmacht der pädagogischen Beziehung häufig weit zuträglicher als die vermeintlich überlegene rationale Intervention. Schwabe (2016) legt sehr überzeugend dar, mit welcher persönlichen Haltung man Jugendlichen begegnen könnte:

> »Du, Jugendlicher, kränkst mich. Ich (Pädagoge) nehme das wahr, ich wehre mich entschieden. Du setzt noch einen drauf, aber ich auch und so geraten wir immer wieder in eskalierende Situationen, in denen wir beide aggressiver werden als gewollt und damit beide auch schuldig. Aber dann zeige ich Dir, wie ich mit meiner Wut und Schuld umgehe. Ein bisschen selbstkritischer als Du und ein bisschen offener und souveräner. Und ich zeige Dir, dass ich neben meiner Wut auch noch andere Gefühle für Dich empfinde. Dass ich beeindruckt bin von Dir, dass Du mir auch ein wenig Angst machst, und ich Mut brauche, Dir entgegenzutreten. Ich finde Dich aber auch ganz interessant, wenn nicht sogar faszinierend. Ich überrasche Dich damit, weil mein Hass eben nicht das Ende der Beziehung ist, sondern ihr Anfang oder zumindest nicht das ganze Lied, sondern nur eine Stimme. Gerade weil ich hasse und mir und Dir das zugestehe und auch offen zeige, kann ich Dir auch meine Hand ausstrecken. Denn ich bin nicht viel besser als Du. Nur ein kleines bisschen geübter im Umgang mit explosiven Gefühlen und auch im Wissen und im Spürenkönnen der anderen Seiten« (S. 39).

Weit mehr noch als ein/e Therapeut*in ist der/die Pädagog*in gefordert, sich mit seiner/ihrer Persönlichkeit in die professionelle Beziehung einzubringen. Aus dem Stoff seiner/ihrer Gefühle wird zu einem guten Teil das Erziehungsband gewoben, auf dem die pädagogische Arbeit basiert. Die Adressat*innen, insbesondere Kinder und Jugendliche, benötigen zum

Wachsen keine roboterhaften Fachanwender, sondern persönliche Begleiter und Gegenüber. Wahrhaftigkeit und Authentizität der Pädagog*innen werden folgerichtig »in allen Selbstzeugnissen von Heranwachsenden (in Romanen ebenso wie in empirischen Untersuchungen [JULE 1998]) als entscheidendes Moment für das Gelingen des pädagogischen Umgangs herausgestellt« (Thiersch, 2012, S. 40).

Doch wo die professionelle Routiniertheit mit der Authentizität ein Regulativ benötigt, um nicht als »manipulative Fassadenhaftigkeit« (Schulz von Thun, Ruppel & Stratmann, 2003) entstellt zu werden, so verkommt der Wert der Authentizität ohne professionelles Rollenverständnis zur »naiven Unverblümtheit« (ebd.). Insofern ist Authentizität immer selektiv und wägt zwischen persönlicher Echtheit und rollenkonformer Strategie ab. Zudem verweist Nahbarkeit zwar auf die *prinzipielle emotionale Ansprechbarkeit,* die spezifische Offenheit jedoch variiert auch in Abhängigkeit der Vertrautheit der Beziehung. Wenn sich bei Pädagog*innen zu der grundsätzlichen Bereitschaft, nahbar zu sein, fundiertes fachliches Wissen und ein Gespür für die Spezifika der Beziehung gesellen, sind für die Beziehungsgestaltung gute Weichen gestellt.

3.1.2 Formen der Nähe

Was verstehen wir im Zusammenhang mit unserer professionellen Beziehungsgestaltung unter »Nähe«? Als erstes fällt einem da die körperliche Nähe ein: Sie ist im Rahmen von im weitesten Sinne pflegerischen Handlungen unvermeidbar. Manchmal sind sehr intime Handlungen, die mit Nacktheit und/oder Krankheit in Verbindung stehen, notwendig. Diese erzeugen auf beiden Seiten, auf der des Pflegenden und auf der des Gepflegten, oft Schamgefühle. Hier ist viel Taktgefühl gefragt, um die Scham in einem erträglichen Bereich zu halten. Und es ist eine Kunst, der unvermeidbaren, aufgezwungenen Intimität nicht mit zu viel Kälte zu begegnen, um sie überhaupt bewältigen zu können.

Körperliche Nähe ist auch dann notwendig, wenn sich Adressat*innen akut und massiv selbst- oder fremdgefährdend verhalten. Hier ist unabdingbar unser körperliches Eingreifen gefordert. Auch in diesen Situationen ist es eine Kunst, den Körpereinsatz angemessen zu dosieren. Die legitimierte Ausübung von Macht kann dazu verführen, Gewalt auszuüben, insbesondere dann, wenn die Situation starke Wutgefühle in uns auslöst oder sich schon länger ein Ärger auf den/die Adressat*in in uns aufgestaut hat. Da passiert es schnell, dass intensiverer Körperkontakt hergestellt wird, als es angemessen wäre.

Doch es gibt viele Situationen im pädagogischen Alltag, in denen körperliche Nähe möglich, aber nicht zwingend ist. Wir können ein Kind auf den Schoß nehmen oder auch nicht; wir können es beim Vorlesen in den Arm nehmen oder es bleiben lassen; wir können balgen und raufen oder nur für körperferne Spiele zur Verfügung stehen; wir können dem Kind tröstend über Kopf und Rücken streicheln oder versuchen, es ausschließlich über Sprache zu beruhigen; wir können den jugendlichen Mädchen die langen Haare kämmen und fönen oder die Adressatinnen anhalten, das selbst zu machen; wir können abends vor dem Schlafengehen eine Massage anbieten oder uns – wenn überhaupt – damit begnügen, von einem Stuhl neben dem Bett aus eine Geschichte vorzulesen.

Auf *emotionaler Ebene* kann Nähe entstehen, wenn man sich aufeinander einlässt, wenn zwei Menschen bereit sind, gefühlsmäßigen Kontakt zueinander herzustellen. Dafür braucht es die Fähigkeit, sich in den anderen einzufühlen und Anteil an seinem Erleben zu nehmen. Hierbei entstehen bindungsintensive Momente, in denen man hin- und hergeworfen wird zwischen dem Gefühl, das miteinander geteilt wird, und dem Gefühl, das durch die Berührung im Moment entsteht. Wir können miteinander traurig sein und gleichzeitig die Verbundenheit in der Trauer als beglückend erleben. Wie nahe möchten wir die Gefühle der Adressat*innen an uns heranlassen? Möchten wir wirklich Kontakt haben zu der abgrundtiefen Traurigkeit, zu der puren Verzweiflung, zu dem blanken Hass, zu der schieren Angst, zu dem alles zerfressenden Neid, zu der peinigenden Scham ... unserer Adressat*innen? Bringen wir die Bereitschaft auf, diese Gefühle vorübergehend in uns aufzubewahren und sie dort dann ebenfalls zu spüren? Oder entscheiden wir uns für den einfacheren Weg, indem wir uns diese Gefühle »vom Leib« halten?

Bei der Arbeit mit einem syrischen jungen Mann ahne ich, dass meine Frage »Möchtest du mir von diesen Bildern erzählen?« schwierige Momente nach sich ziehen würde. Er hatte mir zuvor berichtet, dass ihn schlimme Bilder vom Krieg in Syrien, die er vor seinem inneren Auge sähe, vom Schlafen abhielten. Ich stand vor der Entscheidung, ob ich Karim einlade, mir von diesen Bildern zu erzählen – sie also mit mir zu teilen – oder ob ich ihm dabei helfen sollte, diese Bilder zu distanzieren. Ersteres wäre eine Hilfe zur Transformation der Gefühle, die mit den Bildern gekoppelt sind, zweiteres eine hypnotherapeu-

tisch-imaginative Technik zur kurzfristigen emotionalen Stabilisierung. Ich spürte Karims Wunsch, mir von diesen Bildern zu erzählen und ich spürte meine Bereitschaft, mich auf ihn und seine Bilder einzulassen. Meine Entscheidung hatte zur Folge, dass unsäglicher Schmerz aus Karim herausbrach, der auch mich mit voller Wucht erfasste. Es war mir unmöglich, ihm zuzuhören und ihn anzusehen, ohne mit ihm zu weinen. Obwohl ich Karims Erfahrung nicht selbst erlebt hatte, teilten wir miteinander die Emotionen, die mit dem Ereignis verknüpft waren. Meine Erschütterung zu sehen, war Karim ein Trost, der durch nichts anderes – das glaube ich zumindest – als durch eben diese Anteilnahme möglich gewesen wäre. Es ist fast müßig zu erwähnen, dass unsere Nähe durch diesen Moment größer wurde – aber es ist auch nicht abzustreiten, dass die Anleitung einer Distanzierungstechnik mich in weniger starke emotionale Turbulenzen geworfen hätte. Anteilnahme kann anstrengend und manchmal auch sehr schmerzhaft sein. Dies wird in einer Aussage des Kinderpsychiaters Markus Landolt (2004) treffend beschrieben, wonach die Kunst in der Arbeit mit traumatisierten Menschen darin bestünde, »sich durch die Traumaerzählung berühren [zu] lassen, zugleich der pathogenen Gewalt des Traumas stand[zu]halten und dieser kompensierende und pathogene Kräfte entgegen[zu]halten« (S. 87).

Neben der körperlichen und der emotionalen Ebene kann Nähe auch auf mentaler Ebene entstehen, zum Beispiel durch den Austausch faszinierender, geistreicher, schöner, klarer oder tiefsinniger Gedanken. Die Voraussetzung für das Entstehen von Nähe besteht auch hier in der Möglichkeit und in dem Willen, in die Welt des Anderen einzutauchen. Hier gibt es Gemeinsamkeiten zu entdecken, die ein Zusammengehörigkeitsgefühl erzeugen können: Ein ähnlicher Blick auf die Welt, geteilte politische Überzeugungen, spirituelle Verwandtschaften, übereinstimmende Haltungen. Auch im Entdecken von Unterschieden kann die Saat für das Erleben von Nähe liegen: Hitzige oder tiefschürfende intellektuelle Kontroversen verweisen zeitgleich auf das gemeinsame »Brennen« der Kontrahent*innen für das Objekt der Betrachtung; gänzlich verschiedene Perspektiven können einander befruchten und etwas Drittes hervorbringen. Auch, wenn einem ein ähnlicher Sinn nach etwas steht, zum Beispiel nach einer bestimmten Art von Musik, einer Kunstrichtung, einer Epoche, einem Literaten etc., dann verweist das auf eine mentale Nähe, die für befriedigende Beziehungen von sehr hoher Bedeutung sein kann. Es ist auch sehr bindungsfördernd, wenn man über das Gleiche lachen kann.

Alle guten Formen der Nähe speisen sich aus dem Interesse und der wohlwollenden Zugewandtheit. Doch welchen Wert hat Nähe an sich? Und ist Nähe immer »gut«? In ihrem Vortrag »Verliebtheit und aggressive Verwicklung im Kontext pädagogischer Generationenverhältnisse« problematisiert Dörr[4] (2018) die durchweg positive Konnotation des Begriffs Nähe als angenehm, weich und zugewandt. Vielmehr, argumentiert sie schlüssig, sei die Nähe, die einem »unter die Haut geht« – wie zum Beispiel erotische Gefühle von oder für Adressat*innen –, ausgesprochen problematisch. Wir werden noch feststellen, dass Nähe, die einem unter die Haut geht, in unserer Arbeit unvermeidbar ist und deshalb oft genug unsere Fähigkeit gefragt ist, nicht nur angemessene Nähe herzustellen, sondern uns auch aus unangemessen intimer Nähe zu befreien.

3.1.3 Wozu wird Nähe benötigt?

In dem Workshop zur Nähe-Distanz-Regulation, von dem ich in der Einleitung sprach, wurde das Massieren der Kinder heiß diskutiert. Der Kursleiter befand diese Form des Körperkontaktes generell als »zu nahe«, stattdessen könne man die Kinder ja anleiten, sich wechselseitig zu massieren.

Wenn wir uns vergegenwärtigen, dass die meisten Kinder aus Heimeinrichtungen mit wenig Geborgenheit und überwiegend mit einem sehr schlecht ausbalancierten Nähe-Distanz-Verhältnis groß geworden sind, dann erscheint diese Überlegung doch fragwürdig. Ist es nicht ein ziemliches Handicap, weitgehend ohne die Erfahrung liebevoller Berührungen durch die Kindheit gehen zu müssen? Ist es überhaupt möglich, andere liebevoll zu massieren, ohne am eigenen Leib erfahren zu haben, wie sich das anfühlt?

Mit seiner Aussage, »das ICH« sei »zunächst einmal ein körperliches« verwies Freud darauf, dass sich die menschliche Entwicklung primär in der Entwicklung mit dem eigenen Körper vollzieht. Hammer (1995) präzisiert: »Die Entwicklung seines [des Säuglings] Körpers, mit dem im zunehmenden Maße auf die Umwelt eingewirkt werden kann, bestätigt ihn als werdende Persönlichkeit, deren Entwicklung sich in der aktiven Auseinandersetzung mit der Umwelt vollzieht« (S. 151). Die Grundlage für

---

4 M. Dörr ist gemeinsam mit Burkhard Müller die Herausgeberin des Standardwerkes *Nähe und Distanz. Ein Spannungsfeld pädagogischer Professionalität.*

eine positive Entwicklung des Körpergefühls und des Körperbewusstseins bilden die frühen elementaren Körpererfahrungen eines Säuglings im Kontakt zu seinen Bezugspersonen. Kinder, die

> die Behutsamkeit und den Halt liebevoller Berührungen,
> die Zuverlässigkeit im Stillen ihrer körperlichen Bedürfnisse (Nahrung, Sauberkeit) und
> den Austausch wechselseitig bezogener Gesten und Berührungen

erfahren haben, können ein intaktes Körpergefühl und eine positive Einstellung zum eigenen Körper entwickeln. Störungen in der Beziehung zum eigenen Körper entstehen zum Beispiel durch Erfahrungen von körperlicher Gewalt, Vernachlässigung (mangelnde Pflege und Versorgung, mangelnde körperliche Nähe), sexuellen Missbrauch und chronische Krankheiten. Lieblosigkeit, Härte, mangelnde Zärtlichkeit sowie die Domestizierung des Körpers zugunsten des Geistes können ebenfalls zu Schwierigkeiten im Aufbau eines positiven Körpergefühls führen. Ein beschädigtes Körpergefühl wiederum kann als Hauptursache für ein vulnerables Selbstgefühl angesehen werden (vgl. Joraschky, 2000). Eine Pädagogik, die die körperliche Nähe auch aus dem Kontakt zu körperlich vernachlässigten, misshandelten oder missbrauchten Adressat*innen ausklammert, muss sich den Vorwurf gefallen lassen, nicht nur eine elementare Dimension menschlichen Seins, sondern auch einen wichtigen Baustein der Entwicklungsförderung zu vernachlässigen.

Emotionale Nähe

Auf emotionaler Ebene wird Nähe benötigt, um zu spüren, dass man nicht allein ist. Der Traumaforscher Onno van der Hart sagt in einem Gespräch mit der Traumatherapeutin Michaela Huber: »Ich glaube, dass der Kern jeder Traumatisierung in extremer Einsamkeit besteht. Im äußersten Verlassensein« (Huber, 2006, S. 11).

Eine der Geschichten, die mich sehr ergriffen haben, handelt von der 16-jährigen Leonora. Sie hatte ihren Stiefvater des sexuellen Missbrauchs angezeigt und war daraufhin noch auf der Polizeistation in die Obhut des Jugendamtes genommen worden. Leonora hatte eine kleine Schwester, die sie sehr liebte, und eine Mutter, die ihre Tochter nun der Lüge bezichtigte. Da der Stiefvater unmittelbar in Untersuchungshaft kam, beschuldigte die Mutter die Tochter, die Familie zerstört zu haben. Sie verbot Leonora, Kontakt zu ihr oder zu ihrer kleinen Schwester aufzunehmen. Glauben würde sie ihr erst, wenn das Gericht die Schuld des Stiefvaters feststellen würde. Das Verfahren dauerte gut zweieinhalb Jahre, die Leonora in einer Jugendhilfeeinrichtung verbrachte. Schlussendlich wurde der Stiefvater zu der Höchststrafe von 15 Jahren Gefängnis verurteilt – wenn ich an die Urteilsbegründung, die ich damals gelesen habe, denke, läuft es mir noch heute kalt den Rücken herunter. Doch Leonoras Mutter beharrte darauf, dass das Urteil falsch sei und ihre Tochter gelogen habe. Das hatte zur Folge, dass die Jugendliche in der Jugendhilfeeinrichtung verbleiben musste und psychisch dekompensierte. In den Krisengesprächen, die ich mit Leonora führte, wurde mir rasch klar, dass der traumatischste aller traumatischen Aspekte an der ganzen Geschichte derjenige war, dass ihre Mutter ihr nicht glaubte.

Sich in ihre Tochter einzufühlen, würde bedeuten, sich mit der Bestialität des Ehemannes auseinandersetzen zu müssen. Das Leid der Tochter zu spüren, würde jedoch in der Mutter in einem Maße Schuldgefühle erzeugen, die vielleicht nicht zu ertragen wären. So ist es eine Tragödie sondergleichen für die Jugendliche: Sie ist doppelt viktimisiert durch die Taten des Stiefvaters und dadurch, dass sie von der Mutter alleine gelassen wurde. Sie hätte die Nähe der Mutter sehr dringend benötigt, insbesondere in Form einer Validierung des Leids. Menschen sind in der Lage, sehr schlimme Erlebnisse zu verarbeiten, wenn sie nur dabei unterstützt werden.

»Du bist nicht allein«, »Ich bin bei dir«, »Ich gehe nicht weg« – diese Versicherungen benötigen wir insbesondere in Notsituationen. Kinder und Jugendliche, die in Heimeinrichtungen leben, sind regelmäßig mit ihrer Not alleine gelassen worden. Ich denke sofort an etliche Kinder, die in einem Drogenmilieu aufgewachsen sind und deren Eltern nicht einmal in der Lage waren, die Grundbedürfnisse ihrer Babys und Kleinkinder zu befriedigen. Ich denke an die vielen Kinder psychisch kranker Eltern, die so sehr um sich selbst kreisten, dass sie die Not ihrer Kinder kaum wahrnehmen konnten. Wer nicht wahrgenommen wird, mit dem kann auch nicht mitgefühlt werden. Mitgefühl erfahren zu haben, bildet aber erst die Voraussetzung, selbst Empathie entwickeln und zeigen zu können. Und da Empathie die Basis für prosoziales Handeln darstellt, brauchen die Adressat*innen zuallererst unser Mitgefühl, wenn wir – wie so oft – den Auftrag bekommen, ihr »Sozialverhalten zu verbessern«.

Erfahrungen von Nähe sind es, auf denen der Säugling das Vertrauen in die Welt gründet. Er ist in Not, er schreit, er wird gehört und es wird ihm geholfen. Er wird gestillt, versorgt, gehalten …; »die Welt meint es gut mit mir«, wird das Baby dadurch internalisieren, »wenn ich Kummer habe, kommt jemand und hilft mir. Ich bin geborgen und sicher«. Aus dieser Sicherheit heraus kann das Kind die Welt erkunden, Kontakte aufnehmen und Beziehungen entwickeln. »Mir kann sowieso keiner helfen« ist hingegen eine der häufigsten Aussagen unserer Adressat*innen, »denn mich versteht sowieso keiner«. Sie haben nicht oder nur unzureichend erfahren, dass sich jemand in sie hineinversetzt, mit ihnen mitgefühlt und ihnen aus ihrer Not herausgeholfen hat. Ohne ihr Vertrauen, dass ich es gut mit ihnen meine, werden mich die Adressat*innen aber auch nicht autorisieren, ihnen zu helfen.

Karim, der syrische junge Mann, war untröstlich: Sein Herz voller Schmerz und Kummer, sein geliebtes Land in Schutt und Asche. Was sollte ich ihm schon sagen: »Kopf hoch, es gab schon immer Licht am Ende des Tunnels?« Ich suchte nach Worten, aber alles erschien mir wie Spott angesichts seines Leids. »Was weißt du schon!«, hätte er mich angefaucht, wenn ich versucht hätte, irgendetwas Tröstliches zu sagen. Und er hätte Recht gehabt, was weiß ich schon? Erst nachdem er gesehen hatte, wie ich mit ihm mitfühlte, gab er mir die Erlaubnis, ihn zu trösten. Wir sprachen darüber, was er in der jetzigen Situation tun könne, um seinem geliebten Land zu helfen, und er entwickelte die Idee, Arzt zu werden, um den vielen Verwundeten in Syrien helfen zu können.

Karims Schmerz entstand nicht erst durch meine Einladung, mir von den Bildern zu erzählen, er fand bei der Erzählung lediglich einen Ausdruck. In seinem Innern war der Schmerz schon lange. Ohne die emotionale Nähe, die im gemeinsamen Weinen ihren Ausdruck fand, wäre seine erfreuliche und ermutigende weitere Entwicklung vielleicht nicht möglich gewesen. Seine schrecklichen Bilder verblassten immer mehr und traten irgendwann in den Hintergrund: Davor schoben sich Visionen von einer besseren Zukunft, die er mit aller Kraft verfolgte. Sein Kummer transformierte sich in Entwicklungsenergie; dafür brauchte er die emotionale Nähe anderer Menschen, die ihm wie Katalysatoren bei der Verstoffwechslung seiner Emotionen behilflich waren.

Emotionale Nähe zu anderen Menschen ist ein wichtiger Motor der Entwicklung: Sie ermöglicht die Entwicklung von Vertrauen und ist damit eine der Grundbedingungen für das Gelingen von zwischenmenschlichen Beziehungen. Sie vermittelt die Sicherheit, es tatsächlich wert zu sein, dass man sich einem widmet und dass man bei jemandem Zuflucht finden kann, wenn man das Alleinsein gerade schlecht ertragen kann. Emotionale Nähe erzeugt das Gefühl von Geborgenheit: Ein Wohlgefühl, das insbesondere dann benötigt wird, wenn die Welt einem rau und ungastlich erscheint. Und emotionale Nähe wird benötigt, wenn die eigenen Fähigkeiten, Belastungen zu bewältigen, nicht mehr ausreichen: Dann brauche ich jemanden, der an meinem Schicksal Anteil nimmt, mich versteht und mir auf der Basis dieses Verstehens helfen kann.

Mentale Nähe

Mentale Nähe kann ich zu allen Menschen herstellen, die an einem echten Gespräch mit mir interessiert sind. In Gesprächen kann ich wichtige Einsichten und Erkenntnisse gewinnen und selbige vertiefen. Zusammenhänge können erschlossen werden, eigene Haltungen und Überzeugungen sich in der geistigen Auseinandersetzung mit dem Gegenüber konkretisieren und ausformen. Das trägt dazu bei, meine Identität und meinen Platz in der Welt zu finden (keine nebensächliche Entwicklungsaufgabe!). Mentale Nähe lässt sich nicht verordnen, wohl aber können wir in der pädagogischen Praxis öfter mal von unserem hohen Ross hinabsteigen und die Gedankengänge der Adressat*innen, seien es junge, alte oder behinderte Menschen, ernster nehmen. Indem wir unsere eigenen intimen Gedanken, was und wie wir über die Welt und über eine Sache denken, kundtun und uns gleichzeitig ernsthaft dafür interessieren, wie oder was die Adressat*innen über diese Welt oder diese Sache denken, kann das Gefühl intensiver Verbundenheit entstehen. So kann der Austausch (intimer) Gedanken Nähe erzeugen.

Karim findet viel Halt in seinem Glauben, die Ausübung seiner Religion ist ihm sehr wichtig. Ich weiß nicht sehr viel über den Islam und bibelfest bin ich auch nicht – und trotzdem entwickelt sich in einer Therapiesitzung zwischen uns ein Gespräch über den Glauben. Er interessiert sich dafür, warum ich keine Religion praktiziere und ich mich dafür, welche Bedeutung der Koran für ihn persönlich hat. Ich gebe ihm freimütig Auskunft und er mir – dadurch entsteht eine Nähe, die zwar nicht auf spirituellem Gleichklang gründet, die aber ohne Preisgabe intimer Gedanken nicht möglich gewesen wäre.

Ich konnte mich entscheiden, ob ich Karim etwas über meinen Glauben mitteilen wollte oder nicht. Durch meine Offenheit »erlaubte« ich das Entstehen von Nähe – wie er das umgekehrt auch tat. Wir sprachen über nichts Geringeres als darüber, was uns im Leben Halt gibt. Meine Offenheit hatte fachliche Gründe, die auf gleichermaßen strategischen wie selbstfürsorglichen Überlegungen basierten: Erstens zeigte ich mich Karim offen, weil ich umgekehrt auch sein Vertrauen brauche, um ihm helfen zu können; zweitens erweitert ein gleichberechtigtes Gespräch mit Karim meinen eigenen Horizont enorm. Diese Motivation ist sehr wohl fachlich legitimiert, denn insbesondere in unseren helfenden, »gebenden« Berufen ist es empfehlenswert, einen eigenen Gewinn aus der Arbeit zu ziehen. Das wäre nur dann verwerflich, wenn es zum Schaden oder zum Nachteil der Adressat*innen gereichte – und das war hier nicht der Fall. Ich empfinde es als sehr kostbar, in meinem Beruf echte Gespräche führen und dabei sehr viel über die Welt lernen zu können.

3.2 Wann ist das Einhalten von »Distanz« entwicklungsförderlich?

Es entsteht ein Missverständnis, wenn bei der Verwendung der Nähe-Distanz-Metaphorik das Einhalten von Distanz als Gegenteil von der Herstellung von Nähe interpretiert wird. Je nach Auftrag und Setting sind wir gefordert, auf den verschiedenen Ebenen mehr oder weniger große Nähe herzustellen, jeweils in dem Maße, wie es der Entwicklung der Adressat*innen zuträglich ist. Nie geht es aber darum, die Distanz gänzlich zu überwinden, denn im Grunde gibt es den Anderen und mich nur aufgrund von Distanz. Keine Distanz hieße keine getrennten Entitäten, so auch keine Individuen. »Distanz zu halten« bedeutet, die Eigenheit des Anderen zu achten. Dadurch wird seine Einheit, seine Integrität geschützt. Ein tiefes Bewusstsein für die Eigenheit des Anderen bewahrt vor anmaßenden Verhaltensweisen, die seine Subjekthaftigkeit infrage stellen: Aussagen wie »Ich weiß besser, was gut für dich ist« oder »Ich verstehe hundertprozentig, was du meinst« dokumentieren, dass das Eigenrecht und die Eigenart des Anderen nicht ausreichend geachtet werden. Es ist eine Anmaßung, weil der Andere im Grunde für immer ein Rätsel bleibt: Von diesem Rätsel verstehe ich mit der Zeit zwar immer mehr, aber ich werde es niemals zu 100 Prozent lösen können; alles, was ich verstehe, bleibt unweigerlich ein Teil-Verstehen. Die Wirklichkeit meines Gegenübers ist so einzigartig und komplex, dass ich sie unmöglich vollkommen ergründen kann. Das ist für uns Mitarbeiter*innen in helfenden Berufen, die wir scheinbar immer zu wissen scheinen, »was gut für den anderen ist«, eine wichtige Grundhaltung, die uns vor respektloser, bevormundender Nähe schützt.

Distanz lässt dem Anderen Platz, nach erfahrenen Verletzungen sein Selbstgefühl wiederherzustellen. Wir rennen aus dem Zimmer und knallen die Tür hinter uns zu, wir wollen alleine sein, geschützt vor äußeren Einflüssen. Es geht darum, unsere Integrität zu schützen, an der sich ein anderer in böswilliger Absicht oder unabsichtlich zu schaffen gemacht hat. Die geschlossene Tür markiert symbolisch die Grenze zwischen mir und dem Anderen, die ohne Erlaubnis zu übertreten ein Affront wäre, eine Grenzüberschreitung.

Distanz zu halten heißt, die intime Sphäre des Anderen zu achten. In diese Sphäre gehört alles, was als absolut schützenswert empfunden wird. »Das ist mein Raum, er gehört nur mir ganz alleine«, mag der Andere sagen, »hier bewahre ich all meine Geheimnisse auf. Ich wäre gefährdet, wenn andere in diesen Raum eindringen würden und ich sie nicht daran hindern könnte«. Was bleibt von jemandem übrig, der keine Geheimnisse mehr hat? Distanz zu halten bedeutet, dem anderen Raum für sein Eigenes zu lassen, ihm niemals in den letzten Winkel seiner inneren Festung zu folgen.

Distanz lässt dem Anderen Platz, seine Individualität und letztlich seine Identität zu entfalten. Oft wird die Distanz zu Kindern und Jugendlichen nicht eingehalten aus der Sorge heraus, dass diese mit ihrer durch ein Distanz-Halten gewährten Freiheit nicht gut umgehen könnten, dass sie Dinge tun könnten, die ihnen oder dem Ansehen der Gemeinschaft, in der sie leben, schaden. Deshalb ist die Wahrung von Distanz manchmal auch ein Wagnis. Es erfordert Mut, die Kontrolle über den Anderen loszulassen und ihn seinen eigenen Weg gehen zu lassen. Als derjenige, der die Distanz gewährt, bin ich gefordert, das Vertrauen in mir (!) herzustellen und den Anderen nicht aus *meiner* Angst vor dem Kontrollverlust heraus zu beschränken. Durch das Einhalten einer Distanz wird ein Vertrauensvorschuss gewährt. Dieses Vertrauen stärkt den Anderen und wird ihm helfen, verantwortlich mit seiner Freiheit umzugehen. Dennoch wird der Andere Dinge tun, die wir (und vielleicht sogar er selbst) als Fehler bezeichnen werden: Distanz zu halten bedeutet, den Adressat*innen Freiräume zu lassen, in denen sie sich erproben können und in denen sie zwangsläufig auch Fehler begehen werden. Dieses Risiko ist bei einer Erziehung zu einer eigenverantwortlichen Persönlichkeit unvermeidbar. Eine pädagogische Beziehung ohne ausreichende Distanz birgt die Gefahr in sich, anmaßend und bevormundend zu sein. Diese Gefahr ist besonders groß, wenn wir die Adressat*innen als sehr unselbstständig erleben und ihnen die Fähigkeit zu eigenverantwortlichem Verhalten absprechen. Gleichzeitig aber ist diese fehlende Fähigkeit der wichtigste Grund, sie eben *nicht* zu bevormunden, sondern sie in ihrer Mündigkeit zu fördern.

Distanz lässt dem Anderen Platz, ein gutes Gefühl für sich zu entwickeln. Wenn andere immerzu zu wissen glauben, was gut für mich ist, wie entwickle ich dann ein eigenes Gefühl dafür? Durch das Einhalten einer Distanz entsteht ein Raum, in dem ich in Ruhe suchen und prüfen kann, was ich für mich brauche. Wenn mir permanent einer »hineinquatscht«, kann ich nicht nach innen horchen und zuhören, was mein Körper, meine Gefühle und meine Gedanken mir sagen wollen.

Distanz lässt dem Anderen Zeit, selbst den für ihn angemessenen Abstand in der Beziehung zu mir herauszufinden. Die einseitige Bestimmung der Nähe respektive Distanz lässt dem Anderen keinen Raum, für sich zu prüfen, welcher Abstand angenehm wäre. Ein Mangel an Distanz kann von ihm als unangenehm oder sogar bedrohlich empfunden werden.

Wer Distanz einhält, nimmt das Recht auf Selbstbestimmung ernst. Er greift gegen den Willen der Adressat*innen nur dann in dieses Recht ein, wenn es ernstzunehmenden Schaden abzuwenden gilt.

3.3 Allgemeine Überlegungen zum Begriffspaar Nähe/Distanz

Auch wenn ich gerade versucht habe, Nähe und Distanz als eigenständige Begriffe zu umreißen, verweist die Nähe immer unweigerlich auf die Distanz, wie auch die Distanz zwangsläufig auf die Nähe verweist. Nähe und Distanz bedingen einander: Es gibt keine Nähe oder Intimität ohne den Abstand, der dafür überwunden werden muss. So ist es auch müßig, die Problematik von Nähe und Distanz zu einer Glaubensfrage darüber zu stilisieren, was nun besser oder edler sei. Es schüttelt mich, wenn ich mir eine Beziehung mit viel Nähe, aber ohne jede Distanz vorstelle, und es fröstelt mich, wenn ich mir eine Beziehung, die bedeutsam für mich ist, ohne jede Nähe vergegenwärtige.

Die »angemessene« Regulation oder die richtige Ausbalancierung von Nähe und Distanz ist wahrscheinlich die am häufigsten erhobene Forderung gegenüber pädagogischen Mitarbeiter*innen. Wie geht das? Welches Verhalten muss man zeigen, um diesem Anspruch gerecht zu werden? Gilt es, einen mittleren Abstand zu ermitteln, mit dem man – wenn man ihn denn findet – »auf der sicheren Seite« ist? Wenn wir uns wie zu Beginn der Parabel »Die Stachelschweine« Nähe und Distanz tatsächlich als räumliche Dimensionen vorstellen, dann ist ein »mittlerer Abstand« doch eher schwer herzustellen und vor allem auch unpraktisch: Kaum eine bedeutsame schöne oder schwierige pädagogische Situation lässt sich ohne Nähe herstellen oder zu einem guten Ende führen. Ob wir Trost spenden oder einen gewaltvollen Streit schlichten wollen – wir kommen den Adressat*innen dabei nahe, das ist notwendig und richtig so. Wir werden doch hoffentlich den Trost und das handfeste Eingreifen nicht unterlassen, weil wir einen mittleren Abstand einzuhalten versuchen. Auch wenn wir, wie es im zweiten Teil der Parabel geschieht, die Begriffe Nähe und Distanz als Beschreibungen für den Grad der emotionalen Verbundenheit verwenden, ist ein mittlerer Abstand nicht das erstrebenswerte Ziel: Es ist doch eine sehr deprimierende Vorstellung, dass ein Mensch, der eine emotionale Bedeutung für mich hat, in der immer gleichen Entfernung zu mir steht. Mit zunehmender Dauer müsste sich eine Beziehung schließlich entwickeln und vertiefen. Wenn ein/e Adressat*in in einer Einrichtung neu aufgenommen wird, justiert man Nähe und Distanz schließlich nicht anfänglich einmal aus und belässt es dann für immer so. Oder doch?

In einer Supervisionssitzung wird über den achtjährigen Mario gesprochen. Der Junge lebt seit drei Jahren in einer Heimeinrichtung und hat nur noch spärlich Kontakt zu seinen Eltern. Der Wunsch, den Fall in der Supervision aufzugreifen, entspringt der immer größeren Entnervtheit des Teams: Mario würde geradezu an den Mitarbeiter*innen kleben, »wenn man ihn ließe, würde er in einen hineinkriechen«. Frustriere man aber sein Bedürfnis nach körperlicher Nähe, finge er sofort mit unflätigen Beschimpfungen an. Überhaupt könne man wenig – eigentlich gar nichts – Positives an ihm entdecken, man sei eigentlich immer froh, wenn man ihn nicht zu Gesicht bekäme. Marios Eltern werden als kaltherzig beschrieben, der Junge sei »der Prototyp eines ungeliebten Kindes«. Auf Nachfrage erfahre ich, dass Mario zwischen den Mitarbeiter*innen nicht differenziert, er belagert und beschimpft alle gleich. Diagnostiziert wurde ihm vom Psychiater – wenig verwunderlich – eine »Bindungsstörung mit Enthemmung«.

Der Junge steht zu allen Mitarbeiter*innen des Teams in gleicher Entfernung. Abstufungen zwischen »fremd« und »vertraut« fehlen vollständig, entsprechend wird der Grad der körperlichen Nähe auch nicht angepasst. Die Abstoßungsimpulse des Teams entstehen, weil die Regulation von Nähe und Distanz völlig misslingt. Zwischen keinem der Teammitglieder und Mario gibt es eine besondere und deshalb bedeutsame Beziehung.

*Warum man keine/n Bezugspädagog*in bestimmt habe, der/die in beson-
derer Weise für Mario zuständig sei, frage ich. Davon habe man abgesehen, so
die Antwort, weil man befürchte, dass sich Mario dann zu stark an diese eine
Person binde – und die könne ja auch mal den Job wechseln. Das wäre dann
wiederum traumatisch für Mario.*

Die Argumentation des Teams entbehrt nicht jeder Grundlage, ist
aber doch zu hinterfragen: Die gleiche Entfernung zu jedem Mitglied des
Teams ist das Symptom von Marios Erkrankung. Wir sehen hier, dass die
Mitarbeiter*innen bei ihrer Nähe-Distanz-Regulation zwar das Wohl des
Kindes im Blick haben (sie wollen ihn vor einer möglichen »Retraumati-
sierung« schützen, die geschehen könnte, wenn es in der Zukunft zu einem
Bindungsabbruch mit dem/der Bezugserzieher*in kommt), aber diesen
Gedanken nicht zu Ende denken: Was gibt es für eine alternative Heilungs-
oder Entwicklungsidee für Mario, wenn nicht die, ihm differenzierte Beziehungsangebote mit mehr und mit weniger Nähe zu unterbreiten? Wie
überwindet Mario seine Bindungsstörung, wenn alle den gleichen Abstand
zu ihm einhalten? Solange seine Hoffnung auf Rettung noch lebt, wird er
Bindungen suchen. Wenn er aufgrund seiner »Klebrigkeit« und »Nervig-
keit« immer wieder abgestoßen wird und sich keiner so recht *näher* mit
ihm befassen möchte, wird er mit hoher Wahrscheinlichkeit die gleiche
Odyssee von Jugendhilfeeinrichtung zu Jugendhilfeeinrichtung mit einigen
zwischenzeitlichen Psychiatrie-Aufenthalten absolvieren wie so viele andere
»ungeliebte« Kinder. Marios Problem ist mit »keep your distance!«, wie
es laut Schopenhauers Parabel die Engländer*innen rufen, nicht zu lösen:
Erstens braucht er Nähe wie die Luft zum Atmen und zweitens hält er sich
sowieso nicht an die Aufforderung.

Anders ist das bei fremden Menschen. Denen rufe ich auch gerne und
deutlich »keep your distance!« zu. Aber wir arbeiten eben nicht in einem
Feld, in dem wir und unsere Adressat*innen Fremde bleiben – ganz im Gegenteil: Die Adressat*innen lernen uns und wir lernen die Adressat*innen
in einer Intensität kennen, wie das in nur wenigen Berufen und wahrscheinlich auch in den wenigsten privaten Beziehungen der Fall ist. Eben aufgrund dieser Intimität ist als Regulativ die Distanz so wichtig. Gerade weil
wir unseren Adressat*innen räumlich und emotional so wahnsinnig nahe
kommen, müssen wir ihre Privatsphäre und ihr Eigenrecht penibel achten.
Wir bewegen uns also in einem Spannungsfeld mit einer hohen Dynamik,
in der ein statischer mittlerer Abstand weder möglich noch wünschenswert ist. Wie wir am Fallbeispiel von Mario erkennen können, verweist ein

immer gleicher Abstand sogar auf eine verfehlte Beziehungsarbeit. Ganz so einfach wie die Engländer*innen in Schopenhauers Parabel können und dürfen wir es uns in der Pädagogik jedenfalls nicht machen.

Im Folgenden werde ich nun verschiedene Aspekte beleuchten, die für die Ermittlung der angemessenen Nähe-Distanz-Regulation meines Erachtens von Bedeutung sind.

3.3.1 Die Verschränkung der körperlichen und emotionalen Dimension

Die Begriffe Nähe und Distanz verweisen sprachlich auf einen kleineren oder größeren räumlichen Abstand. Bezogen auf zwei Menschen hieße das, dass sie sich nahe sind, wenn sie eng aufeinander hocken. Allerdings kann man sich jemandem auch dann nicht nahe fühlen, wenn man seit 20 Jahren im gemeinsamen Ehebett schläft. Man ist sich dann zwar räumlich nahe, diese Nähe spiegelt sich aber auf emotionaler Ebene nicht zwangsläufig wider. Räumliche und emotionale Nähe gehen also nicht immer einher, manchmal verhindert die permanente räumliche Nähe sogar die emotionale Nähe. Dem Ehepaar täte es vielleicht gut, sich räumlich etwas voneinander zu entfernen, um sich emotional wieder näher kommen zu können. Umgekehrt droht die emotionale Nähe verloren zu gehen, wenn nicht immer mal wieder körperlich-räumliche Nähe hergestellt werden kann.

Bei der Parabel »Die Stachelschweine« dürfen wir davon ausgehen, dass die räumliche Dimension von Nähe und Distanz hier sinnbildlich für die emotionale Dimension steht. In stationären pädagogischen Einrichtungen müssen wir uns, wie im Beispiel deutlich wird, mit beiden Dimensionen befassen. In der Pädagogik und der Pflege sind – viel mehr als in der Therapie, Medizin und Theologie – emotionale und körperliche Nähe miteinander verwoben, oft bedingen sie auch einander, wie die folgende Geschichte einer Jugendhilfemitarbeiterin zeigt:

»Die Situation ist schon vier Jahre her: Ein Junge kam zum zweiten Mal zur stationären Aufnahme. Als die Mutter gefahren war, stand er unbeholfen draußen auf der Straße. Mein Dienst war zu Ende und ich habe ihn als traurig erlebt. Ich ging zu ihm hin und fragte ihn: ›Soll ich dich in den Arm nehmen?‹ Dieser Junge (13, sieht aus wie 17) war so dankbar dafür. Tränen flossen und diese Bindung, die in diesem Moment entstand, besteht heute noch.«

Die Kollegin, die mir diese Episode schrieb, empfand den Moment der Umarmung als den Beginn einer Bindungsbeziehung. Traurigkeit, Dankbarkeit, Tränen ... da wurde während der Umarmung nicht nur körperliche Nähe, sondern auch viel emotionale Nähe miteinander geteilt. Es hört sich so an, als ebnete die Umarmung den Gefühlen den Weg. Bedingt durch die körperliche Nähe finden bei dem Jungen die vorher zwar bereits vorhandenen, aber feststeckenden Emotionen einen Ausdruck, sie lösen und – so ist es zumindest zu vermuten – transformieren sich. Eine andere Kollegin schrieb mir auf meine Frage, wie sie es in der Arbeit mit dem Körperkontakt halte:

»Die Frage des Körperkontakts steht und fällt bei mir mit der Bindung.«

Hier ist es nun umgekehrt: Ein emotionales Band bildet erst die Voraussetzung für körperliche Nähe. Das ist ebenso nachvollziehbar wie das vorausgegangene Beispiel: Wen ich nicht mag oder zumindest sympathisch finde, den berühre ich auch nicht gerne.

Dass aber auch durch die Einhaltung von Distanz Intimität entstehen kann, hat mir eindrücklich eine Sequenz in einer Gruppentherapie verdeutlicht:

In der Gruppentherapie einer therapeutischen Wohngruppe wird das grenzüberschreitende Verhalten eines zwölfjährigen Jungen gegenüber einer (in der Gruppentherapie anwesenden) pädagogischen Mitarbeiterin thematisiert. Die Mitarbeiterin fühlte sich in der Beziehung unwohl und hielt emotional viel Distanz zu dem Jungen. Die körperliche Nähe, die der Jungen immer wieder herstellte, schien ursächlich für die emotionale Distanzierung der Mitarbeiterin. In der Gruppentherapie wurde die Problematik mit der Übung aufgegriffen, bei der die Mitarbeiterin und der Junge aus größerer räumlicher Entfernung langsam aufeinander zugehen und nonverbal einen stimmigen Abstand aushandeln. Als dieser nach einigem Hin und Her gefunden ist, stehen sich beide in einiger Entfernung schweigend gegenüber und schauen sich an. Auf die Zuschauer*innen wirkt dieser Moment sehr intim.

Erst die Entfernung schafft einen Begegnungsraum zwischen der Pädagogin und dem Adressaten, in dem Intimität entstehen kann. Diese Intimität führe ich darauf zurück, dass sich die Interagierenden bewusst anblicken, sehen, wahrnehmen. *Es ist damit letztlich die Verkörperung der geachteten Grenze, die die Intimität erzeugt.*

Manchmal ist es schwierig, wenn die emotional empfundene Nähe keinen Ausdruck auf der körperlichen Ebene finden kann:

In der Therapie mit der 20-jährigen Conni halte ich es fast nicht aus, die junge Frau nicht berühren zu können. Alles, was ich sagen könnte, wirkt tri-

vial und »daneben« im Vergleich zu einer tröstenden Umarmung. Ich habe das Gefühl, vor mir sitzt ein kleines Mädchen, das gleich auseinanderfällt, wenn es nicht gehalten wird.

Eine Umarmung würde zu meiner Rolle als Therapeut – dazu noch als männlicher – nicht passen. Die große emotionale Nähe, die mich ihre Bedürftigkeit und ihr Verlorensein so stark empfinden lassen, findet keine Entsprechung auf der körperlichen Ebene. In diesem Augenblick empfinde ich das als Fluch, weil ich der Patientin das, was ich als Heilungsimpuls verspüre, nicht geben kann.

Meinem Hin-und-hergerissen-Sein gebe ich Ausdruck, indem ich Conni meinen Impuls, sie zu umarmen, mitteile und ihr sogleich versichere, dass ich das aufgrund meiner Rolle aber nicht tun werde. Es wird mir in dem Moment sehr deutlich, dass zwischen dem Aussprechen des Impulses und einer tatsächlichen Umarmung eine riesige Kluft liegt: Einem kleinen Kind ist auch nicht geholfen, wenn man ihm sagt, dass man es gerne in den Arm nehmen würde. Trost und Halt sind mit Worten allein oft nicht zu geben.

Conni war erleichtert, dass ich sie nicht fragte, ob ich sie in den Arm nehmen kann. Sie hätte nicht gewusst, was sie hätte sagen sollen, hätte aber eine Umarmung als »total schräg« empfunden, wie sie mir später mitteilte. Die körperliche Distanz, die meine therapeutische Rolle erforderte, hat mich aber auch vor zahlreichen Verstrickungen geschützt, in die ich hätte geraten können: Meine ihr gegenüber ohnehin schon stark ausgeprägten Rettungsfantasien wären möglicherweise noch weiter gediehen; Conni hätte durch eine Berührung getriggert werden können und ich wäre unter Umständen außerdem noch in eine Täterübertragung geraten; vielleicht wären auch Connis Wünsche an mich ins Unermessliche gewachsen.

Eine ähnliche Komplikation erlebte ich, als mich Sophia fragte, ob ich sie zum Abschied endlich und nur ein einziges Mal in den Arm nehmen würde. Für sie endete demnächst der dritte Aufenthalt in der psychotherapeutischen Klinik, zum dritten Mal war ich ihr Bezugstherapeut. Bei ihrem ersten Aufenthalt war sie elf Jahre alt, inzwischen war sie 16 und eine attraktive junge Frau. Ich war mir recht sicher, dass ihre Frage keine sexuelle Färbung aufwies, sondern dem Gefühl der Verbundenheit und Dankbarkeit entsprang. Sophia war so taktvoll, mich drei Wochen vor ihrer Entlassung nach einer Umarmung zum Abschied zu fragen, sodass ich genügend Zeit hatte, mich mit der Angelegenheit zu befassen.

In mir gab es eine große Ambivalenz – aber die war eindeutig. Meine inneren Dialoge lauteten in etwa so: »Nein, tue das nicht, sie ist 16, eine

junge Frau, kein Kind mehr; du bist ein Mann; das bringt nur Kompli-
kationen; das passt nicht zu deiner Rolle als Therapeut.« »Ja, natürlich
nimmst du sie in den Arm; meine Güte, was ist schon dabei; sie fragt
dich, weil du wichtig für sie warst, nicht, weil sie dich als einen Partner
fantasiert; das Gefühl der Dankbarkeit braucht einfach einen Ausdruck,
das ist nur menschlich.« Wie würde Sophia es auffassen, wenn ich ihren
Wunsch zurückweise? Wäre es nicht beschämend für sie? Würde nicht die
ganze Therapie dadurch einen schalen Nachgeschmack für sie bekommen?
Andererseits: Wenn es meine Grenze überschreitet, habe ich doch jedes
Recht, ihren Wunsch zurückzuweisen. Aber das war, wenn ich ehrlich bin,
gar nicht der springende Punkt, eine Umarmung hätte keine persönliche
Grenze von mir verletzt. Ich hatte lediglich eine diffuse Angst vor dem, was
passieren könnte: Gerede von anderen Patient*innen oder Kolleg*innen,
unauflösbare Verstrickungen mit Sophia als Folge der ungewohnten Nähe,
Rechtfertigungen vor Sophias Eltern usw. Ich beriet mich: Nun kam auch
noch verkomplizierend hinzu, dass die befragten Kolleg*innen und Vorgesetzten entweder einander widersprechende oder gar keine Empfehlungen
gaben. Männer rieten eher dazu, Sophia nicht zu umarmen (»Bring dich
nicht in Schwierigkeiten!«), Frauen fanden das hingegen unproblematisch,
manche hielten mich sogar für »verklemmt« oder »verkopft«, weil ich
überhaupt darüber nachdachte. Letztlich solle ich das tun, was mir »stimmig« erschien, so lautete die häufigste Rückmeldung. Das war damals nicht
besonders hilfreich für mich.

Wer kann schon für sich behaupten, im Besitz einer objektiv »richtigen«
Lösung für diese Fragestellung zu sein? Sie ist so vielschichtig, so kompliziert,
jede Situation ist anders, einzigartig. Hätte sich mir die Frage genauso ge-
stellt, wenn Sophia ein Junge gewesen wäre? Vermutlich ja, aber auf andere
Weise, denn die Spannung der Gegengeschlechtlichkeit spielt natürlich eine
Rolle. Wäre es wohl anders gewesen, wenn ich eine Frau und Sophia ein
Junge gewesen wäre? Ich vermute ja, aber das können eher die Leserinnen
unter Ihnen beantworten. Macht es einen Unterschied, ob Sophia attraktiv
ist oder nicht? Wenn es das für mich tun sollte, »darf« es das überhaupt?
Wäre es in Anbetracht dieser ganzen Fragen nicht besser gewesen, ich
hätte mich auf eine Dienstanweisung berufen können, wonach ich Menschen eines bestimmten Alters nicht mehr in den Arm nehmen darf? Es
wäre vielleicht einfacher gewesen und hätte zu einer schnelleren Entscheidung geführt, aber eine solche Dienstanweisung könnte der Komplexität
des Beziehungsgeschehens niemals gerecht werden. Sie würde nach meiner

Auffassung zu einer Trivialisierung unseres Berufes führen, ihn damit seiner Feinheit und seiner Besonderheit berauben. Es ist doch eine spannende und interessante Herausforderung, eine »stimmige« Lösung für diese Situation zu finden. Im fünften Kapitel greife ich das Fallbeispiel noch einmal auf.

3.3.2 Die emotionale Beziehungsqualität

Ein wichtiges Kriterium für die Angemessenheit (emotionaler oder körperlicher) Berührungen liegt in der emotionalen Qualität, in die die Handlungen eingebettet sind: Sie können wohlmeinend und fürsorglich, aber auch feindlich und rücksichtslos sein. Besonders drastisch zeigt sich das bei sexuellen Handlungen, die im Rahmen beiderseitig gewollter Intimität stattfinden, aber auch missbräuchlich und gewalttätig sein können. Wie ist die Nähe, die hergestellt wird, emotional eingefärbt? Folgt sie einem freundlichen Impuls, der das Wohl der empfangenen Person zum Ziel hat? Oder ist sie vorrangig egoistisch motiviert und degradiert den/die Empfänger*in zum Objekt – das wäre mindestens unachtsam und im äußersten Fall sadistisch. Die Frage stellt sich auch beim Wahren von Distanz: Ist die Handlung durch einen freundlichen Impuls motiviert, zum Beispiel im Sinne des Respektierens der Selbstbestimmung des/der Adressat*in? Oder wird diese Selbstbestimmung aus einem gleichgültigen oder offen feindseligen Gefühl heraus gewährt? So macht es einen nicht zu unterschlagenen Unterschied aus, mit welcher emotionalen Beziehungsqualität nahe oder distanzierte Situationen versehen sind.

Eine Kollegin, die mit psychisch kranken Müttern und ihren Babys arbeitet, erzählte mir mal, mit welcher Feindseligkeit eine Mutter ihr Baby zu stillen versuchte: Sie »rammte« geradezu ihren Busen in den kleinen Mund des Säuglings. Die Mutter stillte ihr Kind nur, weil die Hebamme vehement darauf insistierte. Dieser intime, mit Fürsorge und Geborgenheit assoziierte Vorgang des Stillens verwandelte sich durch das aversive Gefühl der Mutter in eine Gewalttat, die zu unterbinden der klare Impuls der Kollegin war. Bei »objektiver« Beurteilung der Angemessenheit von Nähe würde jedermann beipflichten, dass das Stillen eines kleinen Babys dazuzurechnen sei – in dem erwähnten Beispiel war es aber anders: Die Nähe des Stillens war nicht angemessen, weil der begleitende Affekt ein feindseliger war.

Welche Implikationen hat diese Erkenntnis für das pädagogische Handeln? Die Wahrnehmung des eigenen Affektes kann den Pädagog*innen als

Seismograf dienen, der ihnen bei der Regulation von Nähe und Distanz behilflich ist. Ist mein Gefühl dem/der Adressat*in gegenüber liebevoll und freundlich oder dominieren Feindseligkeit und Missgunst? Vielleicht erinnern Sie sich noch an das Fallbeispiel aus der Einleitung, bei dem eine Mitarbeiterin einen Jungen im Sinne der Festhaltetherapie festhielt: Hier kam ich zu der Einschätzung, dass die Mitarbeiterin den Jungen aus einer wohlmeinenden, freundlichen Haltung heraus festhielt – hätte ich eine Machtdemonstration als Motiv vermutet, die einem feindseligen Gefühl heraus entsprungen wäre (»Dem zeige ich jetzt mal, wo es langgeht!«), hätte ich die Situation anders beurteilt. Das schließt natürlich nicht aus, dass jemand aus einem freundlichen Gefühl heraus aufgrund fachlicher Defizite nicht dennoch unverantwortlich handeln kann.

3.3.3 Die Atmosphäre von Nähe und Distanz

Beziehungen haben eine Temperatur, eine Atmosphäre. In Schopenhauers Parabel ist die körperliche Nähe für die Stachelschweine schwer auszuhalten, ebenso – da Erfrieren droht – die körperliche Distanz. »Erfrieren« ist eine treffende Metapher für das Gefühl, das sich bei uns einschleicht, wenn wir es mit einem feindselig distanzierten Menschen zu tun haben. Mit einer Person, der wir in wechselseitiger Abneigung verbunden sind, stellen sich »unterkühlte« Interaktionen her. Dagegen schwärmen wir von Menschen, »die so eine Wärme ausstrahlen«, da fühlen wir uns in der Beziehung auch gleich ganz warm. Und bei einem Liebespaar wird es manchmal sogar »heiß« hergehen – ebenso zwischen zwei Streithähnen, bei denen »in der Hitze des Gefechts« die Fetzen fliegen. Eine emotionale bedeutsame Beziehung hat sicher nicht konstant 20 Grad (das wäre so etwas wie der mittlere Abstand). Weil unsere Adressat*innen aus unterschiedlichen klimatischen Verhältnissen zu uns kommen und sich sicherlich erst einmal akklimatisieren müssen, ist zu Beginn der pädagogischen Beziehung eine mittlere Temperatur anzustreben – das wäre zumindest in der Theorie eine passende Strategie: eine wohltemperierte, nicht zu warme und nicht zu kalte Atmosphäre herzustellen. Ein unaufgeregtes, die pädagogische Beziehung nicht überforderndes Beziehungsangebot, das den Organismen beider Interaktionspartner erlaubt, sich langsam aufeinander einzustellen. Nach meinen Erfahrungen ist diese Langsamkeit und Unambitioniertheit ein wesentlicher Baustein für die Entwicklung einer langfristig beständigen pädagogischen Beziehung. Manche Pflege- und Adoptivverhältnisse scheitern nach meiner Einschätzung, weil zu schnell eine zu hohe Temperatur (= Intensität) erzeugt wird. Dies geschieht meistens aus dem gutgemeinten Glauben heraus, der Kälte der biografischen Erfahrungen der Kinder ganz schnell kompensatorische Wärme entgegensetzen zu müssen – freilich eine Überforderung für den Organismus. Die Kunst der Beziehungsgestaltung besteht auch in der Entwicklung eines Gespürs dafür, welche Intensität die Beziehung gerade »verträgt«: Zu viel Wärme (= Nähe) kann überfordern und eine Flucht in den Schatten evozieren, zu wenig Wärme (= Distanz) macht Angst, lässt frösteln und führt womöglich dazu, dass Wärme in der Hitze von Auseinandersetzungen gesucht wird. Im Verlauf gut getimter Beziehungen werden größere Temperaturschwankungen möglich sein: Es werden sich warme Momente intensiverer Nähe herstellen und es wird kühlere Phasen von größerer Distanz geben – jeweils in einem Maße, das die Beziehung nicht überstrapaziert. Sichere, gut regulierte Bindungen sind dadurch gekennzeichnet, dass sowohl Nähe genossen werden kann als auch Distanz möglich ist, ohne den Verlust der Bindung befürchten zu müssen. Diese hohe Elastizität des Bandes, das die beiden Interaktionspartner verbindet, lässt sich mit dem ewig gleichen – mittleren – Abstand nicht erzeugen. Dazu braucht es einen langsam aufgebauten, aber dynamischen Prozess der stetigen Annäherung und des immer wieder Distanznehmens.

Wir müssten auch davon ausgehen, dass sich die Interaktionspartner gleichgültig sind, wenn sich – um ein letztes Mal die Temperatur-Metapher zu bemühen – keine Ausschläge auf dem Beziehungsthermometer zeigen würden. Wenn das, was ein anderer tut, einem »egal« ist, »einen kalt lässt«, einem »nichts ausmacht«, »in einem nichts auslöst«, sprich: wenn das, was ein anderer tut, keinerlei Resonanz hervorruft, dann ist das Ende einer Beziehung besiegelt. Ausbleibende Ausschläge auf der Temperaturskala kennzeichnen das Ende enttäuschter oder von vornherein unterlassener Bemühungen umeinander. Es würde bedeuten, dass sich die beiden Leben nicht mehr innerlich berührten.

3.4 Das Kontinuum von Nähe und Distanz

Ich habe in diesem Kapitel bislang sinngemäß dahingehend argumentiert, dass Nähe und Distanz zwar natürlich immer wieder zu regulieren sind, ein statischer »mittlerer« Abstand deswegen aber nicht anzustreben ist. Nicht nur, dass sich die Bedürfnisse der Adressat*innen immerzu ändern können und in unterschiedlichen Entwicklungsphasen auch unterschiedliche Formen und Intensitäten von Nähe respektive Distanz erforderlich sind, der immer gleiche Abstand entspricht auch nicht dem Wesen von Bindungen: Er ist auf Dauer fad, langweilig und führt in die Bedeutungslosigkeit der Beziehung. Gleichzeitig aber weiß jede/r, dass der ständige Wechsel von Hitze und Eiseskälte Beziehungen auf lange Sicht auch nicht gut tut. Auch für sich genommen können Momente oder Phasen außergewöhnlicher Hitze oder Kälte gravierende Verletzungen hervorrufen, die unter Umständen irreparabel sind. So gilt es bei der Nähe-Distanz-Regulation, die belebenden und entwicklungsförderlichen Grenzbereiche auszuloten und ihre Potenziale zu nutzen, gleichzeitig aber auch die Extreme – erst recht auf Dauer – zu meiden. Ich habe versucht, das Kontinuum von Nähe und Distanz grafisch zu veranschaulichen und dabei auch die Bereiche zu markieren, die außerhalb einer entwicklungsförderlichen Nähe-Distanz-Regulation liegen (Abb. 2).

Abb. 2: Das Kontinuum von Nähe und Distanz

Innerhalb des schattierten Streifens finden sich Begriffe zwischen Vernachlässigung (als extremste Form der Distanz) und emotionalem oder/und sexuellem Missbrauch (als extremste Form der Nähe), links und rechts davon, um dem Charakter der Begriffe näher zu kommen, die emotionale

Beziehungsqualität und die interaktionistische »Wetterlage«. Im Korridor zwischen den Extremen liegt der Bereich, in dem wir zwischen näherer oder distanzierterer Beziehungsgestaltung oszillieren können. Dieser »Toleranzbereich« ist heller schattiert, je mehr er ins Dunkle changiert, desto entwicklungsgefährdender und bedrohlicher wird es für unsere Adressat*innen. Außerhalb des Toleranzbereiches liegt eine Form der Beziehungsgestaltung, die die Würde bedroht: Im oberen Spektrum durch die Verweigerung einer Begegnung, im unteren Spektrum durch die mangelnde Anerkennung des Eigenrechts. Das helle Spektrum ist der Bereich der Freundlichkeit, das bedeutet: Unser Beziehungshandeln, ob mehr von Nähe oder mehr von Distanz geprägt, dient dem Wohl der Adressat*innen. Es geht uns um ihn/sie und um seine/ihre Entwicklung, unser Blick auf ihn/sie ist ein liebevoller und wohlwollender.

Das Spektrum von freundlicher Nähe zum feindseligen Missbrauch
Betrachten wir zunächst das Spektrum unterhalb der Mitte. Die Intimität ist eine besondere Form der Nähe. Wörtlich übersetzt bedeutet Intimität so viel wie »am weitesten innen«. Das verweist bereits darauf, dass Intimität etwas damit zu tun hat, was den Menschen in seinem tiefsten Innern, in seinem »Kern« betrifft. Die Sphäre der Intimität umfasst neben dem Körper und der Sexualität auch den Bereich der intimsten Gefühls- und Gedankenwelt. Hier ist also der persönlichste Bereich verortet, den zu betreten nur sehr wenigen Menschen, denen großes Vertrauen entgegengebracht werden muss, vorbehalten ist. Das Teilen von Intimität ist deshalb eine exklusive Handlung, die auf die spezifische Qualität einer Beziehung verweist. In Institutionen muss das Kunststück gelingen, die Intimsphäre der Adressat*innen zu wahren und sich gleichzeitig mit ihr zu beschäftigen. Angesichts der hohen Anzahl der Pädagog*innen, mit denen Adressat*innen in der Regel konfrontiert sind, sind deshalb Abstufungen im Grad der Nähe notwendig, um Intimität überhaupt erlebbar zu machen. Wenn jeder mit jedem über alles redet, dann entsteht kein intimer Raum. Der jedoch ist notwendig, um die Angelegenheiten, die die Adressaten im Kern ausmachen und beschäftigen, aufgreifen und bearbeiten zu können. Durch die behutsame Berührung des Kerns können »Begegnungsmomente« entstehen, die einen korrigierenden Charakter aufweisen: In ihnen kann die wichtige und heilsame Erfahrung verankert werden, dass tiefes Vertrauen zu einem anderen Menschen gerechtfertigt sein kann und das Teilen von Intimität möglich ist, ohne verletzt zu werden. Intimität ist

aufgrund ihrer Intensität und Zerbrechlichkeit jedoch eine heikle Form der Nähe, deren Gestaltung ein sehr hohes Maß an Achtsamkeit, Vorsicht und Reflexionsvermögen verlangt. Die Atmosphäre ist sehr dicht und die Grenzen der Erträglichkeit dieser Dichte müssen erkannt und respektiert werden. Der permanente und aufdringliche Versuch von Pädagog*innen, besonders große Nähe herzustellen, kann deshalb etwas pointiert mit »Intimterror« umschrieben werden.

Gegenüber der freundlichen und zugewandten, wohltemperierten Nähe und der warmen Intimität wird es in der Enge schwül-heiß, die Luft ist knapp und verbraucht. Der Affekt ist schon nicht mehr ganz freundlich, in ihrer Aufdringlichkeit bekommt die zur Enge mutierende Nähe eine aggressive Tönung. Die geringe Entfernung, die die Nähe noch aufweist, ist in der Enge endgültig aufgehoben. Hier ist, um in den Toleranzbereich zurückzukommen, ein inneres und/oder räumliches Zurückweichen gefragt, auch müssten im übertragenen Sinne mal die Fenster aufgerissen und frische Luft hereingelassen werden.

Ich stelle mir hier zum Beispiel eine Situation vor, in der ein Pädagoge einen Adressaten in dessen Zimmer in einer kaugummiartigen Länge und Manier »zur Rede stellt«, immer weiter ohne Punkt und Komma mit dem Ziel auf den Adressaten einredet, er möge doch endlich einsehen, was er mit seinem Verhalten für eine Schuld auf sich geladen habe. Der Adressat redet seinerseits dafür immer weniger, verkriecht sich räumlich im hintersten Winkel seines Zimmers und emotional tief in seiner inneren Festung.

Ebenfalls passend mit »bedrängender Enge« umschrieben werden kann eine Situation, in der eine Pädagogin abends ein trauriges oder krankes Kind mit Trost oder Fürsorge erdrückt: Sie sitzt auf der Bettkante des Bettes, bringt Tee oder Kakao, streicht dem Kind über das Haar und redet in einem eintönigen Singsang auf das Kind ein, stößt immer wieder tiefe Seufzer aus und beteuert, dass ganz bald alles bestimmt wieder gut werde. Die Pädagogin registriert in der Umnebelung ihrer Mitgefühlswolke nicht, dass dem Kind schon lange nicht mehr nach Fürsorge, sondern vor allem nach Ruhe und Alleinsein zumute ist.

Es geschieht manchmal, dass man in der Hitze einer Auseinandersetzung oder in einer übergroßen Identifikation mit den Adressat*innen mit seinen Interventionen über das Ziel hinausschießt, den Bereich der freundlichen Nähe damit verlässt. Die Impulse des Zur-Rede-Stellens oder des Trostes mögen an sich angebracht und stimmig gewesen sein, allein das Maß ist nicht gut dosiert. Das ist keine Schande und mit einem »Okay, wir lassen es jetzt erst einmal so stehen und reden lieber später noch mal, ich glaube, das war jetzt zu viel von mir, tut mir leid« oder mit einem »Entschuldigung, ich sehe, du brauchst deine Ruhe. Sag Bescheid, wenn du mich brauchst« auch wieder zu korrigieren. Mit etwas Distanz kann der Toleranzbereich schnell wieder erreicht werden. Werden die Signale der Adressat*innen aber nicht wahrgenommen oder ignoriert, wird die Aufdringlichkeit zur Penetranz, die Enge zur Belagerung. Ein missbräuchlicher Charakter legt sich über die Situation: Es geht jetzt nicht mehr in erster Linie um das Wohlergehen der Adressat*innen, sondern vorrangig um die Bedürfnisse der Pädagog*innen.

In dem Sermon des Pädagogen aus dem ersten Beispiel mag das Motiv mitschwingen, sich moralisch überlegen zu fühlen. Wertevermittlung ist an sich natürlich schon eine pädagogische Aufgabe, hier aber kommt ganz offensichtlich nichts davon beim Adressaten an. Das wird auch dadurch nicht besser, dass der Pädagoge seine Ansichten stetig wiederholt. So drängt sich der Eindruck auf, dass es dem Pädagogen gar nicht darum gehe, die Entwicklung des Adressaten zu fördern, sondern darum, ihm seine Überlegenheit zu demonstrieren.

*Ich erinnere mich an einen Wutausbruch von mir kurz nach der Eröffnung unserer therapeutischen Wohngruppe. Wir hatten innerhalb kurzer Zeit die Gruppe mit Kindern belegt, für die die ASD-Mitarbeiter*innen der Jugendämter händeringend nach einem Platz gesucht hatten – dementsprechend schwierig und ausgeprägt waren ihre Verhaltensauffälligkeiten. Wieder einmal wurde ich spät abends in die Gruppe gerufen, weil die Kinder außer Rand und Band waren. Insbesondere den elfjährigen Jordan bekamen wir »nicht in den Griff«, er machte, was er wollte. Besonders gerne betätigte er, wie auch an diesem Abend, den Feueralarm, schmiss den Fernseher kaputt und verteilte jede Menge Duschgel, das er irgendwie zu fassen bekommen hatte, über den Boden der Wohngruppe. Letzteres verwandelte die Gruppe in eine einzige große Rutschbahn – zur johlenden Freude der anderen Kinder und zur Verzweiflung der ausrutschenden Mitarbeiter*innen. Die ganze Szenerie erinnerte an einen Slapstick-Film, nur war uns nicht zum Lachen zumute: Wir fühlten uns Jordan und dem Rest der Gruppe gegenüber ohnmächtig. Mächtig war aber meine Wut, dass ich an einem späten Sonntagabend wieder einmal »für Ordnung sorgen« musste – und so knöpfte ich mir Jordan vor und hielt ihm nach meinem Eintreffen auf der Wohngruppe einen lautstarken und viel zu langen Vortrag darüber, wie Menschen nicht miteinander umgehen sollten (nämlich wie er es mit uns tat) und – sinngemäß – wie froh* *er darüber sein könne, dass wir so viel Geduld mit ihm haben (wie toll wir uns ihm gegenüber verhielten). Ich habe mich geradezu berauscht an meiner/ unserer eigenen Großartigkeit und wurde erst »wach«, als Jordan in einem überraschend ruhigen Tonfall sagte, ich solle sofort aufhören zu reden – oder er würde jetzt die Polizei rufen.*

Es war ein hoffnungsloses Unterfangen, in einer solchen Situation Werte zu vermitteln, das war mir an sich klar. Es ging auch in erster Linie darum, die Macht über das Gruppengeschehen wiederzugewinnen. In diesem an sich legitimen Bestreben bin ich Jordan aber viel zu nahe gekommen: Ich habe ihn in seiner Würde angegriffen, indem ich ihm vermittelt habe, er sei lediglich aufgrund unserer »Gnade« noch in der Wohngruppe – *eigentlich* habe er seine Berechtigung dazu bereits verwirkt. Das ist so unangenehm moralinsauer, dass ich mich noch Jahre später dafür schäme. Meinen »Vortrag« hielt ich in Jordans Zimmer, vor seinem Bett stehend, von dem aus er mich trotzig anstierte. In diesem Trotz sah ich sein erfolgreiches Bemühen, seinen Stolz zu wahren. Ich belagerte ihn mit meinen Moralansichten und Wertvorstellungen, derer Jordan sich nicht entziehen konnte – nicht einmal in seinem allerletzten Refugium, in dem Bett seines Zimmers. Auch habe ich mich seines Zimmers, seines Raumes bemächtigt. Das war in dieser Form eindeutig eine Grenzüberschreitung. Zum Glück war Jordan nach einer Weile in der Lage, seine Grenze zu markieren und seinen Raum zurückzuerobern. Er ließ meinen Ausbruch nicht Ewigkeiten über sich ergehen, sondern gebot mir mit der Drohung, die Polizei zu rufen, Einhalt. Dafür kann ich ihm dankbar sein. Jordan hat nicht nur seine Grenze wahrgenommen und benannt, sondern darüber hinaus auch die wichtige Erfahrung gemacht, dass diese Grenze tatsächlich respektiert wurde. Mein Zu-nahe-Kommen hat es ihm ermöglicht, seine Selbstwirksamkeit zu erleben – ein Aspekt, der sicherlich viel zur »Reparatur« der beschädigten Grenze beigetragen hat. Die Beziehung zwischen Jordan und mir hat durch diese Episode an Tiefe und Behutsamkeit gewonnen: Ich habe ihn für mein Verhalten um Verzeihung gebeten, was er nicht nur erstaunt zur Kenntnis nahm, sondern was ihn auch dazu bewog, sich für seine Verwüstungen ebenfalls zu entschuldigen. In der Folge gingen wir bis zum Ende seines Aufenthaltes in unserer Wohngruppe betont vorsichtig miteinander um; sehr bemüht, unser beider Würde zu wahren. Diese Grenzerfahrung hat uns ohne Zweifel dabei geholfen, unser Maß an Nähe und Distanz feiner auszubalancieren. So muss eine Grenzüberschreitung keine Katastrophe darstellen, sondern kann, wie im vierten Kapitel noch konkretisiert wird, durch einen verantwortungsvollen Umgang auch einen Beitrag zu der Vertiefung einer Beziehung leisten.

Die Pädagogin aus dem anderen Beispiel, die die Signale des Kindes nach Ruhe nicht wahrnimmt, sondern das Kind mit ihrer Fürsorglichkeit erdrückt, handelt vielleicht aus dem Motiv heraus, ihre eigenen Bedürfnisse nach Nähe zu befriedigen. Durch die affektive Aufgeladenheit der Situation, die womöglich in der privaten Situation der Mitarbeiterin wurzelt, verlässt das Handeln den Bereich der professionellen Nähe und geriert zur Enge. Es ist leider leicht, seine emotionalen und körperlich-sexuellen Bedürfnisse im Kontakt mit Hilfsbedürftigen zu stillen – erst recht in helfenden Berufen: Die eigenen Wünsche können wahlweise unter dem Deckmantel des Altruismus und unter dem des Gutgemeinten ausgelebt werden. Die Luft unter solch einem Deckmantel ist stickig, der Affekt hinter der freundlichen Fassade unterschwellig feindselig. Der/Die Adressat*in ist die hilflose Projektionsfläche der Sehnsüchte des/der Pädagog*in und wird darüber zum Objekt herabgesetzt. Man stellt sich vor, wie das kranke oder traurige Kind sich wünscht, die Pädagogin möge endlich mit dem Streicheln des Gesichtes aufhören oder den Atem des Erwachsenen nicht mehr riechen zu müssen, die Pädagogin aber mit ihrem Fürsorgeterror unerbittlich weitermacht. Das Kind liegt wehrlos da: Sich abzugrenzen fällt noch schwerer als ohnehin schon, wenn der Andere es doch vermeintlich nur gut mit einem meint. Die Pädagogin bemächtigt sich des Körpers des Kindes und die Schwelle zum Missbrauch ist jetzt erreicht.

Es mag auch sein, dass das Umsorgen und Trösten von Adressat*innen den Idealvorstellungen der Pädagogin von ihrem Beruf entspricht. Endlich hat sie hier die Gelegenheit, anstelle der sonstigen Auseinandersetzungen mit dem Kind auch mal liebevoll zu agieren. Dabei verliert sie jedoch das Gefühl für das richtige Maß und deklassiert das Kind letztlich zum bloßen Mitspieler ihrer Selbstinszenierung.[5]

Was auch immer aber das Motiv des/der belagernden oder sich bemächtigenden Pädagog*in ist, das Wohl des Kindes steht nicht mehr im Vordergrund, *das Kind ist nicht mehr gemeint*. Die eigenen Bedürfnisse des/

---

5 Dieses Motiv ist aus dem Grund nicht so unwahrscheinlich, da helfende Berufe nicht selten als Versuch der Selbstheilung ergriffen werden: Häufig sind uns Helfer*innen jene Aspekte unserer Arbeit besonders wichtig, die wir in unserer eigenen Kindheit als schmerzhaften Mangel erlebt haben. Indem wir nun die Adressat*innen »retten«, retten wir uns selbst.

der Pädagog*in haben sich in den Vordergrund geschoben und dominieren den Charakter der Begegnung. Der Adressat verliert damit in der Beziehung zunehmend seine Subjekthaftigkeit. Während bei der Belagerung oder Bemächtigung geltend gemacht werden kann, dass das Wohl der Adressat*innen anfangs noch intendiert war und der/die Pädagog*in sein übergriffiges Verhalten nach einer Bewusstwerdung dessen, was er/sie da tut, verändern würde, verletzt der/die Missbraucher*in die Adressat*innen in vollem Bewusstsein. Das Mitgefühl für die Adressat*innen ist nicht durch die eigene Bedürftigkeit eingetrübt, sondern das Vermögen zur Einfühlung fehlt komplett. Es gibt kein moralisches Empfinden, das seinen/ihren Taten Einhalt gebieten würde: »Mir ist es völlig egal, wie es dir damit geht, ich mache mit dir, was ich will.« Der erkennbar klare Wille, eine/n Adressat*in zu missbrauchen, wird durch Dienstanweisungen oder durch einen Verhaltenskodex nicht zu brechen sein. Der/Die Missbraucher*in hat auch kein Interesse daran, Nähe und Distanz zu regulieren – ihm/ihr ist nur beizukommen, wenn sich die Einrichtungen mit Täterstrategien auseinandergesetzt haben und wenn es in den Teams ein hohes Bewusstsein dafür gibt, dass sich Pädophile oft pädagogische Arbeitsfelder suchen – weil sie da einen leichten Zugang zu potenziellen Opern haben.[6]

Das Spektrum von freundlicher Distanz zur feindseligen Vernachlässigung
Im oberen Spektrum des Kontinuums unterscheidet sich die Reserviertheit von der freundlichen Distanz am deutlichsten durch ihren Vorbehalt: Ihr Blick ist zunächst prüfend und eher von Misstrauen als von Vertrauen geprägt, Nähe wird (noch) nicht gestattet. Die reservierte Person sagt: »Ich weiß noch nicht, ob ich eine Begegnung überhaupt möchte, ich schaue mir das Ganze erst einmal an«. Vorsicht ist das Motiv der reservierten Beziehungsgestaltung. Der Selbstschutz verhindert zunächst ein freundliches Kontaktangebot. In dieser Szenerie entsteht eine etwas kühle Atmosphäre, das Fehlen von Wärme ist spürbar. Von einer sich reserviert verhaltenden Person fühlt man sich nicht angenommen: Ihre Arme sind vor dem Oberkörper verschränkt und nicht bereit, den Anderen offen zu empfangen.

Möglich, dass der/die Pädagog*in genau das beabsichtigt: Vielleicht

---

6 Auf der Basis dieses Bewusstseins müssen die Einrichtungen Präventionskonzepte erarbeiten, die meines Erachtens in erster Linie eine Kultur des Hinschauens fördern sollten. Aber dieses Thema ist zu komplex und zu wichtig, um es »nebenbei« in diesem Buch abzuhandeln.

möchte er/sie, dass ihm/ihr die Adressat*innen zunächst nicht zu nahe kommen. Die Distanz, die er/sie hält, soll ihn/sie davor schützen, emotional verwickelt zu werden, vielleicht hat er/sie Angst davor, vielleicht ist er/sie ungeübt oder ungelenk in der Gestaltung emotionaler Beziehungen? Möglich, dass seine Angst mit der Zeit auftaut und die Reserviertheit einer vorsichtigen Öffnung weicht. Immerhin verschafft die Reserviertheit auch dem/der Adressat*in die Zeit zu prüfen, ob er/sie sich dem/der Pädagog*in überhaupt annähern möchte.

Weniger Hoffnung besteht, wenn sich hinter der Reserviertheit keine Vorsicht, sondern eine Aversion gegen körperliche oder emotionale Berührungen verbirgt:

Ich stelle mir vor, wie ein Adressat eine Frage zum Privatleben des Pädagogen stellt. Eine abwehrende Antwort (»Darüber möchte ich nicht sprechen«) alleine würde noch nicht auf die Unnahbarkeit verweisen, erst gekoppelt mit leichter Feindseligkeit würde der Bereich der Freundlichkeit verlassen: In der Aussage »Das geht dich nichts an« kommt nicht nur der legitime Wunsch nach Abgrenzung zum Ausdruck, sondern es schwingt in der Schroffheit auch ein leicht aggressiver Affekt gegenüber dem Fragesteller mit.

Dem Adressaten würde damit die Augenhöhe verweigert, das hierarchische Gefälle würde nicht nur deutlich, sondern auch zementiert. »Wer bist du, dass du mich etwas Persönliches fragst? *Ich* Helfer, *du* Adressat«, so lautet seine Botschaft. Der unnahbare Pädagoge frustriert den Wunsch nach Beziehung, den der Adressat mit seiner Frage zum Ausdruck bringt. Vielleicht möchte er eine persönliche Beziehung vermeiden, weil er *hier nur seinen Job macht,* wozu sollte es schon gut sein, etwas Persönliches von sich preiszugeben? Damit entsteht eine unüberwindbare Kluft zwischen ihm und den Adressat*innen. Das heilungsfördernde Potenzial von Nähe, das sich durch emotionale Anteilnahme entfaltet, kann so nicht erreicht werden. Es stellt sich die Frage, wie der Adressat Vertrauen zu einem unnahbaren Pädagogen entwickeln kann. Und welche Idee hat der Pädagoge dazu, wie er die Entwicklung seiner Adressat*innen begleiten und fördern kann? Setzt er darauf, dass eine liebe- und vertrauensvolle Beziehung entbehrlich ist, weil sich Entwicklung allein durch die Anwendung von Verstärkerprogrammen und durch eine regelorientierte Pädagogik erzielen lässt?

Ist die abweisende Reserviertheit noch in erster Linie ein Selbstschutz ohne verletzende Absicht, so sind die Unnahbarkeit und die Gleichgültigkeit schon deutliche Affronts. In ihrer Kälte liegt mehr oder weniger offene Feindseligkeit, die Botschaft des Gleichgültigen lautet: »Du bist es nicht wert, dass ich mich mit dir beschäftige. Du bist mir egal.« Was könnte Pädagog*innen dazu verleiten, den Adressat*innen so zu begegnen? Der/Die Gleichgültige hat schlicht kein Interesse daran, an den Lebensbedingungen oder an dem inneren Erleben der Adressat*innen etwas zu verändern, er/sie ist nicht bereit, sich für sie zu *engagieren.* Die Gleichgültigkeit trägt manchmal eine freundliche, Gelassenheit vorgaukelnde Maske, doch ihre Feindseligkeit liegt darin begründet, dass der/die Pädagog*in sich gegenüber dem/der Adressat*in wie ein Parasit verhält: Er/Sie finanziert sich durch die Adressat*innen seinen/ihren Lebensunterhalt, bringt aber nicht die Bereitschaft und Energie auf, dafür eine adäquate Gegenleistung zu erbringen. Er/Sie *reißt vielleicht seinen/ihren Dienst ab,* aber er/sie tut dies ohne Hinwendung, ohne wahrhaftigen altruistischen Antrieb. Seine/Ihre Weltsicht ist eine egozentrische. Es gibt keine Spur eines Wunsches nach echten Begegnungen, es gibt kein Mitfühlen und keine Perspektivübernahme. Gleichgültigkeit geht häufig mit Zynismus einher und kann das Ergebnis eines jahrelangen allmählichen Ermüdens und Abstumpfens sein. Zynismus unterscheidet sich deutlich von ironischen oder zum Sarkasmus neigenden Aussagen: Letztere sind in Arbeitsfeldern mit hoher emotionaler Belastung sehr häufig anzutreffen und können als eine Form der Psychohygiene verstanden werden. Das Leid der Adressat*innen wird auf diese Weise distanziert, was insbesondere dann notwendig ist, wenn dieses den Helfer*innen besonders »nahe« geht. Im Gegensatz dazu distanzieren die Zyniker*innen das Leid der Adressat*innen nicht, sondern verleugnen es: Ihr Blick auf die Adressat*innen ist hart und unerbittlich, ebenso ihr Urteil über die »weichgespülten« Kolleg*innen, deren fürsorglichen Einsatz für die Adressat*innen sie als Kuschelpädagogik verspotten. Ihre Ignoranz findet Ausdruck in Kommentaren wie »Der tut doch nur so, als ob es ihm schlecht ginge. Der kriegt doch damit genau das, was er will«: Das Verhalten von Adressat*innen wird dann nicht mehr als Ausdruck des inneren Erlebens verstanden, sondern ausschließlich als »Masche« interpretiert. Die Perspektive, dass aber auch »Maschen« und Muster Bewältigungsversuche von Belastungen und Nöten sind, geht im gleichgültigen und zynischen Zustand verloren.

Aber nicht nur bei »den alten Hasen«, auch bei jungen Kolleg*innen ist Gleichgültigkeit zu beobachten: Unter dem Einfluss des Dogmas einer anzustrebenden optimalen Work-Life-Balance meine ich eine Tendenz zu beobachten, »Work« nicht mehr als einen Teil von »Life«, sondern als einen

Gegenpol zum eigentlichen Leben zu verstehen – als gehörte die Arbeit zum Leben nicht dazu. Das »Brennen« für den eigenen Beruf scheint bei manchen Pädagog*innen frühzeitig erloschen zu sein oder wurde nie so recht entzündet, von Enthusiasmus für diesen sehr spannenden und wertvollen Beruf kann mancherorts keine Rede sein. Sich für die pädagogische Arbeit »berufen« zu fühlen, mutet sie wie ein absonderlicher Gedanke an. Eine Berufung ist ein innerer Drang, eine gefühlte Notwendigkeit, sich einer bestimmten Aufgabe zu verschreiben. Fehlt dieses Motiv gänzlich, dann führt die mal mehr, mal weniger Freundlichkeit ausstrahlende Gleichgültigkeit in der Beziehungsgestaltung die Regie.

Wenn Zynismus und Gleichgültigkeit die Atmosphäre in der Einrichtung oder in der Gruppe prägen, dann besteht die Gefahr emotionaler Deprivation. Gefühlsäußerungen der Adressat*innen werden ignoriert und ihre emotionalen Bedürfnisse negiert oder pathologisiert. Von den Adressat*innen wird gefordert, möglichst gut zu funktionieren und dem Personal so wenig Arbeit wie möglich zu machen – Gefühle stören da nur. Besonders schwer zu durchschauen ist diese Haltung, wenn Gefühlsäußerungen der Adressat*innen durch ein allzu schnelles Umfokussieren auf das »Gute im Schlechten« oder auf irgendwelche »Ressourcen« gleichsam negiert werden. Eine Beziehungsgestaltung ohne echten affektiven Austausch jedoch ist – ganz gleich welchen theoretischen Anstrich sie sich gibt oder wie freundschaftlich sie daherkommen mag – nicht mehr im Toleranzfenster der freundlichen Distanz zu verorten, sondern ist ein Kennzeichen eines emotional deprivierenden Milieus.

Jenseits der Gleichgültigkeit befindet sich die Vernachlässigung, die sich nicht nur auf die Versagung emotionaler Bedürfnisse bezieht, sondern auch die physiologische und soziale Dimension umfasst. Die Adressat*innen sind für die Einrichtungen nur Ballast, der mit dem Allernötigsten versorgt wird, um einen Geschäftsbetrieb aufrechterhalten zu können. Jedes darüber hinausgehende Engagement unterbleibt: In der Gestaltung der Räumlichkeiten wird auf jeden Sinn für Ästhetik verzichtet, leicht zu säubern und funktional muss es sein. Das Essen wird lieblos zubereitet und dargereicht, gute Lebensmittel sind teuer und Randgruppen ohne Lobby sind ohnehin eines Bemühens nicht wert. Für eine soziale Integration der Adressat*innen wird keine Sorge getragen, da die dafür notwendige Zeit angeblich nicht vorhanden ist. Diese Lieblosigkeit des Ambientes und Lustlosigkeit des Personals verweisen auf eine maximale Distanz zu den Adressat*innen. In dieser Distanz bleiben schädliche

Entwicklungen auf körperlicher und emotionaler Ebene unentdeckt und die notwendige Hilfe unterbleibt. Der Verweis auf die Verantwortung der Einrichtung darf an dieser Stelle nicht fehlen, denn die strukturelle und deshalb chronische Überforderung der Pädagog*innen bildet häufig den Hintergrund für die Vernachlässigung. Dennoch kann sich auch der einzelne Mitarbeiter die Frage stellen, ob sein Engagement ausreicht, um seinem Schutz- und Fürsorgeauftrag den Adressat*innen gegenüber gerecht zu werden.

Zusammenfassung

In der Mitte des Spektrums zwischen Vernachlässigung und Missbrauch liegt der Bereich der freundlichen Nähe und Distanz, an deren Rändern sich wiederum Intimität und Reserviertheit befinden. Anzustreben ist das Ausschöpfen *des gesamten Potenzials* dieses Bereichs in Abhängigkeit davon, was der Entwicklungsprozess der Adressat*innen gerade benötigt. Missbrauch und Vernachlässigung sind durch nichts zu legitimieren, hier wird die Schädigung der Adressat*innen willentlich oder fahrlässig in Kauf genommen. Zwischen den Extremen und dem hellen Bereich aber liegen Graubereiche, in denen das Beziehungshandeln ethisch und fachlich zu hinterfragen ist. Pädagog*innen oder ganze Teams, die sich in diesen Spektren aufhalten, benötigen Unterstützung, um ihre Nähe-Distanz-Regulation zu überdenken und zu verändern. Hier können individuelle Dispositionen wie fachliche Mängel, Burn-out-Zustände, unverarbeitete persönliche Vulnerabilitäten oder ideologische Überformungen ebenso eine Rolle spielen wie strukturelle Gründe: mangelnde Reflexionsräume; ein unbewusster Umgang mit institutioneller Macht; chronische Überforderung der Mitarbeiter*innen; totalitäre Strukturen; Einrichtungen, in denen die Positionierung am Markt und ökonomische Überlegungen Fachlichkeit und Ethik übertrumpfen. Pädagog*innen haben alles in ihrer Macht Stehende zu unternehmen, damit ihr eigenes und das Beziehungshandeln ihrer Kolleg*innen im Toleranzfenster angesiedelt sind. Es besteht aber auch eine Gefahr darin, vor lauter Angst vor dem Verlassen des eindeutig »hellen« Bereichs mutlos zu agieren: Das Toleranzfenster ist ja nicht statisch, sondern verändert sich in jedem Moment einer jeden Beziehung. Auch ein Beziehungshandeln außerhalb dieses Bereichs kann – wie ich an dem Beispiel von Jordan und mir veranschaulichen wollte – Entwicklungsimpulse enthalten. Entscheidend sind hierbei die Reflexion und Klärung.

3.5 Die Regulation von Nähe und Distanz in stationären Einrichtungen

Es war bislang aber noch nicht die Rede davon, welche Implikationen das Setting der stationären Einrichtung für die Regulation von Nähe und Distanz hat. Denn natürlich hat der Kontext der Begegnung einen Einfluss auf die Beziehung.

Das Wort Regulation verweist auf einen dynamischen Prozess: Wir bewegen uns bei der Nähe-Distanz-Regulation auf dem Kontinuum zwischen Nähe und Distanz hin und her. Es handelt sich genau genommen um Prozesse der Annäherung und des Wieder-Distanznehmens, worauf wieder Annäherung und wieder Distanznehmen folgen usw. »Teresa und ich sind eben ziemlich aneinander gerasselt«, erzählt die Wohngruppen-Mitarbeiterin der Kollegin bei der Dienstübergabe, »wir brauchen jetzt erst einmal Abstand voneinander.« »Mir geht es so ähnlich«, erwidert die Kollegin, »ich komme gerade von zu Hause und meine Mutter ist zurzeit für ein paar Tage bei uns zu Besuch. Das ist zwar ganz schön, aber ich war jetzt auch froh, nun wieder zur Arbeit gehen zu können.« Nicht nur positive, sondern auch konflikthafte Interaktionen, so wie bei der ersten Kollegin und ihrer Adressatin Teresa, erzeugen Nähe und Wärme. Phasen der Nähe folgen Phasen der Distanz, der Abkühlung. Um den Besuch der Mutter aushalten zu können, muss die Kollegin immer mal wieder Distanz nehmen, sonst mutiert die Nähe offenbar zur Enge. Während sie die Nähe der Mutter zunehmend als bedrängend erlebt, empfindet diese die ständige Präsenz ihrer Tochter womöglich als außerordentlich beglückend. »Die Nähe, die der eine empfindet, kann dem anderen peinlich oder zudringlich sein. Das Missverhältnis zum Beispiel in der Liebe – lieben und nicht geliebt werden, begehren und kein Begehren wecken – ist seit Urzeiten eines der Grundprobleme aller menschlichen Beziehung« (Thiersch, 2012, S. 34). Bei freiwillig eingegangenen Beziehungen wie Partner- und Freundschaften kommt es irgendwann zum Bruch, wenn Nähe- und Distanzwünsche der Interaktionspartner*innen nicht austariert werden können. In professionellen Beziehungen haben wir diese Möglichkeit in der Regel jedoch nicht.

Eine gute Regulation von Nähe und Distanz – wie leicht ist das gefordert ... wie schwer aber ist das für Pädagog*innen, die in stationären Einrichtungen tätig sind! Müller (2012) weist darauf hin, dass professionelle Beziehungen eine bemerkenswerte Paradoxie aufweisen: »Sie können Intimeres betreffen als die intimste private Beziehung und gleichzeitig distanzierter sein als die meisten bloß funktionalen Beziehungen« (S. 145). In welchem anderen Beruf ist die Kombination aus räumlicher und emotionaler Nähe ähnlich dicht und die Notwendigkeit des Distanznehmens gleichzeitig so elementar? In welcher anderen professionellen helfenden Beziehung verbringen die Helfer*innen ähnlich viel Zeit mit den ihnen anvertrauten Menschen? Ärzt*innen erfahren von den Krankheiten der Patient*innen, Priester von den Sünden der Beichtenden, Rechtsanwält*innen von den Straftaten der Mandant*innen, Psychotherapeut*innen von den Schicksalen seiner Klient*innen ... sie kommen den Menschen von Berufs wegen ebenfalls »sehr nahe« – aber eben meist nur kurz. Und sie arbeiten auch nicht da, wo die Menschen, denen sie helfen, wohnen. Pädagog*innen (und Pflegekräfte) in stationären Einrichtungen kommen ihnen räumlich *sehr* nahe: Sie kommen zu ihren Adressat*innen nach Hause. Und sie bleiben lange dort, nicht zu einem kurzen Hausbesuch, sondern acht, zwölf oder sogar 24 Stunden lang. Anders als Ärzt*innen, Geistliche, Therapeut*innen und Jurist*innen können Pädagog*innen nach nahen Situationen nicht unmittelbar wieder Distanz nehmen – weder räumlich noch emotional. Sie sind ja gerade dafür angestellt, »da« zu sein, aufzupassen, zu unterstützen, jederzeit ansprechbar zu sein. Und sie *erfahren* auch anders als die anderen genannten Berufsgruppen nicht nur die Geschichten von Sünden, Krankheiten, Nöten und Schicksalen, sondern sie werden auch *in sie verwickelt.* Die Geschichten werden ihnen nicht erzählt, sie erleben sie mit und werden zu einem Teil dieser Geschichten. Nähe ist gar nicht zu verhindern. Sie muss noch nicht einmal gewollt sein, sie ist einfach zwangsläufig.

Die Mitarbeiterin einer Wohngruppe begleitet eine 15-jährige Adressatin wegen unklarer Bauchschmerzen zum Frauenarzt. Die befürchtete Schwangerschaft kann beim Ultraschall ausgeschlossen werden, allerdings liegt eine üble Verstopfung vor, die mit Einläufen behandelt werden soll. Auf dem Weg von der Apotheke zur Wohngruppe fragt die Jugendliche, ob die Mitarbeiterin »das« bei ihr machen könne. Als die Mitarbeiterin verneint, fragt die Jugendliche: »Aber wenn ich deine Tochter wäre, würdest du das machen, oder?«

Dem 16-jährigen, normalerweise schwer coolen Jugendlichen wird am Telefon von seinem wesentlich älteren Bruder, der die Rolle eines Ersatzvaters eingenommen hat, eine demütigende Standpauke gehalten: Er werde ihm »gehörig in den Arsch ficken«, wenn er nicht aufhöre, in der Wohngruppe »Scheiße zu bauen«. Der Mitarbeiter sitzt daneben und sieht, wie der Ju-

gendliche in sich zusammenbricht. Er empfindet in diesem Augenblick tiefstes Mitgefühl für den Adressaten.

Die Adressat*innen suchen die Mitarbeiter*innen auf, weil sie ihnen vertrauen und weil sie ansonsten häufig niemanden haben, an die sie sich mit ihren Fragen und Ängsten wenden können. Die Mitarbeiter*innen sind zu einem wichtigen Teil der Lebenswelt der Adressat*innen geworden und natürlich erzeugt das alles viel Nähe – manchmal mehr, als den Mitarbeiter*innen lieb ist. Keine räumliche oder zeitliche Distanz und keine Erzählung trennen die Pädagog*innen von den Ereignissen und dem Erleben der Adressat*innen. Diese Unmittelbarkeit unterscheidet das pädagogische Setting vom therapeutischen: Zwischen dem Geschehen und der Beschäftigung mit dem Geschehen liegt kein Prozess der Verarbeitung. Wer diese Erfahrung nicht am eigenen Leib gemacht hat, der unterschätzt leicht, wie schwer die Nähe-Distanz-Regulation für Pädagog*innen in stationären Einrichtungen ist. Die Frage in all diesen Beispielen lautet nicht »Nähe oder Distanz?«, sondern »Wie ist die Nähe zu bewältigen?« Dem Mitarbeiter, der miterlebt, wie der Jugendliche am Telefon von seinem Bruder gedemütigt wird, geht der Moment sehr nahe. Fast unweigerlich entsteht eine starke Identifikation mit dem Adressaten. Wie kann es gelingen, unter diesen Umständen immer wieder auch Distanz herzustellen, damit der Blick auf den Jugendlichen durch dieses Erlebnis zwar um eine wichtige Perspektive (nämlich dass der Adressat Empfänger von Erniedrigungen und Vulgarität ist) erweitert, aber nicht einseitig wird? Vielleicht gerät der Mitarbeiter in Gefahr, aufgrund der Identifikation allzu stark Partei für den Jugendlichen zu ergreifen und dessen »Täteranteile« gegenüber den »Opferanteilen« zu vernachlässigen. Doch wie sollte man unbeteiligt bleiben, wenn man so unmittelbar mit den Gefühlen und Erlebnissen der Adressat*innen konfrontiert wird? Die totale emotionale Distanzierung trotz struktureller Nähe ist zwar theoretisch möglich, aber unmenschlich und herzlos. Es bleibt uns nichts anderes übrig: Wir müssen beruhigen, beistehen, trösten, versorgen, zu Bett bringen, fördern, Anteil nehmen, ermutigen, Schaden abwenden, manchmal auch schimpfen … alles schwer vorzustellen, ohne sich auf eine echte persönliche Begegnung einzulassen. Die berechtigte Forderung nach professioneller Distanz darf »nicht instrumentalisiert werden zur Abwehr von Belastung und Verantwortung« (Kavemann, 2011, S. 24). Was dem Adressaten am Telefon widerfuhr, war menschenunwürdig. Eine distanziert-kühle Reaktion des Pädagogen, um sich mit dieser Grausamkeit nicht auseinandersetzen zu müssen, wäre völlig deplatziert gewesen. Die einzige wirkliche, mit unserer Berufsethik konformgehende Möglichkeit des Abstandnehmens in stationären Einrichtungen liegt in der *Reflexion* der Nähe – nicht in ihrer *Vermeidung*:

> »Innere Distanz ist nicht durch Abständigkeit zu gewinnen, durch ein weniger an Sich-berühren-lassen und selbst berühren. Vielmehr geht es darum, die heiklen Verwicklungen von Nähe und Distanz in der praktischen Arbeit ins Denken hineinzubekommen, immer wieder erneut in ein reflektierendes Nachdenken zu überführen« (Schmid, 2012, S. 60).

Gleichzeitig ist es notwendig, die besondere Struktur von professionellen Beziehungen zu berücksichtigen. Die Analogie zwischen familiären Beziehungen und professionellen Beziehungen in dem mehr oder weniger familienähnlichen Setting einer Wohngruppe hat Grenzen. Eine Vernachlässigung der Unterschiede würde die Sensibilität für die Angemessenheit der Nähe-Distanz-Regulation beeinträchtigen. Die Mitarbeiterin, die in der zuvor geschilderten Sequenz von der Adressatin gefragt wurde, ob sie den Einlauf denn bei ihr durchführen würde, wenn sie ihre Tochter wäre, hat die Frage bejaht. Ich möchte deshalb im Folgenden einige Charakteristika professioneller gegenüber privaten Beziehungen verdeutlichen.

3.5.1 Pädagogische Beziehungen sind gleichzeitig artifiziell und echt

Wir begegnen den Adressat*innen nur, weil sie aufgrund widriger Umstände auf unsere Hilfe angewiesen sind. Für diese Hilfe werden wir entlohnt, was für manche Adressat*innen eine schwere Kränkung darstellt: »Sie reden nur mit mir, weil Sie Geld dafür bekommen« oder »Ich wäre dir scheißegal, wenn du nicht hier arbeiten würdest«. Sie wünschten sich, wir würden uns ihnen auch dann widmen, wenn wir kein Geld dafür bekämen. Ich kann das gut verstehen: Unsere Zuwendung ihnen gegenüber entspringt nicht allein dem Motiv der Nächstenliebe, sondern auch dem Motiv des Geldverdienens. Fürsorge und Anteilnahme könnten bei nüchterner Betrachtung auch Produkte aus einem Dienstleistungskatalog sein. Die Adressat*innen kommen zu uns und erhalten über eine bestimmte Zeit eine besondere Form der Betreuung, die ihr (seelisches) Wachstum fördern soll. Unsere Betreuung ist wie eine Art Gewächshaus, in dem die

Seelen solange gehegt und gepflegt werden, bis sie stark genug sind, um es wieder verlassen zu können. Das klingt in dieser Metaphorik zwar sehr kalt und technologisch, aber es lässt sich nicht von der Hand weisen, dass die Begegnungen zwischen uns und den Adressat*innen nicht spontan und nicht in einem natürlichen Raum stattfinden. Die Adressat*innen und die Mitarbeiter*innen kommen in der Regel aus unterschiedlichen Lebenswelten. Renate und Hans Thiersch (2018, pers. Mitteilung) weisen unter Berufung auf die Arbeiten von Lothar Böhnisch auf die Problematik hin, dass sich in der Mehrzahl der Fälle Pädagog*innen aus der Mittelschicht um Adressat*innen aus der sogenannten Unterschicht kümmern – so entstehen Kontakte, die sich in den jeweiligen natürlichen Lebenswelten niemals ereignet hätten. Es sind im pädagogischen Kontext trotz ihrer intimen Beschaffenheit *geplante* Begegnungen, die wir im Rahmen eines institutionellen Auftrags gestalten, für die wir entlohnt werden und die wir auf der Basis einer fachlichen Ausbildung ausüben. Weil sie sich im natürlichen Umfeld der in der Einrichtung lebenden Adressat*innen ereignen, suggerieren sie einen privaten Charakter: Sie finden in Wohn- und Schlafzimmern statt und nicht in Geschäftsräumen oder Praxen. Doch das Verhältnis zwischen dem Bezugspädagogen und dem Jungen aus der Wohngruppe hat nicht die gleiche Beschaffenheit wie das zwischen dem Vater und seinem Sohn: Um dennoch gleichzeitig »echte« Begegnungen zu ermöglichen, verbietet sich jede Verwässerung des professionellen Umstands der Beziehung und jede Heuchelei, dass uns der reine Altruismus antriebe oder dass wir die Kinder einer Wohngruppe »genauso lieb« hätten wie unsere leiblichen Kinder.[7] »Ja, wir tun das für Geld, das stimmt«, könnten wir also sagen, wenn uns der Geldverdienst vorgeworfen wird, »aber wir haben den Beruf auch deswegen ergriffen, weil wir Menschen wie dich mögen und wir jenen helfen wollen, die unsere Hilfe gut gebrauchen können«. Ohne eine deutlich erkennbare menschenfreundliche Grundhaltung und ohne unsere äußersten fachlichen Anstrengungen, den Adressat*innen die bestmögliche Hilfe/Pädagogik zuteilkommen zu lassen, werden wir den Vorwurf »Ihr tut das nur für Geld« oder, bezogen auf Institutionen, »Das ist ein reines Wirtschaftsunternehmen« nicht entkräften können. Dann entsteht bei den Adressat*innen zu Recht der Eindruck, für uns nur »eine Nummer«

---

7 Der andere Stoff, aus dem professionelle Beziehungen gewebt sind, hindert mich persönlich daran, von »lieb haben« zu sprechen, wohingegen ich Adressat*innen durchaus »sehr mögen« kann.

zu sein; ein Objekt, das uns den Gelderwerb ermöglicht, uns in seinem Kern aber nicht wirklich interessiert. Die Asymmetrie der Beziehung, die in einem kurzen Arzt- oder selbst Therapeutenkontakt leichter akzeptiert werden kann, ist in längeren professionellen pädagogischen Beziehungen ohne persönliches und fachliches Engagement der Pädagog*innen kaum zu ertragen. Denn für die Adressat*innen ist die stationäre Einrichtung eben irgendwann kein künstlicher Raum mehr, sondern ihr primärer Lebensraum. Die Dauer des Aufenthaltes in diesem Raum verändert seine Bedeutung: Sich monate-, oft jahrelang in einem künstlichen Raum mit distanzierten Beziehungen zu bewegen, würde unweigerlich zu einer Entfremdung seiner selbst führen. Das heißt zusammengefasst, dass wir den professionellen Kontext des Raumes, in dem wir den Adressat*innen begegnen, nicht negieren und die Unterschiede zu privaten Räumen nicht nivellieren dürfen, wir innerhalb dieses Raumes aber aufrichtige, »echte« Beziehungen anbieten müssen.

Die folgende Anekdote belegt ganz amüsant, dass die Grenze zwischen dem privaten und dem professionellen Bereich bei einer sehr nahen Arbeitsweise auch bis zur Unkenntlichkeit verwischt sein kann – zumindest für die Patient*innen:

*Ich erinnere mich an eine Situation aus der Klinik für Kinder- und Jugendpsychiatrie: Damals, vor rund 25 Jahren, gab es noch Verweildauern von neun Monaten und mehr. Die Räumlichkeiten waren beengt, die Auffälligkeiten der Kinder immens, das Engagement der Mitarbeiter*innen hoch. Ich habe die Atmosphäre als sehr dicht erlebt, der Grad der Nähe zu den Kindern war beträchtlich. Eines Abends fragte ein Kind uns Mitarbeiter*innen arglos in die seltene Stille eines Abendessens hinein, was wir eigentlich beruflich machten.*

3.5.2 Pädagogische Beziehungen sind endlich

Ein wesentliches Merkmal einer professionellen Beziehung besteht in ihrer von vornherein abzusehenden Endlichkeit. Private Beziehungen können im Sande verlaufen und sich verlieren oder mit einem lauten Knall beendet werden – aber das Ende ist zu Beginn nicht automatisch angelegt. Anders ist es bei pädagogischen Beziehungen, die in der Regel für die Dauer eines halben Jahres (Hilfeplanzyklus) geplant werden. Nähe und Distanz können nicht angemessen reguliert werden, wenn dieser Umstand nicht mitgedacht wird. »Du bist zeitlebens verantwortlich für das, was Du Dir vertraut gemacht hast«, dichtet Antoine de Saint-Exupéry in »Der kleine Prinz« – der Satz geht mir oft durch den Kopf, wenn ich einen besonders nahen Moment mit einem/einer Adressat*in teile. Manchmal erschrecke ich dann und frage mich, wie ich dieser Verantwortung bloß gerecht werden kann. Das Gefühl der Verantwortung droht mich zu erdrücken, diese Bürde scheint mir doch immens. Wenn ich aber jede größere emotionale Nähe vermeide, kann ich meiner Aufgabe auch nicht gerecht werden. Es ist ja auch eine furchtbare Vorstellung, dass Kinder während ihrer ganzen Kindheit aufgrund der Vorläufigkeit professioneller Zuständigkeiten immer nur oberflächliche Beziehungen angeboten bekommen. Dennoch nehme ich dieses Erschrecken, wie viel Verantwortung ich für die Adressat*innen fühle, meistens als Hinweis dafür, dass der Zeitpunkt für ein Distanznehmen gekommen ist: dass ich mir bewusst mache, niemanden retten zu können und dass ich im Kontakt stärker darauf fokussiere, wie der/die Adressat*in sich selbst retten kann. Ich versuche das Dilemma der Endlichkeit der Beziehung zu lösen, indem ich mir das Wesen des Begegnungsmoments vergegenwärtige, der auch ohne das Versprechen einer lebenslangen Beziehung einen hohen Wert besitzt. Wichtig ist nicht, dass ich zeitlebens für den/die Adressat*in verfügbar bin, sondern dass der/der Adressat*in die mit mir gemachten positiven Beziehungserfahrungen in sich verankern kann. Meine Bedeutsamkeit bezieht sich darauf, dass ich den Adressat*innen explizit und gezielt bei der Entwicklung einer möglichst positiven Selbst- und Beziehungsrepräsentanz behilflich bin und sie nach Kräften in ihrer Strukturentwicklung unterstütze. Anders als in der langjährigen privaten Beziehung zu den eigenen Kindern (bei denen es über die Zeit unbewusst wie von selbst geschieht) thematisiere und forciere ich in professionellen Beziehungen die Integration der Beziehungserfahrung in das Selbst- und Beziehungskonzept der Adressat*innen. Damit spiele weder ich meine Bedeutung herunter noch maße ich mir an oder mute ich mir zu, unentbehrlich zu sein.

Mir kommt eine jugendliche Patientin aus einer psychotherapeutischen Klinik in den Sinn, die wir in großer, vielleicht sogar existenzieller Abhängigkeit von ihrer Bezugserzieherin aus der Jugendhilfeeinrichtung, in der sie wohnte, erlebten. Die Jugendliche verfügte ohne Frage über eine labile Persönlichkeitsstruktur und ich vermute, dass sich ihre Bezugserzieherin mit ihrer Rolle als Hilfs-Ich überidentifiziert hatte. Anstatt die 16-jährige Jugendliche nach und nach zu befähigen, für sich selbst Verantwortung zu übernehmen, zementierte sie mit der selbsttätigen Erledigung der (Entwicklungs-)Aufga-

ben des Mädchens dessen schwache ICH-Struktur. So geschah es, dass die Erzieherin einen Brief an den Therapeuten in der Klinik verfasste, in dem sie sich über die schlechte Behandlung der Jugendlichen in der Klinikschule beschwerte. Statt diesen Brief selbst zu verfassen, hätte sie die Jugendliche dabei unterstützen können, selbst für die Klärung der Angelegenheit einzutreten. Dadurch, dass sie dieses konsequent nicht tat, wuchs ihre Bedeutung unwillkürlich ins Unermessliche.

»So wichtig das Bemühen auch ist, Beziehungen aufzubauen und den zu Erziehenden die nötige emotionale Unterstützung und persönliche Wertschätzung zu zeigen, so sehr gilt es auch, das Bewusstsein darüber zu schärfen, dass Nähe auch emotionale Abhängigkeiten erzeugt«, schreiben Strobele-Eisele und Roth (2013a, S. 15). In erzieherischen und therapeutischen Zusammenhängen ziele ich folglich darauf ab, mich irgendwann überflüssig zu machen – und nicht unentbehrlich. Darin unterscheidet sich im Grunde die professionelle pädagogische Beziehung nicht von der Beziehung zu den eigenen Kindern. Doch während meine Tür für die eigenen Kinder mein Leben lang geöffnet sein wird, ist sie dies in den professionellen Beziehungen immer nur für die Dauer einer Hilfeperiode. Das Nähe-Versprechen »Ich werde zeitlebens immer für dich da sein« ist meistens eine Heuchelei und die Endlichkeit der Beziehung sollte deshalb, auch wenn es schmerzhaft ist, von Anfang an transparent sein und mitgedacht werden. Ein beidseitiges Bewusstsein dafür erlaubt es den Adressat*innen und mir, den Grad unserer Vertrautheit und Nähe diesem Umstand anzupassen. Das muss nicht zwangsläufig zu einem geringeren Maß an Nähe führen – schließlich wird auch der Wert des Lebens erst durch das Wissen um den Tod vollumfänglich erfahrbar. So führt das Bewusstsein für die Endlichkeit der Beziehung möglicherweise gar nicht zu ihrer Relativierung, sondern zu ihrer Verdichtung.

3.5.3 Pädagogische Beziehungen sind hierarchisch

Nach meiner Erfahrung setzen sich Pädagog*innen nicht ausreichend – und auch nicht gerne – mit ihrer Macht, die sie über die Adressat*innen haben, auseinander. Angesichts der Virulenz des Themas empfinde ich dessen Reflexion im pädagogischen Alltag tatsächlich als geradezu marginal. Die Machtfrage beeinflusst nahezu jede Interaktion in pädagogischen Beziehungen. Aus diesem Grund stellt Klatetzki (2012) die

Verwendung der Nähe-Distanz-Metaphorik infrage: Sie impliziere im Kontext sozialer Beziehungen ein egalitäres, auf Gleichheit beruhendes Verhältnis.

»Die Metapher vermittelt also nicht die Vorstellung einer ungleichen, hierarchischen Beziehung, denn eine solche Beziehung wird nicht durch die Differenz von Nähe und Distanz, sondern durch die von Oben und Unten vermittelt. Die Metapher blendet damit auf der Ebene des Handelns Macht und Herrschaft aus« (S. 83).

Das lässt sich kaum von der Hand weisen. Für die Regulation von Nähe und Distanz, die deswegen in pädagogischen Beziehungen ja nicht obsolet wird, ist das Mitdenken des Machtaspektes deswegen zentral. Macht ist verführerisch und wer Macht hat, der ist immer auch in Gefahr, das Maß zu verlieren. Aber selbstverständlich benötigen wir Macht dringend: Nur mit ihrer Hilfe können wir uns gegen die etwaige Gewalt von Adressat*innen behaupten und einen gewaltlosen Rahmen sicherstellen. Ohne Macht können wir unserer erzieherischen Aufgabe nicht nachkommen. Die entscheidende Frage ist, *wie* wir diese Macht einsetzen. Ein verantwortungsvoller Umgang mit Macht muss sich immer aus unserer Aufgabe der Entwicklungsförderung der Adressat*innen ableiten, die Ausübung von Macht darf kein Selbstzweck sein. Wenn wir in das Eigenrecht eines/einer Adressat*in eingreifen und dieser Eingriff fachlich sauber und schlüssig argumentiert werden kann, dann ist das eine zulässige Ausübung von Macht. Kann er das nicht, sondern dient er vor allem der Demonstration unserer Macht, dann ist er unzulässig. Die Autorität, die uns der Machtausübung berechtigt, ist unsere Rolle als Pädagog*in, entsprechend müssen wir unseren Machtgebrauch pädagogisch begründen können. Das alles ist banal und wird von niemandem ernsthaft infrage gestellt werden, und dennoch ist der pädagogische Alltag insbesondere in Settings mit Adressat*innen, die in ihrer Biografie missbräuchliche Machtausübung erlebt haben, voll von Interaktionen, die immer wieder auf die gleiche Frage rekurrieren: *Wer* hat hier die Macht? Ist diese Frage dominant (und das ist sie häufig), dann tritt die Frage »*Wie* machen wir von unserer Macht Gebrauch?« leider meistens in den Hintergrund.

Die Ausübung von Macht erzeugt auf der anderen Seite Ohnmacht – ein Gefühl, das niemand, so auch Pädagog*innen, gut ertragen kann. Allerdings fühlen wir uns, wenn wir ehrlich sind, bei der Arbeit mit schwierigen

Adressat*innen und unzureichenden institutionellen Rahmenbedingungen ständig ohnmächtig. Zur Befreiung aus diesem Gefühl greifen wir dann zu machtvollen Mitteln, die nicht immer die Entwicklungsförderung der Adressat*innen zum Ziel haben, sondern mit denen wir die Kontrolle über das Geschehen zurückgewinnen wollen. Ein reflektierter Umgang mit dem Gefühl der Ohnmacht ist deshalb ein sehr wirksamer Schutz von unzulässigem Machtmissbrauch.

Ein weiterer besteht darin, sich negative Gefühle zu erlauben: Nach meiner Beobachtung bricht sich in einem übermäßigen Machtgebrauch – ob körperlich, verbal oder in Form von überzogenen Strafen – häufig eine zu lange zurückgehaltene Wut gegenüber den Adressat*innen Bahn. Ich bringe das mit dem bereits erwähnten beklagenswerten Umstand in Verbindung, dass viele Pädagog*innen ihre aversiven Gefühle kaum wahrnehmen, reflektieren und mit ihnen arbeiten. Dabei wird Wut dringend benötigt, um die eigenen Grenzen zu verteidigen und den Rahmen der Gruppe zu halten. Wenn das Empfinden von Wut nicht zum Selbstkonzept der Pädagog*innen passt und deshalb keinen Ausdruck in positiver Aggression findet, dann arbeitet die Wut »im Untergrund« weiter und schießt bei sich bietender Gelegenheit unter dem Deckmantel einer pädagogischen Maßnahme in unverhältnismäßig scharfer Form wieder hervor. So kann ein zu langes Unterdrücken von Wut zur Anwendung von Gewalt und damit zu einem Machtmissbrauch führen.

Nicht nur die Vehemenz, sondern auch die Häufigkeit körperlicher Auseinandersetzungen kann auf Machtmissbrauch verweisen:

*Es fällt auf, dass ein Kollege von der kinderpsychiatrischen Station überproportional oft in körperliche Auseinandersetzungen verwickelt ist. Er gibt freimütig zu, dass er es gerne mal »drauf ankommen« lässt, um die Machtverhältnisse zu verdeutlichen. Insbesondere neuankommende Patient*innen sollen gleich mal erfahren, dass sie uns hier nicht »auf der Nase herumtanzen« können.*

Eine »Verdeutlichung der Machtverhältnisse« ist kein legitimes Motiv, auch wenn der Kollege versucht, seinem Agieren einen fachlichen Anstrich zu verpassen. So etwas muss von den Kolleg*innen angesprochen werden, allerdings sieht die Realität oft anders aus: Insgeheim ist man vielleicht froh, dass der Kollege die »Drecksarbeit« verrichtet und einem selbst die Auseinandersetzungen mit den Adressat*innen erspart bleiben. Oder man scheut sich vor einer Kritik, um nicht als Netzbeschmutzer dazustehen. Es gibt schon Gründe dafür, warum es so lange dauert, bis Gewaltausübung in Institutionen zur Sprache kommt.

Ein Kollege schaut tatenlos zu, wie ein als gewalttätig bekannter Adressat mit Vehemenz auf ein anderes Gruppenmitglied losgeht. Eine körperliche Begrenzung ist dringend erforderlich. Ich greife ein und halte den Jugendlichen, weil er auf Ansprache nicht reagiert, so lange fest, bis er sich beruhigt hat und ich mir sicher bin, dass er niemanden verletzen wird, sobald ich ihn wieder loslasse. Als ich den Kollegen später danach frage, warum er nicht eingegriffen hat, antwortet er mir: »*Ich habe den Beruf nicht ergriffen, um mich auf Kinder draufzusetzen*«.

Wir haben nicht nur die Möglichkeit, unsere Macht zu gebrauchen, wir haben auch die Verantwortung dazu. Es kommt im pädagogischen Alltag immer wieder zu Situationen, in denen körperlich interveniert werden muss. Die Kunst besteht darin, nicht mehr und nicht weniger Körpereinsatz zu erbringen, als es die Situation auch wirklich erfordert. Ich erinnere mich gut an Situationen, in denen ich Adressat*innen oder Patient*innen fest am Oberarm anfasste und mein Griff dabei fester wurde, als es notwendig gewesen wäre: Ich war in Versuchung, meine ganze Wut über das Verhalten des Kindes oder Jugendlichen in diesen Körperkontakt zu legen und mit dem Griff an den Oberarm nicht nur eine Situation zu bereinigen, sondern auch meine Gefühle zu regulieren. Das erste Motiv ist zulässig, das zweite aber nicht. »Ich war so ungeheuer wütend auf dich, dass ich dich fester angepackt habe als nötig«, erkläre ich mich dem Kind dann später, »das war nicht in Ordnung von mir. Ich werde dich auch weiterhin anfassen, wenn du mich oder andere Menschen angreifst, aber ich werde darauf achtgeben, dich nicht härter anzufassen, als ich es muss.« Insbesondere im Kontakt mit gewaltbelasteten Adressat*innen kommt es zu solchen unschönen Situationen, in denen körperliche Begrenzung notwendig ist. Und es ist angesichts der Gewalt, die einem manchmal entgegenschlägt, auch menschlich verständlich, »härter« anzufassen – aber es bleibt deshalb trotzdem eine missbräuchliche Machtausübung: Ich mache das, weil ich es tun *kann*, nicht, weil ich es aus fachlichen Gründen tun *muss*.

Mit Blick auf die Angemessenheit der Nähe-Distanz-Regulation lässt sich im Hinblick auf körperliche Interventionen festhalten: Beim Gebrauch unserer Macht zur Sicherstellung des Rahmens und zur Verteidigung unserer Grenzen kommen wir den Adressat*innen unter Umständen nahe. Diese Nähe ist fachlich geboten: Sie nicht herzustellen, verwiese auf fachliche Mängel. Mit dem Gebrauch unserer Macht zur Abwehr eines Ohnmachtsgefühls oder zur Zementierung unserer Machtposition sind wir wiederum in Gefahr, über das Ziel hinauszuschießen und den Adressat*innen zu nahe zu kommen. Die manifeste körperliche Gewalt gegenüber Adressat*innen ist in vielen Jugend-, Behinderten- und Altenpflegeeinrichtungen sowie in psychiatrischen Kliniken ein ernsthaftes Problem. Diese Behauptung kann und möchte ich an dieser Stelle nicht mit Zahlen belegen, jede/r Leser*in kann selbst am besten beurteilen, ob sie/er diese Einschätzung mit Blick auf die ihr/ihm bekannten Einrichtungen teilt oder nicht.

Das Spektrum von legitimem und illegitimem Machtgebrauch im Hinblick auf körperliche Interventionen lässt sich auch in Form eines Kontinuums veranschaulichen (Abb. 3).

Mangelnder Machtgebrauch	Unterlassen jeden machtvollen Körperkontaktes, der zur Selbstbehauptung und zum Schutz der Körpergrenzen des Betroffenen und Anderer notwendig wäre
Legitimer Machtgebrauch	Jeder machtvolle Körperkontakt, der ausschließlich der Selbstbehauptung und dem Schutz der Körpergrenzen des Betroffenen und Anderer dient
Machtmissbrauch	Jeder machtvolle Körperkontakt, der zur Selbstbehauptung und zum Schutz der Körpergrenzen des Betroffenen und Anderer nicht absolut notwendig ist

Abb. 3: Körperkontakt und Macht

Sobald eine Versehrtheit droht – unsere eigene, die des Betroffenen selbst (z. B. bei selbstverletzenden oder [para-]suizidalen Handlungen) oder die Dritter –, sind wir legitimiert und verpflichtet, in der Intensität zu intervenieren, die erforderlich ist, um die Gefahr der Versehrtheit abzuwenden. Unsere Rolle gibt uns die Befugnis und die Verantwortung, an dieser Stelle in das Selbstbestimmungsrecht der Adressat*innen einzugreifen.

Weitere Formen des Machtmissbrauchs und Machtgebrauchs

Die körperliche und selbstverständlich auch die sexuelle Gewalt sind die offensichtlichsten Formen des Machtmissbrauchs, doch bei Weitem nicht die einzigen. Machtmissbrauch findet nicht nur durch körperliche Übergriffe statt. Ich schließe mich Schmauch (2011) an, wenn sie schreibt: »Dabei ist nach meinem Eindruck die Form des sexuellen Missbrauchs noch die seltenste. Alltäglicher und häufiger ist die Form des narzisstischen Missbrauchens von Adressatinnen und Adressaten« (S. 49). Es handelt sich dabei um das Funktionalisieren und Manipulieren von Adressat*innen zur Befriedigung eigener emotionaler Bedürfnisse. Dabei wird im Halbdunkel der strukturellen Macht eine emotionale Abhängigkeit der Adressat*innen herbeigeführt. Die immense Bedeutung, die der Pädagoge dadurch gewinnt, dient dem Ziel der Stabilisierung seines Selbstwertes – deshalb spricht man von einem »narzisstischen« Missbrauch. Die Bedürfnisse und Gefühle der Adressat*innen interessieren die narzisstischen Missbraucher*innen nur insoweit, wie sie ihrem eigenen Bedeutungszuwachs zuträglich sind. Für Kolleg*innen ist diese Form des Machtmissbrauchs am offensichtlichsten dadurch zu erkennen, dass die Pädagog*innen eine exklusive Beziehung zu den Adressat*innen herzustellen versuchen und sie es genießen, wenn sich die Adressat*innen ausschließlich auf sie beziehen. Doch nicht nur das Herstellen von Nähe, sondern auch das Herstellen von Distanz kann im narzisstischen Sinne missbräuchlich sein: Die Adressat*innen durch Verweigerung ihrer Bedürfnisse »am langen Arm verhungern« zu lassen oder sie durch krude Bestrafungen zu schikanieren, entspringt in der Regel ebenfalls dem Bedürfnis nach Geltung und Machterleben.

Es lässt sich festhalten: Die Abhängigkeit unserer Adressat*innen ermöglicht es uns in erschreckend einfacher Weise, relativ willkürlich Macht auszuüben und Nähe und Distanz in unserem Sinne zu regulieren. Ob auf körperlicher oder emotionaler Ebene, ob aus narzisstischen, sadistischen oder anderen Motiven: Wenn das Beziehungshandeln nicht fachlich und ethisch begründet werden kann, stellt die einseitige Bestimmung von Nähe und Distanz einen Machtmissbrauch dar. »Dem mussten jetzt einfach mal die Grenzen aufgezeigt werden« ist eine fachlich ebenso unzureichende Begründung wie »Der braucht einfach etwas mehr Zuwendung«.

Wenden wir den Blick nun noch Situationen zu, in denen wir von unserer Macht sinnvollerweise Gebrauch machen, weil wir die Nähe-Distanz-Regulation der Adressat*innen für entwicklungsschädlich halten und korrigierend eingreifen wollen:

Das neunjährige Mädchen, das neu in die Wohngruppe aufgenommen wurde und sich gleich am ersten Tag ungefragt auf meinen Schoß setzt, nehme ich wieder herunter. Ich denke, dass sie immer wieder in Gefahr geraten wird, dass ihr Wunsch nach Nähe missbraucht wird, wenn sie nicht lernt, Kriterien für das Gefühl »Dem kann ich vertrauen, der ist in Ordnung« zu entwickeln. Außerdem empfinde ich die Nähe, so unvertraut wie wir uns sind, selbst nicht als stimmig.

Das Herstellen der Distanz hat zwei Motive: Erstens halte ich es aus fachlicher Sicht für geboten, dass das Mädchen den Grad an körperlicher Nähe an die emotionale Bande anzupassen lernt, zweitens nehme ich mir das Recht heraus, die Nähe-Distanz-Regulation an mein Empfinden von Stimmigkeit anzupassen. Im besten Fall frustriere ich damit den Nähewunsch des Mädchens nicht einfach, sondern erfülle für sie auch eine Vorbildfunktion, dass man sich gegenüber unerwünschter Nähe abgrenzen *darf*. Das Machtverhältnis zwischen dem neunjährigen Mädchen und mir ist zwar asymmetrisch und *ich* bestimme in diesem Beispiel den Abstand zwischen uns – aber dieses Recht hat das Mädchen selbst auch. Meine Macht geht nicht so weit, dass ich mich über ihr Gefühl von Stimmigkeit hinwegsetzen und eine Berührung durchsetzen darf. Wir haben die gleichen Rechte, »Nein« zu jeder Form der Nähe zu sagen.

Das Nachdenken über Nähe-Distanz-Regulation ist ohne eine gründliche Reflexion der Machtverhältnisse unvollständig. Die Machtverhältnisse sind asymmetrisch verteilt zugunsten der Pädagog*innen. Was bedeutet diese Asymmetrie nun im Hinblick auf das Thema Nähe-Distanz-Regulation in pädagogischen Beziehungen? Zunächst ist es wichtig, ein Bewusstsein für ihre Macht zu entwickeln und sie verantwortlich zu nutzen. Insbesondere Kinder, behinderte und alte Menschen können einer missbräuchlichen Machtausübung wenig bis gar nichts entgegensetzen. Pädagog*innen können, wenn sie es wollen, die Grundrechte und Kinderrechte ad absurdum führen und sich über die ethischen Leitplanken hinwegsetzen – und unter Umständen (die Geschichte belegt es) nimmt es niemand wahr. Diese Machtfülle ist erschreckend. »In einer asymmetrischen Beziehung ist Nähe generell mit einem höheren Risiko der Grenzverletzung verbunden als in paritätischen Beziehungen, und je weniger die mit der Nähe verbundenen Machtaspekte gesehen werden, umso eher können diese Arbeitsbeziehungen sexuell oder aggressiv entgleisen« (Schmauch, 2011, S. 36f.). Jede/r Mitarbeiter*in einer Einrichtung sollte sich dessen bewusst sein und jeden Hinweis auf Machtmissbrauch eines/einer Kolleg*in zur Sprache bringen!

Die Autorität für den Gebrauch ihrer Macht gegen den Willen der Adressat*innen leiten Pädagog*innen aus ihrer Rolle ab: Sie dürfen in das Selbstbestimmungsrecht der Adressat*innen eingreifen und unerwünschten Körperkontakt herstellen, wenn sie damit die Unversehrtheit der Beteiligten sicherstellen. Dabei ist darauf zu achten, dass der Körperkontakt in Form und Intensität ausschließlich diesem Ziel dient.

Aufgrund ihrer Profession haben die Pädagog*innen die Verantwortung, die Angemessenheit von Nähe und Distanz zu definieren und die Beziehung zwischen ihnen und den Adressat*innen näher oder distanzierter zu gestalten. Diese Definitionsmacht und Verantwortung haben die Adressat*innen nicht. Unangemessene Nähe kann von Pädagog*innen deswegen niemals entschuldigt werden – wie es gerne getan wird – mit dem Verweis darauf, dass der Adressat es doch so gewollt habe.

3.5.4 Zur Diskussion gestellt: War die Nähe zu verantworten?

Bei der folgenden Fallvignette wird deutlich, dass der Grad an Nähe trotz intensiver Reflexionen auch retrospektiv nicht immer mit letzter Eindeutigkeit als angemessen oder unangemessen bzw. als entwicklungsfördernd oder entwicklungsschädlich bezeichnet werden kann:

Der zehnjährige Simon lebte in den ersten drei Jahren seines Lebens gemeinsam mit seinen beiden Halbgeschwistern bei Pflegeeltern. Als diese sich trennen, kommt er gemeinsam mit seinem Bruder und seiner Schwester in die Wohngruppe einer Jugendhilfeeinrichtung, in der er fünf Jahre bleibt. Seine leibliche Mutter – Simon ist inzwischen acht Jahre alt und hat mittlerweile insgesamt fünf Geschwister – hat nun eine feste Partnerschaft mit dem Vater ihres letzten Kindes. Simons leiblicher Vater ist ihm unbekannt, er hat ihn nie gesehen. Seine Pflegemutter ist an einer schweren Krankheit verstorben, zu seinem Pflegevater hat er keinen Kontakt mehr gehabt, seit er drei Jahre alt war. Simons großer Wunsch besteht darin, bei seiner leiblichen Mutter leben zu können. Stattdessen muss er jedoch aufgrund von massiven Geschwisterrivalitäten und impulsiven Verhaltensweisen die bisherige sozialpädagogische Wohngruppe im Alter von acht Jahren verlassen und wechselt in eine therapeutische Wohngruppe. Dort trifft er auf einen asiatischen Mitarbeiter, zu dem er viel Nähe sucht. Zu der Geschichte gehört ferner noch Simons Bezugspädagoge, zu dem er ebenfalls ein enges Verhältnis pflegt. Die beiden männlichen Mitarbeiter, von denen die Rede ist, sind die beiden ersten Männer nach seinem Pflegevater, zu denen Simon intensiveren Kontakt hat. In seiner ersten Wohngruppe arbeiteten nur Frauen. Es lag daher nahe, dass Simon unbewusst sowohl seine Wünsche nach wie auch seine Wut auf den nie verfügbaren Vater auf die ersten sich bietenden männlichen Bezugspersonen übertragen würde. Dass einer der beiden Mitarbeiter Asiate ist, spielt deshalb eine Rolle, weil Simons Mutter und ihr Lebensgefährte, bei denen Simon etwa zwei Mal im Jahr ein paar Tage verbringt, mutmaßlich ausländerfeindliche Tendenzen haben.

In der therapeutischen Einrichtung ergab sich für Simon nach einem Jahr die Situation, dass er über Ostern das einzige Kind war, das nicht für ein paar Tage nach Hause fahren konnte. In der Einrichtung war es üblich, dass die Kinder in solchen Situationen zur Schonung personeller Ressourcen auch mal bei den Pädagog*innen zu Hause übernachteten – so kam es, dass Simon ein paar Tage in der Familie des asiatischen Mitarbeiters verbrachte. Dadurch entstand eine Nähe, die sich noch als problematisch herausstellen sollte.

Es gibt gute Gründe dafür, diese Regelung (Kinder und Jugendliche aus stationären Einrichtungen übernachten bei Mitarbeiter*innen zu Hause) problematisch zu finden, verweisen doch die privaten Räume des Mitarbeiters eindeutig auf seine Privatsphäre. Verläuft hier eine Grenze, die nicht überschritten werden sollte? Simon kommt dem Mitarbeiter räumlich sehr nahe, aber auch emotional: Er sieht dessen Frau und Kinder, seine Wohnungseinrichtung, die Fotos an den Wänden. »Unmöglich!«, sagen die einen, »da fehlt ja jede professionelle Distanz«, »Na und, was ist schon dabei?«, sagen die anderen, »umgekehrt bewegen wir uns doch auch ständig in der Privatsphäre der Adressat*innen.« Die Grenzen verlaufen für jeden, das wird im nächsten Kapitel noch zu zeigen sein, unterschiedlich. Gibt es jenseits von persönlichen Ansichten auch eine klare fachliche Position? Wird Simons Entwicklung mit dieser Entscheidung geschadet?

Die Tage bei dem asiatischen Mitarbeiter verlaufen sehr harmonisch. Simon fühlt sich geborgen und nimmt auch zu der Frau des Mitarbeiters intensiveren Kontakt auf. Der Junge und der Mitarbeiter teilen die Leidenschaft für das Ju-Jutsu, eine japanische Kampfkunstart. Sie trainieren mehrere Male am Tag und führen abends der Frau des Mitarbeiters neu erlernte und einstudierte Techniken vor.

»Vater und Sohn« haben ein gemeinsames Hobby und knüpfen darüber starke Bande. Der Einbezug der Mutter erfolgt über die abendliche Vorführung, sodass das Triangulierungsdreieck hergestellt wird. Es ist eine schon fast idealtypische Familienidylle, die sich in diesen Tagen konstituiert: Das ist genau das, was sich Simon schon immer gewünscht hatte! Das sonst übliche impulsive Verhalten bleibt aus, Simon ist höflich, zuvorkommend, charmant. Die Frau des Mitarbeiters wundert sich, hatte ihr Mann ihr doch bislang immer erzählt, dass die Kinder bei seiner Arbeit so schwere Verhaltensauffälligkeiten zeigten. Dass dieser Fall Eingang in die Teamsupervision fand, hatte damit zu tun, wie es in den folgenden Wochen in der Wohngruppe weiterging:

Simons Auffälligkeiten, insbesondere seine Impulsivität, wurden immer schlimmer und erreichten eine neue Ausprägung. Seine Aggressionen richteten sich insbesondere gegen den asiatischen Mitarbeiter, den er rassistisch und unflätig beschimpfte. »*Deine Kinder sollen tot sein!*«*, schrie er ihn außerdem an,* »*und deine Frau soll einen schweren Unfall haben und danach im Rollstuhl sitzen müssen!*« *Den Mitarbeiter traf das sehr schwer: Er hatte Simon Zugang in seine Privatsphäre gestattet, sich liebevoll um ihn gekümmert – und dann wurde er zur Zielscheibe dieser vehementen Aggression. Während er der* »*Böse*« *war und dämonisiert wurde, idealisierte Simon seinen Bezugspädagogen immer mehr. Es dauerte nicht lange und zwischen den Kollegen entstand eine Spaltung: Der Bezugspädagoge warf dem Kollegen vor, zu streng mit Simon zu sein und seine Bedürfnisse zu verkennen, der asiatische Mitarbeiter fand, dass der Kollege Simon zu sehr verhätschelte und zu viel Nachsicht für seine ständigen* »*Ausraster*« *zeigte.*

In einer Teamsupervision wurde das Verhältnis der beiden Kollegen zum Thema. Bislang war die spezifische Dynamik von Simons Übertragungen in die Überlegungen, wie es zu dem Konflikt kommen konnte, noch gar nicht einbezogen worden. Erst im Laufe der Supervision wurde den Beteiligten deutlich, wie die intensive Nähe zwischen dem asiatischen Mitarbeiter und Simon während der Tage in den Privaträumen des Mitarbeiters in eine intensive Aggression in den Wochen und Monaten danach umschlagen konnte:

Befragt nach dem Übergang zwischen den Tagen bei ihm zu Hause und der Rückkehr in die Wohngruppe, formuliert der Mitarbeiter: »*Ich habe Simon mit dem Zug zurück in die Wohngruppe gebracht, Simon hat während der ganzen Fahrt nichts gesagt.*« *Er macht eine Pause.* »*Wenn ich recht überlege*«*, sagt er leise,* »*fühlte es sich so an, als würde ich einen Hund ins Tierheim bringen.*«

Nur ist es eben kein Hund, sondern ein Kind, das da ins Heim muss. Simon lebt seit seinem vierten Lebensjahr in Institutionen und wird seitdem nicht müde zu betonen, dass er unbedingt in einer Familie leben will. Dieser Wunsch hat sich für ein paar Tage erfüllt: die Gegenwart eines »Vaters«, mit dem er seine große Leidenschaft teilen konnte, das Da-Sein einer »Mutter«, die ihn für seine Kampfkünste bewunderte und die ihn ver- und umsorgte – und die Abwesenheit einer lauten, häufig schlecht regulierten Gruppe von Kindern, mit denen er normalerweise um die Aufmerksamkeit der Erwachsenen konkurrieren muss. In dem Maße, wie man sich vorstellen kann, dass Simon diese Tage genossen hat, wird man sein Gefühl nachvollziehen können, nun wieder in ein Heim *abgeschoben* zu werden. Die intensive Nähe, die zwischen dem Mitarbeiter und Simon entstanden ist, barg ein Versprechen, das nicht eingelöst werden konnte. Nie wieder wird sich diese Art der Nähe zu diesem Mitarbeiter herstellen. Dadurch brach die Idealisierung des Mitarbeiters als »perfekter Vater« und später umgekehrt die Idealisierung von Simon als »tolles Kind« in sich zusammen und schlug in gekränkte Wut um (vgl. dazu ein ähnliches Fallbeispiel bei Schmid, 2012). War es deshalb fahrlässig? Stieß die Einrichtung Simon und den Mitarbeiter verantwortungslos und sehenden Auges in emotionale (Übertragungs-)Turbulenzen? Man kann es so sehen, dass die Nähe in diesem Fall für die Beteiligten überfordernd war. »Das hätte man sich denken können!«, lässt sich retrospektiv leicht sagen. Es gab aber noch eine Wendung:

In dem Augenblick nach der Aussage des Mitarbeiters, es habe sich ange-fühlt, als würde er »einen Hund zurück ins Tierheim« bringen, ist es sehr still in der Supervisionsgruppe. Der Satz hallt lange nach. Das Team wird gera-dezu überschwemmt von einer Welle von Mitgefühl für Simon. Jenem Simon, der mit seiner Lautstärke und Impulsivität, seinen Hasstiraden und seinen Gemeinheiten die Mitarbeiter*innen häufig wütend macht und »entnervt«. Es entsteht in diesem Moment eine neue Nähe zu Simon, ein tiefes Gefühl der inneren Verbundenheit. Das Team erkennt etwas: Simon gehört nicht länger in eine Institution, er gehört in eine Pflegefamilie! Jeder im Team spürt das völlig klar.

Die Supervisionssitzung begann mit dem Konflikt zwischen zwei Kollegen und endete mit dem klaren Gefühl des Teams, sich dafür zu engagieren, eine Pflegefamilie für Simon zu finden. Bislang hatten die Mitarbeiter*innen Simons Wunsch, in einer Familie wohnen zu wollen, zwar validiert, aber doch nie so ernst genommen, als dass sie sich bei der zuständigen Mitarbeiterin des Allgemeinen Sozialen Dienstes, die für die Form der »Unterbringung« (wie es so unschön heißt) zuständig ist, ein-gesetzt hätten. Es gab und gibt auch Gründe, die gegen eine Pflegefamilie sprechen – dennoch war man sich bei einem runden Tisch mit der leibli-chen Mutter, der Mitarbeiterin des Jugendamtes und dem Gruppenleiter der Wohngruppe einig, dass die Suche nach einer geeigneten Pflegefamilie aufgenommen werden soll.

Simon reagierte auf den Vorschlag hocherfreut. Der asiatische Mitarbeiter und der Bezugspädagoge haben ihren Konflikt unter Einbezug der Falldynamik gut klären können. Gemeinsam haben sie einen Brief an Simon verfasst, in dem sie ihm verdeutlichten, dass sie sich nicht gegeneinander ausspielen ließen, sie sich wechselseitig respektierten und ihn, Simon, künftig gemeinsam unterstützen wollten. Die Schärfe des Konflikts zwischen Simon und dem asiatischen Mitarbeiter hat sich dadurch erheblich reduziert.

Was macht diese Episode deutlich? Sie zeigt auf, dass Nähe zu Verletzungen in Menschen und zu emotionalen Verwicklungen zwischen Menschen führen kann. Bevor Simon die Tage bei dem Pädagogen verbrachte, gab es in ihm eine riesengroße Sehnsucht nach familiärer Geborgenheit. Während dieser Tage wurde die Sehnsucht gestillt, vielleicht war es in etwa so, wie Simon es sich immer erträumt hatte. Nach der Zeit in der Familie – zurück auf der Wohngruppe – wurde ihm in aller Deutlichkeit bewusst, was er von nun an wieder entbehren muss. Das wird sehr schmerzvoll für ihn gewesen sein, und: enttäuschend. Das Ende der Täuschung wird Simon auf dem Rückweg im Zug bewusst, vielleicht hatte er im Stillen oder auch nur unbewusst gehofft, er könne für immer bei dem Mitarbeiter wohnen bleiben. Schmerz und Enttäuschung fließen zusammen und münden in einer ungeheuren, blinden, zerstörerischen Wut auf jenen Menschen, der seine Sehnsucht erst genährt, dann kurzfristig gestillt und ihn schließlich – wie einen Hund ins Tierheim – wieder verstoßen hatte. Simon benötigt nun sehr viel Energie, um sich aus dieser Nähe wieder zu lösen. Der Pädagoge seinerseits hat Simon Einlass in seine Privatsphäre gewährt und sich liebevoll um ihn gekümmert. Die Beschimpfungen Simons treffen ihn daher besonders und verletzen ihn schwer. Tatsächlich besteht die intensive Nähe zwischen ihm und Simon in einer neuen Form weiter: Sie sind nun in einer aggressiven Form miteinander und ineinander verwickelt. Der Mitarbeiter und das ganze Team sind nun gefordert, mit dieser Dynamik zu arbeiten und dafür Sorge zu tragen, dass die Beziehung entzerrt und die Verwicklung mit der Zeit immer weiter aufgelöst wird.

Kommen wir noch einmal zurück auf die anfangs aufgeworfene Frage, ob es fachlich zu verantworten war, dass Simon die Ostertage bei dem Mitarbeiter zu Hause verbrachte. Durfte man ihn von dem vermeintlichen Glück kosten lassen, auch wenn abzusehen war, dass es nur von kurzer Dauer sein würde? Hat man dadurch, dass man sich so entschied und den Prozess gut reflektierte, langfristig gesehen vielleicht eine Entwicklungsperspektive entwickelt, die es ohne diese Entscheidung nicht gegeben hätte?

Oder aber können sich jene bestätigt fühlen, die von jeher eine strikte Trennung von Privat- und Arbeitsbereich proklamieren? Hat man der ohnehin schon wunden Seele von Simon noch eine weitere Verletzung hinzugefügt? Eine genaue Antwort darauf zu geben, ist sehr schwierig. »Wann Nähe wichtig oder Distanz nötig wird, ist rational entlang pädagogischer Wissensbestände zu analysieren, um dann mit Augenmaß oder kontextueller Klugheit entschieden zu werden – durchaus in Unkenntnis des Ausgangs, aber auf der Basis fachlicher Standards und Routinen« (Strobele-Eisele & Roth, 2013a, S. 16). Selbst bei Kenntnis des (vorläufigen) Ausgangs ist es nicht mit Sicherheit zu sagen. Rückblickend würde ich davon abraten, die Entscheidung noch einmal so zu treffen. Ich würde der Nähe hier eine Grenze setzen: Die Verwässerung zwischen der professionellen Rolle und dem Privatbereich erzeugte kaum noch auflösbare Verwicklungen. Aber ich kann auch nicht leugnen, dass durch diese Entscheidung ein tieferes Fallverstehen möglich wurde, das Simon langfristig gesehen vielleicht sogar zugutekommt. Allerdings ist wiederum auch nicht abzusehen, ob es ihm in einer Pflegefamilie besser gehen wird. Wir werden wohl oder übel mit solchen Ungewissheiten leben müssen.

3.6 Der Takt als Beziehungsregulator

Noch immer aber ist die Frage nicht beantwortet, was Angemessenheit in der Nähe-Distanz-Regulation bedeutet. Es ist deutlich geworden, dass diese Frage immer nur individuell und situativ entschieden werden kann. Wir benötigen dafür neben dem Wissen um die bis hierhin aufgezeigten Dimensionen und Verschränkungen von Nähe und Distanz ein möglichst feines Gespür für die Adressat*innen: wann benötigen sie unsere Nähe, wann brauchen sie eher Distanz? Verabschieden wir uns an dieser Stelle von der unscharfen Nähe-Distanz-Metapher und schauen nun, ob der bislang eher beiläufig verwendete Begriff des »Taktes« behilflich sein kann, in der Beziehungsgestaltung das richtige Maß zu ermitteln.

Takt ist so etwas wie ein *Sinn für Angemessenheit* oder, poetisch ausgedrückt »feinstes Parfum, das sich überall dort ausbreitet und in angenehme Stimmung versetzt, wo abstrakte Regeln einen im Stiche lassen«, so philosophierte Eduard von Hartmann im Jahre 1878 (zit. n. Brenner, 2012, S. 159). Ein »Sinn« für Angemessenheit, das klingt gut – doch welche Rezeptur hat dieses feine Parfum »Takt«, das uns in so angenehme Stimmung zu versetzen vermag? Es gibt zwar keine allgemeingültige Formel, wohl aber die Möglichkeit, *seine ganz persönliche Rezeptur zu entwickeln.*

Ein feines Parfum ist dezent, niemals aufdringlich. Es bemächtigt sich nicht der Sphäre, in der sich eine Begegnung ereignet, deswegen kann es seine Wirkung auch nur in nahen Distanzen entfalten. Weil er selbst fein und dezent ist, ist dem Takt alles allzu Laute zuwider: Effektheischendes und aufgeregtes Geschrei in Form von aggressivem Veränderungswillen und pastoralem Moralisieren (wie z.B. mein Verhalten Jordan gegenüber) sind nicht seine Sache. Eine Nähe, die taktvoll sein will, verzichtet auf solche Grobheiten. Takt sei, so Plessners Definition, ein »ewig wacher Respekt vor der anderen Seele und damit die erste und letzte Tugend des menschlichen Herzens« (1924; zit. n. Brenner, 2012, S. 150). »Ewig wach« solle der Respekt vor der anderen Seele sein ... in der beschriebenen Sequenz habe ich diesen Respekt vor Jordans Seele vermissen lassen, sonst hätte ich ihn nicht so angebrüllt. Aber in Rage einem Adressaten auch mal weniger taktvoll zu begegnen, ist durchaus verzeihlich, solange der Respekt vor der anderen Seele danach wieder erwacht. Überhaupt unterscheidet sich der Takt von der von Schopenhauer so geschätzten »Höflichkeit und der feinen Sitte« durch seine Anpassungsfähigkeit: Höflichkeit ist eine Tugend, die unabhängig von der Spezifität der Begegnung existiert, der Takt hingegen braucht die konkrete Situation, um sich zu beweisen: »Takt ist ein Phänomen der lokalen Gesprächsproduktion« (Buchholz, 2012, S. 247). Und wenn Jordan erst die halbe Wohngruppe demoliert und mich dann anschreit, ich solle »mich ficken und all die anderen Schwanzlutscher [er meinte meine Kolleg*innen] sollen auch verrecken«, dann fände es der Takt wohl selbst fehl am Platze – um nicht zu sagen: taktlos –, wenn meine Replik von ausgesuchter Höflichkeit wäre. Der Takt ist biegsam und geschmeidig, er vermag sich den Gegebenheiten und Erfordernissen der Situation anzupassen. »Höflichkeit und feine Sitte« ist die Garderobe »von der Stange«, der Takt wird individuell für den Moment angefertigt, in dem er gefordert ist. Er nimmt genau Maß und ist somit in der Lage, spezifische Besonderheiten zu berücksichtigen. Während »Höflichkeit und feine Sitte« als Tugenden in jedem Milieu nur einmal erlernt werden müssen, konstituiert sich der kreativere Takt immer wieder neu. »Wer gutes Benehmen zeigt, dahinter aber den Takt vermissen lässt, der gleicht jenem Mann ohne Eigenschaften, der aus Eigenschaften ohne Mann besteht. Es entsteht eine Kluft zwischen sachlich richtigem und persönlich richtigem

Verhalten« (Musil, 1930; zit. n. Brenner, 2012). »Sachlich« richtig wäre es vielleicht gewesen, Jordan freundlich und bestimmt darauf hinzuweisen, dass ich mir solche Beschimpfungen verbitte, aber angesichts der Hässlichkeit seiner Aussagen und der in mir gärenden Wut war es »persönlich« richtiger, ihn mir zur Brust zu nehmen. Der Takt ist nicht so streng, jeden kräftigen Gefühlsausdruck zu tadeln.

Es ist auch nicht die Vehemenz meiner Wut, derer ich mich gräme, sondern die Beschämung, der ich Jordan aussetzte, indem ich ihn als Asozialen darstellte, der nur noch aufgrund unserer Geduld in der Wohngruppe verbleiben dürfe. Und da Scham bekanntlich »die Hüterin der menschlichen Würde« ist (Wurmser), war die Beschämung ein Angriff auf Jordans Würde. Ein Mehr an Takt hätte das verhindert, denn »in der Regel schützt der Takt davor, dem anderen zu nahe zu treten, ihn in seiner Integrität, vielleicht sogar in seiner Würde, zu beeinträchtigen und Gefühle der Beschämung zu erzeugen« (Gödde & Zirfas, 2012b, S. 15). Der Begriff des Taktgefühls kennzeichnet nämlich – sinngleich, aber anders formuliert – die Fähigkeit, mit anderen in Kontakt zu treten, ohne sie zu beschämen oder ihnen unangemessen zu nahe zu kommen.

Das trifft ziemlich genau den Anspruch, den man an eine angemessene Nähe-Distanz-Regulation stellt. Aber *wie* tritt man denn nun taktvoll in Kontakt? Welche Haltungen liegen dem zugrunde und impliziert taktvolles Handeln, auf die pädagogische Aufgabe des Erziehens verzichten zu müssen? Nein, schreibt Gödde (2012, S. 233), »die Kunst des Taktes liegt darin, das Bedürfnis des anderen nach Selbstschutz und innerer Balance hinreichend wahrzunehmen und zu respektieren, ohne aber auf entwicklungsstimulierende und -fördernde Interventionen zu verzichten«. Hier ist nun erstmals angedeutet, dass Takt nicht nur als Parfum für den privaten Gebrauch in vornehmen Gesellschaften aufgetragen werden, sondern auch in professionellen Beziehungen die Atmosphäre bestimmen kann. Der Takt zwingt uns nicht zum kultivierten, aber letztlich belanglosen Gerede, sondern erinnert uns lediglich daran, dass alles seine rechte Zeit hat.

> »Ich kam zu der Überzeugung, dass es vor allem eine Frage des psychologisches Taktes ist, wann und wie man einem Analysierten etwas mitzuteilen [hat]; in welche Form die Mitteilung gekleidet werden muss; wie man auf eine unerwartete oder verblüffende Reaktion des Patienten reagieren darf; wann man schweigen und weitere Assoziationen abwarten soll; wann das Schweigen ein unnützes Quälen der Patienten ist usw. Sie sehen, mit dem

Wort ›Takt‹ gelang es mir nur, die Unbestimmtheit in eine einfache und ansprechende Formel zu bringen« (Ferenczi, 1928; zit. n. Gödde & Zirfas, 2012a, S. 24f.).

Sandor Ferenczi war ein Schüler Freuds, der seinerseits den Begriff des Taktes ebenfalls verwendete, um die Kompetenz zu beschreiben, eine Deutung richtig zu timen. Um zu ermitteln, wann er den Patient*innen mit seiner Deutung *nahekommen* kann, muss er sein Taktgefühl bemühen. Wenn der Takt also nun gewährleisten soll, einem anderen Menschen nicht *zu nahe* zu kommen, dann ist damit kein statisches Maß beschrieben, sondern ein dynamisches. Es geht darum zu erspüren, *wann* der richtige Zeitpunkt für eine Intervention oder ein tiefergehendes Gespräch gekommen ist; wann der andere das Gesagte emotional annehmen kann. Nach diesen einleitenden Worten zum Takt werde ich mich dem Begriff nun etwas systematischer nähern.

3.6.1 Begriffliche Annäherung an den Takt

Im heutigen Sprachgebrauch verwenden wir den Begriff in erster Linie zur Beschreibung sozialer Kompetenzen oder – in der Negation: – Unzulänglichkeiten. Wer als taktvoll gilt, handelt besonnen, feinsinnig, feinfühlig, lady- oder gentlemanlike, einfühlsam, anständig und charmant. Der Taktvolle trifft stets den richtigen Ton, bohrt in der Gegenwart anderer nicht in der Nase, verliert nicht die Fassung, wahrt die Contenance. Der Taktlose verhält sich wahlweise aufdringlich, ungebührlich, respektlos oder unanständig – in jedem Fall inadäquat: Sein Verhalten passt nicht zur Situation. Der Begriff Takt findet ferner in der Musik Verwendung, ein Takt umfasst dort eine Anzahl von Notenwerten mit gleicher Länge. Der Takt ist meistens mit dem Grundschlag identisch und bildet so etwas wie den Rahmen für die Musik, weswegen auch in sozialen Interaktionen der »Taktgeber« die Atmosphäre prägt, den Flair bestimmt, der Situation seinen Stempel aufdrückt. Etymologisch leitet sich der Takt vom lateinischen »tactus« ab, was wörtlich sowohl mit »Berührung« als auch mit »Schlag, Stoß« übersetzt werden kann, das Verb »tangere« bedeutet »berühren«. So gesehen »ließe sich Takt als eine gelungene Berührung fassen, Taktlosigkeit hingegen als gegenseitige Verfehlung: Im taktlosen Verhalten kommt es zu einer Irritation zweier oder mehrerer Personen, sie wird als unangenehm oder unangemessen wahrgenommen« (Vöhler, 2012, S. 133). »Gelungene Berührung« ist eine schöne Formulierung: »Berühren« ist ein Wort, dessen Klang bereits Sanftheit enthält, »gelingen« können Werke: Man freut sich, wenn etwas, womit man sich Mühe gemacht hat, am Ende auch gelungen ist. Was »gelungen« ist, das war kein schneller und leichter Erfolg, sondern ein erarbeiteter. So stecken auch in »gelungenen Berührungen« Sorgfalt, Langsamkeit, Bedacht. Wodurch aber nun wiederum eine »gelungene Berührung« auf körperlicher und emotionaler Ebene in ihrer konkreten Gestalt gekennzeichnet ist und was sie von einer misslungenen – taktlosen – Berührung unterscheidet, ist ein Kapitel für sich (in diesem Buch Kap. 5). Um den Taktbegriff an dieser Stelle noch weiter zu vertiefen, erfolgt eine Abgrenzung von sinnverwandten Begriffen.

Sinnverwandte Begriffe

Der etwas altbackene Begriff *Anstand* ist durch das Buch *Über den Anstand in schwierigen Zeiten und die Frage, wie wir miteinander umgehen wollen* von Axel Hacke im Jahr 2017 etwas entstaubt worden. Das Buch wendet sich gegen die vom Autor beobachtete Verrohung der Sitten, die insbesondere – aber nicht nur – in den sozialen Netzwerken sichtbar werde. »Anständig« ist, wer sich gemessen an moralischen Maßstäben »richtig« verhält, das »Korrekte« tut. Korrekt wiederum ist das Verhalten, das geboten ist, wenn Menschen im Guten zusammenleben wollen. Vom Takt unterscheidet sich der Anstand dadurch, dass letzterer keinen konkreten Interaktionspartner braucht und das Verhalten deshalb auch nicht auf einen anderen Menschen abstimmt. Sein Bezugspunkt ist ausschließlich er selbst. Anständig kann man sein, ohne dass es einer merkt, zum Beispiel wenn man das heruntergefallene Papiertaschentuch von der Straße wieder aufhebt, auch wenn niemand es bemerken würde, wenn man es liegen ließe. Es ist schön, von anständigen Menschen umgeben zu sein: Man hat nicht zu befürchten, hinters Licht geführt zu werden und muss auch nicht in Sorge sein, absichtlich taktlos behandelt zu werden. Es wäre aber möglich, von einem anständigen Menschen versehentlich taktlos behandelt zu werden, weil der Anstand allein eben noch kein Beziehungsregulativ ist.

Wer anständig ist, verfolgt unzweifelhaft keine unlauteren Absichten. Er handelt »aufrichtig« im Einklang mit seinen moralisch-ethischen Leitschnüren. Derjenige, der »gutes Benehmen« zeigt, kann sich allerdings auch nur den Anstrich von Anständigkeit geben. Vordergründig mag das Benehmen höflich und aufrichtig wirken, es kann aber auch manipulativ eingesetzt werden, wenn kein Anstand hinter dem Benehmen steht. Der Prototyp hierfür ist der Heiratsschwindler, der mithilfe seines guten Benehmens sogar Liebe vorgaukelt, um seinen persönlichen Profit zu erzielen. Gutes Benehmen allein kann in einer Benimmschule rasch erlernt und in vielen sozialen Situationen eingeübt werden – es ist eine reine Anpassungsleistung. Die Nähe zum Takt ergibt sich daraus, dass beide Begriffe im interaktionellen Bereich beheimatet sind. Allerdings ist der Taktvolle zwangsläufig auch anständig, wenn er sich auch mehr dem Gegenüber als der Moral verpflichtet fühlt. Sowohl »Anstand« als auch »gutes Benehmen« können in unkonventionellen Situationen rasch an ihre Grenzen kommen. Benimmregeln und moralische Leitschnüre lassen uns im pädagogischen Alltag oft im Stich. Dann hilft uns nur der Takt, um die Situation aus der Peinlichkeit heraus zu einem guten Ende zu führen.

Anteilnahme und *Mitgefühl* sind wichtige Voraussetzungen für taktvolles Handeln. Ohne sie kann das Beziehungshandeln nicht auf den Interaktionspartner abgestimmt werden, dessen Bedürfnisse und Besonderheiten wären *nicht im Blick*. Taktvolles Handeln umfasst deshalb die Fähigkeit zur Perspektivübernahme, des Sich-in-den-anderen-Hineinversetzen. Der Begriff *Feingefühl* kennzeichnet die besondere Begabung, etwas zu erspüren, Stimmungen wahrzunehmen. Bezogen auf den anderen bildet das Feingefühl die Basis für die Anteilnahme und die Empathie. Hier sprechen wir von den Tugenden des Herzens, die wahre Mitmenschlichkeit begründen.

Während das Benehmen der Etikette und der Anstand der *Moral* verpflichtet sind, beziehen sich Anteilnahme und Mitgefühl ausschließlich auf den *Mitmenschen*. Der Takt schlägt dazwischen die Brücke. Dieser Brückenschlag macht den *Schick* und die *Eleganz* aus, mit denen der Takt assoziiert wird. Es erfordert *Kreativität*, vielleicht auch *Musikalität*, um die Verbindung zwischen dem Verpflichtet-Sein gegenüber der Konvention und der Moral auf der einen und dem Mitmenschen auf der anderen Seite herzustellen.

Die *Diskretion*, die dem Takt in ihrem Ausdruck etwas ähnelt, gewährleistet, dem anderen »nicht zu nahe zu treten«, und bildet deshalb bei der Beziehungsgestaltung ein distanzierendes Regulativ. Sich diskret zu verhalten bedeutet, sich nicht in fremde Angelegenheiten einzumischen, manchmal auch bewusst wegzuschauen. Das ist in pädagogischen Beziehungen häufig unpassend. Hier beschränkt sich die Notwendigkeit der Diskretion auf Situationen, in denen wir unbeabsichtigt mit der Intimsphäre der Adressat*innen in Kontakt geraten und sich jedes Sprechen darüber verbieten würde.

Freundlichkeit und *Liebenswürdigkeit* sind zwei Begriffe, die sowohl den Charakter der Begegnung als auch den Charakter des Taktvollen beschreiben. Taktvolles Handeln soll dem anderen dienen, es ist freundlich und liebenswürdig von einem, sich zum Gegenüber taktvoll zu verhalten (man könnte sich diese Mühe schließlich auch nicht machen). Es ist darüber hinaus auch freundlich sich selbst gegenüber, denn dem Taktvollen gefällt sein Takt ja selbst. Auch *Güte* und eine gewisse *Nachsichtigkeit* passen in diesen Kanon der Begriffe, die den Blick auf den anderen charakterisieren und das Verhalten des Taktvollen prägen.

Wenn wir der Rezeptur des feinen Parfums »Takt« und damit dem richtigen Maß an Nähe und Distanz in der Beziehungsgestaltung näher kommen wollen, so sind als Zutaten demnach unentbehrlich: Unaufdringlichkeit, Langsamkeit, persönliche Aufrichtigkeit, Anstand, gutes Benehmen, Anteilnahme, Mit- und Feingefühl, Diskretion, Freundlichkeit, Liebenswürdigkeit, Güte und Nachsichtigkeit. Der »Sinn« für Angemessenheit ließe sich vielleicht am trefflichsten mit dem altdeutschen Begriff »Zartsinn« beschreiben.

3.6.2 Die Bedeutung des Taktes in Pädagogik und Psychotherapie

Der Begriff des Taktes hat im pädagogischen Diskurs eine viel längere Tradition als in der Psychologie und Psychotherapie. Der »pädagogische Takt« ist eng verknüpft mit den Namen Johann Friedrich Herbart (1776–1841), einem deutschen Philosophen, Pädagogen und Psychologen. Herbart (1802) pries den pädagogischen Takt als »Kleinod der Pädagogik« und maß ihm nicht weniger als diese Bedeutung bei: »Die große Frage nun, woran es hängt, ob jemand ein guter oder schlechter Erzieher sein werde, ist einzig diese: wie sich jener Takt bei ihm ausbilde« (zit. n. Patry, 2004, S. 145). Gemeinhin wird dem pädagogischen Takt eine Mittlerfunktion in pädagogischen Spannungsfeldern zugesprochen: In dem Theorie-Praxis-Problem soll er zwischen der allgemeinen Lehre und den praktischen Erfordernissen im Einzelfall vermitteln. Die strenge Anwendung der Theorie ohne Berücksichtigung der konkreten Situation ließe ebenso Takt vermissen wie ein rein der Intuition folgendes praktisches Vorgehen ohne theoretische Bezugnahme. Es reicht für die Bewältigung der pädagogischen Aufgabe nicht aus, ein vorzüglicher

Theoretiker zu sein, man muss die Theorie auch praxistauglich anzupassen oder sogar gänzlich von ihr abzuweichen vermögen, wenn es der Einzelfall erfordert. Dies ist eine der Kunstfertigkeiten des taktvollen Pädagogen. Eine andere, die sich speziell auf die erzieherische Aufgabe bezieht, besteht darin, sowohl die Adressat*innen zur Mündigkeit zu erziehen als auch – wo erforderlich – ihre Mündigkeit zu begrenzen. Zirfas (2012) zufolge hat die Pädagogik »ein schlechtes Gewissen, insofern sie einerseits in das Wollen des Kindes eingreifen muss und andererseits dabei riskiert, das Kind in seiner Selbstzweckhaftigkeit zu verletzen« (S. 172). Inwieweit Adressat*innen Selbstbestimmung zugestanden werden kann und wo das Recht auf Selbstbestimmung an seiner Grenze angelangt ist und die Pädagog*innen ihrem Auftrag nach Kultivierung nachkommen müssen, liegt im Ermessen der Pädagog*innen. Sie müssen immer wieder die Verantwortung für die Adressat*innen übernehmen, ohne ihnen ihre Mündigkeit abzusprechen: »Der pädagogische Takt bleibt eingebunden in diese pädagogische Paradoxie, Menschen zu einem selbstbestimmten Verhalten aufzufordern, das sie von sich aus zunächst noch nicht verwirklichen können« (ebd., S. 173). Der/Die taktvolle Pädagog*in beweist hierbei ein gutes Augenmaß. Er/Sie löst das Problem, dass pädagogische Beziehungen asymmetrisch sind, aber gleichzeitig »ausdrücklich darauf ausgerichtet, diese Asymmetrie aufzuheben oder überflüssig zu machen« (Strobele-Eisele & Roth, 2013a, S. 17). Eine Lehre zum guten Augenmaß wiederum kann es nicht geben, weil jede Situation anders ist. Takt ist nach Gadamer entsprechend der »Geschmack für den besonderen Fall« (1990; zit. n. Zirfas, 2012, S. 169), Nohl spricht von dem pädagogischen Takt als dem »klugen Gefühl für das Richtige des Augenblicks« (1967; zit. n. Patry, 2004, S. 155). Eine taktvolle Pädagogik bildet damit das Gegenteil von einer schematischen Pädagogik, die immer gleich verfährt. Die Regulation von Nähe und Distanz entlang starrer Dienstanweisungen und strikter Regeln kann dem Anspruch an ein taktvolles Beziehungshandeln nach diesen Kriterien unmöglich genügen.

Der therapeutische Takt steht »der Empathie und Sympathie, dem erkennenden und liebenden Blick, der Anerkennung und Begegnung nahe, ist von Diskretheit und Achtung getragen und impliziert einen rücksichtsvollen und schonenden Umgang mit den Gefühlen des anderen« (Gödde, 2012, S. 213f.). Gödde (ebd.) sieht für die Psychotherapie in dem Takt in erster Linie ein emotionales Beziehungsregulativ. Der Takt ermittelt, in welcher Phase der Behandlung welche emotionale Nähe und welche Zurückhaltung für die Entwicklung der Patient*innen und der Therapie dienlich sind. Am Anfang einer Behandlung »muss der Therapeut dem Patienten einen Kredit an Wohlwollen und Verständnis einräumen, wenn er in ihm die Bereitschaft zu emotionaler Öffnung und vertrauensvoller Zusammenarbeit wecken möchte« (ebd., S. 229). Ein taktvolles Vorgehen ermöglicht einen Prozess der langsamen emotionalen Annäherung und das Entstehen eines sicheren, selbstwertstabilisierenden therapeutischen Milieus.

Ob in der Pädagogik oder in der Psychotherapie: Der Takt soll Nähe und Distanz austarieren, den situativ richtigen Abstand ermitteln. Mit seiner Hilfe soll das Kunststück gelingen, dem anderen nicht zu nahe zu kommen und ihm nicht zu fern zu bleiben. Mit der Haltung, die sich hinter einem Verhalten verbergen muss, wenn es taktvoll sein will, beschäftigt sich der nächste Absatz.

3.6.3 Die Haltung eines Taktvollen

In der Haltung des Taktvollen anderen Menschen gegenüber kommen zum einen sein »ewig wacher Respekt vor der anderen Seele« (Plessner 1924; zit. n. Brenner, 2012, S. 150) und zum anderen sein liebender Blick auf den Menschen zum Ausdruck. Der Respekt vor der anderen Seele verhindert das »Zu-nahe-Kommen«, der liebende Blick ermöglicht Anteilnahme, Mitgefühl, Verständnis und bildet damit das Fundament, auf dem sich der Taktvolle für den anderen Menschen engagiert.

Der Pädagoge Jakob Muth (1927–1993) hat den Respekt vor der anderen Seele sehr schön beschrieben: »Jenes Feingefühl, das den Taktvollen auszeichnet, ist ein Gefühl für das Du, für den Mitmenschen, für die Eigenart und das Eigenrecht des anderen Menschen, ist ein Respekt vor der letzten Unnahbarkeit des anderen« (1967, S. 15). Der Respekt zeichnet sich durch die Anerkennung der Individualität und »der letzten Unnahbarkeit« aus. Letzterer Begriff ist im Zusammenhang mit der Nähe-Distanz-Regulation besonders interessant, impliziert er doch einen Rest von Distanz, der immer bestehen bleibt und der nicht zu überwinden gesucht werden darf. Denn, so formuliert es der Philosoph Georg Simmel (1858–1918), um einen jeden Menschen liege eine »ideelle Sphäre«, in die man nicht eindringen könne, ohne den Persönlichkeitswert des Individuums zu zerteilen (vgl. Simmel, 1968). Ein Eintreten in den Radius dieser Sphäre kränke, so Simmel, die Ehre.

Respekt vor der anderen Seele kann intuitiv gut verstanden werden, ist aber schwer zu erklären. Was genau ist die »Seele« des Menschen? Ist es die Psyche, das Gemüt, der Geist, die Persönlichkeit, das Wesen? Dies ist schwer zu greifen. Simmel spricht von der »ideellen Sphäre«, also von einem nicht real existierenden, sondern einem nur in Gedanken existierenden Raum oder Bereich, in den man nicht eindringen dürfe. Ist das die Intimsphäre? Nein, das ist es nicht, auch wenn der Begriff »Sphäre« diese Assoziation nahelegt. In die Intimsphäre kann man sehr wohl eindringen, ohne den Persönlichkeitswert des anderen zu zerteilen. Man muss in diese Sphäre lediglich eingeladen werden und sich dort vorsichtig bewegen, weil Verletzungen sonst unvermeidbar sind. Ich denke eher, dass Jakob Muth diesen »Respekt vor der anderen Seele« sehr treffend mit dem Respekt vor der »letzten Unnahbarkeit« beschreibt. Der andere ist ein anderer: »Ich bin so, wie ich bin«, sagt der andere, »du kannst mich nicht ändern.« »Aber du schadest dir damit!«, insistiert der Pädagoge, »glaube mir, ich weiß, was gut für dich ist!« »Mag sein, dass du das glaubst«, erwidert der Adressat, »aber kennst du meine Innenwelt, meine Motive und meine Grenzen, wirklich so genau, dass du weißt, was für mich richtig oder falsch ist?« »Ich muss deine Innenwelt gar nicht kennen, um zu wissen, dass es dir schadet, wenn du dich ständig betrinkst!«, ruft verzweifelt der Pädagoge, »hör endlich auf mit dem Saufen!« »Du hast ja keine Ahnung«, resigniert der Adressat, »und überhaupt, hör auf dich einzumischen, ich bin ich und das ist MEIN Leben.«

Das ist der springende Punkt: »Dieser Mensch ist anders, wesenhaft anders als ich« (Buber, 1962; zit. n. Potschka, 1988, S. 387). Der Respekt vor der »letzten Unnahbarkeit« ist der Respekt davor, dass der andere *sein* Leben lebt. Dieser Respekt verdammt mich nicht zur Tatenlosigkeit, ich muss dem anderen nicht bei der Selbstzerstörung zuschauen, wenn ich für ihn Verantwortung trage. Er hindert mich nicht daran, mich zu engagieren und gegebenenfalls sogar Zwangsmaßnahmen wie einen Psychiatrieaufenthalt einzuleiten. Er hindert mich nur daran, den Anderen *zu einer Einsicht zwingen* zu wollen, ihn unaufhörlich zu bedrängen, ihn »auf Teufel komm raus« verändern zu wollen. Verändern kann er sich nur selbst. Ich kann seine Taten verabscheuen und über seine Ansichten den Kopf schütteln, ich kann finden, dass er »eine arme Seele« sei, aber wenn ich keinen Respekt vor dieser Seele aufbringe, werde ich nie mit ihm ins Gespräch darüber kommen. Denn dann »zerteile ich seinen Persönlichkeitswert« und habe kein Gegenüber mehr, mit dem ich diskutieren könnte und dem ich dabei helfen könnte, seine Schwierigkeiten zu überwinden. Denn *das* und nicht etwa das moralische Urteil ist der Kern unserer Aufgabe in helfenden Berufen. Anders als der Richter oder Gutachter sind wir keine höhere Instanz. Zwischen »Seelen« gibt es keine Hierarchien, keine Unter- oder Überlegenheit, vielleicht könnte man sagen, dass Seelen die »gleiche Augenhöhe« haben. Erst die Anerkennung, mehr noch das Empfinden dieses Umstands ermöglicht taktvolles Handeln.

Neben dem *Respekt vor der anderen Seele* ist der *liebende Blick* die zweite wichtige Grundhaltung des Taktvollen. Wie ist ein Blick, der »liebend« ist? Sicherlich enthält er viel Wohlwollen und Wärme: Nicht, dass der liebend Blickende die Unzulänglichkeiten des anderen nicht wahrnehme oder er auf seinen kühlen analytischen Verstand verzichte, aber das ändert nichts an seiner grundsätzlich annehmenden Haltung. Er bemüht sich, Gelassenheit auszustrahlen, wenn der Adressat sich zu sehr unter Druck setzt, und er ist milde, wenn der Adressat zu streng mit sich ist. Er schreckt nicht zurück, wenn der Adressat Seiten von sich offenbart, die charakterliche Schwächen preisgeben, sondern goutiert stattdessen den Mut des Adressaten, sich mit diesen Themen anzuvertrauen und sich ihnen zu stellen. Wenn sich ein Adressat in Selbstherrlichkeit und Überheblichkeit sonnt, versucht der Taktvolle die Wurzel dieses Verhaltens zu ergründen: Statt sich ungnädig abzuwenden, fragt er sich, welche Not und welche innere Konfliktspannung den Adressaten antreiben könnten, sich dergestalt zu präsentieren.

Vor allem aber enthält der liebende Blick viel Sympathie für alles Unvollkommene und Werdende, für alles Verschrobene und Eigenartige. Seine Zuneigung gilt allem Menschlichen und wo immer dieses Menschliche in Konflikt mit gesellschaftlichen Konventionen oder Erwartungen gerät, erwärmt sich das Herz des liebend Blickenden klar für ersteres. »Aber was ist mit einem Menschen, der einem anderen Menschen viel Leid zugefügt hat«, fragen Sie vielleicht, »wie kann mein Blick auf diesen Menschen liebend sein?« Natürlich ist die Frage berechtigt. Von jemandem, der sich kriminell verhält und stolz darauf ist, von einem erwachsenen Menschen, der sadistisch ist und keine Spur eines Selbstzweifels erkennen lässt, von dem wende ich den liebenden Blick ab. Er ist dann aber auch kein Adressat von mir. Ich muss mir keine Mühe mit diesem Menschen machen. »Und was ist mit dem Jungen auf dem Pausenhof, der einem Mitschüler die Hose herunterzieht und ihn dann unter dem Gejohle seiner Freunde auslacht, blicken Sie etwa liebend auf den?« Nein, das tue ich zunächst auch nicht. Wenn ich als aufsichtsführender Lehrer die Szene beobachtet hätte, würde ich ihm eine Standpauke halten und Konsequenzen einleiten, die der Wiederholung einer solchen Szene vorbeugen. Vielleicht ist eine solche

Sozialisierungsmaßnahme ausreichend. Sitzt der Schüler aber irgendwann im Rahmen meiner schulsozialarbeiterischen Tätigkeit vor mir, weil sich solche Vorfälle wiederholen, versuche ich hinter das asoziale Verhalten zu blicken. Ein liebender Blick könnte mir dabei helfen, die unbewussten Motive des Jungen zu erkennen: Es wird Gründe geben, warum er sich so verhält. Und er ist auch zu jung, um ihn als »charakterlich verdorben« abzustempeln und aufzugeben. Mit ihm gebe ich mir Mühe. »Es gibt keinen jungen Menschen, der hoffnungslos schlecht wäre«, schreibt Martin Buber (1962; zit. n. Potschka, 1988, S. 387). Wenn ich den liebenden Blick nicht aufbringe, ihn stattdessen moralisch verurteile und mit harten Konsequenzen zur Verhaltensänderung zu bewegen versuche, wird er mir nicht vertrauen und ich werde kein Arbeitsbündnis mit ihm herstellen können. Er wird sich vielleicht aus Angst vor den Konsequenzen fügen, aber was kostet dieser »Erfolg«? Ich nehme ihm die Chance, aus einem erweiterten moralischen Bewusstsein heraus sein Verhalten zu verändern. Vielleicht schikaniert er andere demnächst einfach nur geschickter und subtiler. »Aber ist das wirklich meine Aufgabe als Pädagoge, moralisches Bewusstsein zu fördern«, mögen Sie jetzt fragen, »ist das nicht Aufgabe eines Therapeuten? Ich bin für so etwas doch gar nicht ausgebildet«. Dann wird es Zeit, die Vorstellung vom Pädagogen als Ordnungshüter und Moralapostel über Bord zu werfen und den liebenden Blick auf die Adressat*innen einzunehmen! Ich wüsste nicht, in welchen Konflikt die pädagogische Profession geraten könnte, wenn sie sich etwas mehr für den Menschen und etwas weniger für Regeln interessierte.

Der liebende Blick ist auch ein erkennender Blick: Die Nöte und die Bedürfnisse des anderen, sein Suchen und sein Hadern, sein Unvermögen und seine Fähigkeiten. Dieses Erkennen führt zu keiner Bewertung und zu keinem Urteil, es steht für sich selbst. Unter dem erkennenden Blick fühlt der andere sich eben nicht nur gesehen im Sinne von »wahrgenommen«, sondern – in einer tieferen Dimension – erkannt. »Gesehen« wird ein jeder gerne, das »Erkannt-Werden« hingegen wird in der Regel eher gefürchtet. Erkannt wird man in seinem Wesen. Dieses verbirgt sich jenseits der Oberfläche, mit der wir uns der Außenwelt präsentieren. Die Fassade dient uns zum Interagieren in sozialen Situationen, sie ist wie ein Gewand, das wir uns überwerfen. Hier zeigen wir uns mit unseren Stärken und kaschieren unsere Schwächen. Das Gewand wechseln wir je nach Situation, wie es darunter aussieht, »geht keinen etwas an«, finden wir. Ohne Gewand wären wir enthüllt, also nackt, und unser wahres Wesen würde sichtbar. Hinter der

Oberfläche verstecken wir mit viel Akribie und Aufwand die Anteile unserer Person, derer wir uns schämen oder von denen wir glauben, dass es uns zum Nachteil gereichen würde, wenn sie gesehen würden. Es ist die Furcht vor der Entdeckung; davor, dass andere erkennen könnten, wer wir tatsächlich sind. Was soll dann gut daran sein, erkannt zu werden? Es ist schön, sich »ganz« zeigen zu können, so, wie man »wirklich« ist – und nicht nur, wie man vorgibt zu sein. Einfach »man selbst« sein zu können ist ein Zustand, nach dem sich viele Menschen sehnen, und es ist ein Zeichen von zunehmender Reife, sich ihm anzunähern. Er lässt sich in Gegenwart eines anderen nur erreichen, wenn es entweder nichts gibt, dessen wir uns schämen, oder wenn wir keine Angst haben müssen, beschämt zu werden. Das wiederum ist die Aufgabe des Taktes. In Gegenwart des Taktvollen muss der andere deshalb den erkennenden Blick nicht fürchten: Er muss keine Stärke vorspielen, wo er Schwäche fühlt; nicht mutig tun, wo er Angst hat; nicht Teilnahmslosigkeit vorgeben, wo ihn etwas berührt; nicht Souveränität vorspielen, wo vermeintlich unedle Motive wie Neid oder Missgunst vorherrschen. Der Taktvolle bewertet und beurteilt nicht, er nimmt wahr, was ist. Und in seiner Gegenwart darf sein, was ist.

Aber noch einmal: Das bedeutet alles nicht, dass der Taktvolle unkritisch wäre. Doch sein liebevoller Blick hilft ihm, den Adressaten nur so weit zu konfrontieren, wie dieser es aushalten und zulassen kann: »Der Taktvolle vermeidet es, eine Wahrheit, die nur schmerzen, aber nicht lindern oder helfen kann, zur Sprache zu bringen, er schweigt, wo Worte mit der Wahrheit auch die Verzweiflung brächten und spricht leise, wo Lautsprecherisches beschämen würde« (Brenner, 2012, S. 155). Er weiß um die Grenzen des Adressaten und nimmt ihm diese nicht übel. Deswegen verzichtet er, wenn die Zeit gekommen ist, aber nicht auf deutliche Worte – doch je taktvoller er sich zuvor verhalten hat, desto deutlicher kann er werden. Wenn der Adressat keinen Gesichtsverlust befürchten muss, kann er sich auch öffnen und viel Nähe zulassen. Er gestattet seinem Gegenüber leichter, auch schwierige oder intime Themen anzusprechen. Deshalb ist taktvolles Verhalten zwar schonend, aber ermöglicht in Begegnungen gerade deshalb eine besonders große Tiefe.

Der »liebende Blick« ähnelt dem »Glanz im Auge der Mutter«, den der Selbstpsychologe Heinz Kohut beschrieben hat. Dieser Glanz spiegelt den Stolz der Mutter über ihr Kind wider – ein Stolz, der nicht abhängig von bestimmten Leistungen, sondern ein Stolz über das bloße Sein des Kindes ist. Das Kind findet in dem Glanz im Auge der Mutter Bestätigung

und Anerkennung, es gründet darauf seinen Selbstwert und seine Selbst-
liebe. Der Glanz im Auge der Mutter erlischt nicht, wenn das Kind bei
etwas scheitert oder sich ungebührlich verhält. Er überdauert den einzel-
nen Moment oder schwierige Phasen. Neben der grundlegenden Anerkennung enthält er nämlich auch die unzerstörbare Zuversicht, dass sich das
Kind im Guten entwickeln wird. Im Glanz des mütterlichen Auges findet
das Kind so die Ruhe und Sicherheit, die es braucht, um sich den eigenen
Unzulänglichkeiten oder Schwierigkeiten zu stellen und sie zu überwinden.

*»Nur die Ruhe, alles gut«, signalisiert der Glanz im Auge der Mutter, die
mit ihrem verzweifelnden Grundschulkind die Mathematik-Hausaufgaben
macht, »Du schaffst das schon, ich weiß das«. Der linksliberale Vater (dessen
Auge freilich auch glänzen kann, nicht nur das der Mutter) verliert deshalb
nicht den Glauben an seinen Sohn, wenn sich dieser einer rechtsradikalen
Gruppierung anschließt, weil ihm der liebende Blick nicht verloren gegangen
ist: Seine Worte können Unverständnis, Wut und Nicht-einverstanden-Sein
zum Ausdruck bringen und die Auseinandersetzungen können sehr hart und
kontrovers geführt werden, aber mit dem liebenden Blick bleibt die innere
Verbindung erhalten.*

Manche Eltern sehen in ihren Kindern hingegen eine Art Projekt, sie
wollen die Kinder in eine bestimmte Richtung entwickeln – und wenden
ihren liebenden Blick ab, wenn die Kinder sich in eine andere als die von
den Eltern bevorzugte Richtung entwickeln. Aber Kinder sind nicht dazu
da, den Erwartungen ihrer Eltern zu entsprechen. Sie müssen ihren eigenen Weg finden – und sie werden dafür umso mehr Selbstvertrauen, Mut
und Zuversicht aufbringen und auf diesem Weg umso mehr Schwierigkeiten überwinden können, je mehr Glanz sie im Auge ihrer Mutter gesehen
haben.

Da viele unserer Adressat*innen wenig von diesem Glanz gesehen haben,
ist unser liebender Blick von großer Bedeutung. Auch die Adressat*innen
sind nicht unsere Projekte, die sich unseren Vorstellungen und Erwartungen
fügen müssen. Wir können ihre Entwicklung nicht am Reißbrett planen
und ihnen unsere Ideen von Lebensglück überstülpen. Als Pädagog*innen
begleiten wir ihre Entwicklung und versuchen, ihnen die bestmöglichen
Entwicklungsbedingungen bereitzustellen – dazu gehört, dass wir einen liebenden Blick auf sie werfen. Dieser Blick und der Respekt vor der anderen
Seele vertragen sich aber nicht mit einem aggressiven Veränderungswillen.
»Ja, vieles ist schwierig und mit manchen deiner Verhaltensweisen bin ich
nicht einverstanden. Aber ich weiß auch, dass es dafür Gründe gibt. Ich

achte dich dennoch sehr und ich glaube fest an dich« – das ist das Mindeste, was wir durch unsere Haltung vermitteln müssen.

3.6.4 Der »modus operandi« des Taktvollen

Wie handelt ein taktvoller Mensch. bzw. wie bringt er seinen Takt zum Ausdruck? Eine allgemeine »Gedämpftheit des Ausdrucks« sei dem Takt zu eigen, so formuliert es der Philosoph Hellmuth Plessner. Wozu könnte das gut sein? Das Anliegen, niemandem zu nahe zu treten und niemanden zu beschämen, erfordert Vorsicht und Umsicht. Mir kommt dabei der Beruf des Minensuchers in den Sinn: Wie mit einem Minensuchgerät tastet sich der Vorsichtige auf den verminten Gebieten der Seele voran. Jede Bewegung, jede Erschütterung könnte fatale Folgen für die Beziehung haben. Von einem Schüler Sigmunds Freuds ist überliefert, er habe in einem sehr frühen Stadium der Analyse einer Patientin ihre Zwangsneurose als sexuelle Frustration gedeutet – woraufhin sie die Behandlung prompt abbrach (vgl. Gödde, 2012). Um im Bild zu bleiben: Hier fuhr der unerfahrene Analytiker mit einem Deutungs-Bulldozer über die Seele der Patientin, was uns ihre Reaktion leicht nachvollziehen lässt. Der taktvolle Analytiker hätte die Minen zunächst großräumig umkurvt und sich die unverminte Seelenlandschaft angeschaut. Irgendwann hätte er sich langsam und vorsichtig an die erste Mine angenähert und mit der »Entschärfung« begonnen. So aber war seine Deutung inhaltlich vielleicht nicht verkehrt, aber weil sie taktlos platziert war, verfehlte sie ihre Wirkung und ging stattdessen »nach hinten los«.

Überhaupt verfügt der Takt über ein reichhaltiges Repertoire an Ausweichmanövern. Bevor der taktvoll Handelnde sich keine genaue Kenntnis des Gebietes, auf dem er sich bewegt, angeeignet hat, vermeidet er eindeutige Festlegungen. Auch wenn er wahrnimmt, dass das Feld noch nicht bereitet, die Zeit noch nicht reif ist, hält er sich zurück. Lieber geht er in Deckung, weicht aus oder überspielt die Situation. Das sind weder Feigheit noch Falschheit, wie wir an einem Beispiel gleich noch sehen werden, sondern Kompromissbildungen aus der Kenntnis guten Benehmens, persönlicher Aufrichtigkeit und dem Willen zur Schonung des anderen.

Bei sensiblen Themen sind auch die Genauigkeit und Verbindlichkeit der Sprache von großer Bedeutung: Ein falsches Wort, auch schon ein falscher Ton oder eine falsche Geste kann den anderen verletzen und die

Beziehung vor Zerreißproben stellen. Der Taktvolle weiß um die Verletz-lichkeit des anderen und übt deswegen eine gewisse Zurückhaltung: Er sagt lieber zu wenig als zu viel, weil das »zu viel« im Gegensatz zu dem »zu wenig« nicht wieder zu korrigieren ist. Das, was er aber sagt, trifft den Ton und auch ins Schwarze. Mit dieser Sorgfalt zollt er dem Gegenüber Respekt und belästigt ihn nicht mit Geschwätz. Auch spricht er lieber etwas leiser als zu laut, um sich nicht aufzudrängen. Das taktvolle Handeln lässt sich nun noch weiter konturieren, indem man es Theophrasts Charakterologie der Taktlosigkeit gegenüberstellt (vgl. Vöhler, 2012).

In einem seiner Werke beschreibt Theophrast (371–287 v. Chr.), ein griechischer Philosoph und Naturforscher, Schüler von Aristoteles, 30 ver-schiedene männliche »fehlerhafte« Charaktere. Diese »Fehler« führen zu Verfehlungen in Interaktionen, wodurch diese »aus dem Takt« geraten. Vöhler (ebd.) hat aus Theophrasts Charakterstudie vier Spektren von Takt-losigkeit gebildet, die er wie folgt differenziert.

a) Takt und Sozialisierung

Mit Verweis auf die Figur des »Bäurischen« weist Vöhler darauf hin, dass Takt etwas mit Sozialisation zu tun hat und erlernt werden muss. Aus Un-kenntnis über die »richtigen« Umgangsnormen stolpert der »Bäurische« bei seinem Besuch in der großen Stadt von einer Peinlichkeit in die andere: Er redet zu laut, ist unzureichend gekleidet, riecht streng, hat keinen Sinn für die Architektur der Stadt und interessiert sich stattdessen in erster Linie für die Tiere, die er vom Landleben kennt. Kurz: Er erweist sich als Banause ohne Sozialisation, als »taktloser Tölpel. Denn Takt setzt Bildung voraus und diese fehlt seinem Charakter« (ebd., S. 136). Wie man sich in wel-chem Kreis zu benehmen hat, muss einem beigebracht und gezeigt werden. Der taktvoll Handelnde beherrscht diese Disziplin und handelt entspre-chend »zivilisiert«.

Neben der Taktlosigkeit aus Unkenntnis differenziert Vöhler am Bei-spiel der Charaktere bei Theophrast die unbeabsichtigte (aus Unvermögen resultierende), die intendierte (kalkulierte) Taktlosigkeit und die Taktlosig-keit, die sich im Dialog entfaltet.

b) Taktlosigkeit aus Unvermögen

Der unbeabsichtigt Taktlose unterscheidet sich von dem »Bäurischen« durch seine grundsätzliche Kenntnis der Umgangsnormen, die er aber nicht immer richtig anzubringen weiß. Der Charakter des »Ungelegenen«

verfehlt die Situation dadurch, dass er den richtigen Zeitpunkt für das richtige Handeln verpasst: Ganz so wie der Schüler Freuds zwar die Zwangsneurose seiner Patientin (möglicherweise) richtig deutet, diese Kenntnis aber durch das schlechte Timing wertlos ist. Dem Ungelegenen fehlt das Taktgefühl, sich in die Situation des anderen hineinzuversetzen, »er bittet jemanden zum Tanz, der nicht in der Stimmung ist« oder »der Geliebten bringt er ein Ständchen, wenn sie Fieber hat« (ebd., S. 137). Der Fehler des »Übereifrigen« besteht darin, gutgemeinte Absichten dadurch zunichte zu machen, dass er es übertreibt. Als Beispiel fallen mir überfreundliche Mitarbeiter*innen aus Serviceberufen ein, die mit ihrer Unterwürfigkeit ihre Dienstleistung ins Groteske ziehen. Weniger (Freundlichkeit) wäre hier mehr (Takt). Die Taktlosigkeit bei dem Charakter des »Gedankenlosen« besteht wie auch bei dem »Ungelegenen« und dem »Übereifrigen« darin, zwar in bester Absicht zu handeln, aber die Situation nicht richtig einzuschätzen. Eine Taktlosigkeit des Gedankenlosen bestünde zum Beispiel darin, seinem guten Freund einen Witz über dicke Menschen zu erzählen, obwohl der Freund gerade erst eine Frau mit größeren Gewichtsproblemen geheiratet hat. Der Taktlose berücksichtigt oder bedenkt hier nicht die Perspektive des Freundes, den die Despektierlichkeit gegenüber dicken Menschen aufgrund der Loyalität zu seiner Frau verletzt. Der Taktvolle hingegen nimmt sich die Zeit, sich in sein Gegenüber einzufühlen und Sachverhalte und Aussagen genau zu verstehen, bevor er darauf reagiert – aber seine Reaktion »sitzt«, eben weil er mit seinen Gedanken bei der Sache, *präsent*, ist.

Der letzte Charakter vom Typus »Taktlosigkeit aus Unvermögen« ist nach Vöhler der »Unangenehme«, der sich von den drei anderen dadurch unterscheidet, dass er sich nicht überschwänglich, sondern eher distanziert verhält: »Theophrast schildert ihn als jemanden, der aus Gleichgültigkeit und Indifferenz anderen Unbehagen bereitet« (ebd.), zum Beispiel indem er beim Essen »ausführlich den Erfolg einer kathartischen Nieswurzkur« beschreibt und dabei »die Sauce auf dem Tisch mit der Farbe seines Stuhlgangs« (ebd.) vergleicht. Der Taktvolle hingegen verhält sich bei Tisch selbstredend so appetitlich und manierlich, dass kein anderer daran Anstoß nimmt.

c) Kalkulierte Taktlosigkeit

Doch alle aus Unvermögen Taktlosen meinen es nicht böse – anders als die kalkuliert Taktlosen, die mit ihrem Verhalten einen Vorteil für sich oder einen Nachteil für die anderen erzielen wollen. Dazu gehört zum Beispiel der »Unverschämte«, der mit beispielloser Frechheit möglichst großen Gewinn anstrebt. Der Taktvolle wiederum zeichnet sich durch Bescheidenheit aus und falls er bereits reich ist oder trotz Bescheidenheit viel Gewinn erzielt hat, so stellt er es sicher nicht demonstrativ zur Schau. Der »Flegel« macht rüde Scherze: »Geht er ins Theater, so beginnt er zu klatschen, wenn die anderen damit aufhören. Jubeln sie, so pfeift er; schweigen sie, so rülpst er, damit sie sich zu ihm umwenden« (ebd., S. 140) – der Taktvolle verhält sich diskret und bringt andere nicht in Verlegenheit. Die Taktlosigkeit des »Selbstgefälligen« ist seine Arroganz, »wird er gegrüßt, zeigt er keinerlei Reaktion« (ebd.). Stets ist er bemüht, im anderen das Gefühl der Unterlegenheit zu erzeugen und ihm anders als der Taktvolle die Begegnung auf Augenhöhe zu verweigern. Der »Widerliche« schließlich »kultiviert, um aufzufallen, die Ungepflegtheit seines Körpers in einem solchen Maß, dass er Unbehagen hervorruft« (ebd.). Der Taktvolle erweist dem anderen auch durch ein gepflegtes äußeres Erscheinungsbild die Ehre.

d) Taktlosigkeit im Dialog

Vöhler fasst noch drei weitere Charaktere von Theophrast in der Rubrik »Taktlosigkeit im Dialog« zusammen: den »Redseligen«, den »Schwätzer« und den »Nörgler«. Bei allen dreien entfaltet sich ihr Mangel an Takt am deutlichsten im Gespräch. Beim »Redseligen« durch seine unbedachten Reden, in denen er zu schnell zu persönlich wird und dabei Dinge von sich preisgibt, die den anderen nicht interessieren und die er vielleicht auch lieber gar nicht wissen will. Der Taktvolle hingegen erzählt zwar auch von sich, drängt sich dem anderen aber niemals auf. Der »Schwätzer« weiß alles und bringt dieses vermeintliche Wissen auch bei unpassenden Gelegenheiten an den Mann, »will sich jemand seinem Gespräch entziehen, so wird er nach Hause begleitet« (ebd., S. 142). Dagegen ist dem Taktvollen die Unaufdringlichkeit eines der obersten Gebote. Der »Nörgler« schließlich »zeichnet sich durch seine notorische Unzufriedenheit aus« (ebd., S. 143), die ein »schönes« Gespräch, das der Taktvolle anstrebt, durch raumgreifenden Missmut im Keim erstickt.

Dieser kleine Ausflug in die Antike konnte vielleicht dazu beitragen, dem Handeln eines taktvollen Menschen besser auf die Spur zu kommen, indem man sein Gegenteil studiert. Für ein taktvolles Verhalten ist, das wird deutlich, ein hohes Maß an Präsenz, Feinfühligkeit und Aufmerksamkeit erforderlich.

3.6.5 Kann man taktvoll werden?

Lässt sich taktvolles Verhalten aber nun erlernen – oder ist man einfach entweder taktvoll oder nicht? Ich denke, dass man Takt *entwickeln*, aber nicht *erlernen* kann (wie man z. B. gutes Benehmen erlernen kann): Das »persönlich richtige« Verhalten, das der Takt fordert, geht weit über das »sachlich richtige« Verhalten des Benehmens hinaus. Die Kenntnis von Konventionen ist für taktvolles Verhalten zwar unentbehrlich, aber der Takt ist ja mehr als das, er will *im Verhalten die Einhaltung der Konvention mit persönlicher Aufrichtigkeit gepaart* sehen. Aufrichtigkeit jedoch ist eine komplexe Entwicklungs- und keine reine Lernaufgabe.

Wenn mir von einem Vorgesetzten ein herablassender Witz über behinderte Menschen erzählt wird, ist mein Takt gefragt: Die Konvention sagt zwar: »Brüskiere und beschäme nicht deinen Chef«, aufrichtig wäre mein Gelächter aber nicht (das ist eine gute Stelle, um sich zu fragen, wie es um den eigenen Takt bestellt ist: Niemand ist taktvoll, der es nicht bewiesen hat). Aufrichtigkeit ist eine Tugend, die auf eine grundlegende Haltung verweist, die in lebenslanger Arbeit erworben wird. Jetzt könnte man vielleicht sagen, wer den Witz lustig findet und laut drauflos lacht, der hat es ja viel leichter mit dem Takt, aber das stimmt nicht: Ein niederträchtiger Witz verstößt gegen das gute Benehmen und ist an sich bereits taktlos, das Einstimmen in das Gelächter des Chefs wäre deshalb ebenfalls eine Taktlosigkeit. Wenn wir uns nun fragen, was uns aus der Situation retten könnte, dann sind wir wieder beim modus operandi des Taktvollen: Haben wir Angst vor dem Chef und fürchten wir die offene Konfrontation mit ihm, dann weichen wir aus: Wir lächeln gequält, erzählen schnell einen wirklich lustigen Witz, sprechen über irgendetwas anderes und schmeicheln ihm dabei (»Wo ich Sie gerade sehe, ich wollte mir in einer Sache dringend Ihren Rat einholen«) oder tun so, als hätten wir ihn nicht ganz verstanden und müssten jetzt aber schnell etwas Dringendes erledigen. Wir tun alles, um Beschämung zu vermeiden, und ermöglichen dem Chef und uns selbst damit, das Gesicht zu wahren. Ist uns der Chef vertraut und unser Arbeitsplatz sicher, dann zeigen wir mehr Courage und konfrontieren ihn. Das erlaubt uns der Takt nicht nur, sondern er fordert es geradezu: Es wäre ein Verstoß gegen die Konvention, einem bedeutsamen Mitmenschen in einer wichtigen Angelegenheit seine Meinung vorzuenthalten. Beide Verhaltensweisen, das Überhören der Taktlosigkeit wie auch die Konfrontation, sind dann taktvoll, wenn damit eine

Verbindung zwischen der Konvention und der inneren Haltung hergestellt wird. Diese Kunstfertigkeit bedarf also dreierlei: erstens ein Wissen darüber, wie man sich zu benehmen hat (relativ leicht zu erlernen), zweitens eine aufrichtige Haltung, in der sich die Persönlichkeit widerspiegelt (jahrelange Arbeit an sich), drittens die Übung, die beiden Aspekte spielerisch-leicht zusammenführen zu können (muss geübt werden): »[D]er wahrhaft Taktvolle erscheint, als sei sein Benehmen wie von Natur. Um diesen feinen Stand zu erreichen, genügt es nicht, sich an vorgegebenen Regeln auszurichten, man muss auch die eigene Natur beachten lernen« (Brenner, 2012, S. 149). Menschen können auf völlig unterschiedliche Arten taktvoll sein, »den einen« richtigen Takt gibt es nicht: Ein Takt kann nicht anders, als sich an die Persönlichkeit des Agierenden anzuschmiegen.

Wie eingangs gesagt: Takt kann nicht wie das Einmaleins in Schulen oder Kursen erlernt werden. Ich antizipiere Ihren Unmut als Leser*innen, weil ich Ihnen nicht konkret sagen kann, wie man taktvoll wird – ich bin es ja leider oft genug selbst nicht in dem Maße, wie ich es mir wünschen würde. Wenn ich überlege, wie ich die bisherigen Ausführungen zur Frage der Kultivierung des Taktes noch sinnvoll ergänzen könnte, dann fällt mir lediglich der zweite Teil des Gedichts *Über die Geduld* von Rainer Maria Rilke ein:

Man muss Geduld haben

Mit dem Ungelösten im Herzen,
und versuchen, die Fragen selber lieb zu haben,
wie verschlossene Stuben,
und wie Bücher, die in einer sehr fremden Sprache
geschrieben sind.

Es handelt sich darum, alles zu leben.
Wenn man die Fragen lebt, lebt man vielleicht allmählich,
ohne es zu merken,
eines fremden Tages
in die Antworten hinein.

Man muss vor allem den *Wunsch* nach der Kultivierung seines Taktes hegen und die Frage lieb haben, wie man seinen Mitmenschen so begegnen kann, dass sie sich mit einem selbst und man selbst sich mit ihnen im Kontakt gut und wohl fühlt. Wenn Interaktionen unglücklich verlaufen sind, sollte man *bei sich* schauen, welche Handlung oder welches Wort den Takt verletzt haben könnten. Die Verfeinerung des Taktes geht mit ständiger (Selbst-) Reflexion einher. Damit arbeitet man automatisch an der Entwicklung seines Taktes und lebt, so vermute ich, ohne es zu merken, allmählich »in seinen Takt hinein«.

3.6.6 Der Takt in taktlosen Situationen

Hier liegt nun die besondere Stärke des Taktes: Er ist besonders dann gefragt, wenn das taktlose oder situationsunangemessene Verhalten eines anderen eine Situation mit Peinlichkeit erfüllt.

Ich erinnere mich noch gut an einen sehr unangenehmen Moment meiner Kindheit. Mein bester Freund Martin feierte seinen neunten Geburtstag und ich war einigermaßen aufgeregt, weil Martins Eltern beide als Professoren arbeiteten und allein schon deshalb gutes Benehmen statt der üblichen Geburtstagsfeierwildheit gefordert war. Am Nachmittag waren wir auch nicht im Spaßbad oder auf der Kegelbahn, sondern im Theater und am Abend gab es dann bei Tisch Würstchen mit Kartoffelsalat. Ich erinnere mich, dass ich die Steifheit und Beklommenheit bei Tisch schlecht ertrug. Keiner der Geburtstagsgäste wollte einen Fehler machen. Ein Mädchen fasste ihren ganzen Mut zusammen und fragte Martins Mutter in die Stille des Essens hinein, wer denn die leckeren Würstchen »geliefert« hätte. Volltreffer! Die Mutter war begeistert und gab gerne Auskunft über den Metzger. Die spürbare Erleichterung am Tisch über die gelungene Konversation lockerte dann auch meine Zunge und ich dachte, ein kleiner Witz würde die Stimmung weiter heben: »Ich bin auch Würstchenlieferant«, setzte ich an und machte eine kleine effektvolle Pause, »für die Emscher«. Dazu muss man wissen, dass die mittlerweile renaturierte »Emscher« damals ein stinkender Abwasserkanal war, der quer durch meine Heimatstadt Dortmund führte. Die folgenden Sekunden waren peinigend. Ein Mädchen sagte dann noch so etwas wie »Ich kann darüber jetzt irgendwie gar nicht lachen«, aber da war ich schon längst in dem schwarzen Loch verschwunden, das sich unter mir aufgetan hatte.

Die Szene ähnelt sehr Theophrasts Beispiel des Unangenehmen, der »die Sauce auf dem Tisch mit der Farbe seines Stuhlgangs« vergleicht. Martins Mutter hatte so getan, als hätte sie meine Bemerkung überhört, aber ich wusste, dass sie sie sehr wohl gehört hatte und ich meinte auch gesehen zu haben, wie sie die Nase rümpfte. Was wäre ich dankbar gewesen für etwas mehr Takt!

»Der Takt ist eine wunderbare menschliche Erfindung, da er die kleinen und großen Schwächen des Alltags mühelos zu überwinden scheint. In dieser Situation der Unübersichtlichkeit bietet der Takt, so rudimentär er auch sein mag, immer noch ein kleines Geländer über den Sumpf der Peinlichkeiten« (Gödde & Zirfas, 2012a, S. 14).

Dieses Geländer hätte ich gebraucht. Martins Mutter hätte so etwas sagen können wie »So, so, und was kostet bei dir die Wurst?« oder »Dann brauchst du jetzt sicher Nachschub, möchtest du noch eine?«, sie hätte auch ganz das Thema wechseln oder meinetwegen auch sagen können, dass mein Kommentar etwas unappetitlich war, alles wäre besser gewesen als diese quälende Stille. Aber hier gab ihr keine Benimmregel vor, wie sie sich zu verhalten hatte, hier war die spontane Kreativität des Taktes gefragt. Der Takt muss aus dem Grunde spontan sein, weil er sich stets nur in konkreten Interaktionen beweisen kann, die nun einmal nicht planbar sind. Was hätte Martins Mutter für ein taktvolles Handeln gebraucht? Hilfreich wäre sicher ein liebender oder wenigstens nachsichtiger Blick auf den situationsunangemessen albernen Neunjährigen gewesen, der sich am Esstisch selbst bloßstellte. Dann, denke ich, hätte sie alles dafür getan, ihm diese grandiose Beschämung zu ersparen.

Jahrzehnte später war mein eigener Takt gefragt:

Ich leitete eine Psychomotorik-Stunde mit einer Gruppe von vier Jungen im Alter zwischen sechs und neun Jahren. Erstmals war die neue Praktikantin zugegen, die uns allen noch unvertraut war. Als wir zum Aufwärmen ein Fangspiel machten, rief einer der Jungen mit Blick auf den wogenden Busen der Praktikantin mit einer Mischung aus Faszination und Erschrecken: »Boah, das wackelt ja voll bei dir!«

Die Praktikantin sagte gar nichts und die anderen Jungen auch nicht, sie merkten wohl auch, dass der Kommentar leicht deplatziert war. Ich war gefragt, schnell irgendwas aus der Situation zu machen. Die Praktikantin schien etwas konsterniert und ich wollte ihr ersparen, dass der Satz zu lange nachhallt. Ich wollte ihr aber auch ersparen, dass wir uns mit diesem Satz beschäftigen, der sich unangenehmerweise ja auf ihren Körper bezog und der sie offenbar beschämte. Dem Jungen nahm ich den Satz nicht übel: Er schien auch noch immer fasziniert über das von ihm beobachtete Phänomen zu sein und wunderte sich – nehme ich an – über die Stille nach seinem Ausspruch. Ihm dämmerte es jedenfalls noch nicht, dass er kurz zuvor den Takt verletzt haben könnte, und mir wäre es unpassend vorgekommen, ihn dafür zu tadeln. Ich sagte deshalb so etwas wie »Ja, ja, so ist das« und fragte, wer denn nun eigentlich dran sei als Fänger. Das ist zugegebenermaßen keine spektakuläre Auflösung, aber die einzige, die mir passend erschien, um die Peinlichkeit für alle abzuwenden. Zu einem anderen Zeitpunkt, mit einer anderen Vertrautheit wäre weniger Takt gefragt gewesen und wir hätten unbefangen lachen oder uns aufklärerisch mit der Aussage befassen können. In der ersten Stunde der neuen Praktikantin aber hätte jede Fokussierung des Ausspruchs automatisch eine Fokussierung ihrer körperlichen Erscheinung bedeutet und sie mit hoher Wahrscheinlichkeit beschämt. Aber so ist es mit dem Takt: Er ist in Situationen gefordert, in denen das Eis noch recht dünn und der Boden noch recht wackelig ist; immer dann, wenn man nicht so recht weiß, wie man sich zu verhalten hat, um nicht einzubrechen.

In der psychotherapeutischen Behandlung eines siebenjährigen Mädchens ist ein Familiengespräch angesetzt. Neben der Therapeutin nehme ich als Co-Therapeut teil, außerdem sind die Eltern des Mädchens anwesend. Mir gelingt es nicht sehr gut, die geforderte allparteiliche Haltung einzunehmen, die strikte Leistungsorientierung der Eltern und ihr hartherziger Blick auf die Enuresis ihrer Tochter sind mir erst einmal sehr unsympathisch. Von einem liebenden Blick auf die Eltern bin ich noch weit entfernt. Nach einer Weile des Hin und Her (»Da muss man doch was machen können, dass die damit aufhört« – »So einfach ist das nicht, die Gründe können vielfältig sein« ...) unterbricht das Mädchen jäh das belanglose und immer gleiche Gerede und sagt zu ihrer Therapeutin: »Ich möchte viel lieber, dass du meine Mama bist.«

Das war ein Wirkungstreffer. Stille. Ich antizipiere Beschämung bei den Eltern und auch ein peinliches Berührt-Sein bei der Kollegin. Dem Mädchen bin ich zwar dankbar, das Gesprächsmuster unterbrochen zu haben, aber ich habe die Befürchtung, dass die Aussage es ihr zu Hause nicht leichter machen wird. Bei der Mutter kann ich erkennen, dass ihr der Ausspruch ihrer Tochter einen Stich versetzt hat, das macht sie mir augenblicklich sympathischer. Der Vater blickt ratlos. Die Therapeutin schlägt nervös die Beine übereinander. Der Satz des Mädchens reißt alle Fassaden ein und legt den Blick auf die Verletzlichkeit aller Beteiligten frei. Das (be-)rührt mich sehr. »Oh je«, sage ich langsam, »das war jetzt aber ein ziemlich großer Satz, das merken wir, glaub ich, alle. (Pause) Was machen wir denn jetzt damit?« »Also ich würde gerne mal verstehen, wie sie das meint«, sagt die deutlich angefasste Mutter nach einer kurzen Pause und beginnt damit ein in der Folge intensives und ungewöhnlich nachdenkliches Familiengespräch.

Der Satz des Mädchens war taktlos und aufrichtig zugleich. Ein taktvoller Umgang musste hier beide Aspekte berücksichtigen. Es galt, den Gesichtsverlust insbesondere der Mutter zu vermeiden: Als Mutter von dem eigenen Kind vor versammelter Mannschaft gesagt zu bekommen, dass man als Mutter nicht genügt, und dabei auch noch in Konkurrenz zu der Therapeutin zu stehen – das ist wirklich hart. Gleichzeitig war mir sofort klar, dass das Mädchen etwas sehr Wichtiges gesagt hatte und sicherlich viel Mut dafür aufbringen musste, ich wollte ihre Aussage deswegen auf keinen Fall zurückweisen oder irgendwie relativieren. Dem Vater wollte ich ersparen, noch länger mit seiner totalen Überforderung konfrontiert zu sein, und die Therapeutin tat mir leid, weil sie sich im Stillen höchstwahrscheinlich mit der Frage quälte, ob sie während der Behandlung zu viel Nähe zu dem Mädchen zugelassen hatte. Die Situation war heikel, hatte aber auch heilsames Potenzial. Es galt, die Stimmung der Situation schnell zu erfassen und sie in eine für alle annehmbare sprachliche Form zu bringen. Hier wird nun die Überlegenheit des Taktes gegenüber der Höflichkeit, dem Anstand oder der Sitte deutlich: Letztgenannte Tugenden verfügen (s. Martins Mutter) nicht über die Eleganz, durch Verletzung von Konventionen entstandene Peinlichkeiten abzuwenden.

3.6.7 Die Sphäre, die der Takt erzeugt

Welche entwicklungsförderlichen Bedingungen entstehen nun unter der Regie des Taktes und inwieweit hat er eine regulative Funktion in Bezug auf die Gestaltung von Nähe und Distanz? Ich stelle mir vor, ich beträte einen »Raum des Taktes«, und frage mich dabei gleichzeitig, ob sich unsere Adressat*innen bei der Aufnahme in unsere Einrichtungen wohl auch so fühlen.

Vor allem vermag der Takt eine Sphäre zu schaffen, in der ich mich sicher und wohl fühle.

Die Sicherheit empfinde ich, weil ich meine Grenzen gewahrt weiß und ich keine bösen Überraschungen zu erwarten habe. Ich bin mir sicher, dass mir niemand zu nahe kommt. Wenn ich in den Raum eintrete, werde ich wahrgenommen und ich spüre echtes Interesse – aber keine Neugier. Was ich erzähle, wird gehört, und wenn ich von meinen Verletzungen berichte, wird mitgefühlt. Niemand lacht mich wegen meiner Ängste aus. Man scheint zu meiner Überraschung davon auszugehen, dass ich ein wertvoller Mensch bin und ich meine Schwierigkeiten irgendwann überwinden werde. Das entspannt mich und gibt mir außerdem Mut und Selbstvertrauen.

Wohl fühle ich mich, weil mich hier niemand bedrängt, niemand lärmt und niemand hektisch ist. Diese Ruhe und Freundlichkeit tun mir gut. Die Temperatur ist gut reguliert, es ist nicht zu warm und nicht zu kalt hier. Außerdem ist es schön in diesem Raum, er wurde mit Sorgfalt und Liebe eingerichtet. Es schmeichelt mir, dass sich offenbar jemand Mühe gemacht hat, damit ich mich hier wohlfühlen kann.

Ich kenne die Regeln in diesem Raum nicht und manchmal befolge ich sie auch nicht – mal aus Unkenntnis, mal aus Unvermögen, mal aus Provokation (ich will mich schließlich auch nicht langweilen). Dann klärt mich jemand auf, hilft mir oder weist mich unaufgeregt auf die Hausordnung hin. Manchmal will jemand von mir wissen, warum es mir so wichtig ist, zu provozieren. Ich bekomme immer mehr das Gefühl, dass man sich tatsächlich für mich interessiert.

Mein Sicherheits- und Wohlgefühl erlaubt mir, immer mehr aus mir herauszugehen: Ich gebe Dinge preis, die ich bislang für mich behalten habe. Ich zeige Gefühle, die ich bislang zurückgehalten habe. Ich werde immer sichtbarer. Die anderen sind nicht immer einverstanden mit meinen Ansichten und meinen Taten, aber der Respekt vor meiner Person geht nicht verloren. Allerdings werden die Auseinandersetzungen härter, ich werde ordentlich gefordert, muss immer öfter raus aus der Komfortzone. Die anderen sind ehrlich zu mir, das ist nicht leicht auszuhalten, aber nie verliere ich mein Gesicht. Auch dann nicht, wenn ich ganz offensichtlich im Irrtum war.

Zugegeben, manche Einrichtungen und Wohngruppen sind weit von einer Sphäre entfernt, die mit »taktvoll« umschrieben werden kann – aber andere nicht. Die größere Nähe im Miteinander erlebe ich dort, wo ein taktvoller Umgang gepflegt wird. Gleichzeitig erlebe ich dort einen größeren Respekt vor der Selbstbestimmung der Adressat*innen. Hier beweist die taktvolle Nähe die Richtigkeit der nur scheinbaren Paradoxie, dass Nähe auch dadurch entstehen kann, dass Distanz gewahrt wird.

3.6.8 Zusammenfassung

Taktvolle Nähe im Kontext pädagogischer Beziehungen bedeutet also nun, zu dem anderen
- auf persönlich richtige Weise,
- zur richtigen Zeit,
- und mit ernsthaftem Interesse an seiner Person und an seiner Weiterentwicklung

Kontakt herzustellen. Dafür benötige ich als innere Haltung
- einen tiefen Respekt für die »letzte Unnahbarkeit« des anderen und
- einen liebenden Blick

sowie als Modi der Begegnung
- eine gewisse Zurückhaltung,
- Freundlichkeit und
- eine verbindliche Sprache.

Verzichten muss ich auf jede Form der Aufdringlichkeit und Indiskretion:
- Moralisieren und
- aggressiver Veränderungswillen.

Dadurch entsteht zwischen mir und dem anderen eine Sphäre,
- in der es Schonung und Güte gibt und dennoch Aufrichtigkeit und Tiefe;
- in der niemand Angst haben muss, sein Gesicht zu verlieren;
- in der Distanz gewahrt wird, ohne Kälte zu verströmen;
- die eher leise als laut und eher langsam als schnell ist und
- die vor allem unaufgeregt ist.

In einer solchen Sphäre können Nähe und Intimität ohne Angst zugelassen werden.

Im Bemühen um taktvolle Interaktionen kann mir ferner der Gedanke helfen, die Begegnung zu einer möglichst »schönen« werden zu lassen. Wenn ich hier und da auf die ästhetische Dimension in Fragen der Beziehungsgestaltung hinweise, dann meine ich damit die besondere Stimmung, in die eine taktvolle Begegnung eingebettet ist: wenn die Atmosphäre frei ist von Unverständnis, Härte und Rechthaberei und sich stattdessen Weichheit, Nachdenklichkeit und Wärme entfalten; wenn die Begegnung einen harmonischen Rhythmus aufweist, ein stilles Einvernehmen entsteht, wann man spricht und wann man schweigt; wann man sich ansieht und wann man nach innen schaut, wann man sich (emotional oder körperlich) berührt und wann man dem anderen seinen Raum lässt. Ich muss dafür sehr bei mir und gleichzeitig sehr beim anderen sein. Diese Momente sind von einzigartiger Schönheit. Und »ohne Schönheit vermag die Güte des Menschen sich nicht durchzusetzen. Die Schönheit ist die eigentliche Atmosphäre, in der die Güte gedeiht« (Oberthür, 2012, S. 93).

Eine Begegnung, die taktvoll gestaltet wird, enthält jenes entscheidende Maß an Distanz, das den Unterschied zwischen *nahe* und *zu nahe* definiert. Es ist die Zurückhaltung des Taktes, die einer zu großen Nähe Einhalt gebietet. Die Zurückhaltung »achtet die Grenzen des anderen [...]. Sie entblößt nicht den Intimbereich des anderen und ist doch von ihm und für ihn engagiert« (Muth, 1967; zit. n. Potschka, 1988, S. 389). Diese Fähigkeit ist für uns, die aufgrund der räumlichen und emotionalen Nähe zu den Adressat*innen und aufgrund unserer pädagogischen Aufgabe immer wieder mit der Intimsphäre betraut sind, von entscheidender Bedeutung. Die »taktvolle Nähe« fokussiert in pädagogischen Beziehungen die Nähe (das »Bedürfnis gegenseitiger Erwärmung« in der Parabel) und impliziert gleichzeitig die notwendige Distanz. »Denn nur der Taktvolle kann sowohl sich wie auch die anderen dadurch berühren, dass er Abstand wahrt. Und durch den Abstand erhält er seine Aufrichtigkeit und gibt den anderen den Raum, den sie brauchen, um ihre Aufrichtigkeit zu entfalten« (Brenner, 2012, S. 159). »Taktvolle Nähe« umschreibt meines Erachtens daher präziser als die »angemessene Nähe-Distanz-Regulation« die für den professionellen pädagogischen Kontext passende Form der Beziehungsgestaltung.

Um – in den Worten Jakob Muths – den Intimbereich der Adressat*innen nicht zu entblößen und sich dennoch für sie engagieren zu können, benötigen wir detaillierte Kenntnisse über das Gebiet, in dem sich unser Takt beweisen muss. Beschäftigen wir uns deshalb nun mit den unsichtbaren persönlichen Grenzen, die den intimen Raum bewachen, und verfeinern darüber unser Gespür für die Trennlinie zwischen einer »nahen« und einer »zu nahen« Beziehungsgestaltung.

4 Persönliche Grenzen

Die Ausführungen im dritten Kapitel erfolgten unter der Perspektive des Begriffspaars Nähe und Distanz. Um sie für die Frage nach der angemessenen Beziehungsgestaltung zu konkretisieren, müssen wir uns noch eingehender damit beschäftigen, was »nahe« von »zu nahe« unterscheidet. Zu was genau kann Nähe hergestellt werden? Wovor genau muss auf emotionaler und körperlicher Ebene Distanz gewahrt werden? Hierzu arbeite ich mit der Metapher der »persönlichen Grenze«.

Eine Grenze ist eine Grenze, weil es ein Diesseits und ein Jenseits gibt, ein Davor und ein Dahinter – deshalb können Grenzen immer überschritten werden. Im intrapersonellen Sinne verweisen persönliche Grenzen auf etwas Limitierendes, zum Beispiel: »Ich würde ja eigentlich gerne mal Bungee springen, aber ich habe zu viel Angst. Ich kann meine Angst nicht überwinden«. Die Furcht bildet eine Grenze, die einen Menschen daran hindert, etwas zu tun. Es muss aber nicht die Angst sein, auch persönliche Ressourcen haben Grenzen: »Ich würde so gerne mal wieder eine lange Wanderung machen, aber meine Kraft reicht nicht mehr aus«. Und schließlich gibt es selbst gesteckte ethische Grenzen, die den Handlungsrahmen begrenzen: »Eigentlich esse ich ja ganz gerne Fleisch, aber ich bringe es einfach nicht mehr über's Herz«. Um diese intrapersonellen Grenzen müssen wir wissen, damit wir von unseren Adressat*innen nicht etwas verlangen, was außerhalb ihrer Möglichkeiten – eben dieser Grenzen – liegt.

Was uns aber im Zusammenhang mit der Nähe-Distanz-Regulation besonders interessiert, sind die interpersonellen Grenzen, also die Grenzen zwischen zwei Menschen. Interpersonelle Grenzen definieren die Kontaktfläche: »*Dieses* können wir miteinander teilen, aber *jenes* nicht.« »*Jenes* behalte ich für mich oder teile es nur mit xy«. Es gibt Abstufungen im Bereich des Privaten, eher oberflächliche private Dinge werden mit einer Vielzahl von Menschen geteilt, sehr intime Angelegenheiten vielleicht nur mit einer einzigen Person. Wie oder wo eine Grenze im Kontakt zwischen zwei Menschen gesteckt wird, hat mit dem Kontext der Begegnung zu tun und damit, in welcher Beziehung die Interagierenden zueinander stehen.

Im Hinblick auf die Nähe-Distanz-Regulation könnte man sagen: Wenn ich mich der Grenze eines anderen Menschen annähere, komme ich ihm nahe, wenn ich die Grenze aber überschreite, komme ich ihm *zu* nahe. Wenn ich mich, um diese Gefahr zu umschiffen, seiner Grenze aber erst gar nicht annähere, bleibe ich ihm vielleicht zu fern. Etwas salopp formuliert: Grenzen zu wahren, ist kein großes Kunststück – solange ich nicht den Anspruch habe, gleichzeitig auch Nähe herstellen zu wollen.

Die Problematik in der Verwendung der Metaphorik »Grenze« liegt darin begründet, dass sie »eine klare Erkennbarkeit an rotweiß markierten Pfählen, die in der Landschaft stehen« (Bittner, 2016, S. 30) suggeriert. Während auf räumlicher Ebene eine Grenze genau zu bestimmen ist, ist eine emotionale oder persönliche Grenze unschärfer. Ich begann mit der Arbeit an diesem Buch im Jahr 2017, zu einer Zeit, in der die Metoo-Debatte ihren Anfang nahm: Ausgelöst durch die Beschuldigungen der sexuellen Nötigung gegen den Hollywood-Produzenten Harvey Weinstein formierte sich eine Kampagne, die nach und nach das Ausmaß der auf Machtstrukturen basierenden sexuellen Übergriffe gegenüber Schauspieler*innen offenlegte. Die erstmals Anfang 2018 im *Zeitmagazin* erhobenen Vorwürfe gegenüber dem Regisseur Dieter Wedel zeigten, dass das Phänomen auch in der deutschen Filmindustrie anzutreffen ist. Zahlreiche Solidaritätsbekundungen mit den Opfern bestimmten danach die öffentliche Debatte, bis eine von der Schauspielerin Catherine Deneuve angeführte Gruppe 99 französischer Künstlerinnen in einem Zeitungsartikel in der *Le Monde* eine »Freiheit zu belästigen« forderten. Darin wenden sie sich gegen jede Form sexueller Gewalt, »aber hartnäckiges oder lästiges Flirten ist kein Delikt, und eine Galanterie auch keine chauvinistische Aggression« (Catherine Deneuve wirbt für »Freiheit, lästig zu sein«, 2018). Die Unterzeichnerinnen des offenen Briefes sähen die sexuelle Freiheit bedroht, sollte zwischen einem Klaps auf den Po und einer Vergewaltigung nicht mehr unterschieden werden. Wo genau liegt also nun die Grenze, die zwischen belästigendem Flirten und sexueller Nötigung liegt? Sie ist lange nicht so deutlich zu erkennen, wie wir es uns oft wünschen würden. Und sie wird noch unschärfer, wenn wir die Dimension der Machtverhältnisse in die Betrachtung einbeziehen: Die Anmache eines Vorgesetzten hat eine andere Qualität und Wirkung als die gleiche Anmache eines Fremden, zu dem weder ein Bekanntheits- noch ein Abhängigkeitsverhältnis besteht.

Ein anderes Beispiel, das das Dilemma der Uneindeutigkeit persönlicher Grenzen verdeutlicht: Deutsche Gerichte haben sich sehr lange mit dem Fall Gina-Lisa Lohfink beschäftigt, die zwei Männer der Vergewaltigung bezichtigte. Obwohl sogar ein Video der mutmaßlichen Tat vorlag (die Männer hatten die Szene gefilmt), verurteilte das Gericht Lohfink in letzter Instanz wegen einer Falschverdächtigung: Obwohl Gina-Lisa Lohfink auf dem Video wie weggetreten wirkt und mehrfach »Hör auf« sagt, sah die zuständige Staatsanwältin den Straftatbestand einer Vergewaltigung nicht gegeben. Das mehrfach geäußerte »Hör auf« müsse sich nicht auf den Sex an sich bezogen haben, sondern könnte konkrete Praktiken gemeint haben (vgl. Feuerbach, 2016). Die Männer wurden lediglich wegen der Verbreitung des Videos verurteilt. Der Fall erregte große mediale Aufmerksamkeit, weil er die Öffentlichkeit in zwei Lager spaltete: Viele solidarisierten sich mit Lohfink und sahen in ihr ein Opfer sexueller Gewalt, andere, so auch das Gericht, hielten ihr vor, die Situation selbst herbeigeführt zu haben und sahen die Grenze zu einem Sexualdelikt deshalb nicht überschritten. Belegen diese prominenten Beispiele also nicht eindeutig, dass es sich bei den vermeintlich klaren Grenzen in Wirklichkeit um einen großen Graubereich handelt? Wie sollen Grenzen geachtet werden, wo doch niemand so genau sagen kann, wo sie verlaufen? Wenn nicht einmal ein Video zur eindeutigen Beurteilung einer Grenzverletzung beitragen kann, wie sinnvoll ist es dann überhaupt noch, im Zusammenhang mit Nähe-Distanz-Regulation mit der Metapher der Grenze zu arbeiten?

Es ist dennoch sinnvoll, denn wir haben nicht wie Richter Urteile zu fällen, sondern können uns am Begriff der Grenze entlang bewegen, um unser Gespür für das richtige Maß, das wir schon die ganze Zeit suchen, zu verfeinern. Uns muss weniger interessieren, ob ein Klaps auf den Po ein belästigendes Flirten oder ein sexueller Übergriff ist, uns interessiert mehr, ob eine Handlung *in den Kontakt passt oder nicht*. In den Kontakt zwischen zwei Menschen darf alles, was nicht von den persönlichen Grenzen der Interaktionspartner*innen geschützt wird. Um die Weite und damit das Potenzial des *Raumes zwischen* zwei Menschen zu erleben, darf aber die Gefahr der Überschreitung einer persönlichen Grenze nicht wie ein Damoklesschwert auch über jenen schweben, die wirklich nichts Böses im Schilde führen. Was ich damit sagen möchte: Sensibilität für die Grenze des Gegenübers ist wichtig, ein Sakrileg ist ihre Überschreitung deshalb aber noch nicht. Manchmal spürt man erst im Moment der Überschreitung einer Grenze, dass sich dort eine befindet. Das gilt sogar für die eigene: Man kann Nähe zu einem anderen Menschen herstellen oder zulassen, von der man erst im Nachhinein merkt, dass sie einem eigentlich zu viel war. So kann man auch von dem feinfühligsten Menschen nicht erwarten, dass er immerzu die Grenze des anderen erspüren und somit wahren kann.

Aus diesen einleitenden Überlegungen ergibt sich nun die weitere Struktur des Kapitels: Zunächst soll untersucht werden, was genau durch Grenzen geschützt werden soll (Kap. 4.1) und was wir unter Grenzüberschreitungen resp. Grenzverletzungen verstehen (Kap. 4.2). Im dritten Teil geht es um die Frage, wie wir damit umgehen, wenn persönliche Grenzen unserer Adressat*innen einen Bereich schützen, mit dem wir im Sinne ihrer Entwicklung arbeiten müssten – und was wir machen, wenn die Adressat*innen schützenswerte Grenzen nicht etabliert haben (Kap. 4.3).

Im vierten Teil (Kap. 4.4) geht es dann um den Umgang mit verschiedenen Grenzüberschreitungen, die sich zwischen Adressat*innen und Pädagog*innen sowie zwischen Adressat*innen untereinander ereignen. Nicht weniger als die Sicherheit und Gewaltlosigkeit des pädagogischen Rahmens steht dabei auf dem Spiel. Wie können beschädigte Grenzen repariert werden und was können wir tun, um die Wahrscheinlichkeit von Grenzverletzungen in unserem pädagogischen Setting zu verringern?

4.1 Der Verlauf persönlicher Grenzen

»Die Würde eines Menschen hat viel mit seinem Bedürfnis zu tun, zwischen dem zu trennen, was nur ihn angeht, und dem, was auch andere wissen dürfen. Wir möchten nicht alles den Blicken der anderen aussetzen. Neben dem weiten Feld, auf dem wir für jedermann sichtbar sind, brauchen wir einen Bezirk, in dem wir mit uns alleine sind. Wir haben das Bedürfnis nach einem intimen Raum in unserem Leben. Wenn andere diesen Raum gegen unseren Willen betreten oder wir ihn aus falschen Gründen öffnen, kann unsere Würde in Gefahr geraten« (Bieri, 2015, S. 157).

Die persönlichen Grenzen, die wir gerne lokalisieren und konkretisieren würden, sind eben keine Baustellenpfosten oder Begrenzungszäune und leider stehen auch keine Stopp- oder »Zutritt verboten«-Schilder in der Gegend herum, die uns auf die Grenzen des geschützten Bereichs eines Menschen hinweisen. Wir können die persönlichen Grenzen aber – wie es auch der Gesetzgeber tut – in der »Sphäre« des Menschen verorten. Abgeleitet wird die Sphären-Theorie von Artikel 1 des Grundgesetzes, wonach die Würde des Menschen unantastbar und deshalb zu schützen sei. Der Gesetzgeber unterscheidet die drei Sphären der Individual-, der Privat- und der Intimsphäre, in die staatlicherseits nur unter bestimmten Bedingungen eingegriffen werden darf. Diese Maßstäbe sollen gewährleisten, dass die Würde des Menschen nicht angetastet wird. Ich finde diese Orientierung hilfreich. Persönliche Grenzen haben die Aufgabe, das Eigene zu schützen. Die kostbarste Grenze, die es für uns zu wahren gilt, ist die Grenze, die die Würde der Adressat*innen schützt. In Anlehnung an Simmel kann hier von der »ideellen« Sphäre gesprochen werden, in die nicht eingedrungen werden darf. Was es in der pädagogischen Arbeit mit der Individual-, der Privat- und der Intimsphäre auf sich hat und welche Maßstäbe und Regeln für unseren Umgang mit diesen Sphären gelten könnten, um die Würde unserer Adressat*innen nicht anzutasten und dadurch zu beschädigen, wird im Folgenden genauer betrachtet.

Das, was wir als privat und deshalb als schützenswert empfinden, ist von Mensch zu Mensch verschieden, die Grenzen lassen sich nicht so leicht bestimmen: »Oh, da habe ich wohl eine empfindliche Stelle berührt«, sagen wir, wenn wir denken, eigentlich etwas Unverfängliches gesagt oder gefragt zu haben, unser Gegenüber aber verschreckt oder verärgert reagiert. Umgekehrt wundern sich Menschen, die Nacktheit als etwas sehr Intimes empfinden, über die Unbefangenheit der Menschen an FKK-Stränden. Je intimer eine Sache für uns persönlich ist, desto größer ist unser Wunsch, sie vor dem Zugriff anderer zu schützen, und desto sorgfältiger wählen wir aus, mit wem wir sie teilen. Grafisch kann der von Grenzen geschützte Bereich wie in Abbildung 4 dargestellt werden.

Der äußere Kreis bildet die *Individualsphäre*. Sie verweist im juristischen Sinne darauf, dass das Selbstbestimmungsrecht von Menschen geschützt wird und der Staat nur bei konkreten Anlässen Zugriffsrechte hat. Prinzipiell ist das Selbstbestimmungsrecht ein Menschenrecht, das sich auf die Eigenständigkeit und Eigenverantwortung von Menschen bezieht. Im Kontext persönlicher Grenzen bildet die Individualsphäre so etwas wie den

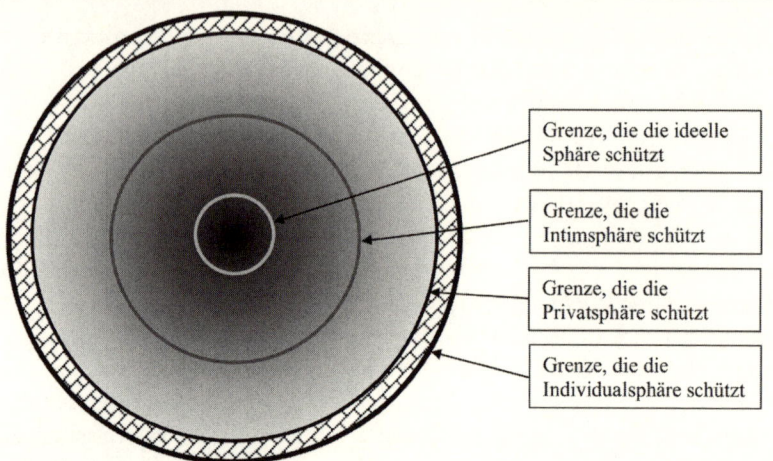

Grenze, die die ideelle Sphäre schützt

Grenze, die die Intimsphäre schützt

Grenze, die die Privatsphäre schützt

Grenze, die die Individualsphäre schützt

Abb. 4: Sphären des Privaten

Rahmen des privaten Bereichs. Das Recht und die Möglichkeiten der Selbstbestimmung sind bei Kindern, Jugendlichen, behinderten und kranken Menschen naturgemäß eingeschränkt. Es liegt im Ermessen der Eltern respektive Helfer*innen, in welchem Maße in ihre Individualsphäre eingegriffen wird. Bei Kindern im Kindergartenalter toben morgens oft erbitterte Kämpfe um die Wahl der Anziehsachen: Ob kurze Hosen im Winter, zwei verschiedene Strümpfe oder gewagte Farbkombinationen – wer darf darüber bestimmen? Welche Rechte und welche Pflichten haben Eltern, hier in das Selbstbestimmungsrecht der Kinder einzugreifen? Es ließe sich sowohl argumentieren, dass Eltern ihre Kinder vor Gespött schützen, als auch, dass sie den Eigensinn der Kinder respektieren und damit fördern sollten.

Das Selbstbestimmungsrecht ummantelt die *Privat- und Intimsphäre*. Deren Grenze schützt den privaten Lebensbereich, zu dem alles gehört, was subjektiv als schützenswert empfunden wird. In diesem Privatbereich dürfen sich andere Menschen nur dann aufhalten, wenn sie eingeladen wurden oder weil sie es – zum Beispiel bei medizinischen oder pflegerischen Handlungen – tun müssen, um Schaden von der Person abzuwenden. Von außen nach innen wird das Private immer intimer und dadurch sensibler. Die Grenze zwischen dem Privat- und dem Intimbereich ist graduell und verläuft von Mensch zu Mensch unterschiedlich.

In den privaten Raum werden andere Menschen hineingelassen, wenn

ihre Gegenwart als angenehm oder zumindest als nicht unangenehm empfunden wird. Sie dürfen zum Beispiel mein Haus betreten oder private –
aber nicht intime! – Dinge erfragen. Einem mir noch weitgehend unbe-
kannten, aber sympathischen Menschen werde ich gestatten, nach meinen
Familienverhältnissen zu fragen, aber wenn er mich in seiner zweiten Frage
fragt, wie es um meine Zufriedenheit in der Ehe bestellt sei, ziehe ich eine
Grenze. Das geht zu weit! Oder auch: Das ist mir zu nahe. Einem befreun-
deten Ehepaar, das zum ersten Mal bei mir zu Besuch ist, zeige ich gerne das
Haus, aber das Schlafzimmer nehme ich davon aus.

Am und um den »Kern« eines Menschen herum liegt die Intimsphäre,
ihre Grenze schützt die innere Gefühls- und Gedankenwelt sowie den
Bereich der Sexualität. Im juristischen Sinne ist die Intimsphäre vor dem
staatlichen Zugriff geschützt, das heißt, jeder kann denken und fühlen, was
er will, und im Rahmen der Gesetzgebung seine Sexualität ausleben, wie
es ihm beliebt. Die Schweigepflicht von Therapeut*innen und Ärzt*innen
verdeutlicht, dass die Intimsphäre vor dem Zugriff der Öffentlichkeit geschützt werden soll. Psychologisch betrachtet ist der körperlichen Intimsphäre nicht nur die Sexualität, sondern auch Krankheit und Nacktheit
zuzuordnen. Am häufigsten werden nicht abgestimmte sexualisierte Berührungen als Grenzverletzung verstanden. Aber auch jemandem heimlich
beim Entkleiden zuzuschauen, durch das Schlüsselloch der Toilettentür zu
linsen oder jemandem auch nur einen begehrenden Blick zuzuwerfen sind
Handlungen, die ebenso wie das Reden über körperliche Merkmale eines/
einer anderen oder verbale sexuelle Anspielungen die Intimsphäre verletzen.
Dass dieser körperliche Bereich der Intimsphäre zuzuordnen ist, erschließt
sich leicht. Doch was ist mit der inneren Gefühls- und Gedankenwelt gemeint?

Diese umfasst das intimste Wissen von mir: meine Geheimnisse in Form
von Sehnsüchten, Überzeugungen, Wünschen, Hoffnungen und auch
meine dunklen Seiten und meine Verletzungen. Auch gehören Handlungen dazu, derer ich mich schäme: mein Kind gehauen zu haben; mir den
Finger in den Hals zu stecken, um zu erbrechen; in die Dusche zu pinkeln
(laut dem Betreiber des Blogs »postsecret.com« das am häufigsten einge-
standene Geheimnis; vgl. Habekuß, 2017); meine/n Partner*in zu betrü-
gen; krumme Geschäfte zu machen. Das sind Dinge, die nur sehr wenigen
Menschen, manchmal auch nur einem Tagebuch oder überhaupt niemandem anvertraut werden. Die Vorstellung, dass Menschen ohne unser Einverständnis in diesen privatesten Bereich der Persönlichkeit vordringen

könnten, ist sehr bedrohlich. Es macht uns unheimlich verletzbar. Was aber macht das in der Intimsphäre gelagerte emotionale Material so brisant und woraus genau besteht es?

Das emotionale Material, das in der Intimsphäre lagert

Die meisten Pädagog*innen sind mittlerweile sehr sensibel für die körperlich-sexuellen Grenzen der Adressat*innen und entsprechend achtsam, nicht in diesen Bereich der Intimsphäre einzudringen. Das gilt aber nicht immer für das emotionale Material, das ebenfalls in der Intimsphäre beheimatet ist. Ich habe versucht, diese »intime Gefühls- und Gedankenwelt« in drei Kategorien zusammenzufassen, wohl wissend, dass sie einander teilweise bedingen und sich überlappen.

Alte, noch nicht verheilte Verletzungen

»Ich will nicht, dass die Kinder aus meiner Wohngruppe wissen, dass ich keine eigenen Kinder habe. Die Frage ist mir zu intim«, sagt die Kollegin, die es noch immer sehr schmerzt, dass ihr Mann und sie keine Kinder bekommen konnten. »Nein, ich habe keine eigenen Kinder«, antwortet die andere Kollegin den Bewohner*innen der Wohngruppe, »mein Mann und ich haben uns Kinder sehr gewünscht, aber es war leider nicht möglich.« »Und warum nicht?«, wird sie gefragt. »Nun, das möchte ich lieber für mich behalten. Das ist eine sehr private Frage, die ich nicht beantworten möchte.« Die beiden Kolleginnen ziehen die Grenze an unterschiedlichen Stellen. Unstrittig ist der private Charakter der Frage nach den eigenen Kindern, doch die erste Kollegin empfindet die Frage als *zu* privat, die zweite nicht. Die Fragesteller*innen treten der ersten Kollegin zu nahe, der zweiten aber zunächst nicht, weil die Grenzen der beiden Kolleginnen unterschiedlich verlaufen. Was könnte der Grund dafür sein?

Ein möglicher Grund, das soll nicht außer Acht bleiben, sind unterschiedliche fachliche Positionen: Kollegin A könnte argumentieren, private Informationen könnten die Bewohner*innen der Wohngruppe überfordern, und Kollegin B könnte entgegnen, sie hielte die persönliche Begegnung aber für den entscheidenden Faktor im Beziehungshandeln. Es handelt sich bei dieser Diskussion um eine Frage, um die in der Psychotherapie viel gerungen wurde und immer noch gerungen wird: Wie »abstinent« sollte gearbeitet werden? Bleiben die Therapeut*innen in ihrer beruflichen Rolle eine reine Projektionsfläche für die Patient*innen oder bringen sie selbst Persönliches in die therapeutische Beziehung ein? Auch unter pädagogischen Mitarbeiter*innen wird diese Frage kontrovers diskutiert – und sicher finden sich fachliche Gründe, es mehr auf die eine oder auf die andere Weise zu handhaben. Jede dieser Haltungen führt zu unterschiedlichen Grenzverläufen. Handlungsleitend, wie die Frage nach den eigenen Kindern beantwortet wird, ist aber nicht nur die Frage, welche Grenzen im Interesse der Adressat*innen sein könnten, sondern auch, wie groß das *eigene Schutzbedürfnis* der Kolleginnen ist. Wie die Grenze gesteckt wird, hat maßgeblich damit zu tun, wie angenehm oder unangenehm eine Berührung des persönlichen Bereichs empfunden oder antizipiert wird. Möglicherweise besitzt das Thema Kinderlosigkeit bei der Kollegin A noch emotionale Sprengkraft, während Kollegin B ihren Schmerz inzwischen verwunden hat. Aus psychotraumatologischer Sicht würden wir sagen, dass das Thema Kollegin A noch »triggern« könnte, während es bei Kollegin B verarbeitet und integriert ist. Kollegin A ist also gut beraten, die Frage nicht zu beantworten, denn eine Beschäftigung mit dem Material wäre für sie – und dann auch für die Adressat*innen – eine Überforderung. Es ist die Antizipation des Schmerzes, der durch die emotionale Beschäftigung mit der Kinderlosigkeit ausgelöst werden könnte, die die Kollegin A ihre Grenze auf diese Weise abstecken lässt. Die Grenze schützt sie also vor der erneuten Überflutung durch schmerzhafte Gefühle.

Es würde den Rahmen des Buches sprengen, alle möglichen unverheilten Verletzungen unserer Adressat*innen aufzulisten – ich nenne nur einige Beispiele für Erfahrungen, die viele von ihnen erlitten haben:

➤ Körperliche Misshandlung und sexuelle Gewalt,
➤ Mangel an Liebe, an Zuwendung, an Schutz,
➤ Häme, Spott, Demütigung, Ausgrenzung,
➤ Bei niemandem Gehör gefunden zu haben.

Das sind alles Erfahrungen, die das Selbstwertgefühl massiv beschädigen. Es gibt die Formulierung des »wunden Punktes«, damit wird auf eine noch nicht verheilte Verletzung verwiesen. *Es ist noch nicht wieder gut,* die Stelle braucht noch Zeit zum Verheilen, eine Berührung tut noch zu weh. Deshalb wird sie von einer Grenze geschützt.

Dinge, die von uns als Makel empfunden werden

Neben der Grenze, die vor einer erneuten Konfrontation mit Schmerz schützen soll, gibt es eine Grenze, die verhindern soll, mit dem Gefühl der Scham konfrontiert zu werden. »Die Jugendlichen geht es nichts an, dass ich vorher arbeitslos war«, findet der neue Kollege, der sich für seine lange

Arbeitslosigkeit schämt. »Sollen die Jugendlichen ruhig wissen, dass ich arbeitslos war«, findet der andere neue Kollege, »so ist die Welt eben«. Der erstgenannte Mitarbeiter empfindet es als Makel, arbeitslos gewesen zu sein, deshalb schämt er sich dieses Umstands. Eine Eigenheit als Makel zu erleben, macht diese Eigenheit zu etwas Intimem. Wir möchten nicht, dass andere von diesem Makel wissen, wir fürchten, unser Wert für den Anderen könnte dadurch sinken. Wir sind auch angreifbar und könnten zur Zielscheibe von Gespött und Sticheleien werden. Umgangssprachlich würden wir beim Bekanntwerden von Makeln von einer »offenen Flanke« reden, über die in unseren intimen Bereich eingefallen werden könnte. Die »geschlossene« Grenze soll uns vor dieser Gefahr bewahren.

Es wird oft nicht berücksichtigt, wie unglaublich beschämend die meisten Opfererfahrungen sind. Benutzt, missbraucht und gedemütigt worden zu sein, ist schrecklich. Zusätzlich erlebt man seine Hilflosigkeit und sein vermeintliches »Verschmutzt-Sein« in der Regel auch noch als Makel. Wenn die Öffentlichkeit davon erfährt, wird häufig alles noch viel schrecklicher, wie das folgende Beispiel beweist:

Samantha Geimer ist 13 Jahre alt, als sie von dem berühmten Regisseur Roman Polanski mit Drogen abgefüllt und danach vergewaltigt wird. Das war 1977. Polanskis Anwälte handeln mit den Anwälten Geimers einen Deal aus, Polanski bekennt sich schuldig und wird zu 90 Tagen Haft verurteilt. Er sitzt 42 davon ab, dann bescheinigt ihm ein Gutachter, dem Opfer gegenüber weder unsensibel noch destruktiv gehandelt zu haben. Der Staatsanwalt folgt der Einschätzung nicht, der ausgehandelte Deal droht zu platzen, Polanski setzt sich nach Frankreich ab, um der Strafverfolgung in den USA zu entgehen. Er bittet Samantha Geimer in einem Brief um Entschuldigung und zahlt ihr eine halbe Million Dollar Schadenersatz. 2009 wird Polanski in Zürich am Flughafen festgenommen, der Fall erfährt wieder mediale Aufmerksamkeit, das Haus von Samantha Geiger wird von Journalisten belagert. 2013 veröffentlicht Geimer eine Autobiografie mit dem Titel: The girl. Mein Leben im Schatten von Roman Polanski. Darin schreibt sie, sie würde lieber noch einmal den Abend der Vergewaltigung erleben als die Demütigung danach, zum Beispiel durch die ständigen Verhöre und die mediale Aufmerksamkeit (vgl. Rietzschel, 2017).

Die Vergewaltigung überschattet Samantha Geimers Leben noch 40 Jahre später, sie »haftet ihr an«. Die Journalist*innen, die ihr Haus belagern und um Statements betteln, die Staatsanwälte, die in den Details wühlen: Sie alle kommen Samantha Geimer viel zu nahe! Geimer hat Polanski, wie sie schreibt, längst verziehen, sie kämpft nun kurioserweise an der Seite seiner Anwälte, damit der Fall endlich abgeschlossen wird. Die Gerechtigkeit im juristischen Sinne wird Geimers Psyche nicht gerecht, Justiz und Medien verletzen ihre Grenze immer wieder. Die Zeit hätte Geimers Wunde womöglich längst verheilen lassen, wenn die Umstände nur andere gewesen wären. Wir können uns nicht oft genug vor Augen führen, dass nicht allein das traumatische Ereignis an sich die Schwere der Folgen bemisst, sondern auch der Umgang mit diesem Ereignis. Was hat das nun mit Scham oder Makelhaftigkeit zu tun? Versuchen wir, uns in Samantha Geimer hineinzuversetzen: Wie könnte es unsere Würde und Selbstachtung nicht massiv bedrohen, von aller Welt als Vergewaltigungsopfer gesehen und vor allem darauf reduziert zu werden? Ein »Opfer« zu sein, gilt in vielen Kreisen, insbesondere unter der männlichen Bevölkerung, als schlimmer Makel, dessen Existenz auf keinen Fall publik werden darf. Dann ist es von geradezu existenzieller Bedeutung, diese Erfahrungen vor der Öffentlichkeit zu verbergen, sie durch eine Grenze zu schützen.

Viele Menschen versuchen, ihre Opfererfahrungen geheim zu halten, weil sie fürchten, diese als Schwäche ausgelegt zu bekommen: Sie waren schließlich nicht in der Lage, sich zu wehren. Aber auch viele andere Formen vermeintlicher Schwäche und Hilfsbedürftigkeit können als Makel empfunden werden:

➤ Armut; Erfolglosigkeit;
➤ Körperliche Erscheinungen (etwas ist zu klein oder zu groß, zu dick oder zu dünn, zu schief oder zu gerade, zu schwach oder zu stark ausgeprägt, zu hell oder zu dunkel); Krankheiten und Funktionsstörungen;
➤ Psychische Erkrankungen in der Familie; Ungeordnete Familienverhältnisse; Kriminalität und Süchte von Familienangehörigen.

Sehr häufig werden von Kindern und Jugendlichen bestimmte Charakteristika ihrer Familie als Makel erlebt, weshalb diese Themen in der Regel besonders explosiv sind.[8]

---

8 In den Selbsterfahrungseinheiten bei Fort- und Weiterbildungen erfahre ich, dass nach wie vor selbst in »aufgeklärten« Kreisen die Inanspruchnahme von Psychotherapie als Makel apperzipiert wird. Was bedeutet diese Haltung für unseren Blick auf unsere Adressat*innen, die schließlich auch auf Psychotherapie und/oder andere Hilfen angewiesen sind? Ich hoffe, dass wir gesellschaftlich mittlerweile so weit sind, Hilfsbedürftigkeit nicht mehr mit Minderwertigkeit zu assoziieren. In Not geraten kann jeder und die Inanspruchnahme von Psychotherapie verweist in erster

Dinge, die uns heilig sind

Es wird nicht nur als bedrohlich erlebt, wenn »wunde Punkte« unachtsam berührt werden könnten, sondern auch, wenn an etwas gerüttelt wird, was einen besonders großen Wert für uns hat. Das versteht sich leicht im Hinblick auf das Familien- und Beziehungsleben oder religiöse Vorstellungen und Überzeugungen, aber auch vermeintlich banalere Dinge können sehr wichtig für unsere Identität und uns deswegen »heilig« sein: Wenn zum Beispiel ein Mann zwei Frauen denselben zotigen Witz erzählt, wird er prototypisch zwei verschiedene Reaktionen darauf ernten: Frau A wird sich aufregen und den Mann vielleicht einen Chauvinisten schimpfen, Frau B wird gutmütig die Augen rollen und sich ihren Teil dazu denken. Bei Frau A überschreitet der Mann eine Grenze, bei Frau B nicht. Um welche Grenze handelt es sich? Frau A ist stark identifiziert mit der feministischen Ideologie, ein sexualisierter Witz greift sie persönlich in ihrer Würde als Frau an. Frau B tritt ebenso für eine Gleichberechtigung von Mann und Frau ein, aber sie ist mit der Frauenbewegung nicht stark identifiziert, »ja gut, den Witz kann man lustig finden oder nicht«, sagt sie, »aber ich nehme ihn nicht persönlich.« Ob der Witz eine Grenze überschreitet, bestimmt zwar auch, aber nicht ausschließlich der Witz. Deshalb muss wieder das Taktgefühl ermitteln, ob er erzählt werden kann.

Manchmal kann es schwere Folgen für die psychische Gesundheit haben, wenn etwas, was einem heilig ist, immer wieder verspottet wird.

In einer psychotherapeutischen Klinik wird ein Jugendlicher behandelt, der sich nach dem Vorbild seines Idols, dem Schlagersänger Wolfgang Petry, mit Massen geflochtener Armbänder ausgestattet hat, die gleichen karierten Hemden und die gleiche lockige Langhaarfrisur trägt.

Im Erstkontakt mit dem jungen Mann spürt man schnell, dass sich auch nur leiser Spott über Wolfgang Petry verbietet. Belustigte man sich über den Sänger, wäre dies ein Affront gegen den Patienten selbst: Die starke Identifikation mit dem Idol hatte nicht nur optisch, sondern auch emotional die Grenze zwischen ihm und seinem Idol bis zur Unkenntlichkeit

---

Linie auf einen Entwicklungswunsch und nicht auf ein Defizit oder eine persönliche Schwäche. »Der Gang zum Therapeuten ist Ausdruck von Würde, die Verweigerung Ausdruck von falschem Stolz, der verletzte Eitelkeit als Würdeverlust missversteht« (Bieri, 2015, S. 84). Mitarbeiter*innen aus helfenden Berufen können zur Entpathologisierung von Hilfsbedürftigkeit und zu einer humaneren gesellschaftlichen Haltung beitragen, indem sie sich ihrer eigenen Psychotherapie nicht mehr schämen und sie nicht länger als einen Makel betrachten.

verwischt. Wolfgang Petry hat eine ganz besondere Bedeutung für den Patienten: Wie sich im Laufe der Behandlung herausstellte, fühlte er sich in dessen Liedern erstmals wirklich von jemandem verstanden. Der Sänger »war ihm heilig«, jede Infragestellung war ein existenzieller Angriff. Natürlich war der Jugendliche in seiner Schule Opfer bösartigen Spotts geworden: Zunächst kochte er in diesen Momenten innerlich, doch mit der Zeit immunisierte er sich dagegen und stellte sich emotional taub. Weil normalerweise niemand gesund bleiben kann, der sich seiner Gefühle entfremdet, wurde der Jugendliche psychisch krank und entwickelte einen abgrundtiefen Hass auf die Welt. Manche Lehrer*innen und Mitschüler*innen mutmaßten, der Patient könnte zum Amokläufer werden, er hätte manchmal »so einen komischen Blick«. Auch in der Klinik sahen wir diesen Blick, aus ihm sprach ein kaum noch zähmbarer Zorn über die andauernde Verletzung seiner Intimsphäre durch Häme und Belustigung. Man ist ihm mit dem Gespött über die Jahre immer wieder viel zu nahe getreten, hatte seine Grenze immer wieder überschritten. Irgendwann, so steht zu befürchten, explodiert er.

Weitere Beispiele dafür, was aufgrund seiner identitätsstiftenden Funktion durch eine Grenze vor einem unerlaubten Zugriff geschützt wird, sind jede Infragestellung

➤ der eigenen ethnischen Gruppe oder Glaubensgemeinschaft,
➤ eigener politischer, ideologischer und moralischer Überzeugungen,
➤ der Zugehörigkeit zu einer bestimmten Fankultur.

Insbesondere in der Pubertät, wenn die Identitätsentwicklung gerade eine sensible Phase durchläuft und die Zugehörigkeit zu einer bestimmten Subkultur quasireligiöse Bedeutung erlangt, werden diese Bereiche als besonders schützenswert empfunden.

Fazit

Die Verwendung der Metapher der Grenze soll dabei helfen, die Sensibilität für die Angemessenheit von pädagogischen Beziehungen zu erhöhen. »Zu nahe« kommen wir den Adressat*innen, wenn wir die Grenzen ihrer Individual-, ihrer Privat- und ihrer Intimsphäre nicht ausreichend achten. Das ist, worauf ich später noch eingehen werde, in pädagogischen Einrichtungen schnell passiert. Die reduktionistische Verwendung der Grenzverletzung als Verstoß gegen die sexuelle Selbstbestimmung birgt die Gefahr, andere bedeutsame Grenzüberschreitungen, mit denen Pädagog*innen den

Adressat*innen zu nahe kommen können, zu vernachlässigen. Besondere Behutsamkeit in der Beziehungsgestaltung ist nicht nur im Zusammenhang mit Körperlichkeit und Sexualität geboten, sondern auch bei der Beschäftigung mit

➤ alten, nicht verheilten Verletzungen der Adressat*innen,
➤ Dingen, die von den Adressat*innen als Makel empfunden werden,
➤ Dingen, die den Adressat*innen heilig sind.

Der pädagogische Alltag ist jedoch gespickt mit Überschreitungen und Verletzungen von persönlichen Grenzen. Damit befasst sich das nächste Kapitel.

4.2 Grenzüberschreitungen und Grenzverletzungen

Die beiden Begriffe »Grenzüberschreitung« und »Grenzverletzung« werden in der Literatur weitgehend synonym verwendet, häufiger ist der Gebrauch des Wortes Grenzverletzung. Um den dialogischen Charakter und damit die Subjektivität des Beziehungsgeschehens zu betonen, schlage ich eine Unterscheidung dahingehend vor, als Grenz*überschreitung* den Vorgang des Zu-nahe-Kommens und als eine Grenz*verletzung* eine mögliche Folge nach der Grenzüberschreitung zu bezeichnen. Im Wort *Grenzüberschreitung* kommt also eine Handlung des einen Interaktionspartners, im Wort *Grenzverletzung* der Zustand der persönlichen Grenze des anderen Interaktionspartners zum Ausdruck. Demnach geht jeder Grenzverletzung eine Grenzüberschreitung voraus, aber nicht jede Grenzüberschreitung zieht automatisch eine Grenzverletzung nach sich. Diese Definition impliziert die Möglichkeit, dass eine Grenze unverletzt bleiben kann, obwohl sie überschritten wurde. Das ist nach meinem Dafürhalten in jenen Situationen der Fall, in denen es der Person, deren Grenze überschritten wurde, möglich ist, »ihren Raum« unmittelbar wieder zurückzuerobern. Wenn es ihr nicht gelingt, ist die Grenze verletzt und es droht eine Beschädigung der Würde. Dabei geht es mir aber nicht darum, eine Grenzüberschreitung zu bagatellisieren: Ich möchte nur auch eine Unterscheidung dahingehend treffen, dass das Schicksal einer persönlichen Grenze nicht immer und nicht allein davon abhängig ist, wie ein anderer Mensch mit dieser Grenze umgeht. Um die Logik der Verwendung der Begriffe zu veranschaulichen und um zu demonstrieren, dass Grenzüberschreitungen manchmal auch aus Unachtsamkeit geschehen und sogar zu einer Vertiefung einer Beziehung führen können, folgt hier zunächst ein Beispiel für eine eher harmlose Grenzüberschreitung zwischen zwei Erwachsenen:

Im Büro der Wohngruppe, in dem zwei Kolleg*innen tätig sind, liegt ein Zettel aus, auf dem Mitarbeiter*innen ihr Interesse an einer privaten Weihnachtsfeier bekunden können. Die Mitarbeiterin Frau Schneider zeigt sich noch unentschlossen, ob sie den Kontakt mit den Kolleg*innen auf den privaten Bereich ausdehnen möchte. Irgendwann schreibt ihr Kollege Herr Blattmann, der sich selbst bereits als Teilnehmer der Feier eingetragen hatte, Frau Schneiders Namen auf die Liste. Als Frau Schneider das bemerkt, streicht sie ihren Namen wieder durch und malt einen Totenkopf neben Herrn Blattmanns Namen.

Diese Grenzüberschreitung hatte etwas mit Unkenntnis zu tun: Hätte Herr Blattmann geahnt, wie sensibel die Kollegin auf seine Aktion reagieren würde, hätte er sich sicher gehütet, seinem Wunsch nach der Teilnahme von Frau Schneider auf diese Weise Ausdruck zu verleihen. Um Sensibilität für die persönlichen Grenzen des Gegenübers zu entwickeln, müssen wir den anderen kennenlernen. Wegen der individuell unterschiedlichen Grenzverläufe genügt es für eine grenzachtende Beziehungsgestaltung nicht, über ein theoretisches Wissen zu verfügen. Es wird zudem auch ein Erfahrungswissen benötigt, das zu Beginn einer Beziehung aber noch nicht vorhanden sein kann. Unbeabsichtigte Grenzüberschreitungen dürfen deshalb nicht skandalisiert, sondern als unvermeidbare Begleiterscheinungen beim Finden des angemessenen Abstandes akzeptiert werden. Das ist bei böswilligen und intendierten Grenzverletzungen natürlich ganz anders.

Man kann die offensive Kontaktgestaltung von Herrn Blattmann unpassend und unangenehm finden, ein Drama ist seine Grenzüberschreitung deshalb aber noch nicht. Sie fußt sogar auf etwas Positivem, nämlich auf dem Wunsch nach Nähe. Und tatsächlich entsteht diese Nähe – anders als gedacht, aber Frau Schneider reagiert ja durchaus auch mit einem Angebot: Sie streicht ihren Namen nicht nur kommentarlos durch, sondern malt Herrn Blattmann dazu noch eine Botschaft auf. Der ganze Vorgang ruft laut nach einer Beziehungsklärung und in diesem Moment der Klärung entsteht Nähe. In dem Gespräch werden die Grenzen abgesteckt und bei einem positiven Gesprächsverlauf gleichzeitig auch erweitert.

Wenn Klärungen möglich sind, entsteht Vertrauen und durch wachsendes Vertrauen zu meinem Gegenüber entsteht die Bereitschaft oder der Wunsch, ihn »näher an mich heran« zu lassen. Insofern ist eine aus

Gedankenlosigkeit und Unachtsamkeit überschrittene Grenze zwar eine krisenhafte Beziehungssituation – aber Krise bedeutet dem Ursprung des Wortes nach bekanntermaßen sowohl »Gefahr« als auch »Chance«. Die Gefahr besteht in der Verhärtung der Grenze: In dem Beispiel von Herrn Blattmann und Frau Schneider würde dies durch ein Festhalten an der Sichtweise erzeugt, dass vor allem der/die andere sich geschmacklos verhalten habe. Die Chance hingegen liegt in der Meta-Kommunikation: »Stopp, hier ist irgendwas schief gelaufen«, mag Herr Blattmann gesagt haben, »offenbar bin ich Ihnen zu nahe getreten«. Die Überschreitung der Grenze aus einem Mangel an Takt und Achtsamkeit wäre durch ein klärendes Gespräch korrigierbar gewesen. Und Frau Schneider konnte zwar nicht verhindern, dass ihre Grenze überschritten wurde, aber sie hat dafür Sorge getragen, dass ihre Grenze nicht verletzt wurde.

Hier führte die Grenzüberschreitung also nicht zu einer Verletzung einer Grenze. Doch nicht jeder kann seine Grenzen so gut verteidigen wie Frau Schneider. Hier ist ein Beispiel für eine Situation, in der ein Erwachsener die Grenze zu einer Adressatin überschreitet, die ihre Grenze nicht schützen kann:

Die 15-jährige Charleen aus einer Jugendhilfeeinrichtung muss zum Zahnarzt. Sie hat sich im Vorfeld nicht die Zähne geputzt, woraufhin der Zahnarzt die Behandlung verweigert. Das mag gerechtfertigt sein, nicht aber seine Belehrung: »Wenn du zum Frauenarzt gehst, wäschst du dich dann auch nicht untenrum?« Charleen ist beschämt und sagt gar nichts mehr.

Man muss sich die Szene einmal bildlich vorstellen: Ein 15-jähriges Mädchen liegt ausgeliefert auf dem Zahnarztstuhl, während der Erwachsene ihr seine vermeintliche zivilisatorische Überlegenheit mit diesem sexistischen Satz »um die Ohren haut«. Es ist eine erniedrigende Szene, bei der man Charleens Sprachlosigkeit und Ohnmacht gut nachempfinden kann. Die Grenzüberschreitung war massiv und ihre persönliche Grenze, die sie vor Beschämungen schützen könnte, war aufgrund biografischer Belastungen porös. Diese Grenzüberschreitung führte also – anders als bei Frau Schneider und Herrn Blattmann – zu einer Grenzverletzung. Hätte es auch anders kommen können? Denkbar wäre, dass Charleen der Situation nicht ohnmächtig gegenüber gestanden hätte, wenn sie eine sehr selbstbewusste und renitente Jugendliche gewesen wäre: Sie hätte dem Zahnarzt unmittelbar nach seiner deplatzierten Bemerkung ihre Verachtung ausdrücken und ihm so klarmachen können, dass sie sich von ihm nicht beschämen ließe. Damit hätte sie ihm den Zugriff auf ihre Intimsphäre verwehrt, auch wenn die

Aussage des Zahnarztes dadurch nicht hätte reversibel gemacht werden können – aber *unschädlich* in dem Sinne, dass Charleen ihre durch den Ausspruch angegriffene Würde bewahrt hätte. Doch wessen persönliche Grenzen nicht intakt sind, dessen Würde ist in ständiger Gefahr. Die Reparatur einer verletzten Grenze stellt die Würde wieder her und schützt vor künftigen Herabwürdigungen. Ein eindrückliches Beispiel für eine solche Reparatur einer stark verletzten Grenze stammt von einer Romanfigur des Schriftstellers Stieg Larsson:

Lisbeth Salander, die Protagonistin aus Larssons Trilogie »Verblendung, Verdammnis, Vergebung«, wird von ihrem Vormund, Rechtsanwalt Bjurman, sexuell genötigt: Bei einem Besuch Lisbeths in seiner Wohnung wird sie von ihm vergewaltigt. Unter einem Vorwand besucht sie den Anwalt später ein weiteres Mal, überwältigt ihn mit einem Elektroschocker, fesselt ihn und tätowiert ihm den Satz »Ich bin ein Vergewaltigerschwein« auf die Brust.

Bjurman war aufgrund seiner körperlichen Überlegenheit und seiner Rolle als Vormund in einer Machtposition, gegen die sich Lisbeth Salander nicht wehren konnte. In ihrer Ohnmacht war sie nicht in der Lage, ihre Grenzen zu verteidigen. Die dadurch massiv verletzte Würde hat sich Lisbeth Salander zurückgeholt, indem sie Bjurman sehr deutlich die Folgen seines Tuns spüren ließ und sich an ihm rächte. Sie reparierte auf diese Weise ihre verletzte persönliche Grenze und gewann dadurch ihren Stolz zurück.

Grenzüberschreitungen unterscheiden sich hinsichtlich ihrer Intention und ihrer Intensität. Ob eine Handlung unbewusst oder im Bewusstsein, eine Grenze des Gegenübers zu überschreiten, erfolgt, verändert den Charakter der Situation. Unbeabsichtigte Grenzüberschreitungen geschehen aus Unachtsamkeit und stellen an sich noch keine gravierende Verfehlung dar. Ihre Klärung kann sogar zur Vertiefung einer Beziehung beitragen. Bei absichtlichen Grenzüberschreitungen handelt es sich hingegen um destruktive und mitunter bösartige Handlungen, die schwer zu klären sind und die Wahrscheinlichkeit der Verletzung einer Grenze erhöhen. Doch eine Grenzüberschreitung, ob beabsichtigt oder nicht, muss nicht zwangsläufig zu einer verletzten Grenze führen. Kann der Angegriffene seine Grenze markieren, so kann er ihre Verletzung verhindern. Je massiver eine Grenzüberschreitung ist und je instabiler die Grenze, desto größer ist die Gefahr der Verletzung der Grenze. Menschen, die noch keine stabilen persönlichen Grenzen herausgebildet haben oder diese aufgrund biologischer Determinanten nicht verteidigen können, sind auch bei vermeintlich geringeren

Anlässen gefährdet, an ihren Grenzen verletzt und in ihrer Würde beschädigt zu werden. Die Reparatur einer verletzten Grenze ist sehr wichtig, um spätere Angriffe abwehren zu können und auch um eine beschädigte Würde wiederherzustellen.

Erscheinungsformen grenzüberschreitenden Verhaltens

Es ist aufgrund der je nach Beziehung unterschiedlichen Grenzverläufe und im Anbetracht der Zielsetzung des Buches nicht sinnvoll, konkrete Handlungen dahingehend zu untersuchen bzw. zu bewerten, ob es sich dabei um Grenzüberschreitungen handelt oder nicht. Es geht schließlich darum, dass ein jeder/eine jede selbst ein Gefühl dafür bekommt, mit welchem Verhalten er/sie eine Grenze überschreiten würde. Es ist aber möglich, verschiedene *Erscheinungsformen von Grenzüberschreitungen* voneinander zu differenzieren.

a) Unangemessener Eingriff in das Selbstbestimmungsrecht

Die den Menschen ummantelnde Grenze ist jene der *Individualsphäre*, die das Recht auf ein selbstbestimmtes Leben schützt. Die Begrenzung des Rechts auf Selbstbestimmung ist in der Arbeit mit unmündigen Menschen jedoch ein unvermeidbarer Teil pädagogischen Handelns, sodass es müßig wäre, jede berechtigte und notwendige Fremdbestimmung sogleich als Grenzüberschreitung zu bezeichnen. In vielen pädagogischen Einrichtungen schwebt jedoch immer noch der Geist einer Fürsorgeanstalt, in der die Bevormundung der Adressat*innen kaum reflektiert wird. Vielfach stellen sie eben doch einen zu hinterfragenden Eingriff in die Individualsphäre dar:

Der 19-jährige Ben lebt im sogenannten Verselbstständigungsbereich einer Jugendhilfeeinrichtung, das heißt, dass er nach sechs Jahren in der Einrichtung langsam auf das Leben in einer eigenen Wohnung ohne Betreuung vorbereitet werden soll. Der Einrichtung erscheint es von großer Wichtigkeit, dass Ben die Ausbildung abschließt und sich eine gute Berufsperspektive erarbeitet. Es gilt deshalb die Regel, dass Ben um spätestens 21.45 Uhr ins Bett gehen muss, damit er am nächsten Tag ausgeruht die Ausbildungsstätte besuchen kann. Verstößt Ben gegen diese Vorgabe, wird er mit einer Konsequenz bedacht.

Es handelt sich bei dieser Intervention um einen Eingriff in die Individualsphäre, der angesichts des Alters und des Verselbstständigungsziels des jungen Mannes zumindest fragwürdig erscheint. »Nein, das ist nur zu seinem Besten!«, entgegnet die Gruppenleiterin, »wenn man ihm selbst überlässt, wann er ins Bett geht, kommt er morgens nicht aus den Federn und er verliert den Ausbildungsplatz, den wir so lange für ihn gesucht haben«. Die Fremdbestimmung wird als Akt der Fürsorge verstanden: Durch Androhung von Strafen bei Nichtbeachtung der 21:45 Uhr-Regel sorgen die Mitarbeiter*innen für den Nachtschlaf des jungen Mannes. Oder handelt es sich nicht doch um eine Machtausübung im Gewand der Fürsorge? Die Frage ist nicht leicht zu beantworten, aber sie könnte im pädagogischen Alltag gerade deshalb häufiger gestellt werden. Meines Erachtens ist ein Eingriff in das Selbstbestimmungsrecht prinzipiell nur dann zulässig, wenn parallel zur Fremdbestimmung gleichzeitig die Beendigung der Unmündigkeit des Adressaten angestrebt wird. Bezogen auf Ben und seine Schlafenszeit würde das bedeuten, dass der Fokus der Intervention nicht darauf liegen darf, Bens Wach-Schlaf-Rhythmus dauerhaft zu reglementieren, sondern ihn nach und nach zur Übernahme von mehr Selbstverantwortung zu befähigen. Man kann ihn nicht zeit seines Aufenthaltes in der Einrichtung vor den Konsequenzen seines Tuns schützen und sich dann darüber wundern, dass er nach dem Auszug den Härten des selbstbestimmten Lebens nicht standhält. Auch anhand des nächsten Beispiels lässt sich diskutieren, was das Recht auf Selbstbestimmung in stationären Einrichtungen wert ist:

Die 17-jährige Leila lebt ebenfalls in einer Jugendhilfeeinrichtung. Sie hat kein großes Selbstwertgefühl, aber eines mag sie an sich: ihre Haare. Noch schöner wären ihre Haare, findet sie, wenn sie ein paar violette Strähnchen hätte. Die darf sie sich aber laut Gruppenregel der Wohngruppe nicht machen lassen. Die Begründung: Das wäre nicht gut für das Ansehen der Einrichtung, wenn Jugendliche so »auffällig herumlaufen« würden. Als Kompromiss wird angeboten, dass Strähnchen in einer Farbe akzeptabel wären, die es auch als natürliche Haarfarbe gibt.

Dürfen Pädagog*innen das? Greifen sie hier erlaubter- oder unerlaubterweise in die Individualsphäre von Leila ein? Das Selbstbestimmungsrecht des jungen Menschen gerät in diesem Beispiel in Konflikt mit dem Erziehungsziel der Anpassung. Ist das Verbot, sich violette Strähnchen machen zu lassen, »zum Besten« von Leila oder zum Besten der Einrichtung? Ist das Interesse der Einrichtung, dass »ihre Jugendlichen« nicht auffallen, stärker zu gewichten als die Identitätsfindung von Leila? Ist es nicht sogar entwürdigend für Leila, im Hinblick auf ihre körperliche Erscheinung von ihren Pädagog*innen gegängelt zu werden? Auf die Frage, warum sie sich die Strähnen nicht auch gegen den Widerstand der Erwachsenen färben ließe, antwortet Leila sarkastisch: »Damit meine Bezugserzieherin dann wieder drei Wochen nicht mit mir redet?« Für Leila, die in ihrer Kindheit keine Bindungssicherheit entwickeln konnte, ist das keine Option. Wieder stellt sich hier sehr deutlich die Frage, wie wir unsere Macht gebrauchen wollen und ob es nicht auch eine Grenzüberschreitung darstellt, durch Liebesentzug oder Drohungen Gehorsam zu erzwingen. Wollen wir unsere Macht eher dahingehend nutzen, dass wir den gesellschaftlichen Konformitätsdruck an Leila weitergeben oder wollen wir sie nutzen, indem wir Leila beim Entdecken ihrer unverwechselbaren Individualität und bei der Entfaltung ihrer Persönlichkeit unterstützen?

Kommen wir zu einer anderen Form grenzüberschreitenden Verhaltens.

b) Eindringen in die private und intime Sphäre

Das Eindringen bezeichnet eine Form der Grenzüberschreitung, bei der sich ein anderer Zutritt in die von Grenzen geschützten Bereiche der Persönlichkeit verschafft. Wenn der Schutz aufgebrochen wurde, besteht ein ungehinderter Zugang zu der Intimität – was für die Betroffenen eine sehr beschämende Situation ist. Diese Form der Grenzüberschreitung kann in Analogie zu dem medizinischen »Eindringen« bei Operationen als »invasiv« bezeichnet werden.

Eine häufige Grenzüberschreitung besteht zum Beispiel im Eintreten in das Zimmer eines/einer Adressat*in, ohne zuvor dessen Einverständnis eingeholt zu haben. Eindringend ist auch das Stöbern in den Sachen eines anderen, das Lesen des Tagebuches oder die Durchsicht des Smartphones. All das sind Beispiele für Einbrüche in die Sphäre der Privatheit.

Der 10-jährige Pascal weiß genau, wie er seinen zwölfjährigen Mitbewohner Toni zur Weißglut bringt. Während eines Streitgesprächs beim Essenstisch steht er auf und ruft: »Okay, dann geh ich jetzt in dein Zimmer und mache etwas kaputt«. Diese Ankündigung einer Grenzüberschreitung reicht, um Toni völlig »zum Ausrasten« zu bringen, was von Pascal in vollen Zügen genossen wird.

Das Beispiel verdeutlicht, dass ein beabsichtigtes und bewusstes Eindringen in die von Grenzen geschützten Bereiche der Persönlichkeit schwerwiegende Vorgänge sind, die sich – wie hier für Toni – existenziell bedrohlich anfühlen können. Pascal weiß genau, dass Toni seine Emotionen nicht regulieren kann, wenn ihm ein Einbruch in seine Privatsphäre und außerdem noch ein materieller Schaden drohen. Interessant an diesem Beispiel ist, dass Pascal Tonis Grenze nicht aus Unkenntnis, sondern aus besonders guter Kenntnis überschreitet.

Der Begriff der Grenzüberschreitung wird oft gleichgesetzt mit der Verletzung der sexuellen Selbstbestimmung. Hierbei dringt der Täter ebenfalls in die Intimsphäre ein – das nicht nur bei schwerwiegenden Formen des sogenannten Hands-on-Missbrauchs, sondern zum Beispiel auch mit Blicken. So macht es einen Unterschied, ob Mitarbeiter*innen beim nächtlichen Rundgang einen prüfenden Blick in die Zimmer werfen oder ob sie sich vor die Betten setzen und die schlafenden Adressat*innen beobachten. Auch bei notwendigen Pflege- und Hygienemaßnahmen sowie bei medizinischen Untersuchungen können Blicke diskret und grenzwahrend oder indiskret und grenzüberschreitend sein. Natürlich dringen wir auch mit von Adressat*innen nicht gewollten Berührungen in die körperliche Sphäre ein. Wenn wir einen/eine Adressat*in körperlich begrenzen, überschreiten wir seine/ihre Grenze – damit ist aber noch nicht gesagt, dass wir das nicht tun müssten. Wir benötigen jedoch ein Bewusstsein dafür, dass es eine Grenzüberschreitung darstellt und es einer späteren Nachbearbeitung der Situation – der Reparatur der Grenze – bedarf.

Bei all diesen Beispielen wird die Grenze überschritten, die den intimen Bereich der Körperlichkeit schützt. Eine häufige Form der Grenzüberschreitung ist aber auch der verbale Übergriff. Er besteht in einem unangemessenen Thematisieren von Angelegenheiten aus der Privat- oder Intimsphäre des anderen. Dazu gehören Anspielungen auf den Körper oder die Sexualität, aber auch das deplatzierte Ansprechen von psychisch belastendem Material oder die infantilisierende Ansprache der Adressat*innen mit Spitz- oder Kosenamen.

Es ist selbstverständlich, dass jede sprachliche Sexualisierung der Beziehung unangemessen ist, aber wir benötigen auch ein Bewusstsein für den grenzüberschreitenden Charakters eines allzu sorg- und gedankenlosen Ansprechens der sehr sensiblen Themen, die in der Intimsphäre der Adressat*innen beheimatet sind. Daneben gilt es, die Würde der Adressat*innen nicht durch eine unverhältnismäßig kindische Sprache zu unterminieren. Nach meiner Beobachtung kommen wir den Adressat*innen vielfach zu nahe, indem wir die Grenze zu ihrer Intimsphäre in dieser sprachlichen Hinsicht überschreiten.

c) Öffentliche Weitergabe von Wissen aus der privaten und intimen Sphäre

Die Verletzung der Schweigepflicht kann strafrechtlich verfolgt und sogar mit Gefängnisstrafen geahndet werden. Das allein verweist bereits auf die große Schutzbedürftigkeit der Informationen, zu denen Angehörige vieler

Berufsgruppen – so natürlich Mediziner*innen, aber auch Pfleger*innen und Pädagog*innen – Zugang haben. Eng verwandt mit der Schweigepflichtverletzung ist der Geheimnisverrat, der sich zwar in der Regel auf Staats- und Betriebsgeheimnisse bezieht, der aber ebenso darauf zielt, die Weitergabe existenziell wichtiger Informationen zu unterbinden. Auch die Erhebung und Speicherung personenbezogener Daten unterliegt gesetzlichen Bestimmungen. Persönliches, Intimes und Geheimnisse zu verraten, ist also kein Kavaliersdelikt. Doch auch abseits rechtlicher Bestimmungen gibt es ethische Grenzen, die überschritten werden können:

Beispielhaft dazu der Fall von Tim (14) und Janina (12): Die beiden leben in einer koedukativen Gruppe einer Jugendhilfeeinrichtung. Janina hatte einer Freundin, die ebenfalls in der Wohngruppe lebte, von ihren sexuellen Missbrauchserfahrungen erzählt. Das hätte sie im Nachhinein besser nicht getan, denn die Freundin verriet das Geheimnis an Tim, in den sie verliebt war. Tim sorgte dann dafür, dass es die ganze Gruppe erfuhr.

Dadurch, dass Janinas Freundin das ihr anvertraute Geheimnis verrät, gibt sie einen sehr intimen und schutzbedürftigen Bereich von Janinas Persönlichkeit der Öffentlichkeit preis. Das ist in dem Fall natürlich nicht justiziabel, aber eine für Janina sehr schmerzhafte Grenzüberschreitung: Ihre Freundin, die von Janina in ihre Intimsphäre hineingelassen wurde, trägt ein Geheimnis aus diesem Bereich heraus, sie überschreitet die Grenze damit quasi in umgekehrter Richtung. Die Freundin entblößt Janina durch die Weitergabe intimer Informationen, wodurch die Jugendliche ungeschützt ist und verletzlich wird.

Als Mitarbeiter*in stationärer Einrichtungen haben wir, auch ohne dass uns explizit Geheimnisse anvertraut werden, Zugang zu der Intimsphäre der Adressat*innen. Auch wir überschreiten eine Grenze, wenn wir unser intimes Wissen unbefugt weitergeben, zum Beispiel an Behörden, Schulen und sogar an nicht-sorgeberechtigte Familienangehörige. Wir durchlöchern damit den Schutzwall des privaten Bereichs der Adressat*innen. Im Alltag gerät diese Perspektive allzu oft in Vergessenheit, wie das folgende Beispiel zeigt:

In stationären Einrichtungen ist die Wahrung der persönlichen Sphäre die vielleicht größte Herausforderung – wenn sie denn überhaupt als solche erkannt und reflektiert wird. »Hier weiß jeder alles über mich«, klagt der elfjährige Antonio aus einer Jugendhilfeeinrichtung bei seiner Bezugserzieherin: »Wann ich mir in die Hose gemacht habe, dass sich meine Eltern immer streiten und dass ich Schweißfüße habe. Ich will, dass aus dem Team höchstens du das weißt.«

In Besprechungen wird über die intimsten Details der Adressat*innen oder Patient*innen gesprochen, kaum eine Grenze wird gewahrt. Im Hilfeplangespräch ermuntert die Mitarbeiterin des »Allgemeinen Sozialen Dienstes« Antonio zum Abschluss: »Jetzt wollen wir doch mal sehen, dass wir das alle zusammen hinbekommen, dass du nicht mehr Pipi in die Hose machst« – im Beisein von Antonios Mutter, seiner älteren Schwester, seiner Lehrerin, zweier Mitarbeiterinnen der Wohngruppe und seiner ambulanten Therapeutin. Diese Aussage ist so peinlich berührend, weil es ihr an jeglichem Takt mangelt. Natürlich muss im Hilfeplangespräch über Auffälligkeiten in der Entwicklung gesprochen werden – das allein ist für Antonio beschämend genug –, aber die Art und Weise, *wie* darüber gesprochen wird, entscheidet darüber, ob die Situation nur unangenehm für ihn ist oder aber ob seine Würde so bedroht wird, dass er am liebsten im Boden versinken möchte. Sieben Frauen und er – die Hilfeplanrunde – wollen jetzt mal schauen, ob sie »das mit dem Pipi in die Hose machen« in den Griff bekommen. Antonio weiß gar nicht, wo er hingucken soll, er läuft rot an vor Scham. »Ach, da musst du dich doch nicht schämen«, versucht die Mitarbeiterin der Wohngruppe die Situation zu retten. »Ja, was denn sonst?«, möchte man ihr zurufen, »es ist absolut verständlich, an dieser Stelle Scham zu empfinden!« Nicht nur, dass die Runde durch taktloses Reden die Beschämung erzeugt, jetzt wird Antonio auch noch die Berechtigung seiner angemessenen emotionalen Reaktion in Abrede gestellt.

Menschen sind sehr verletzbar, wenn sie keine Geheimnisse mehr haben. Wir müssen in stationären Einrichtungen sorgfältig bedenken, mit welchen Geheimnissen unserer Adressat*innen wir in welcher Weise arbeiten und über welche wir – zumindest in manchen Kontexten – auch den Mantel des Schweigens legen können.

d) Bewertungen von Angelegenheiten aus der privaten und intimen Sphäre
Wenn wir eine Person erstmals in unsere Wohnung einladen und diese ungefragt äußert, dass sie unsere Einrichtung außerordentlich geschmacklos findet, dann ist das ehrlich, aber taktlos. Es ist ein bewertendes Urteil über einen Bereich unserer Privatsphäre. Wir werden uns davor hüten, dieser Person die Grenze zu unserem Privaten nochmals zu öffnen. Ein solcher Vorgang beschämt uns: Der Vertrauensvorschuss, den wir unserem Gegenüber mit dem Einlass in unsere Privatsphäre gewähren, schmilzt sofort dahin und wird nie wieder gewährt. Unsere Privat- und Intimsphäre ist ein Porzellanladen, die sich auf diesen Bereich beziehenden Bewertungen sind

elefantenhaft: Sie gehören da nicht hin. Indem wir etwas von uns zeigen, sprechen wir eine Einladung zur Annäherung aus. Das ist ein Wagnis und dieser Mut verdient einen sensiblen, achtsamen Umgang. Dieser Moment ist in unseren Berufen von allergrößter Wichtigkeit: Wenn uns erstmals etwas anvertraut wird oder wir aus anderen Gründen erstmals mit dem intimen Bereich der Adressat*innen in Kontakt kommen, muss sich unser Taktgefühl beweisen. Der Moment stellt Weichen für die Entwicklung der Beziehung, er beantwortet für das Erste die Frage, ob wir vertrauenswürdig sind oder nicht.

Manchmal sind Menschen Urteilen ausgesetzt, ohne den Vertrauensvorschuss je gewährt oder Einladungen ausgesprochen zu haben: Der Körper, die Familie und die Religion gehören zu einem Bereich der Intimsphäre, der vor der Öffentlichkeit nicht immer geheim gehalten werden kann. Aussagen darüber brauchen – weil sie den sensiblen, »heiligen« Bereich der Intimsphäre betreffen – nicht einmal besonders starke Wertungen zu enthalten, um große Verletzungen zu verursachen.

Doch ebenso wie Spott, Häme, Belustigungen und anderen Formen der Abwertung gehört auch das taktlose Lob in die Reihe bewertender Urteile. Das, was zu mir gehört und mir wichtig ist, darf nicht ohne mein Einverständnis bewertet werden, weder positiv noch negativ. Es gehört – wie ich im zweiten Kapitel schon einmal erwähnt habe – zu den für mich unangenehmsten Eigenheiten von Helfer*innen aus psychosozialen Berufen, ihren Adressat*innen oder Patient*innen immer wieder zu sagen, wie toll sie etwas machten. Ich nehme es in der Regel als einen angestrengten Versuch der Aufwertung wahr, der die Adressat*innen aber letztlich infantilisiert. Dadurch, dass es im anderen das Gefühl der Kleinheit und Unterlegenheit auslöst, stellt das taktlose Lob eine deplatzierte Anmaßung dar.

e) Hineinziehen in die Intimsphäre

Eine weitere Form der Grenzüberschreitung besteht darin, einen anderen Menschen gegen seinen Willen in den eigenen intimen Bereich hineinzuziehen. Die offensichtlichste Variante ist das exhibitionistische Verhalten, bei dem das Gegenüber unfreiwillig mit der Nacktheit des Exhibitionisten konfrontiert wird. Von einem »entgrenzten« Verhalten sprechen wir aber auch dann, wenn intime Themen an deplatzierter Stelle im Gespräch ausgebreitet werden:

Im Rahmen einer Erziehungsbeistandschaft führt die junge Mitarbeiterin im Wohnzimmer der betreuten Familie ein Gespräch mit dem Familienvater.

Der berichtet ihr ungefragt von seinen sexuellen Praktiken und erfreut sich sichtbar an der Verlegenheit der Mitarbeiterin. Es entgeht auch nicht seiner Aufmerksamkeit, dass die junge Frau immer wieder verstohlen auf sein T-Shirt starrt, das den Aufdruck »Show me your tits« trägt. Er merkt dazu wie beiläufig an, dass ihm seine Frau das T-Shirt geschenkt habe.

Der Mann stellt eine völlig unangemessene Intimität her. Er zwingt der Mitarbeiterin Informationen auf, die in ihr ebenso Peinlichkeit erzeugen wie die unausgesprochene Aufforderung, ihre Brüste zu zeigen. Durch die Behauptung, das T-Shirt sei ein Geschenk seiner Frau, will er der Situation Legitimität verleihen: »Die Intimität zwischen uns ist okay. Meine Frau ist einverstanden damit.« Er zieht die Mitarbeiterin damit wie in einem Sog immer tiefer in seine Intimsphäre hinein und will dabei den Anschein von Normalität erwecken. Das ist der Strategie pädophiler Täter ähnlich, die im Kontakt mit ihren Opfern so lange sukzessive Tabus und Grenzen aufheben (z. B. durch das gemeinsame Anschauen von pornografischen Filmen), bis der schwere sexuelle Missbrauch eine fast zwangsläufige und dadurch vermeintlich »normale« Folge ist. Indem der Familienvater die Mitarbeiterin in seinen intimen Bereich zieht und durch die Sexualisierung des Kontaktes eine Befriedigung erzielt, degradiert er sie zu einem sexuellen Objekt. Die Mitarbeiterin fühlt sich dadurch beschmutzt, beschämt und missbraucht. Ihr ist in subtiler Weise Intimität aufgezwungen worden, der Mann ist ihr deutlich zu nahe gekommen.

Es ist insofern auch berechtigt, die Kleidung von Pädagog*innen auf ihren grenzüberschreitenden Charakter zu überprüfen: Sexuelle Reize durch das Tragen allzu legerer Kleidung können die Adressat*innen unangenehm bedrängen. Gleiches gilt für das Erzählen allzu privater Geschichten: Immer wieder kommt es vor, dass Mitarbeiter*innen Intimes aus ihrem Leben vor den Adressat*innen ausbreiten und diese keine Möglichkeiten haben, sich zu distanzieren. In diesen Fällen missbrauchen die Pädagog*innen die Nähe zu ihren Adressat*innen für ihre eigene psychische Stabilisierung. Enders und Kollegen (2012) sprechen in dem Zusammenhang treffend von einer Benutzung der Adressat*innen als »seelischen Mülleimer« (S. 50).

Diese Formen der Grenzüberschreitungen sind dadurch gekennzeichnet, dass die Opfer nicht vor der Intimität des Täters geschützt sind.

Die Wahrnehmung von Grenzen und das Wissen über die verschiedenen Formen von Grenzüberschreitungen können uns dafür sensibilisieren, den Adressat*innen nicht zu nahe zu treten und sie damit zu verletzen. Und dennoch sind die Privat- und Intimsphäre Bereiche, mit denen wir uns befassen müssen: Dort befinden sich jene Verletzungen, wegen derer wir den Adressat*innen überhaupt erst begegnet sind. Allerdings ist der persönliche Bereich vieler Adressat*innen entweder hermetisch abgeriegelt oder kann aufgrund fehlender oder poröser Grenzen kaum geschützt werden. Wie gehen wir im pädagogischen Kontext mit diesen persönlichen Grenzen und Grenzverläufen um?

4.3 Die pädagogische Arbeit mit und an persönlichen Grenzen

Die allgemein gehaltene Forderung an Pädagog*innen, die »Grenzen der Adressat*innen zu wahren«, bleibt ohne vertiefende Konkretisierung ähnlich oberflächlich und vage wie jene, Nähe und Distanz »angemessen« zu regulieren. Leider sind Grenzen nicht in einer Weise zu fixieren, dass aus ihnen ein Regelwissen abzuleiten wäre. Genau hier liegt aber das Bedürfnis vieler Pädagog*innen, die nach dem Aufdecken der Missbrauchsskandale verunsichert sind, »was sie dürfen und was nicht«. »Darf ich einen Jugendlichen überhaupt noch in den Arm nehmen?«, »Darf ich das Kind auf den Schoß nehmen oder ist das schon zu nahe?«, »Ich habe die Kinder früher abends oft massiert – war das übergriffig?«, die Liste solcher und ähnlicher Fragen ließe sich ewig fortsetzen. Einerseits ist es begrüßenswert, wenn darüber intensiv nachgedacht wird, andererseits sind solche Fragen nach den Grenzen in die schon mehrfach kritisierte Logik einer Verbotsmoral eingebunden: *Was darf man noch und was ist schon verboten?* Abseits von rechtlichen Bestimmungen sollte das aber nicht der Fokus unserer Beschäftigung mit Grenzen sein. Vielmehr geht es darum, eine erhöhte Sensibilität für persönliche Grenzen zu entwickeln, um auf dieser Basis das angemessene Maß an Nähe zu ermitteln. Und dieses Maß kann nicht bestimmt werden ohne eine genaue Betrachtung der Beziehung, in die eine Situation eingebettet ist. In der Einleitung dieses Buches wurde die Frage thematisiert, ob sich Pädagog*innen auf das Bett von Adressat*innen setzen dürfen. Ich nehme an, dass der Kursleiter Bezug auf das Buch *Grenzen achten* nahm, in dem Ursula Enders und Kollegen (2012) den Versuch unternehmen, weitgehend ungeachtet spezifischer Kontext- und Beziehungsvariablen klare Orientierungen zu geben. Dort heißt es:

> »Sexuelle Grenzverletzungen finden nicht selten in Einschlaf- und Übernachtungssituationen statt. In stationären Einrichtungen werden die Gren-

zen der Kinder oftmals dadurch verletzt, dass Pädagoginnen und Pädagogen sich nicht auf einen Stuhl neben dem Bett, sondern auf die Bettkante setzen, wenn sie dem Kind eine Gutenachtgeschichte vorlesen. Ein solches Verhalten mag gut gemeint sein, doch löst es bei von sexuellem Missbrauch betroffenen Kindern oftmals Erinnerungen an zurückliegende Gewalterfahrungen aus. Auch verwirrt es viele Kinder, wenn ihr ›Intimbereich Bett‹ nicht respektiert wird. In vielen stationären Einrichtungen gibt es deshalb inzwischen die Dienstanweisung, dass sich Betreuungspersonen grundsätzlich nicht auf das Bett von Kindern, Jugendlichen und jungen Erwachsenen setzen dürfen« (S. 39).

Die persönliche Grenze der Kinder und Jugendlichen, die die Intimsphäre schützen soll, wird hier zur Bettkante hin verräumlicht. Was ist davon zu halten? Wenn ich in meinen Fortbildungen mit Seminarteilnehmer*innen über diesen Paragrafen spreche, höre ich fast immer die richtige Aussage: »Das kommt doch ganz drauf an!« Ob das Sitzen auf der Bettkante deplatziert ist oder ob es deplatziert wäre, sich beim Vorlesen auf einen Stuhl neben das Bett zu setzen, hängt von einer Vielzahl von Komponenten ab. Ob das Kind Gewalterfahrungen gemacht hat oder nicht, spielt dabei selbstverständlich auch eine Rolle: Wenn das Kind sexuelle Grenzverletzungen erlebt hat, wird es vor Nähe möglicherweise eine größere Angst haben als unbelastete Kinder. Wahrscheinlich ist es auch schlechter imstande, seine Grenze zu formulieren, deshalb besteht eine erhöhte Gefahr, seine Grenze zu überschreiten. Es ist daher im Hinblick auf gewaltbelastete Kinder bei der Abstimmung des Grads der Nähe zweifelsohne ein besonders gutes Gespür vonnöten. Wenn aber aus der Gefahr, eine Grenze überschreiten zu können, die Konsequenz abgeleitet wird, vorsichtshalber keine oder nur sehr wenig Nähe herzustellen, dann drohen auch gravierende Gefahren von der anderen Seite: Die Bedürfnisse der Kinder könnten vernachlässigt werden. Es wäre zynisch – weil es ein doppeltes Schicksal wäre –, wenn ein Kind nicht nur übergriffige Nähe hätte erfahren müssen, sondern darüber hinaus auch angemessene Zuwendung und Geborgenheit nie kennenlernen dürfte. Wie komplex die Situation in der Realität ist, soll an dem Fallbeispiel von Jessi dargestellt werden:

Nehmen wir an, das Kind, das eine Gute-Nacht-Geschichte vorgelesen bekommt, ist die neunjährige Jessi. Sie lebt seit einem Jahr in der Wohngruppe einer Jugendhilfeeinrichtung. Zwischen ihrem fünften und achten Lebensjahr lebte Jessi bei Pflegeeltern, zuvor bei ihrer leiblichen Mutter und deren wech-

selnden Lebenspartnern. Das Pflegeverhältnis wurde beendet, weil Jessi dem Pflegevater gegenüber sexuell übergriffig war, ihn zum Beispiel aufforderte, »ihre Muschi anzufassen«, ihn fragte, ob er sie »ficken wolle« etc. Sie suchte auch viel körperliche Nähe, die der Pflegevater einerseits gewähren wollte, die ihm andererseits aber auch schnell zu viel wurde. Zur Pflegemutter suchte Jessi eher wenig Kontakt. Die Verhaltensweisen des Mädchens wurden zu einer großen Belastung für die Pflegeeltern – auch für ihre Ehe –, sodass man sich schweren Herzens entschloss, das Pflegeverhältnis aufzukündigen.

Jessi soll also in der Jugendhilfeeinrichtung eine Gute-Nacht-Geschichte vorgelesen bekommen. Wo setzt sich der Pädagoge oder die Pädagogin hin? Wann wäre welche Positionierung »angemessen nahe«, »zu nahe« oder auch »zu fern«? Welche Kriterien könnten von Bedeutung sein und sollten bei der Entscheidung berücksichtigt werden?

Der Kontext: Soll Jessi in der Wohngruppe beheimatet werden oder hält sie sich nur vorübergehend dort auf, bis eine neue Pflegefamilie gefunden wird? Gibt es andere Bezugspersonen (vielleicht ihre ehemalige Pflegemutter oder ihre leibliche Mutter), denen sie manchmal körperlich nah ist? Oder sind die Mitarbeiter*innen der Gruppe die einzigen Menschen, die ihr für lange Zeit körperliche Zuwendung geben werden? Im letzteren Fall wäre es sonderbar, wenn das Sitzen auf der Bettkante beim abendlichen Vorlesen nicht irgendwann zur erstrebenswerten Normalität erklärt würde. Haben Kinder und Jugendliche, die in Jugendhilfeeinrichtungen aufwachsen, nicht die gleichen Rechte nach Zuwendung und Geborgenheit wie andere Kinder auch?

Das Alter des Kindes: Es macht ferner einen Unterschied, ob Jessi vier, neun oder 15 Jahre alt ist. Bei einem vierjährigen Kind wäre es natürlich, sich auf das Bett zu setzen, bei einem/einer 15-jährigen Jugendlichen eher ungewöhnlich. Die Dimension der Intimsphäre ist nicht statisch, sie verändert sich im Laufe der Zeit. Dennoch kann es Umstände geben, die dazu führen, dass sich Mitarbeiter*innen auch bei vierjährigen Kindern auf einen Stuhl neben das Bett setzen und nicht auf die Bettkante, zum Beispiel wenn körperliche Nähe sehr angstbesetzt ist und körperliche Distanz zum Schutz vor Überflutung mit aversiven Gefühlen notwendig ist. Umgekehrt könnte es stimmig sein, sich bei dem/der 15-jährigen Jugendlichen auf das Bett zu setzen, etwa wenn diese/r großen Kummer hat und Trost benötigt – auch wenn es an allen anderen Tagen unpassend wäre. Mal kann unsere Nähe schützend sein, mal bedrängend.

Das Geschlecht des Vorlesenden: Ist eine weibliche Mitarbeiterin im Dienst, wäre es sogar wünschenswert, wenn sich über das Setzen auf die Bettkante

Nähe herstellen ließe. Jessis Beziehungen zu Frauen sind belastet: Die Aufmerksamkeit der Mutter galt ihren jeweiligen Partnern, körperliche Zuwendung erlebte Jessi fast ausschließlich im Kontakt mit Männern. Auch wenn der Umstand sehr schwer zu akzeptieren ist, so ist die sexuelle Zuwendung, die Jessi widerfuhr, immerhin eine Zuwendung gewesen. Was kann man sich für Jessi mehr wünschen, als dass sie eine schützende, Geborgenheit vermittelnde »mütterliche« Nähe anzunehmen und zu schätzen lernt? Es kann jedoch sein, dass die Vorbehalte des Mädchens gegenüber Frauen diese Nähe noch nicht zulassen. Ist ein männlicher Pädagoge damit betraut, Jessi ins Bett zu begleiten, könnte eine körperliche Nähe noch zu sexuell eingefärbt und deshalb nicht angemessen sein. Das Platznehmen auf einem Stuhl neben dem Bett wäre dann zweifelsohne die passendere Positionierung.

Die professionelle Rolle: Passt eine körperliche Nähe zu der professionellen Rolle des Vorlesenden? Diese Frage ist für Pädagog*innen in stationären Einrichtungen eher mit »ja« zu beantworten als für die Fachdienstmitarbeiter*innen, die ansonsten nur therapeutisch mit dem Mädchen arbeiten. Wenn jene wegen eines personellen Notstands ausnahmsweise auf der Gruppe Dienst hätten und Jessi ins Bett brächten, würde es nicht passen, sich auf das Bett zu setzen. Was, wenn Jessi möchte, dass der/die Fachdienstmitarbeiter*in es dennoch tut und sie ihn oder sie auch noch bittet, sie am Rücken zu kraulen, weil sie dann besser einschlafen könne? Weist der/die Fachdienstmitarbeiter*in diesen Wunsch zurück? Ja, und zwar unabhängig davon, ob es sich um einen Mann oder eine Frau handelt: Wenn ich ein Rückenleiden und psychische Probleme habe, lasse ich mich vom Physiotherapeuten massieren und vom Psychotherapeuten therapieren. Es wäre mir sehr unangenehm, wenn mich aufgrund der Krankheit des Physiotherapeuten nun der Psychotherapeut massieren wollte – weil es eben nicht zu seiner Funktion passt, auf der unsere Beziehung und unsere Nähe-Distanz-Regulation basiert.

Der Grad der Vertrautheit: Es könnte sein, dass an diesem Abend eine weibliche Aushilfskraft, die selten auf der Gruppe arbeitet, Dienst hat und Jessi ins Bett bringt. Die mangelnde Differenzierung von Vertrautheit und Fremdheit in der Abstufung der Nähe ist ein Merkmal einer Bindungsstörung. Nähe kann normalerweise dort zugelassen werden, wo Vertrauen vorherrscht, und Vertrauen-Können setzt voraus, den Anderen zu kennen. Es könnte sein, dass der Bekanntheitsgrad für das Setzen auf die Bettkante nicht ausreicht, es also nicht stimmig wäre, diese Nähe herzustellen. Es könnte aber auch sein, dass gerade zwischen dieser Mitarbeiterin und Jessi eine ganz besondere Sympathie besteht und ein Verstehen, das nicht vieler Worte bedarf. Wäre es eine verpasste Chance, wenn durch das Setzen auf den Stuhl dennoch Distanz gewahrt würde? Bei einer männlichen Aushilfskraft wiederum stellt sich diese Frage nicht: Wenn wir der Meinung sind, dass Jessi generell unangemessen nahen Kontakt zu Männern sucht, dann würden wir den männlichen Kollegen dazu auffordern, Distanz zu ihr zu wahren. Es wäre sogar ratsam, ihn gar nicht erst mit der Aufgabe zu betrauen, Jessi ins Bett zu bringen.

Die Intention der Nähe: Welche Absicht verfolgen Mitarbeiter*innen, wenn sie sich auf die Bettkante setzen und darüber Nähe herstellen? Können sie diese Nähe fachlich begründen? Geht es ihnen darum, Jessi Geborgenheit zu vermitteln und Sicherheit zu spenden? Oder ist die Handlung allein der Bequemlichkeit geschuldet oder folgt sie sogar in erster Linie den eigenen Bedürfnissen? Wenn die Gefahr besteht, dass die durch einen kleinen räumlichen Abstand entstehende Nähe das Spektrum der Freundlichkeit im Toleranzfenster (Kap. 3) verlässt, so ist unbedingt von einem Setzen auf die Bettkante Abstand zu nehmen. Es wäre aber andersherum auch zu reflektieren, wenn sich das Motiv, sich auf einen Stuhl neben dem Bett zu setzen, aus einer desinteressierten oder gleichgültigen Haltung speisen würde. Wenn eine Nähe von den Mitarbeiter*innen als entwicklungsförderlich angesehen und von Jessi gewünscht wird, dann ist die Distanz fachlich nicht zu begründen. Es wäre folglich nicht zu untersuchen, warum sich eine Mitarbeiterin auf die Bettkante setzt, sondern warum sie es *nicht* tut.

Es erscheint mir völlig unmöglich, dieser Komplexität in Form eines Paragrafen oder eines Regelkatalogs gerecht zu werden. Was gestern noch als unpassend angesehen wurde, kann morgen schon stimmig sein. Sollten solche Dienstanweisungen Mitarbeiter*innen wirklich »grundsätzlich« untersagen, sich auf die Bettkante zu setzen? Ließe sich nicht mit Recht erwidern, dass ein solcher Paragraf aus grenzachtenden Überlegungen heraus zwar ebenfalls »gut gemeint« sein mag, aber bei Kindern und Jugendlichen mit Erfahrungen inadäquater Nähe oder/und Distanz zur Verwirrung führen könnte, weil ihnen die angemessene Zuwendung verwehrt würde? Ich sähe eine große Gefahr und empfände es als einen immensen Verlust, wenn Pädagog*innen ihr Gespür für Stimmigkeit hinter solche Dienstanweisungen zurückstellen würden. Dieses Gespür muss entwickelt und trainiert werden: Wünschenswerter wäre nach meinem Dafürhalten deshalb eine Teamreflexion über die Frage, welches Maß an Nähe und Distanz stimmig und dem Entwicklungsprozess des Mädchens zuträglich wäre. Diese Diskussion könnte zum Beispiel entlang der aufgeführten Parameter *Kontext, Alter, Geschlecht, Rolle, Vertrautheit* und *Intention* geführt werden. Das Fallbeispiel von Jessi und unsere Überlegungen zum Umgang mit ihrem »Grenzverlauf« führt uns deutlich vor Augen: Unsere Bemühungen, Nähe und Distanz zu regulieren, bewegen sich im Spannungsfeld zwischen dem, was wir selbst für ein gesundes Maß erachten, und dem, was die Adressat*innen sich wünschen und »wo sie gerade stehen«. Wenn wir unsere Beziehungsgestaltung entlang starrer Dienstanweisungen ausrichten würden, bliebe der spezifische Bedarf des/der Adressat*in gänzlich unberücksichtigt: Nähe und Distanz würden einseitig von den Pädagog*innen bestimmt, aus Sicht der Adressat*innen bedeutete dies entsprechend eine Fremdbestimmung. Aber auch, wenn wir das Maß nach fachlichen und ethischen Gesichtspunkten individuell bestimmen würden, bleibt das Problem, dass die Grenze der Adressat*innen ganz anders verlaufen kann, als wir es für »richtig« halten. Eine strikte Anwendung unserer Norm wäre dabei ebenso unpassend wie eine völlige Anpassung an die Erwartungen der Adressat*innen. Mit dem Wahren von Grenzen allein ist es also nicht getan, wir müssen mit diesen Grenzen auch arbeiten. Manchmal fehlen schützende Grenzen, manchmal sind schützende Grenzen so undurchlässig und rigide, dass sie die Weiterentwicklung hemmen. Mal ist es also notwendig, den Adressat*innen dabei zu helfen, schützende Grenzen um ihren privaten Bereich herum zu etablieren, mal müssen wir sie ermuntern, ihre Grenzen zu öffnen:

*Eine Grenze um einen privaten Bereich ist die Wohnungstür. Manche der Adressat*innen haben (im konkreten und/oder übertragenen Sinne) diese Haustür stets geöffnet, jedermann kann ihre Wohnung betreten. Möglicherweise nehmen sie sich nicht das Recht heraus, anderen Menschen den Zutritt zu verweigern; manche haben kein Empfinden für ihren privaten Raum; wieder andere trauen sich nicht, ihn zu verteidigen. Wir sorgen uns entsprechend um die Sicherheit dieser Adressat*innen und arbeiten dahingehend mit ihnen, dass sie die Wohnungstür öfter mal schließen. Andere Adressat*innen lassen niemanden in ihren privaten Raum hinein und halten die Tür stets geschlossen. Sie schotten sich hermetisch ab, möglicherweise weil sie mal Gewalt durch einen »Gast« erlebt haben; oder weil sie sich ihrer Wohnung schämen; vielleicht befürchten sie auch, einfach kein guter Gastgeber zu sein, bei dem sich andere wohl fühlen könnten. Mit diesen Adressat*innen arbeiten wir* *langfristig dahingehend, dass sie – damit sie nicht vereinsamen – ausgewählten Menschen wieder Zutritt gewähren. Wir helfen ihnen zum Beispiel bei der Herausarbeitung von Kriterien, woran sie einen wohlmeinenden von einem böswilligen Gast unterscheiden können.*

Wie können wir uns Jessis »Grenzverlauf« eigentlich erklären? Vielleicht bestand ihr Lösungsversuch im Umgang mit der ursprünglichen Missbrauchssituation darin, über ständige Reinszenierungen ihr sexuelles Trauma zu bewältigen. Es könnte auch sein, dass sie gelernt hat, nur dann Aufmerksamkeit zu bekommen, wenn sie sexuell gefällig ist. Dann würde sie versuchen, über anbiederndes Verhalten ein eigentlich präsexuelles Bindungsbedürfnis zu stillen. Es hätte bei ihrer Biografie aber auch zu einem komplett anderen »Grenzverlauf« kommen können: Die körperliche Nähe von Männern hätte sie ängstigen und anekeln können und sie hätte diese Nähe gerade aus dem Grunde abgelehnt, weil sie ungewollt und auf widerwärtige Weise damit konfrontiert war. Beide Lösungsstrategien, sowohl eine starke Suche nach als auch eine vehemente Abwehr von Nähe, wären vor ihrem biografischen Hintergrund verständlich. Es ist jedenfalls mitnichten davon auszugehen, dass körperliche Grenzverletzungen automatisch eine Angst vor körperlicher Nähe nach sich ziehen.

Jessi jedenfalls hat offenbar trotz ihres mutmaßlichen sexuellen Schicksals ein großes Bedürfnis nach körperlicher Nähe, das sie vornehmlich im Kontakt zu Männern zu stillen versucht. Man könnte sagen: Ihre »Wohnungstür« ist für Männer weit geöffnet, für Frauen hingegen geschlossen: Sie lässt Männer schnell sehr nahe an sich heran, während sie Frauen sehr auf Distanz hält. Vielleicht nimmt sie im Kontakt mit Männern ihre Grenzen auch gar nicht mehr wahr. Was tut man nun damit? Wahren die Mitarbeiter*innen die Grenzen des Mädchens, indem sie Jessis Wünschen entsprechen? Oder wahren sie Jessis Grenzen dadurch, dass sie als »Expert*innen« definieren, wie die Grenzen beschaffen sein *sollten*?

Mit der Zurückweisung sexualisierter Angebote soll die weitere Chronifizierung einer entwicklungsschädlichen Handlung vermieden und die Etablierung einer schützenden Grenze erreicht werden. Wenn Jessis Sexualität weiterhin von keiner Grenze abgesichert wird, drohen ihr in dieser Hinsicht viele weitere Verletzungen, die einem guten Entwicklungsverlauf sicher nicht zuträglich sind. Die Förderung der Entwicklung aber ist unser fachlicher Auftrag und insofern können wir Jessis Grenze nicht so belassen, wie sie derzeit verläuft. Die Autorität zum Eingreifen leiten wir aus unserer Rolle ab. Wir akzeptieren nicht einfach den Status quo der gegenwärtigen Grenzverläufe unserer Adressat*innen, sondern arbeiten aktiv an einer Veränderung, wenn diese Veränderung unserer Einschätzung nach der Entwicklung dienlich ist. Wir visieren die entwicklungsfördernde Normalität an.

In der Wohngruppe hatte man sich dafür entschieden, dass eine weibliche Mitarbeiterin die Bezugsbetreuung von Jessi übernimmt; zum einen, weil Jessi ein Mädchen ist, zum anderen, weil in einer besonderen Beziehung zu einem männlichen Pädagogen ähnliche Verstrickungen befürchtet wurden, wie sie sich ehemals in der Beziehung zum Pflegevater eingestellt hatten. Nach einem Jahr in der Wohngruppe hat Jessi noch immer ein großes Bedürfnis nach »Kuscheln«, wünscht sich nun aber zunehmend die Nähe weiblicher Pädagoginnen. Ihre Grenzen werden etwas durchlässiger. Im Hinblick auf den Kontakt mit männlichen Mitarbeitern war Jessi anfänglich verstört, dass sich diese so distanziert ihr gegenüber verhielten. Hier wurden seitens der Einrichtung die Grenzen für Körperkontakt sehr eng gesteckt, sodass Jessis Bedürfnisse oft frustriert wurden.

Ursprünglich trafen in diesem Fall Jessis Sehnsüchte und Ängste in Fragen von Berührungen und Grenzen auf die Vorstellungen der Mitarbeiter*innen der Einrichtung und in diesem Spannungsfeld mussten Nähe und Distanz reguliert werden. Die Einrichtung erkannte das Nähebedürfnis des Mädchens, mochte diesen Wünschen aber *anders* entsprechen, als Jessi es forcierte. Die Mitarbeiter*innen verstanden ihr Verhalten als einen Versuch, über sexualisiertes Verhalten Bindung herzustellen. Das *Bedürfnis* wollten die Mitarbeiter*innen stillen: Sie bauten eine Bindung zu Jessi auf und ließen in dem Rahmen auch körperliche Nähe zu, letzteres jedoch vorrangig durch Frauen und natürlich in nicht-sexualisierter Form.

Unsere Adressat*innen haben sehr unterschiedliche Erfahrungen mit der Wahrung ihrer Grenzen und mit Berührungen gemacht. Bei misshandelten und sexuell missbrauchten Menschen wurden Grenzen in einer Weise übergangen, als wären diese gar nicht existent. Viele vernachlässigte Kinder haben kaum schöne, angenehme Berührungen erfahren. Pflegebedürftige und kranke Menschen wurden viel und gegebenenfalls sehr intim berührt, ohne dass diese Berührungen zwingend in eine liebevolle Beziehung eingebettet waren. Andere wurden einfach nur achtlos, gedankenlos berührt, behandelt wie Gegenstände. In allen Fällen handelt sich um potenziell traumatische Grenzerfahrungen, die irgendwie bewältigt werden müssen.

Es ist also selbstverständlich unsere Aufgabe, Grenzen nicht nur zu achten, sondern unsere Adressat*innen auch dabei zu unterstützen, ihre

Grenzen bzw. den Verlauf ihrer Grenzen in Richtung eines gesunden Maßes zu verändern. Dieses »gesunde Maß« anzustreben, ist die Stoßrichtung unserer Arbeit; der Ort, wo der/die Adressat*in gerade steht, ist der Ausgangspunkt. Man könnte sagen, dass wir Grenzen *berühren* müssen, wenn wir mit ihnen arbeiten wollen. Um sie dabei nicht zu verletzen, müssen wir das achtsam tun. Gelingt dies, dann kann etwas sehr Bedeutsames geschehen: ein »Begegnungsmoment«. Ein Begegnungsmoment ist eine Beziehungserfahrung, die sich von anderen Interaktionen durch eine besondere Wahrhaftigkeit und Neuartigkeit unterscheidet. Ich stelle im Folgenden einen solchen Moment vor und erläutere seinen Wert konkret an einem Fallbeispiel.

4.3.1 Begegnungsmomente finden an Grenzen statt

> »Jenseits des Subjektiven, diesseits des Objektiven, auf dem schmalen Grat, darauf Ich und Du sich begegnen, ist das Reich des Zwischen.«
>
> *Martin Buber*

Eine Begegnung ist viel mehr als eine Interaktion. Interaktionen finden einfach statt und enden dann wieder, von Begegnungen hingegen sprechen wir, wenn die Interaktionen Spuren in uns hinterlassen haben. Der Säuglingsforscher Daniel Stern formuliert, dass Begegnungsmomente das Potenzial haben, »implizites Beziehungswissen« (Fonagy & Target, 2006, S. 357) zu verändern. Sie weisen also einen Unterschied zu den bisher gemachten zwischenmenschlichen Erfahrungen auf. Eine besondere Qualität von Begegnungsmomenten liegt im Erkennen, und zwar von bislang unerkannten, aber bedeutsamen Bedürfnissen, Ängsten und emotionalen Belastungen. Es braucht aber noch etwas darüber Hinausgehendes: Die Spiegelung dessen, was erkannt wurde, muss vom Erkennenden auf taktvolle Weise erfolgen, sonst fühlt sich der Erkannte nicht gesehen, sondern ertappt. Hier muss sich also wieder das schon angesprochene Feingefühl beweisen, damit im Spiegel der Resonanz das Gesicht gewahrt werden kann.

Begegnungen sind eher leise als laut, eher langsam als schnell – der pädagogische Alltag ist in der Regel das Gegenteil davon. Hier folgt nun eine für mich sehr bewegende Situation, bei der sich dennoch ein Begegnungsmoment ergeben hat:

Der neunjährige Rouven lebt seit acht Monaten in einer therapeutischen Wohngruppe, nachdem er zuvor in verschiedenen normalen Wohngruppen und in zwei Pflegefamilien gewohnt hatte. Im Alter von fünf Jahren war er vom Jugendamt aus der Familie genommen worden. Im Kindergarten war er zuvor aufgefallen, indem er andere Kinder drangsalierte, außerdem wies er häufig Spuren von Misshandlungen auf, die von den Eltern aber bestritten und von dem Jungen selbst nie – auch in der therapeutischen Wohngruppe nicht – benannt wurden. Als Rouven in die Gruppe kam, hatte er viele Kompetenzen und Interessen, aber auch ein sehr ausgeprägtes Störungsbild. Er ließ sich nicht berühren und zeigte ein geradezu sadistisches Verhalten gegenüber Mitarbeiter*innen, Mitbewohner*innen und auch Tieren.

Eines Tages wird der Junge offenbar davon getriggert, dass ein anderer Junge von seinen Eltern über die Feiertage abgeholt wird, während er selbst wegen des Kontaktverbotes zu seinen Eltern in der Wohngruppe verbleiben muss. Von einem Moment auf den anderen wechselt er von einem gut regulierten emotionalen Zustand (er spielte ruhig mit Legosteinen) in einen vollkommen unregulierten, er greift den anderen Jungen und seine Eltern massiv körperlich an und ist von mir mit Worten nicht daran zu hindern und emotional nicht mehr zu erreichen. Ich muss ihn körperlich begrenzen und bringe ihn auf sein Zimmer. Dabei spuckt und tritt er nach mir, dazu lacht er höhnisch. In mir steigt eine wahnsinnige Wut hoch und ich muss mich disziplinieren, ihn nicht härter anzufassen, als es notwendig ist. Auf dem Zimmer angekommen lasse ich ihn los, er schreit »Hau ab!«, rennt zu seinem Schreibtisch und schreibt auf ein Blatt »Scheiß Herr Volmer«. Ich setze mich dennoch auf die Bettkante seines Bettes, habe mich etwas beruhigt und murmele mehr zu mir selbst »jaja, ich glaube, ich bin nicht der Einzige, der scheiße zu dir war.« Rouven wird schlagartig hellwach, guckt mich an und fragt: »Woher weißt du das?« Ich bin überrascht von seiner plötzlichen Klarheit und antworte ihm, dass ich das nicht wirklich wisse, dass ich es aber vermute. »Und wer soll das gewesen sein?«, fragt er mich prüfend. »Wenn ich mir so ansehe, was gerade zwischen uns beiden los war, dann kann ich mir vorstellen, dass es vielleicht ein erwachsener Mann war, der nicht gut zu dir war«, entgegne ich. Daraufhin steht Rouven vom Schreibtisch auf und setzt sich in meine Nähe auf das Bett. »Mein Vater hat mich gequält«, sagt er langsam und leise, aber mit fester Stimme. Uns beiden steigen fast zeitgleich die Tränen in die Augen und ich biete ihm meine Hand an, die er sofort ergreift. »Ich kann das gerade sehr spüren, was du mir gesagt hast«, sage ich und so sitzen wir eine Weile, schweigend da, unsere Hände haltend, mit Tränen in den Augen. Irgendwann stam-

mele ich, dass ich wieder los müsse, und stehe auf. Er tut es mir gleich und nimmt mich fest in den Arm, bevor ich dann sein Zimmer wieder verlasse.

Wie viele Grenzen wurden in dieser Szene berührt oder überschritten? Aber wer würde bestreiten, dass hier eine bedeutsame Begegnung stattgefunden hat? War es nicht sinnvoll, dass Rouven über seine bisherigen Grenzen hinausging, indem er sich mitteilte und Körperkontakt zuließ? Und ist es nicht so, dass meine *auf der Grenze wandelnde* Intervention diesen Schritt initiierte? Ich habe mit der Aussage »Ich glaube, ich bin nicht der Einzige, der scheiße zu dir war« seinen inneren Kern berührt, seinen sehr wunden Punkt, sein bislang »Eingemachtes«. Ich bin damit in seine Intimsphäre eingedrungen. Hätte ich das aber nicht getan und hätte ich stattdessen seine bisherigen Grenzen, über die erlittene Gewalt nicht zu sprechen und Körperkontakt zu meiden, geachtet, wäre dieser »Begegnungsmoment« dann entstanden?

Es kann im Sinne der Entwicklung der von uns betreuten Menschen sehr sinnvoll sein, das Wagnis einzugehen, ihre Grenzen zu überschreiten und die dahinter lagernden sensiblen Themen zu berühren. Entscheidend sind die Art und Weise und die Intention dieser Berührungen. Einwände, wonach solche Gespräche ausschließlich in ein therapeutisches, nicht aber in ein pädagogisches Setting gehörten, vernachlässigen die Perspektive, dass die Schwelle zur Therapie sehr hoch ist und nicht alle Adressat*innen willens sind, diese zu überqueren. Rouven war es zum Beispiel bislang nicht. Der pädagogische Alltag ist voll mit Material, mit dem gearbeitet werden kann. Er bietet unendlich viel Stoff, der für die Förderung der Entwicklung genutzt werden kann. Es läge so viel Potenzial brach, wenn »nahe« Gespräche wie mit Rouven aus der Pädagogik verbannt würden. Als Voraussetzung für das sichere »Wandeln auf der Grenze« benötigen die Pädagog*innen Taktgefühl.

Wenn eine Berührung der sensiblen Themen gelingt, kann es als Befreiung erlebt werden: Dann öffnen sich häufig die Schleusen, die bislang die Tränen und den Schmerz zurückgehalten haben. Dadurch verändert sich etwas.

Auch die Schönheit des Begegnungsmomentes zwischen Rouven und mir hatte etwas mit einer Transformation zu tun: Die Härte und der Hass des Gegeneinanders zu Beginn der Sequenz verwandelten sich im weiteren Verlauf in etwas Verletzliches, Zartes. Das war ein stimmiger, wenn auch trauriger Prozess, und es war *einfach schön*, den Moment miteinander zu teilen. Es war schön, weil wir das teilten, was *im Kern da* war, was hinter der

Gewalt und Aufgeregtheit steckte: Rouvens große Traurigkeit darüber, dass er keine Familie hatte, die er über die Feiertage besuchen konnte; und seine Traurigkeit darüber, dass er viel Gewalt durch seinen Vater erleiden musste.

4.3.2 Die berührte und veränderte Grenze

Vielleicht hat diese Begegnung das »implizite Beziehungswissen« von Rouven verändert: In seinem Rucksack voller Beziehungserfahrungen wäre von nun an eine Erfahrung, die sich von den bisherigen unterscheidet; eine Erfahrung, die dadurch besonders bedeutungsvoll ist, dass sie ihn *auf die Idee bringt*, dass in künftigen Beziehungen zu anderen Menschen auch andere Erfahrungen möglich sind als die, die er bis dahin erwartet hat. Sie bringt ihn möglicherweise auf die Idee, dass es vielleicht doch schön und lohnenswert sein kann, Nähe zu teilen.

Rouven hat erstmals eine Berührung seines sensibelsten Themas zugelassen, als er sagte: »Mein Vater hat mich gequält.« Damit konnten wir uns in einem Raum begegnen, in dem er bislang immer nur alleine war. Seine Öffnung geschah im Kontext einer vorherigen Überschreitung seiner Grenze: »Ich glaube, ich bin nicht der Einzige, der scheiße zu dir war.« Ich sagte das eher zu mir als zu ihm. Hätte ich diesen Satz nicht gemurmelt, sondern gerufen – ihn Rouven also entgegengeschleudert –, dann wäre die nachfolgende Sequenz nicht entstanden. Es wäre sogar wahrscheinlich gewesen, dass Rouven meine Hypothese als invasiv erlebt und sich gegen mein Eindringen in seinen Raum wütend verteidigt hätte. So aber hat er es vielleicht mehr als ein Anklopfen erlebt. Er hat im symbolischen Sinne »Herein!« gerufen und mich eingeladen, mich eine Zeit lang in seinem Raum aufzuhalten. Rouven hatte die Tür kaum geöffnet, da überflutete mich die Traurigkeit dieses Raumes. Wir hielten uns an der Hand, um ihr standzuhalten, und die Traurigkeit floss durch die geöffnete Tür heraus. Es kommt mir rührselig vor, das so zu schreiben, aber genau so habe ich es erlebt. Die anschließende Umarmung fühlte sich gleichzeitig fremd und vertraut an. Rouven hat danach begonnen, Körperkontakt zuzulassen und ihn manchmal sogar zu suchen. Er spricht noch immer nicht explizit über seine schlimmen Erfahrungen, sondern deutet sie allenfalls an. Aber er wirkt dennoch gelöster, weicher, weniger verschlossen. Der Verlauf seiner körperlichen Grenzen hat sich nach der Berührung verändert und mir scheint, als sei die Grenze zu seiner Intimsphäre »angetaut«. Ich halte das für eine gute Entwicklung. Es wäre nicht gut gewesen, wenn er Körperkontakt weiterhin ausschließlich über gewaltvolle Konflikte hergestellt hätte. Und ich glaube, dass er zu seiner emotionalen Genesung noch manches Mal über seine Kindheitserfahrungen reden muss – ein kleiner Anfang ist nun gemacht.

Ich hätte Rouvens Grenze auch nicht überschreiten und den Satz nicht sagen können. Dann wäre ich weniger in Gefahr gewesen, ihn in seiner Intimsphäre zu verletzen. Ich hätte mich, nachdem ich ihn in sein Zimmer gebracht hatte, auch nicht auf sein Bett setzen müssen, sondern hätte sofort wieder aus dem Zimmer herausgehen können – Rouven hatte mich schließlich dazu aufgefordert. Habe ich seine Grenze missachtet und sie überschritten, weil ich in seiner Privatsphäre Zimmer geblieben bin, obwohl er »Hau ab!« gesagt hatte? In gewisser Weise ja. Aber es fühlt sich trotzdem entschieden richtig an, so gehandelt zu haben. Wenn wir uns immer nur an Rouvens Grenzen orientieren würden, würde sich dann jemals eine Situation außerhalb seines bekannten Beziehungsmusters ereignen? Mir scheint es unvermeidbar, dass in emotional bedeutsamen Beziehungen immer wieder Grenzen überschritten werden. Dieses Risiko ist der Preis, den man zahlen muss, wenn man es für richtig hält, Nähe herzustellen.

Zu sagen, »mein Vater hat mich gequält«, ist ein Wagnis. Zu vertrauen ist riskant. Es ist nicht zwangsläufig, dass der Andere meine intimen Themen achtsam berührt. Wenn die Menschen, mit denen wir arbeiten, in ihrem bisherigen Leben überwiegend Erfahrungen von Beschämung und Bewertung gesammelt haben, werden sie uns zunächst keinen Vertrauensvorschuss gewähren – wir müssen ihn uns zunächst durch Aufrichtigkeit verdienen und seine Berechtigung dann durch taktvolles Verhalten bestätigen.

Auf den korrigierenden Wert eines Begegnungsmomentes komme ich in Kapitel 5.2 noch einmal ausführlicher zu sprechen.

4.3.3 Zusammenfassung

Das Ziel pädagogischer Beziehungsgestaltung besteht sicher nicht darin, Grenzen permanent zu überwinden zu versuchen und einen Begegnungsmoment an den nächsten zu reihen. Das ist auch gar nicht möglich: In dem Wort »Begegnungsmoment« ist der »Moment« enthalten. Die Nähe der Begegnung ist von begrenzter Dauer. Im Moment der Begegnung verbinden sich das Ich und Du zu einem Wir, aber diese Verbindung kann nicht ewig andauern, sonst verlieren sich Ich und Du im Wir. Dieses Phänomen kennen wir aus Beziehungen, die wir als symbiotisch bezeichnen. Das Merkmal symbiotischer Beziehungen besteht darin, dass sich die Partner*innen nicht »ganz« fühlen, wenn der jeweils andere abwesend – also in Distanz – ist. Bei vielen Menschen mit schweren Bindungsstörungen existiert der Wunsch, gleichsam mit einem anderen zu verschmelzen, »eins« mit ihm zu werden. Gehen wir auf diese Wünsche ein und hegen wir unsererseits gegenüber den Adressat*innen solche Wünsche, missachten wir die Grenzen unserer professionellen Rolle eklatant. Hier ist die Fähigkeit der Abgrenzung gefragt.

In pädagogischen Beziehungen begegnet uns häufig das Phänomen, dass bindungstraumatisierte Adressat*innen den Kontakt zu uns auf eine Weise gestalten, die sie aus ihrer Biografie gut kennen: absolut entgrenzt. Sie erzählen uns ungefiltert aus ihrem Intimleben und/oder nehmen nahezu ungehemmt Körperkontakt auf. Die erkennbare Not, die häufig aus diesen »Nähe-Angeboten« spricht, verleitet uns manchmal dazu, die professionelle Rolle zu verlassen und zum Beispiel in die Rolle der »besten Freundin« oder »des Retters« zu schlüpfen. Wir verlieren die Distanz, die in unserer professionellen Rolle enthalten ist. »Du musst dich besser abgrenzen«, warnen die Teamkolleg*innen dann, »das frisst dich sonst auf.« Das ist oft leichter gesagt als getan: Der Mangel an emotionaler Zuwendung, den die Adressat*innen erlitten haben, äußert sich manchmal in einer Bedürftigkeit, auf die wir »leicht anspringen« und der nur schwerlich standzuhalten ist.

Wie könnten die bisherigen Ausführungen zum Thema der interpersonellen Grenzen im Hinblick auf beziehungsgestalterische Fragen zusammengefasst werden? Ich versuche es mit einem leicht abgewandelten Schema (Abb. 5) des Nähe-Distanz-Kontinuums aus Kapitel 3.

Wir können uns bei guter Kenntnis der eigenen Grenzen und der Grenzen der Adressat*innen im mittleren Bereich aufhalten. Damit tragen wir unseren Teil dazu bei, dass die Beziehung sicher ist. Das ist bereits sehr viel wert im Anbetracht der grenzverletzenden Vorerfahrungen, die die von uns betreuten Menschen in ihrem Leben bereits gesammelt haben. Bis wir diese gute Kenntnis erlangt haben, wird allerdings einige Zeit verstreichen: Die Grenzen müssen erst einmal abgesteckt werden und bis dahin sind Grenzüberschreitungen unvermeidbar. Diese Form der Grenzüberschreitung wurzelt in mangelndem Wissen und ist leicht korrigierbar. Bei Menschen,

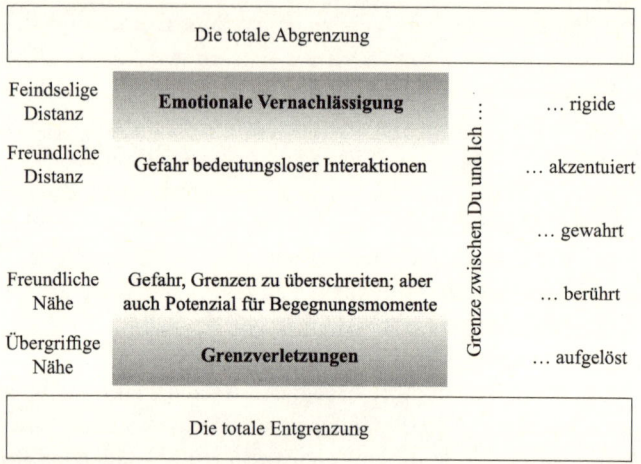

Abb. 5: *Interpersonelle Grenzen zwischen Abgrenzung und Entgrenzung*

die ihre Grenzen schlecht verdeutlichen können, ist der Prozess des Absteckens schwierig und die Wahrung der Grenzen wird dadurch erschwert. Sie einzuhalten erfordert von uns eine sehr hohe Sensibilität.

Im oberen Spektrum der Grafik bewegen wir uns bei einer distanzierten Beziehungsgestaltung: Wir geben wenig Eigenes in die Beziehung ein, lassen uns von den Adressat*innen eher wenig berühren und bemühen uns unsererseits, Berührungen des Anderen zu vermeiden: Positiv formuliert »grenzen wir uns gut ab« und sind »auf der sicheren Seite«, negativ formuliert lassen wir kein Wir-Gefühl entstehen und es besteht die Gefahr, dass unsere Interaktionen eher oberflächlich und bedeutungslos bleiben. Die Kontaktfläche wird eher klein. Wir wären jedoch gefeit davor, einer »zu großen Nähe« oder gar der Grenzverletzung verdächtigt zu werden. Die Grenzen zwischen »Ich« und »Du« träten deutlich zutage. Ins Extrem gesteigert würde diese Form der Beziehungsgestaltung in den Bereich der emotionalen Vernachlässigung führen: vorenthaltene Anteilnahme und Fürsorge, Liebesentzug.

Im unteren Spektrum der Grafik befinden wir uns im Bereich der nahen Beziehungsgestaltung. Berührungen sind gewünscht und schaffen das Potenzial für Begegnungsmomente, beinhalten aber auch die Gefahr von Grenzüberschreitungen. Die Gewinnung von Distanz durch die Reflexion der Nähe ist immer wieder notwendig, damit sich die Grenze zwischen »Du« und »Ich« nicht auflöst und in eine missbräuchliche Beziehungsgestaltung mündet. Mit einer nahen Beziehungsgestaltung bieten wir jenen Fachleuten eine Angriffsfläche, für die die Fähigkeit, sich abzugrenzen, das Nonplusultra der pädagogischen Arbeit darstellt. Abgrenzung ist zwar wichtig, aber sie darf nicht so stark gewichtet werden, dass Begegnungen unmöglich werden.

Dem Abschnitt 4.2.1 war das Zitat von Martin Buber vorangestellt: »Jenseits des Subjektiven, diesseits des Objektiven, auf dem schmalen Grat, darauf Ich und Du sich begegnen, ist das Reich des Zwischen.« Buber schreibt, dass es ein schmaler Grat sei, auf dem Ich und Du sich begegnen. Auf diesem schmalen Grat finden bedeutsame Begegnungen statt, bei denen die Integrität von Ich und Du gewahrt bleibt und dennoch für den Moment ein Wir entsteht. Die Verbindung wird in der Begegnung zwischen Rouven und mir durch das Reichen der Hände symbolisiert. Die bisherige Grenze, die bislang einen gewaltfreien Körperkontakt zwischen dem Jungen und anderen Menschen verhinderte, wurde für die Dauer der Begegnung durchlässig. Dazu brauchte es Rouvens, aber auch meine Bereitschaft. Dadurch wurde eine heilsame Nähe möglich.

4.4 Gedanken zum pädagogischen Umgang mit Grenzüberschreitungen

Grenzüberschreitungen aus Unachtsamkeit oder Unkenntnis sind bedauerlich, lassen sich aber erkennen und korrigieren. Schwieriger ist der Umgang mit Situationen, in denen ein Mensch die Grenze des anderen willentlich und ohne Rücksicht auf das Empfinden seines Gegenübers überschreitet. Insbesondere Adressat*innen, die in ihrer Biografie massiv an ihren Grenzen verletzt wurden, benötigen die Gewissheit, dass in der Einrichtung nun ihre Grenzen gewahrt werden. Manche ehemalige Opfer von Grenzverletzungen entwickeln jedoch auch Täterverhalten, indem sie ihrerseits die Grenzen anderer überschreiten. So kommt es, dass in vielen pädagogischen Einrichtungen der Umgang mit Grenzüberschreitungen von Adressat*innen (anderen Adressat*innen und Mitarbeiter*innen gegenüber) ein großes und elementar wichtiges Thema darstellt.

Wenn ein Mensch die Grenze eines anderen absichtsvoll überschreitet, dann mangelt es ihm offenbar an einer inneren moralischen Grenze, die einem solchen Verhalten Einhalt gebietet. Was können wir in pädagogischen Einrichtungen tun, damit grenzüberschreitendes Verhalten die Ausnahme und nicht die Normalität darstellt? Mit dieser Frage beschäftigt sich dieses Kapitel.

1. Schritt: Eine emotionale Reaktion zeigen

Die normale und gesunde Reaktion darauf, dass ein anderer einem zu nahe kommt, ist Wut. Sie wird benötigt, um die eigene gefährdete Grenze zu behaupten. Wenn die angegriffenen Menschen die dafür notwendige Kraft nicht aufbringen, sollten ihre Mitmenschen sie unterstützen.

Die *Kenntlichmachung der Grenze durch die Geißelung ihrer Überschreitung* – das würde für den Moment vielleicht schon genügen, damit eine verletzte Grenze wiederhergestellt wird und die Würde des Betroffenen gewahrt bleibt.

Die Aggression ist aber nicht nur ein Signal für die Betroffenen, sondern auch eine Hilfe für diejenigen, die die Grenze überschritten haben. Im Spiegel der emotionalen Reaktion können sie ihr Fehlverhalten erkennen.

Ich komme auf ein Fallbeispiel zurück, das ich bereits erwähnt habe:

Der 14-jährige Tim, der Janinas Missbrauchserfahrungen auf der Gruppe herumposaunt hatte, nutzte sein Wissen dafür, Janina zu demütigen. Wann immer sie ihm über den Weg lief und er sich unbeobachtet fühlte, machte er sexuelle Anspielungen: Mal ahmte er Bewegungen des Geschlechtsverkehrs nach, mal schnüffelte er an ihr herum und fragte »Hast du schon wieder gefickt?«, mal sagte er höhnisch: »Was hast du denn da im Haar? Ist das noch Sperma?«

Eine der furchtbarsten Formen von Grenzüberschreitungen besteht im Missbrauch intimen Wissens. Tims Handlungen und Aussagen sind niederträchtig und boshaft. Sie rufen berechtigterweise Empörung hervor und bedürfen einer entsprechenden Reaktion. Unsere geäußerte Empörung hat mehrere Funktionen: Sie validiert, dass Janina sich von den Aussagen verletzt fühlt und dass sie jedes Recht hat, wütend auf Tim zu sein. Das ist weniger banal, als man meinen könnte, denn das Recht, wütend auf einen Täter sein zu dürfen, ist für viele Menschen mit Opfererfahrungen nicht selbstverständlich. Die Empörung hat ferner die Funktion, den Wert eines respektvollen und grenzwahrenden Umgangs miteinander zu unterstreichen. Tims Aussage erzeugt nicht nur eine Verletzung bei Janina, sondern sie ist auch ein Verstoß gegen die Moral. Wir verteidigen mit der Empörung eine Norm, die wir richtig finden und deren Einhaltung wir für ein Zusammenleben in der Gruppe für notwendig erachten. Schließlich hat unsere Empörung die Funktion, Tim die Chance zu geben, sein Fehlverhalten zu erkennen und sich mit uns auseinanderzusetzen. »Es macht uns etwas aus«, was er sagt, wir fühlen uns als Mitmenschen angegriffen. Wir bieten Tim damit eine Begegnung an, wir bleiben im Kontakt mit ihm, wir haben die Beziehung zu ihm noch nicht innerlich abgebrochen und ihn aufgegeben. Eine kalte, emotional gleichgültige, resignative Reaktion hingegen wäre deshalb auch eine Beschädigung der Würde von Tim: Er ist es nicht einmal mehr wert, dass wir uns über ihn aufregen.[9]

Wenn eine Grenzüberschreitung nicht intendiert war, wird eine emotionale Reaktion vielleicht schon ausreichen, um die Grenze wiederherzustellen. Die grenzüberschreitende Person kann zu dem Betroffenen gehen und ihm sagen, dass es ihr leidtue und sie die Grenze künftig respektieren werde. Die Sache wäre geklärt. Wenn die Grenzüberschreitung aber beabsichtigt war oder eine Klärung nicht möglich ist, folgt als nächster Schritt das Innehalten.

2. Schritt: Innehalten

Adressat*innen, die wie Tim in massiver Weise die Grenzen anderer Menschen überschreiten, sind in den meisten Fällen selbst Opfer von Grenzüberschreitungen geworden. Die Dynamik der Beziehungs(un)kultur zwischen Tim und seinen Eltern findet auf der Wohngruppe ihre Fortsetzung, diesmal mit Tim in der Täterrolle. Wenn wir seinen Grenzüberschreitungen zu wenig Widerstand entgegensetzen, hat seine persönliche Traumadynamik die Gruppe überflutet. Das wäre ein sehr ernster Befund, der die Sicherheit in der Gruppe fundamental infrage stellte. Die Existenz oder Nicht-Existenz grenzüberschreitender Verhaltensweisen markiert in Einrichtungen einen gewichtigen Unterschied: Sie unterscheiden unsichere von sicheren Orten. Der großen Bedeutung dieses Unterschieds wird Rechnung getragen, indem nach Grenzüberschreitungen das Geschehen auf der

---

9 Natürlich kann der Einwand erhoben werden, Tims Aussage habe gerade diese Empörung zum Ziel. Das ist möglich. »Diesen Triumph« wolle man ihm nicht gönnen, werden manche sagen. Auch hätte man viel zu tun, wenn man sich über jede Grenzüberschreitung empörte. Auch das ist wahr. Wenn die zum Ausdruck gebrachte Empörung Teil eines Spiels zwischen Tim und den Mitarbeiter*innen geworden wäre, verfehlte sie ihre Wirkung. Wir sollten aber darauf achten, dass wir die Empörung über ein derartiges Verhalten zumindest innerlich erhalten. Das schützt uns davor, solche Grenzüberschreitungen in dem Sinne »hinzunehmen«, dass wir sie innerlich akzeptieren.

Gruppe innehält: »Hier ist etwas passiert, was nicht hätte passieren dürfen. Hier ist jemand einem anderen viel zu nahe gekommen. Was ist nun zu tun, um die Sicherheit auf der Gruppe wiederherzustellen?« Um diese Frage sorgfältig bearbeiten zu können, muss die grenzüberschreitende Person vorübergehend von der Gruppe getrennt werden, unabhängig davon, ob es einen/eine Mitarbeiter*in betrifft oder einen/eine Adressat*in. Wir müssen uns die Zeit nehmen zu verstehen, was hier vorgegangen ist – und überlegen, wie wir dafür sorgen können, dass es nicht nochmal geschieht.

Nachdem wir Tim in aller Deutlichkeit vermittelt haben, was wir von seiner Aussage halten und nachdem wir dafür Sorge getragen haben, dass Janina gut versorgt ist, suchen wir das Gespräch mit Tim. Der Fokus des Gespräches liegt zunächst nicht darauf, die Motive für sein Verhalten zu ergründen. Wir teilen ihm mit, dass wir solche Aussagen auf der Gruppe nicht dulden, weil wir dafür Sorge tragen, dass niemand auf der Gruppe verletzt wird, auch er selbst nicht. Damit verteidigen wir die Einhaltung der Norm. Wir versuchen außerdem, Tim zu einer Perspektivübernahme zu bewegen: Er soll sich in Janinas Situation hineinversetzen und prüfen, wie sich anfühlt, auf diese Weise verletzt zu werden.

Wenn Tim sein Fehlverhalten einsieht und bereut, kann mit ihm über eine Wiedergutmachung nachgedacht werden. Wenn nicht, muss der Norm mit einer Bestrafung Tims Nachdruck verliehen werden.

3. Schritt: Bestrafung als Stärkung einer Norm

Sollten wir Tim wirklich bestrafen? Wird die Wohngruppe zu einem sichereren oder einem unsichereren Ort, wenn wir dort Strafen verhängen? Der Begriff der Strafe ist in weiten Teilen der pädagogischen Szene unpopulär, lieber spricht man von Konsequenzen, die ein regelverletzendes Verhalten zur Folge habe. Die Haltung aber, dass einem Gruppenmitglied, das die Gruppe als »sicheren Ort« erleben soll, absichtsvoll schweres Unrecht widerfährt, ohne dass der/die Verursacher*in dafür bestraft wird, ist schwer begründbar. Aber hat nicht jedes Verhalten, das ein Mensch zeigt, einen »guten Grund«? Doch, natürlich: Tim würde die Würde Janinas nicht verletzen, wenn er nicht selbiges ebenfalls erfahren hätte. Insofern ist sein Verhalten eine Reinszenierung des Erlebten auf der anderen, nämlich auf der Täterseite. Es gibt insofern natürlich Gründe für sein Verhalten aber welche konkreten Implikationen für den pädagogischen Umgang mit den Grenzverletzungen ergeben sich aus dieser Haltung? Zunächst erst einmal keine, finde ich. Die »Annahme des guten Grundes«[10] hilft, nicht den Glauben an das Gute in Tim zu verlieren und ihn nicht zu dämonisieren, aber als sicht- und spürbare Reaktion sind nicht nur Haltungen, sondern auch Maßnahmen geboten. Wenn eine Verletzung der Art und Weise, wie wir in der Gruppe miteinander umgehen wollen, ungestraft bleibt, verliert die Norm ihren Wert. Tim muss deshalb eine Strafe erhalten, doch diese Strafe darf nicht dem Impuls der Vergeltung folgen, sondern sie sollte erstens die Wahrscheinlichkeit einer Wiederholung des Vergehens mindern (das schulden wir Janina und allen anderen potenziellen Opfern von Tims Demütigungen) und zweitens dabei gleichzeitig die Würde des Bestraften wahren (das schulden wir jedem, auch Tim). Um den beiden Anforderungen zu entsprechen, darf die Strafe nicht zu lasch und nicht zu hart ausfallen, sie soll nicht rächen und sie sollte etwas mit dem Vergehen zu tun haben. Besonders drakonische Strafen führen nicht dazu, dass die bestraften Menschen durch sie zu zivilisierteren oder gar empathischeren Menschen werden. Im Gegenteil: An Tims eigenem groben Fehlverhalten sehen wir, dass bei ihm die biografisch erfahrenen, emotional und körperlich sehr harten Strafen nur dazu geführt haben, dass er die grobe Gewalt seiner Eltern jetzt in sich trägt und gegen andere Menschen richtet. Würdelose Strafen erzeugen Angst und Verrohung. Die Intention unserer Bestrafung ist aber nicht die Vergeltung, sondern die Stärkung der Norm.

Tim zeigt sich im Gespräch zunächst nicht einsichtig. Er findet, das sei doch nur ein lustiger Spruch gewesen und der Mitarbeiter solle »sich mal entspannen«. Dass Janina seine Sprüche nicht witzig findet, sei schließlich nicht sein Problem. Jeder Versuch des Mitarbeiters, das Verhalten zu problematisieren oder Tim zu einer Perspektivübernahme zu bewegen, scheitert. Er erhält die Strafe, bis zu einer ernsthaften Klärung des Vorfalls von allen Gruppenaktivitäten, auch von Ausflügen und gemeinsamen Mahlzeiten, ausgeschlossen zu sein.

Wertvoller als die Strafe ist auf langfristige Sicht die Wiedergutmachung, die als Reparatur einer beschädigten Grenze und einer beschädigten Beziehung verstanden werden kann. Während die Strafe nur der Verteidigung der Norm gilt, tritt in einer ernstgemeinten Wiedergutmachung Moralität zutage. Was ist damit gemeint?

---

10 »Die Annahme des guten Grundes« ist eine der zentralen Grundhaltungen in der Traumapädagogik (vgl. u. a. Lang et al., 2013).

Vergegenwärtigen wir uns zuvor noch einmal kurz die Zielsetzungen unseres Umgangs mit Grenzüberschreitungen:

1. Eine beschädigte Grenze muss im Sinne der »Gruppe als sicherer Ort« wieder repariert werden. Im Idealfall gelingt eine Klärung zwischen den Beteiligten und der/die Verursacher*in leistet eine Wiedergutmachung. Darüber spreche ich im Kapitel 4.4.1.
2. Die Wahrscheinlichkeit einer erneuten Grenzüberschreitung soll gemindert werden. Dazu muss der/die Verursacher*in *in sich* eine Grenze entwickeln, die ihn/sie daran hindert, die Grenzen anderer zu überschreiten. Dies wird im Kapitel 4.4.2 thematisiert.

4.4.1 Die Reparatur von Grenzen

Grenzen, die verletzt bzw. beschädigt wurden, müssen geheilt bzw. repariert werden, damit sie ihre schützende Funktion wiedererlangen können. Wenn Tim eine Strafe erhält, ist die verletzte Grenze von Janina dadurch noch nicht geheilt. Erst wenn die Sühne der Tat auch das Opfer einbezieht, wird es auf eine gewisse Weise für das erlittene Unrecht entschädigt – von der Strafe allein hat das Opfer außer einer eventuellen Genugtuung noch keinen Vorteil. Dieser Gedanke, der auch dem Täter-Opfer-Ausgleich zugrunde liegt, findet sich in einer »Wiedergutmachung« wieder. Im pädagogischen Setting steht jedoch weniger ein materieller Vorteil des Opfers im Vordergrund als vielmehr die Wiederherstellung und Festigung seiner persönlichen Grenze. Tim und Janina werden weiterhin Kontakt miteinander haben und für Janina ist es von großer Bedeutung, dass Tim sie nicht weiterhin in ihrer Würde angreift. Zur Reparatur von Janinas Grenze müsste Tim ihr *einen Beweis liefern*, dass er sein Fehlverhalten eingesehen hat und er es künftig unterlassen wird. Erst mit einer nennenswerten Anstrengung dokumentiert er die Ernsthaftigkeit seines Anliegens. Wenn Janina ihm seine Reue glaubt und sie dadurch ihre Grenze wiederhergestellt *fühlt,* hat die Wiedergutmachung ihren Sinn erfüllt.

Durch Zwang ist eine »Entschädigung« jedoch nicht zu erreichen, denn sie basiert auf Einsicht. An dieser Stelle ein Fallbeispiel für schnelle und unüberlegte Wiedergutmachungen:

Ein neunjähriger Junge aus einer Wohngruppe einer Jugendhilfeeinrichtung fasst einer Mitarbeiterin bewusst an den Busen und amüsiert sich darüber königlich. Er klatscht mit einem anderen Jungen ab und ruft aus der

Gruppe heraus: »Ich hab ihre Titten angefasst!« Die Mitarbeiterin wird von der Situation völlig überrumpelt. Sie ist so perplex und überwältigt, dass sie nicht in der Lage ist, ihre Grenze zu markieren, zum Beispiel indem sie den Jungen anschreit und zur Rede stellt. Die Handlung des Jungen führt also zu einer Verletzung der Grenze, da die Möglichkeiten der Mitarbeiterin, ihre persönliche Grenze zu verteidigen, in diesem Moment nicht ausreichen.

Die verletzte Grenze musste also wieder repariert werden. Der Junge hatte ein gewisses Unrechtsbewusstsein und da er schon lange in Jugendhilfeeinrichtungen lebte, entwickelte er gemeinsam mit seinem Bezugserzieher alsbald die Idee, als Wiedergutmachung einen Kuchen für die Pädagogin zu backen. Ist diese Wiedergutmachung geeignet, die verletzte Grenze wiederherzustellen? Wohl nicht.

Der Umgang mit einer solch gravierenden Grenzverletzung erfordert ein anderes Maß an Ernsthaftigkeit, als es durch ein schnelles Backen eines Kuchens gegeben wäre. In der Lächerlichkeit dieser »Wiedergutmachung« liegt fast schon eine neuerliche Grenzüberschreitung: Die Gefühle der Mitarbeiterin würden geradezu verspottet. Welche absurde Idee steckt dahinter? Die Mühen eines gebackenen Kuchens könnten das Leiden eines Übergriffs schmälern? Wenn überhaupt, dann doch nur in den Fällen, wo die Mühen Ausdruck echter Reue sind. Reue ist aber ein Resultat vertieften Nachdenkens, der inneren Auseinandersetzung, der sorgfältigen Perspektivübernahme. So aber bleibt der schnell gebackene Kuchen reine Symbolik. Er ist vielmehr Ausdruck des Wunsches, die Schuld alsbald wieder loszuwerden oder vielleicht auch nur schnell wieder Ruhe zu haben und unangenehmen Strafen zu entgehen. Gelernt hätte der Junge dadurch nichts und wiederhergestellt wäre die Grenze der Mitarbeiterin auch nicht. Deshalb dient eine solche »Entschädigung« lediglich dem Interesse des Täters und orientiert sich nicht an den Bedürfnissen des Opfers. Hierin läge der erneute Missbrauch des Opfers: Es soll bitteschön den Kuchen als Entschuldigung akzeptieren, damit die Bedürfnisse des Täters (nach Loswerden der Schuld, nach Ruhe) gestillt werden.

Die Mitarbeiterin fühlte sich nicht wohl mit dem Angebot des Jungen, ihr als Wiedergutmachung einen Kuchen zu backen. Da sie aber nicht sicher war, ob es fachlich vertretbar wäre, das Ansinnen abzulehnen, brachte sie das Thema in einer Teamsupervision zur Sprache – immerhin stammte die Idee des Kuchenbackens aus einem Gespräch zwischen dem Jungen und seinem Bezugserzieher. Eine andere Kollegin zeigte sich in der Supervision regelrecht erbost über den Vorschlag und riet der betroffenen Mitarbeiterin, dem Jungen zu sagen, dass er sich »seinen Scheiß-Kuchen sonstwo hinschieben« könne.

Solche vermeintlichen »Wiedergutmachungen« sind inakzeptabel, weil sie das Leid der Betroffenen letztlich verhöhnen. Insofern sind sie Ausdruck einer gedankenlosen Pädagogik. Ist das Backen des Kuchens hingegen verbunden mit der Einsicht, etwas Falsches getan zu haben, zudem verbunden mit dem Vorsatz, es nie wieder zu tun, so ist nichts dagegen einzuwenden und es kann vielleicht sogar ein kleiner Trost darin liegen.

Natürlich sind auch Pädagog*innen verpflichtet, ihren Beitrag zur Reparatur einer von ihnen verletzten Grenze zu leisten.

Ich erinnere mich an eine frühere Sequenz mit Rouven: Er hatte einen Kollegen von mir einmal schwer verletzt, indem er ihm einen spitzen Gegenstand in sein Nasenloch stieß. Eine gezielte Verletzung des Kollegen war von Rouven damals zwar nicht intendiert, wurde von ihm aber billigend in Kauf genommen. Ich war deshalb in »Hab-Acht«-Stellung, als ich Rouven zu einem späteren Zeitpunkt in einer anderen Sache konfrontierte. Im Zuge dieser Auseinandersetzung griff er sich einen Stein und holte zu einer Wurfbewegung in meine Richtung aus. Ob er nur drohen oder tatsächlich werfen wollte – ich weiß es nicht. Ich wusste aber sicher, nicht von dem Stein getroffen werden zu wollen. Instinktiv packte ich Rouven, brachte ihn zu Boden und nahm ihm den Stein ab. Er tobte und schrie, ich sei ein Kinderschänder und überhaupt, er habe nur gedroht zu werfen, er hätte es aber niemals getan.

Zu solchen Situationen kam es zwischen verschiedenen Mitarbeiter*innen und Rouven immer wieder. Ich denke, dass meine körperliche Intervention angesichts seiner vorherigen faktischen Angriffe auf Kolleg*innen zu rechtfertigen war, aber das Beispiel zeigte mir sehr deutlich, wie schlimm die Grenze zwischen ihm und Erwachsenen verletzt war. Immer wieder von dem Jungen körperlich angegriffen zu werden und ihn immer wieder festhalten zu müssen, ist als Lösung auf die Dauer für beide Seiten sehr unbefriedigend und vermag keine Hoffnung zu spenden, dass die Grenzen des anderen jemals anerkannt werden.

Ich entschied mich Stunden nach dem Vorfall dazu, mich Rouven gegenüber nicht wie üblich für mein Handeln zu rechtfertigen, sondern meine Traurigkeit und mein Erschrecken über die Interaktion zwischen uns zum Ausdruck zu bringen. »Es fühlt sich schrecklich an, was eben zwischen uns passiert ist«, sage ich ihm, »ich hasse solche Situationen. Ich will nicht mit dir kämpfen oder dich festhalten müssen.« Rouven schaut mich überrascht an. »Es tut mir leid, dass ich das gemacht habe«, fahre ich fort, »ich möchte, dass das nie wieder passiert.« Rouven steht wortlos auf, kommt auf mich zu, streckt mir die Hand entgegen und sagt: »Auch Entschuldigung.«

Wenn ich in der Dynamik von Angriff und Verteidigung, Anschuldigung (»Kinderschänder!«) und Rechtfertigung (»Hättest du mich nicht bedroht, hätte ich dich nicht festhalten müssen!«) verbleibe, repariert sich keine Grenze. Sie wird im Gegenteil immer stärker beschädigt. Am Ende unseres Gespräches versprechen wir uns gegenseitig, dass wir uns sehr bemühen werden, dass sich niemals wieder so eine Szene zwischen uns ereignet. Das tat es auch nicht: Bei der nächsten schwierigen Situation zwischen uns drohte er mir nicht mit einem körperlichen Angriff, sondern schrieb – wie zuvor schon erwähnt – stattdessen »Scheiß Herr Volmer« auf ein Blatt Löschpapier.

4.4.2 Intrapersonelle Grenzen

Wir können an dem Beispiel gut erkennen, wie die Reparatur der interpersonellen Grenze auch die intrapersonelle Grenze stärkt. Rouven hatte nach der wechselseitigen Entschuldigung eine Grenze *in sich,* die es ihm gebot, mich nicht mehr körperlich zu bedrohen. Nachdem es in diesem Kapitel bislang vorrangig um *interpersonelle* Grenzen ging, soll jetzt diese *intrapersonelle* Grenze zur Sprache kommen: eine Grenze, die *in uns* ist, aber unser Gegenüber unmittelbar betrifft; eine moralische Grenze, die uns zu sozialem Verhalten verpflichtet. Eine nicht gut ausgebildete intrapersonelle Grenze tritt naturgemäß immer dort zum Vorschein, wo Menschen die Grenzen anderer Menschen nicht wahren. Wie können – und müssen – wir gerade in diesen Situationen an der intrapersonellen Grenze unserer Adressat*innen arbeiten? Dazu greifen wir noch einmal ausführlich auf das Fallbeispiel von Tim zurück, der Janinas Grenze böse verletzte.

Was macht es für einen Unterschied, ob Tim Janinas Grenzen künftig aus Angst vor einer Bestrafung achtet oder weil er sein Fehlverhalten wirklich eingesehen hat? Es geht dabei um den Unterschied zwischen einer *internalisierten* und einer *inneren* Grenze. Dieser Unterschied ist erheblich.

Internalisierte Grenzen

Wenn Tim Janinas Grenzen künftig achtet, weil er die Bestrafung fürchtet, die sein Tun zur Folge hätte, dann hätte er eine Norm verinnerlicht. Damit wäre die Grenze, die einem grenzüberschreitenden Verhalten Einhalt gebietet, *internalisiert*. Das wäre für die Mitbewohner*innen der Wohngruppe eine gute Nachricht. Ihnen ist es egal, ob Tim sie künftig nicht mehr aus *Angst vor den Konsequenzen* verletzt oder weil er Fortschritte in seiner moralischen Entwicklung gemacht hat: Hauptsache ist, er lässt es bleiben. Um allein dieses Ziel erzieherisch zu erreichen, würde eine Pädagogik, die vor allem über Bestrafungen funktioniert, ausreichen. Weil er »keinen Ärger kriegen« will, verhält Tim sich angepasst. Tim würde so mit der Zeit erkennen, dass die Einhaltung der Norm auch ihm selbst nützt, denn er wäre weniger in Konflikte verwickelt und würde seltener gemaßregelt. Er wäre auch nicht mehr so akut gefährdet, seinen Platz in der Einrichtung zu verlieren. Regelkonformes Verhalten könnte zusätzlich noch durch Belohnungen verstärkt und gefestigt werden. Was geschieht allerdings, wenn Belohnungen und Bestrafungen ausbleiben, zum Beispiel, weil Tim die Einrichtung verlässt? Hätte er das äußere Gebot, andere nicht zu verletzen, bis dahin auf eine Weise verinnerlicht, dass es seinem Verhalten dauerhaft moralische Schranken setzt? Oder wäre zu befürchten, dass er sofort wieder in alte Verhaltensmuster zurückfällt, sobald die Angst vor Strafen und die positive Verstärkung wegfallen? Im positiven ersten Fall wäre die äußere Grenze zu einer *inneren* geworden, im zweiten Fall hätte sich gezeigt, dass die Grenze zwar für eine bestimmte Zeit verinnerlicht wurde, aber nicht zu einer dauerhaften inneren Grenze geworden ist. Um die Wahrscheinlichkeit des Eintretens des zweiten Falls zu erhöhen, darf es bei den erzieherischen Maßnahmen nicht bei Belohnung und Bestrafung bleiben. Ohnehin ist der bislang skizzierte Verlauf allzu häufig eine Träumerei: So drastisch können Bestrafungen und so attraktiv können Belohnungen kaum sein, dass Kinder und Jugendliche wie Tim darüber zu lenken wären – da helfen auch die ausgefeiltesten Tokensysteme und Stufenpläne meistens nichts. Solche pädagogischen Instrumente kommen sehr schnell an ihre Grenzen – oder sie werden Kennzeichen totalitärer Einrichtungen, die mit Zuckerbrot und Peitsche funktionieren. Wirkliche innere Grenzen, die Adressat*innen aus der Achtung vor anderen Menschen davon abhalten, ihnen Gewalt anzutun, entwickeln sich so nicht. Wie könnte es stattdessen gelingen, die Adressat*innen beim Aufbau innerer Grenzen zu unterstützen?

Innere Grenzen
Eine wirkliche innere Grenze wäre dadurch gekennzeichnet, dass Tim sein verletzendes Verhalten unterlässt, weil er *emotional verstanden* hat, dass er Janina damit schadet, und für sich den Entschluss gefasst hat, anderen

Menschen nicht mehr willentlich schaden zu wollen. Zu diesem Verstehen können wir, wie zuvor beschrieben, beitragen, indem wir ihn anleiten, sich in Janina hineinzuversetzen. Tim würde sich probehalber mit Janina identifizieren und dabei würde er spüren, wie schmerzhaft es ist, für seine Opfererfahrungen verspottet zu werden.

Stellen wir uns den Versuch vor, Tim dabei zu helfen, Janinas Perspektive zu übernehmen, um aus dieser Sicht heraus seine Aussagen zu reflektieren. Tim wurde, das ist aktenkundig, von seinem Vater oft mit dem Gürtel verprügelt: Hätten wir ihn fragen sollen, wie er es finden würde, wenn er spöttisch gefragt würde: »Was hast du denn da auf deinem Rücken? Sind das noch Striemen?«

Das ginge zu weit! Wir berührten damit auf sehr unachtsame Weise einen Bereich von Tims Intimsphäre: seine Opfererfahrungen. Eine solche Berührung stellt eine Grenzüberschreitung dar und ist auch durch unser Bestreben, Tim möge sich in Janina hineinversetzen können, nicht zu rechtfertigen.

Stellen wir uns vor, der Mitarbeiter ist im Moment seines Gesprächs mit Tim verzweifelt und wütend. Tim verspottet die Empörung, die der Mitarbeiter angesichts der Grenzüberschreitung empfindet. Er deklariert seinen Ausspruch als Witz, der von Janina, der »blöden Kuh«, nicht verstanden wurde – und von dem Mitarbeiter, »unentspannt«, wie er nun einmal sei, offenbar auch nicht. Da könne er aber jetzt auch nichts zu, findet Tim.

Der Mitarbeiter kann an dieser Stelle, bevor er die Kontrolle verliert, das Gespräch mit Tim beenden. Die Grenze von Tim bliebe gewahrt, die Wahrscheinlichkeit einer erneuten Grenzüberschreitung durch ihn bliebe jedoch unvermindert bestehen. Es hätte zwischen Tim und dem Mitarbeiter keine Begegnung gegeben, die *einen Unterschied* gemacht hätte. Es bliebe so, wie es immer war: Gemeinheit und Überheblichkeit auf der einen, Wut und wachsende Resignation auf der anderen Seite.

Stellen wir uns jetzt aber vor, der Mitarbeiter ist im Moment des Gesprächs innerlich ruhig. Er war zwar eben noch sehr wütend auf Tim, aber mittlerweile hat er sich beruhigt und sieht vor sich einen Jungen sitzen, der im Leben viel Unglück erfahren hat. Dieses Unglück spricht jetzt, das empfindet der Mitarbeiter sehr deutlich, aus Tim heraus: So wie er verhält sich kein glücklicher Mensch.

Die Situation bekommt eine ganz andere Färbung: Der Blick des Mitarbeiters ist mitfühlend, erkennend, fast schon liebevoll. Tims Verhalten Janina gegenüber verdient Missbilligung, Tims Person verdient Achtung und Respekt. Als Tims Pädagog*innen in der Jugendhilfeeinrichtung haben wir das Mandat, ihm wohlwollend und solidarisch zu begegnen. Wir ergreifen auch jetzt, wo er sich schlecht verhalten hat, Partei für seine Entwicklung. Aus dieser Haltung heraus wollen wir ihm helfen, seinen Täteranteil zu zähmen und ihn für die Gefühle anderer zu sensibilisieren. Die Situation könnte so weitergehen:

Mitarbeiter: *»Ich möchte dir gerne helfen, in der ganzen Geschichte mal Janinas Perspektive zu übernehmen.«*

Tim: *»Ja toll. Mach halt.«*

Mitarbeiter: *»Ich habe etwas Sorge, dich zu verletzen, wenn ich das mache.«*

Tim: *»Dann lass es halt bleiben.«*

Kleine Gesprächspause

Mitarbeiter: *»Nein, ich lasse es nicht bleiben. Ich möchte nicht, dass es so weitergeht. Ich würde dir gerne sagen, was mir gerade durch den Kopf geht.«*

Tim: *»Entscheid dich mal.«*

Mitarbeiter: *»Hab ich gemacht. Ich habe gerade daran gedacht, dass du, auf eine andere Weise als Janina, ja auch die Erfahrung gemacht hast, dass jemand deine Grenzen übel verletzt hat.«* Schweigen. *»Ich würde nicht wollen, dass sich jemand anderes aus der Gruppe darüber lustig macht.«*

Tim: *»Dann kriegt er auch eine aufs Maul.«*

Mitarbeiter: *»Ja. Das wäre auf eine Art auch gerechtfertigt.«*

Pause

Tim: *»Bist du jetzt fertig?«*

Mitarbeiter: *»Noch nicht ganz. Es wäre auch gerechtfertigt gewesen, wenn dir Janina für deinen Spruch was aufs Maul gegeben hätte. Zumindest symbolisch. So wie dich keiner verletzen darf, darfst du Janina auch nicht verletzen.«*

Tim: *»Ja, Mann. Ich hab's verstanden.«*

Mitarbeiter: *»Okay, das war mir wichtig. Wir lassen es für den Moment mal gut sein und überlegen später, wie wir mit der Situation weitermachen.«*

Der Mitarbeiter deutet Tims Opfererfahrungen lediglich an. Er wahrt die Balance zwischen Konfrontation und Beschämung. Tim wird davon verschont, dass seine Opfererfahrungen konkret benannt werden und er sein Gesicht verliert. Der Mitarbeiter kommt ihm zwar nahe, aber nicht zu nahe. Das Gespräch ist eingebettet in eine unaufgeregte, leise Atmosphäre. Diese Stimmung, gepaart mit einer liebevollen Haltung, ermöglicht es, die Grenze zu Tims Intimsphäre zu überschreiten und seine schweren Verletzungen achtsam zu berühren. Vielleicht hätte Tim durch das Gespräch den tiefen Sinn der goldenen Regel »Was du nicht willst, das man dir tut, das füg auch keinem anderen zu« verstanden. Er hätte an Mitgefühl und Anstand gewonnen und vielleicht wäre es – anders als in der Realität – gelungen, ihn auf der Wohngruppe zu behalten.

Mit der dargestellten fiktiven Intervention des Mitarbeiters würden sich die Pädagog*innen und Tim außerhalb des vertrauten Musters von Fehlverhalten und Bestrafung bewegen. Damit entstünde das Potenzial für etwas Neues. Für Tim wäre es sicherlich eine wertvolle Erfahrung, wenn wir solidarisch mit ihm sein könnten, zum Beispiel, indem wir validieren, dass derjenige, der ihn verspotten würde, »zu Recht was aufs Maul« bekäme.

Aber wir dürfen an dieser Stelle auch nicht naiv sein: Natürlich wäre mit einer gelungenen Gesprächssequenz die innere Grenze noch nicht etabliert, es wäre immer noch erst der Beginn eines Fundamentes. Bei emotionaler Erregung und bei akutem Imponiergehabe, wahrscheinlich einfach auch bei schlechter Laune, würde sich schnell herausstellen, dass die Grenze noch nicht fertig ist und dass noch länger an ihr gearbeitet werden muss. So lange können wir aber nicht warten: Um den Schutz für Janina und die anderen Gruppenmitglieder zu gewährleisten, müssen wir zweigleisig fahren. Tim muss wissen, dass er für weitere Demütigungen eine Strafe erhält – das hält ihn hoffentlich zukünftig davon ab, die Grenzen anderer weiterhin zu überschreiten. Wenn das funktioniert, hätte Tim in sich eine *internalisierte* Grenze: eine nach »innen geklappte äußere Grenze« (Bittner, 2016, S. 29).

Wir sollten Tim gleichzeitig dabei unterstützen, jene *innere Grenze* in sich zu entwickeln, die ihn die Grenzüberschreitung nicht nur aus Angst vor einer Bestrafung oder aus anderem Kalkül unterlassen lässt, sondern weil er sich der goldenen ethischen Regel verpflichtet fühlt. Die Grenze wirkte dann quasi gebieterisch: »Wirkliche Grenzen sind solche, die ich nicht nur im Gehorsam gegen ›internalisierte‹ externale Gebote respektiere, sondern weil ich die Lage so sehe, dass ich gar nicht anders kann, als sie zu beachten, wenn ich mich nicht selbst unglücklich machen will« (ebd.). Schwabe (2016) sieht das Ideal einer inneren Grenze erreicht, wenn es Tim gleichsam »gegen die eigene Natur« ginge, sein Gegenüber zu verletzen:

> »[...] die leibhaft gespürte Identifikation mit allem Lebendigen, eine gefühlte Solidargemeinschaft mit den verletzlichen und schmerzhaften Körpern in der Welt, dem eigenen und dem der Anderen. Einen Frosch quälen oder einen Menschen foltern, das geht dann ›einfach nicht‹ oder nur mit

anschließenden quälenden Gewissensbissen [...]. Erst wenn diese einem zusetzen und einem schlecht wird angesichts der eigenen Schuld, wird man das nächste Mal besser, d. h. achtsamer mit dem Zarten und Verletzlichen beim Anderen umgehen« (S. 51).

Im Hinblick auf die Förderung der moralischen Entwicklung von Kindern und Jugendlichen besteht das wertvollste Ziel unserer pädagogischen Bemühungen meines Erachtens darin, dass die goldene ethische Regel in diesem Sinne verstanden wird. Jede absichtliche Grenzüberschreitung erinnert uns daran, mit dem/der Adressat*in weiter an der Etablierung seiner/ihrer inneren Grenze arbeiten zu müssen.

4.5 Die taktvolle Beschäftigung mit persönlichen Grenzen

Ich möchte das Kapitel abschließen, indem ich einige Aspekte der Ausführungen über persönliche Grenzen in den Kontext einer taktvollen Beziehungsgestaltung stelle.

1) Schwere und wiederholte Grenzüberschreitungen führen dazu, dass persönliche Grenzen verletzt werden. Verletzte Grenzen wiederum führen dazu, dass die persönliche Sphäre nicht vor dem Zugriff anderer geschützt werden kann – schlimmstenfalls droht eine Beschädigung der Würde. Die Achtung vor den persönlichen Grenzen der Adressat*innen ist entsprechend eine berechtigte Forderung. Sie ummanteln den Raum ihrer Individualsphäre, die Stabilität dieser Grenzen schützt vor dem Verlust des Eigenrechts und der Selbstbestimmung. Wir kommen den Adressat*innen zu nahe, wenn wir ihren Raum ungebeten betreten.

Manchmal müssen wir das jedoch tun, weil die Adressat*innen noch nicht oder nicht mehr in vollem Maße mündig sind (oder es niemals sein werden). Wir müssen diesen Raum auch dann betreten, wenn die Beschäftigung mit Themen, die in dem besonders sensiblen Bereich der Intimsphäre lagern, für die Entwicklung der Adressat*innen notwendig ist. Denn wenn die persönliche Grenze einer Weiterentwicklung der Adressat*innen im Weg steht, kann ihre Wahrung nicht das Ziel unserer pädagogischen Arbeit sein.

Wir benötigen den Takt, um in dieser Paradoxie handlungsfähig zu bleiben. Die Erfordernisse des Einzelfalls sind stärker zu gewichten als das »Gebot« grenzachtenden Verhaltens. In dem Fallbeispiel von Jessi und der

Frage, ob sich der Pädagoge beim abendlichen Vorlesen auf die Kante ihres Bettes setzen darf oder nicht, wird die Bedeutung des »Geschmacks für den besonderen Fall« deutlich, der den Takt auszeichnet und der durch keine Dienstanweisung zu ersetzen ist. Wir müssen erspüren, wann wir eine Grenze zu respektieren haben und wann wir mit ihr arbeiten müssen. Das hat – wie der Takt – etwas mit gutem Timing, mit viel Empfindsamkeit für mein Gegenüber und mit ernsthaftem Interesse an dessen Weiterentwicklung zu tun. Im besten Fall wird eine Grenze, die das Erleben einer angenehmen und entwicklungsförderlichen Nähe bislang verhinderte, so von einer *überschrittenen* zu einer *überwundenen Grenze*. Es ist ein sehr gutes Gefühl, wenn Grenzen, die uns am Lebensglück behindern, überwunden werden können. Umgekehrt ist es auch eine sehr heilsame Erfahrung, wenn die persönliche Grenze, die immer wieder überschritten wurde, endlich mal akzeptiert wird. Der Takt muss ermitteln, wann das eine und wann das andere zu priorisieren ist.

2) Wenn nun eine Überschreitung der Grenzen der Adressat*innen im Sinne ihrer Weiterentwicklung notwendig oder aus anderen Gründen unvermeidbar ist, benötigen wir besonders viel Taktgefühl. Unser Nahe-Kommen ist in diesem Augenblick für die Adressat*innen ein *Zu-nahe-Kommen* – wir müssen deshalb versuchen, den bedrohlichen Charakter dieses Vorgangs durch besondere Behutsamkeit zu mildern. Unser Wissen um die Brisanz und die Bedeutung dessen, was von persönlichen Grenzen geschützt wird, bildet das Fundament dieser Behutsamkeit. Wir transportieren dabei die Haltung: »Ich habe ein Bewusstsein dafür, dass ich dir zu nahe komme. Ich tue es, weil es nicht anders geht, aber ich verspreche es so zu tun, dass dabei deine Würde nicht verletzt wird«.

3) Die zentrale Haltung des Taktvollen, sein »Respekt vor der anderen Seele«, wahrt die einzige wirklich sakrosankte Grenze, die im Beziehungshandeln nicht überschritten werden darf: Das ist die Grenze der ideellen Sphäre, die die Würde schützt. Manche Grenzüberschreitungen haben sogar den Erhalt der Würde desjenigen, dessen Grenze wir überschreiten, zum Ziel: So wäre es beispielsweise entwürdigend, wenn ein Pfleger eine pflegebedürftige Frau nicht wasche, nur weil er ihre Schamgrenze nicht überschreiten möchte.

4) Die Arbeit an den persönlichen Grenzen erfordert eine gewisse Bedächtigkeit und Ruhe: Wenn der Pfleger der pflegebedürftigen Frau fröhlich zurufen würde »Ach, haben Sie sich nicht so, ich mach sowas ständig«, dann verhielte er sich wie ein taktloser Tölpel, der den grenzüberschreiten-

den und beschämenden Charakter der Situation falsch einschätzt oder ihn gedankenlos übergeht. Wenn die Mitarbeiter*innen der Wohngruppe den »schnellen Kuchen« als Entschuldigung für die sexuell belästigte Mitarbeiterin passend finden, dann mangelt es ihnen aus dem gleichen Grund an Takt. Die Arbeit an den persönlichen Grenzen ist eine ernstzunehmende Angelegenheit, denn nicht weniger als der Erhalt oder die Wiederherstellung der Würde steht dabei auf dem Spiel. Der Takt, der eher leise als laut und eher langsam als schnell ist, erzeugt genau die richtige Sphäre, um dieser Ernsthaftigkeit gerecht zu werden.

5 Berührungen in pädagogischen Beziehungen

Emotionale und körperliche Berührungen zwischen Menschen sind die Ausdrucksform für das, was wir gemeinhin als »Nähe« bezeichnen. Der äußeren Erscheinung nach sind sich zwei Menschen nahe, die emotional stark miteinander verbunden scheinen oder die einen vertraulichen körperlichen Kontakt miteinander pflegen. Berühren können einen nicht nur Hände oder andere Körperteile, sondern auch Gesten, Worte oder Blicke. Zu einer schönen Berührung wird eine Berührung dadurch, dass sie ein Wohlgefühl erzeugt. Es kann mich aber auch etwas unangenehm berühren, auch hier nicht nur – aber auch – auf körperlicher Ebene. Was mich unangenehm berührt, das löst ein Befremden aus: Da passt die Vertrautheit des Ausdrucks nicht zu meinem inneren Gefühl. Der andere ist mir für diese Berührung zu fremd, entweder in seinem Wesen oder in unserer Beziehung. Eine Berührung, die ein Wohlgefühl erzeugt, korrespondiert hingegen mit der Qualität und der Beschaffenheit der Beziehung.

Berührungen geben insbesondere in schwierigen Lebenslagen Sicherheit. Sie erinnern uns daran, dass wir nicht alleine auf der Welt sind und stärken damit unsere Zuversicht, Schwierigkeiten überwinden zu können. Eine feste, innige Umarmung zum Beispiel lässt uns die Verbundenheit mit dem Anderen deutlich spüren. Sie spendet Trost und vermag uns nicht nur auf körperlicher, sondern auch auf emotionaler Ebene zu halten. Man fühlt sich »aufgehoben«. Eine Welt, die mir ungastlich und kalt erscheint und in der ich mich verloren fühle, wird durch eine achtsame Berührung wieder wärmer und freundlicher. Berührungen können Gefühle der Einsamkeit beenden. Wer kennt es nicht: das Gefühl, mal dringend in den Arm genommen werden zu müssen?

Berührungen können starke Wirkungen erzeugen: Mit einer Berührung komme ich einem anderen Menschen nahe und diese Nähe löst etwas aus, was ich nicht mit letzter Sicherheit vorhersehen kann. Passt eine Umarmung zur Begrüßung nach Meinung des Anderen wohl zu unserer Beziehung? Ist der richtige Zeitpunkt gekommen, um das sensible Thema anzusprechen? Empfindet der Andere es als angenehm, wenn ich ihm tröstend über den Rücken streichle? Oft weiß ich das vorher nicht.

Genau hier liegt nun auch die Unsicherheit von Pädagog*innen begründet, die die Adressat*innen gerne in guter Absicht berühren würden, ihnen aber auch nicht *zu* nahe kommen wollen. Sie möchten in den Adressat*innen keine unangenehmen Gefühle erzeugen oder unsichtbare und schwer wahrnehmbare Grenzen überschreiten. In Kapitel 4.3.1 habe ich am Fallbeispiel von Rouven dafür plädiert, dass wir uns von dieser Unsicherheit oder Angst nicht lähmen lassen sollten, indem wir in unserer Arbeit vorsichtshalber ganz auf Berührungen verzichten. Dieses Plädoyer möchte ich nun näher begründen. Im Bestreben, die Nähe-Distanz-Thematik nicht auf die körperlich-sexuelle Dimension zu reduzieren, schließe ich bei dem Begriff Berührung immer auch die emotionale Berührung – die Berührung ohne Körperkontakt – ein.

Zunächst komme ich in Kapitel 5.1 auf die »Stimmigkeit« von Berührungen zu sprechen. Es handelt sich um einen Begriff aus dem Jargon psychosozialer Fachkräfte, der meist ein diffuses Bauchgefühl beschreibt: *Das wirkt für mich jetzt irgendwie nicht so stimmig.* Gerade im Hinblick auf die Gestaltung naher Momente ist Stimmigkeit jedoch einer der wichtigsten Indikatoren für eine gelungene Berührung. Der Kommunikationswissenschaftler Friedemann Schulz von Thun (1998; Pörksen & Schulz von Thun, 2014) hat sich mit diesem Begriff intensiv beschäftigt und ihn damit auch für unser Thema fruchtbar gemacht.

Im Kapitel 5.2 greife ich auf, weshalb Nähe respektive Berührungen insbesondere für gewaltbelastete und vernachlässigte Adressat*innen von großer Bedeutung sind. Hierbei spielt der Begriff der »korrigierenden Erfahrung« eine zentrale Rolle. Was aber »korrigierend« ist und warum »korrigierende Erfahrungen« nicht einfach nur das Gegenteil der bisherigen Erfahrungen sind, bedarf einer genaueren Betrachtung.

Nach diesen eher theoretischen Überlegungen widme ich mich in Kapitel 5.3 der Frage, woran wir stimmige und korrigierende Berührungen in der Praxis erkennen können. Hierbei ist unser »Spürsinn« (vgl. Probst, 2012) gefragt, der seine Fühler sowohl in Richtung des Anderen als auch nach innen ausrichten muss.

Der Unterschied zwischen dem Begriff »Berührung« und dem Begriff »Körperkontakt« liegt in der intentionalen Bedeutung des Begriffs »Berührung«, wohingegen der Begriff »Körperkontakt« lediglich ein Ereignis beschreibt (vgl. Schmidt & Schetsche, 2012b, S. 8f.). Beim Eincremen der Haut eines Kindes nach dem Baden findet ein Körperkontakt statt, doch erst der liebevolle Charakter der Handlung macht aus dem Ereignis eine Berührung. In Kapitel 5.4 geht es schließlich um die Frage, wie die taktvolle oder taktlose Einbettung eines Ereignisses »Körperkontakt« die Eigenheit einer Situation entscheidend verändern kann.

5.1 Zur Stimmigkeit von Berührungen

Schulz von Thun begreift »Stimmigkeit« als anzustrebendes Ideal einer Kommunikation. Stimmig kommuniziert, wer in Übereinstimmung sowohl mit sich und seinen Gefühlen als auch mit den Herausforderungen der Situation handelt. Da Berührungen ohne Zweifel eine Kommunikationsform sind, lässt sich die Stimmigkeitslehre auf unser Thema übertragen: Damit wird eine Berührung der Pädagog*innen zu einer stimmigen Berührung, wenn sie gleichzeitig ihrer Gefühlslage und ihrem Wesen entspricht und sie ferner in den Kontext passt. Zum Kontext gehören neben den Spezifika der Situation auch die Rollen und Funktionen, die die Berührenden miteinander verbinden.

Wie der Takt taugt nach Schulz von Thun auch die Stimmigkeit aufgrund ihrer Individualität nicht als Verhaltensschablone: Jeder/Jede Pädagog*in und jede pädagogische Situation sind anders und weisen aufgrund dieser Andersartigkeit unterschiedliche Anforderungen an stimmiges Verhalten auf. Der/Die Pädagog*in ist, wenn er/sie Adressat*innen berührt, gefordert, die Besonderheit der Situation zu erfassen und zugleich die Besonderheiten seiner/ihrer eigenen Person zu berücksichtigen. Er/Sie sollte situationsgerecht handeln und gleichzeitig authentisch sein. Dazu muss der/die Pädagog*in die Impulse in sich wahrnehmen und sie in seinem/ihrem Handeln mit theoretischen Überlegungen in Deckung bringen. Die Antwort auf die Frage, welche Berührungen (oder auch welche Nähe oder welche Distanz) stimmig sind, kann daher nicht auf dem Silbertablett geliefert, sondern muss von jedem selbst *herausgefunden* werden.

Greifen wir zur Veranschaulichung das Beispiel von Sophia und mir aus Kapitel 3.3.1 noch einmal auf: Sophia (16) bat mich um eine Umarmung zum Abschied einer stationären psychotherapeutischen Behandlung. Wie hätte ich mithilfe der Stimmigkeitslehre Schulz von Thuns *herausfinden* können, ob ich ihrem Wunsch entsprechen soll oder nicht?

Wäre eine Umarmung authentisch gewesen? Ich bin von Natur aus eher etwas nachdenklich und verkopft. Etwas spontan »rein aus dem Bauch heraus« zu entscheiden – erst recht in einer solchen Angelegenheit –, wäre nicht meine Art, entspräche nicht meinem Wesen. Überhaupt bin ich im Hinblick auf Körperkontakt eher defensiv. Die Möglichkeit, Sophia freiherzig zu entgegnen: »Aber natürlich, das ist doch kein Ding, natürlich können wir uns umarmen!«, steht mir nicht offen, wenn ich authentisch handeln möchte. Gleichzeitig aber kann ich für Adressat*innen viel Gefühl entwickeln und scheue mich nicht davor, diesem Gefühl auch einen Ausdruck zu geben. Ich habe lange mit Sophia gearbeitet und mochte sie gerne. Unter diesem Gesichtspunkt wäre mir eine Umarmung nicht unangenehm gewesen. Bedenkt man nun jedoch, dass ich »vom Typ her« tendenziell zurückhaltend mit Körperkontakt bin, dann gewinne eine Umarmung mit Sophia durch diesen Umstand für mich eine gewisse Exklusivität oder eine besondere Intensität, was ich wiederum unpassend gefunden hätte.

Wäre eine Umarmung situationsgerecht gewesen? Für die Psychotherapie gilt ein Abstinenzgebot, das jedes Ausnutzen der speziellen Vertrauensbeziehung zwischen den Patient*innen und den Therapeut*innen untersagt. Das gilt insbesondere für die Befriedigung sexueller Bedürfnisse. Würde eine einmalige Umarmung zur Beendigung einer Therapie schon unter das Abstinenzgebot fallen? Ich denke, eine flüchtige Umarmung wäre noch kein Verstoß, aber ein langer und intensiver Körperkontakt wäre schon problematisch. Sähe ich zufällig, wie ein erwachsener männlicher Therapeut eine Jugendliche innig umarmte, würde das bei mir zumindest ein Befremden auslösen. Wenn ich die Eingangsfrage aber ungeachtet des Abstinenzgebotes beantworten sollte, dann fiele mir die Antwort schwer. »Ja, eine Umarmung wäre situationsgerecht«, weil sie Sophias Bedürfnis entspräche und ich ihr eine Frustrierung des selbigen (sowie das daraus resultierende Gefühl der Zurückweisung) nach Möglichkeit gerne ersparen würde, zumal ich mich bei ihr in einer väterlichen und nicht in einer partnerschaftlichen Übertragung wähnte. Die Antwort lautete hingegen eher »Nein, eine Umarmung wäre nicht situationsgerecht«, wenn ich den therapeutischen Kontext unserer Begegnung, ihr tatsächliches Alter und die Geschlechterspannung in den Fokus nähme. Es galt in der Situation auch keine Not zu lindern oder einen dringend benötigten Trost zu spenden, insofern trage eine abschlägige Antwort auf ihre Bitte auch keine unmenschlichen Züge.

Was ist nun die Konsequenz? Eine innige Umarmung wäre aus den genannten Gründen weder authentisch noch situationsgerecht gewesen. Gar keine Berührung hingegen wäre mir kaltherzig und deshalb ebenfalls nicht stimmig vorgekommen. Ich entschied mich für eine angedeutete Umarmung mit minimalem Körperkontakt in der Gegenwart einer Kollegin. Es war eher eine Geste als eine tatsächliche Umarmung und ich habe mich ziemlich neurotisch gefühlt, aber rückblickend betrachtet hat der Moment in seiner ganzen Verkrampftheit auch etwas Rührendes: Er zeigte meine Unbeholfenheit und war deshalb aufrichtig. Es gab trotz dem intensiven Nachdenken damals keine eindeutige Lösung für mich, kein richtig oder falsch. In mir gab es nun einmal diese Ambivalenz – und die hatte einen Ausdruck bekommen.

Welche Rückschlüsse lassen sich nun für ein stimmiges Berührungsverhalten von Pädagog*innen gegenüber den Adressat*innen ziehen? Wir konzentrieren uns hierbei auf körperliche Berührungen, die nicht zwingend erforderlich oder untrennbar mit der Funktion verbunden sind. Beispiele sind das tröstende oder Geborgenheit vermittelnde In-den-Arm-Nehmen, die abendliche Massage, der aufmunternde Schulterklopfer, das Sitzen auf dem Schoß, das Balgen und Raufen, das Huckepack-Nehmen etc.

1. Wenn sie stimmig sein sollen, müssen die Berührungen des/der Pädagog*in von Herzen kommen. Sie wären Ausdruck eines inneren Bedürfnisses der *Person* des/der Pädagog*in, die andere Person zu berühren. Die Berührung geht nicht auf Verordnungen zurück, wonach Adressat*innen zum Beispiel beim abendlichen Zu-Bett-Bringen auf Wunsch zu massieren seien, sondern auf ein persönliches Anliegen, dem/der Adressat*in etwas Gutes zu tun. Pädagog*innen dürfen Wünsche der Adressat*innen nach Nähe bzw. Berührungen auch zurückweisen, wenn sie einen inneren Widerstand gegen die Berührung verspüren. Das wäre auch im Sinne der Adressat*innen: lieber keine Berührung als eine Berührung, der ein ablehnender oder sogar feindlicher Charakter innewohnt. Eine solche Berührung bedrohe die Würde stärker als die Nicht-Berührung. Sielert und Schmidt (2012, S. 159) betonen passend dazu, dass in pädagogischen Beziehungen Sympathie die wichtigste Variable beim Erleben von Körperkontakten ist: Wen ich mag, den berühre ich lieber und von dem lasse ich mich lieber berühren.

2. Wenn sie stimmig sein sollen, müssen die Berührungen des/der Pädagog*in seiner/ihrer Rolle und der Situation gerecht werden. Die Durchführung von körpernahen Ring-und Raufspielen durch einen männlichen Pädagogen kann mit den zehnjährigen Jungen seiner Wohngruppe angemessen sein, keinesfalls aber mit einer Gruppe pubertierender Mädchen. Manchmal kann es inhuman und deshalb unangemessen sein, einen notleidenden Mitmenschen *nicht* zu berühren, obwohl die gleiche Berührung in jeder anderen Situation völlig unpassend wäre. Auch könnte es niemals situationsgerecht sein, wenn alle Kinder oder Jugendlichen einer Wohngruppe ungeachtet ihrer Bedürfnisse und ihres Alters in der gleichen Weise berührt würden, nur weil es der Regelkatalog oder Verhaltenskodex der Gruppe so vorsieht.

Wir erkennen die Ähnlichkeiten zwischen der Stimmigkeit und dem Takt. Beide Tugenden erteilen pauschalen, rezeptartigen Verhaltensvorschriften eine klare Absage und betonen stattdessen die Einzigartigkeit einer jeden Situation. Ich belasse es deshalb bei diesen kurzen Ausführungen und den wenigen Beispielen. Um dem Begriff der Stimmigkeit aber noch näher zu kommen, ist nun ein Blick auf nicht-stimmige Interaktionen hilfreich.

Was sind nicht-stimmige Berührungen? Aus den beiden Gesichtspunkten für Stimmigkeit ergibt sich nach Schulz von Thun das 4-Felder-Schema der Stimmigkeit (Abb. 6), das neben dem stimmigen Handeln drei weitere mögliche Verhaltensweisen vorsieht. Sie kennzeichnen jene Kommunikationen, in denen die Akteur*innen *nicht* der doppelten Verpflichtung nach Authentizität und situationsgerechtem Handeln nachkommen.

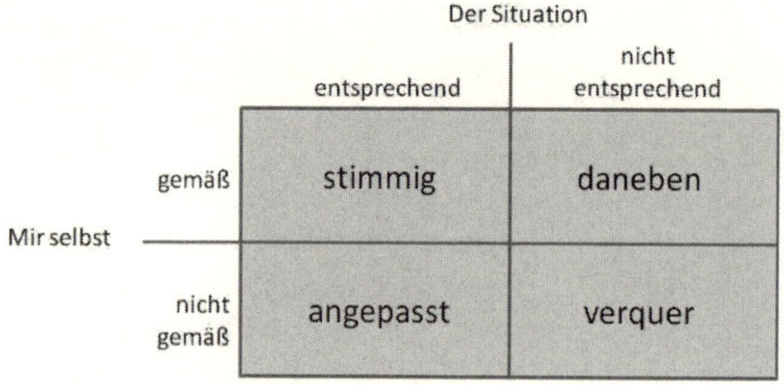

Abb. 6: Das 4-Felder-Schema der Stimmigkeit
(Quelle: Von SvT-Institut – Template: Friedemann Schulz von Thun)

Hier können uns nun zum besseren Verständnis der Theorie wieder Beispiele helfen, bei denen wir auf Situationen *ohne Körperkontakt* zurückgreifen. Über *Quadrant 1: »Mir selbst gemäß und der Situation entsprechend«* war ausführlich die Rede, konzentrieren wir uns daher nun auf die anderen Quadranten.

Quadrant 2: »Mir selbst gemäß, aber der Situation nicht entsprechend (daneben)«
An einem hochsommerlichen Tag ist in der Wohngruppe ein schwieriges Elterngespräch angesetzt. Die Bezugspädagogin des Kindes, die das Gespräch gemeinsam mit mir führt, hat sich ihrem persönlichen Stil und den Temperaturen entsprechend etwas luftig gekleidet. Die Eltern des Kindes fühlen sich durch das Erscheinungsbild der Kollegin unangenehm *berührt*. Es entsteht eine gewisse Verlegenheit, über die aus verständlichen Gründen nicht gesprochen werden kann. Die Auswahl der Kleidung entspricht zwar dem fröhlichen und unbekümmerten Wesen der Pädagogin, nicht aber den Anforderungen an ein Elterngespräch. Sie ist aus zwei Gründen »daneben«: Zum einen suggeriert sie einen privaten Charakter der Zusammenkunft, die tatsächlich aber in einem professionellen Kontext erfolgt und ein distanziertes Auftreten erfordert. Zum anderen entspricht die Naivität der Kleiderauswahl in keiner Weise der Ernsthaftigkeit des Gesprächs, in dem es – was erschwerend hinzukommt – inhaltlich um mögliche Ursachen für das sexualisierte Verhalten des Kindes gehen soll.

Quadrant 3: »Mir selbst nicht gemäß, aber der Situation entsprechend (angepasst)«
Nach dem Gespräch bitte ich die Kollegin um ein Gespräch. Mir ist es sehr unangenehm, sie auf ihre Kleidung anzusprechen, aber als ihr Vorgesetzter fühle ich mich dazu verpflichtet. Wir müssen darüber sprechen, was gerade »daneben« war. Natürlich ist ihr das Gespräch genauso unangenehm wie mir, zwangsläufig fühlt sie sich nun, da ihre Unbekümmertheit der Reflexion weicht, doppelt entblößt: zum einen aufgrund ihrer als zu freizügig erkannten Kleidung, zum anderen wegen meines Tadels. Ich mag es nicht, meinen Mitarbeiter*innen auf diese Weise »nahe zu treten« und dadurch in ihnen unangenehme Gefühle zu erzeugen. Natürlich weiß ich aber, dass es zu meiner Rolle dazugehört. Unser beider Verlegenheit im Klärungsgespräch und unser etwas gestelzter Umgang in den darauffolgenden Tagen verweisen darauf, dass das Gespräch zwar in professioneller Hinsicht

notwendig war, es auf persönlicher Ebene jedoch eine gewisse Schieflage aufwies. Mein Verhalten war der Situation angepasst, entsprach aber keinesfalls einem inneren Bedürfnis.

Quadrant 4: »Mir selbst nicht gemäß und der Situation nicht entsprechend (verquer)«

Hier greife ich noch einmal auf das Beispiel mit dem »Entschuldigungskuchen« zurück, den ein Junge unmittelbar nach seinem sexuellen Übergriff auf eine Pädagogin als Wiedergutmachung backen wollte. Was an diesem Handeln ist »verquer«? Zum einen empfindet der Junge keine Reue, ein Entschuldigungskuchen wäre also eine reine Anpassungsleistung. Aus Sicht der Mitarbeiterin wäre die Annahme einer solchen Entschuldigung ebenfalls lediglich eine Anpassung, wenn sie die Vergebung *nicht in sich fühlen* würde, sondern sie nur aus einer vermeintlich professionellen Haltung heraus annähme. Es wäre nicht stimmig von der Mitarbeiterin, Gram, Wut oder Schmerz zu fühlen, gleichzeitig aber versöhnlich eine Entschuldigung anzunehmen. Damit machte sie »gute Miene zum bösen Spiel«. Auf der Sachebene entspricht die Form der Wiedergutmachung respektive die Annahme einer Entschuldigung zusätzlich auch nicht dem Charakter der Situation, die einen ernsthaften und bedächtigen Umgang erfordert und keine unüberlegte Flapsigkeit duldet.

Zusammenfassung

Der Begriff der »Stimmigkeit« verliert mit der theoretischen Fundierung Schulz von Thuns die Konnotation des Diffusen, Nebulösen. Er ist als anzustrebendes Ideal für kommunikatives Handeln – also auch für Berührungen – eine gute und klare Orientierungshilfe. Stimmiges Handeln setzt eine gute Wahrnehmung der inneren Regungen voraus und benötigt gleichzeitig eine analytische Schärfe bei der Beurteilung von situativen Anforderungen. Wer Adressat*innen berühren will, sollte diese doppelte Verpflichtung im Streben nach Stimmigkeit berücksichtigen: Ist die Berührung sowohl mir als auch der Situation gemäß?

Mit Stimmigkeit ist nun das Ideal einer Berührung aus Sicht der Pädagog*innen beschrieben. Doch wie beurteilen sie, nachdem sie nach innen gehorcht haben, ob eine Berührung der Situation gerecht wird? Was tun sie, wenn sie das Kind zwar »von sich aus« gerne auf den Schoß nehmen würden, angesichts dessen sexueller Missbrauchserfahrungen aber unsicher sind, ob diese Berührung auch wirklich angemessen wäre? Richten wir nun den Fokus auf die Frage, inwieweit Berührungen auch der Situation entsprechend belasteten Adressat*innen gerecht werden und woran wir erkennen können, dass die Berührungen nicht nur für uns, sondern auch für sie stimmig sind.

5.2 Die Notwendigkeit korrigierender Erfahrungen

Warum also könnten Berührungen insbesondere für Adressat*innen mit missbräuchlichen Berührungserfahrungen von Bedeutung sein? Bei Adressat*innen ohne schlechte Vorerfahrungen ist die Nähe-Distanz-Regulation zwar auch bedeutsam, in der Regel aber weit weniger virulent: Der als passend erachtete Abstand kann dialogisch ermittelt werden. Wer sich seiner persönlichen Grenzen gewahr ist, kann sie besser kommunizieren und sie gegen unangenehme Berührungen oder Überschreitungen verteidigen. Zudem sind diese Adressat*innen hinsichtlich erfahrener Berührungen in guter Weise »gesättigt«. Bei Menschen hingegen, bei denen Berührungen ein biografisch belastetes Thema sind, gibt es sowohl eine große *Angst vor* als auch eine große *Sehnsucht nach* Berührungen. Die Adressat*innen weisen im Hinblick auf Körperkontakt eine Dysregulation auf, die sicher nicht dadurch beseitigt wird, dass sie einfach gar nicht mehr berührt werden. Worm (1997) entgegnet den Forderungen nach körperferner Arbeit pointiert, dass »die Erfahrung falscher, missbräuchlicher Berührung durch Nicht-Berührung allein (nicht) zu lösen ist« (S. 66). Die Nicht-Berührung schmälert weder die Angst vor dem Berührt-Werden noch das Verlangen danach. Diese Adressat*innen sind im Gegenteil darauf angewiesen, dass wir ihnen »Berührungsangebote« machen, die die negativen Vorerfahrungen dahingehend »korrigieren«, dass sich ihre Dysregulation langsam wieder reguliert. Dazu muss sich die *Repräsentanz* von Berührung verändern: Erst wenn die Adressat*innen erlebt haben, dass Nähe auch wohlmeinend, wertschätzend, schmerzlos, asexuell und achtsam sein kann, wird sich ihre innere Aufregung rund um Körperkontakte legen. Zudem werden sie mit guten Erfahrungen »im Gepäck« verankern können, dass Berührungen durch Erwachsene auch schöne und angenehme Gefühle erzeugen können. Das wird sie in die Lage versetzen, zwischen angenehmer und unangenehmer Nähe überhaupt erstmal unterscheiden zu können und sich gegenüber ungewollten Berührungen abzugrenzen.

5.2.1 Die Veränderung von Repräsentanzen

Wenn ich mich dazu entscheide, einen/eine Adressat*in zu berühren, dann trifft meine Berührung auf etwas in seinem/ihrem Inneren, auf eine Welt, die diese Berührung integrieren muss. Manchmal ist das unkompliziert, weil die Berührungen bei dem/der Adressat*in auf ein »Ja!« treffen. Schwieriger sind die Situationen, in denen die Berührung auf ein »Nein!« oder auf eine diffuse Ambivalenz trifft.

Trifft sie auf ein eindeutiges »Nein«, bin ich *zu nahe* gekommen. Kann der/die Adressat*in dieses »Nein« deutlich zum Ausdruck bringen, kann ich mein Verhalten korrigieren. Kann er/sie es aber aufgrund sprachlicher oder emotionaler Dispositionen nicht, muss ich dieses »Nein« erfühlen können, um mein Verhalten zu verändern und dem Anderen nicht immer wieder zu nahe zu kommen. Diese Kompetenz ist in helfenden Berufen wichtig zu erlernen, weil viele unserer Adressat*innen die Fähigkeit der Abgrenzung nicht gut entwickelt oder sie verlernt haben. Ich werde im weiteren Verlauf des Kapitels darauf noch zurückkommen.

Trifft meine Berührung weder auf ein eindeutiges »Ja« noch auf ein eindeutiges »Nein«, so kennt die Innenwelt des/der Adressat*in solche Berührungen vielleicht noch nicht und/oder Berührungen lösen gleichzeitig schöne und schlechte Gefühle aus.

Die Umarmung der Pädagogin fühlt sich einerseits schön und tröstlich an, mag das neunjährige Mädchen empfinden, auf der anderen Seite macht sie aber auch Angst: Hoffentlich verpflichtet sie mich nicht zu noch mehr Nähe; hoffentlich verlässt mich die Pädagogin nie wieder, wo ich doch ihre Nähe so genieße; hoffentlich erfährt meine Mutter nicht, dass ich die Pädagogin so gern habe.

Die mitfühlende Rückmeldung des Pädagogen, er sehe heute »irgendwie traurig, verzweifelt« aus, verärgert den Jugendlichen mächtig: Er will schließlich taff rüberkommen, »kein beschissenes Opfer« sein. Gleichzeitig tut es ihm gut, dass jemand seine Not erkennt und sich lieb um ihn kümmern möchte. Er fühlt ja selbst, wie sehr er Unterstützung und Zuspruch brauchen könnte.

Was ist von einer Berührung zu halten, die eine solche Mixtur beim Gegenüber erzeugt? Vielleicht ist eine Verstörung der Innenwelt eine Chance: Als Erfahrung außerhalb des vertrauten Horizonts könnte sie dessen Erweiterung ermöglichen. Das, was ich hier als »Innenwelt« bezeichne, ist als Analogie zum »internal working model« zu verstehen, mit dem der Bindungstheoretiker John Bowlby die Summe der bisher gesammelten

Bindungserfahrungen beschreibt, die sich in unserem Gehirn in einer Art »innerer Landkarte« zu einer Idee oder einer Vorstellung von Bindungen verdichten. Bezogen auf Berührungen bedeutet das: Auf der »inneren Landkarte von Berührungen« sind alle bislang erfahrenen Berührungen repräsentiert, gute wie schlechte. Was ein Mensch von zukünftigen Berührungen erwartet, ist im Kontext der Beschaffenheit dieser Repräsentanz zu verstehen.

Das Kind, das körperliche Zuwendung durch Erwachsene nur in Form sexuellen Missbrauchs erlebt hat, empfindet das Geschehen irgendwann als »normal«. Und mehr: Der Missbrauch wird nicht einmal als solcher erlebt, denn die Dimension der »Missbräuchlichkeit« benötigt die gesunde Normalität als Referenz, um wahrgenommen werden zu können. Woher aber soll man wissen, ob etwas nicht in Ordnung ist, wenn man nicht weiß, wie es normalerweise in Ordnung ist?

Der Mensch, für dessen Nöte und Bedürfnisse sich nie jemand ernsthaft interessiert hat, hat sich in seiner Einsamkeit eingerichtet. Er macht die Dinge mit sich alleine aus und erwartet von seinen Mitmenschen weder Fürsorge noch Mitgefühl. Weil er es nicht anders kennt, vermisst er auch nichts.

Das sexuell missbrauchte Kind kommt erst einmal überhaupt nicht auf die Idee, dass eine liebevolle Zuwendung auch ohne sexuelles Interesse einhergehen kann. Der emotional vernachlässigte Mensch zieht zunächst überhaupt nicht in Erwägung, dass sein Befinden für jemand anderen von Interesse sein könnte. In beiden »inneren Landkarten von Berührungen« sind diese Spuren noch nicht gelegt. Es ist verständlich, dass auf Berührungen, für die es auf den Landkarten noch keine Spuren gibt, mit einer sehr diffusen Mischung aus Skepsis, Irritation, Neugier, Freude und Angst reagiert wird. Diese vielschichtige Resonanz sollte unsere Sensibilität schärfen, aber nicht Berührungen an sich infrage stellen: Kommen keine neuen Berührungserfahrungen hinzu, bliebe die innere Karte, so rudimentär und trist sie derzeit ist, unverändert. Im Sinne des Entwicklungsprozesses missbrauchter, misshandelter und emotional vernachlässigter Menschen wäre es wünschenswert und notwendig, wenn sich *durch die Integration neuer Erfahrungen die Repräsentanz von Berührungen verändern* würde. Dafür könnten wir – als professionelle Helfer*innen – uns verantwortlich fühlen.

Das ist auch aus dem Grund von so großer Bedeutung, da erfahrene oder eben nicht erfahrene Berührungen nicht nur entsprechende Repräsentanzen von Berührungen erzeugen, sondern sie auch in dem innerpsychischen Erleben der Adressat*innen ihren starken Niederschlag finden. Mit Blick auf misshandelte und missbrauchte Menschen schreibt Joraschky (2000, S. 140): »Störungen des Selbstwertes mit Gefühlen absoluten Selbstunwertes, einhergehend mit ständigen Selbstzweifeln und oft trostlosen Körpergefühlen des Hässlichseins und der Verunstaltung sind typische Phänomene«. Uns begegnen diese Phänomene, wenn die Adressat*innen uns gegenüber sagen bzw. zum Ausdruck bringen: »Ich bin nichts wert«, »Niemand interessiert sich wirklich für mich«, »Ich bin nicht richtig, so wie ich bin«, »Keiner mag mich«, »Niemand versteht mich«, »Ich bin dumm und hässlich«, »Ich genüge nicht«, »Ich bin nicht liebenswert«. Mit solchen Ideen über sich ist ein gutes Leben schwer vorstellbar. Für die Modifizierung dieser Selbstrepräsentanzen wiederum werden korrigierende Beziehungserfahrungen benötigt, die wesentlich über achtsame emotionale und körperliche Berührungen hergestellt werden.

Neben der Modifizierung der Repräsentanzen gibt es noch einen weiteren Grund, weshalb wir bestrebt sein sollten, den Adressat*innen korrigierende Berührungserfahrungen zu ermöglichen: Aus der Entwicklungspsychologie und Resilienzforschung wissen wir, dass eine psychische Erkrankung das Resultat eines Ungleichgewichts zwischen Belastungsfaktoren und Schutzfaktoren ist. Während missbräuchliche oder mangelnde Berührungen Belastungsfaktoren sind, können achtsame Berührungen kompensatorisch wirkende Schutzfaktoren sein.

5.2.2 Die Waage in Balance bringen

Nahezu jeder Mensch wird in seinem Leben gute und schlechte Beziehungserfahrungen gesammelt haben. Mit dem Fokus auf Berührungen ließe sich konkretisieren: Nahezu jeder Mensch wird in seinem Leben sowohl angenehme und schöne als auch unangenehme und schmerzhafte Berührungen erlebt haben. Je nach Gewichtung dieser Erfahrungen entwickelt sich, wie zuvor erwähnt, eine eher positive oder eine eher negative Repräsentanz von Berührungen. Wenn wir uns die Verteilung der Gewichtung auf einer Apothekerwaage vorstellen, dann bewirken viele schlechte und wenig gute Erfahrungen ein Ungleichgewicht. Es gibt nicht genügend positive Erfahrungen, die die negativen Erfahrungen lindern könnten.

Vielleicht lässt sich einwenden, dass es ein zynischer Gedanke sei, man könne das Leid schlimmer körperlicher Erfahrungen mit schönen Körpererfahrungen aufwiegen. Ja und Nein. Ja, es wäre zynisch, erlittenes Leid zu relativieren oder zu bagatellisieren. Aber: Nein, positive Erfahrungen können dennoch einen Beitrag zur Linderung des Schmerzes leisten: Jeder wird sich an Situationen oder Lebensphasen erinnern können, wo die mitfühlende Versorgung seiner emotionalen oder körperlichen Wunde durch einen anderen Menschen die eigene Verletzung erträglicher gemacht und die Genesung beschleunigt hat. Die Zuwendung war bei der Bewältigung der Belastung eine wichtige Ressource.

Unsere Adressat*innen, die schlechte Berührungserfahrungen gemacht haben, müssen zum einen davor geschützt werden, dass sich das Gewicht auf der Belastungsseite der Waage nicht weiter erhöht. Gleichzeitig ist ihnen zu wünschen, dass sich der Reichtum an positiven Erfahrungen kontinuierlich vergrößert und sich die Übermacht der Belastungsseite dadurch relativiert.

Wie ermöglichen wir im pädagogischen Kontext nun »korrigierende« Erfahrungen? Ein Unrecht ist geschehen und es steht nicht in unserer Macht, es ungeschehen zu machen. Wir können das Gewicht dieser schlimmen Erfahrung – um in dem Bild zu bleiben – nicht einfach von der Waage herunternehmen. Wenn wir nun eine sexuell missbrauchte Adressatin gar nicht mehr berührten, bliebe die Waage bzw. das Verhältnis zwischen der Belastungs- und der Ressourcenseite unverändert. Wir könnten nur darauf hoffen, dass der sexuelle Missbrauch mit der Zeit weniger schwer wiegt und die Waage langsam wieder ins Gleichgewicht kommt. Es wäre uns aber auch möglich, der Adressatin Beziehungsangebote zu unterbreiten, die Erfahrungen auf der anderen Seite der Waage ermöglichen. So würde eine kompensatorische Kraft wirken, die deshalb »korrigierend« ist, weil sie zu einer Verschiebung der Gewichtungsverhältnisse in Richtung einer Balance führt.

5.2.3 Wie sind korrigierende Erfahrungen beschaffen?

»Korrigierend« sind also Erfahrungen, die eine Modifizierung negativer Repräsentanzen ermöglichen und die zu einer Balance der Gewichtung zwischen belastenden und stärkenden Berührungserfahrungen beitragen. Es wäre aber zu einfach, eine »korrigierende Erfahrung« als bloßes Gegenteil der bisherigen Erfahrungen zu verstehen: Die korrigierende Erfahrung zur totalen Vernachlässigung ist nicht die totale Versorgung, sondern die angemessene Versorgung. Die korrigierende Erfahrung zur missbräuchlichen Berührung ist nicht die Nicht-Berührung, sondern die achtsame Berührung. Bieten wir als vermeintlich korrigierende Erfahrung immer nur das andere Extrem an, dann bewegen wir uns automatisch in jener Misshandlungs-, Missbrauchs- oder Vernachlässigungsdynamik, der wir eigentlich kompensatorische Kräfte entgegenstellen wollen. Wir hätten dann zum Beispiel die schon mehrfach thematisierte Situation, dass der erfahrenen missbräuchlichen Nähe mit großer Distanz begegnet würde und der/die Adressat*in schon wieder nicht das bekäme, was er/sie für seine/ ihre Entwicklung bräuchte: eine das Selbstbestimmungsrecht achtende und gleichzeitig Geborgenheit vermittelnde Zuwendung. Die traumatischen respektive entwicklungshinderlichen Erfahrungen der Adressat*innen würden damit die gesamte weitere Entwicklung überlagern und prägen, womit die Adressat*innen doppelt bestraft würden. Was sie für ihre Entwicklung benötigen, ist zudem zwar ohne Zweifel auch von ihren Vorerfahrungen beeinflusst, aber doch nicht ausschließlich: Die Adressat*innen sind nicht einfach nur durch ihre Biografie determiniert, sondern immer noch in erster Linie Menschen wie jeder andere, die nicht in der Vergangenheit, sondern im Hier und Jetzt leben und die in diesem Hier und Jetzt die gleichen Grundbedürfnisse nach Geliebt-Werden und Mit-anderen-Menschen-verbunden-Sein haben wie alle anderen auch. Eine korrigierende Erfahrung orientiert sich deshalb nicht nur an der Vergangenheit, sondern gleichzeitig immer auch am Normalen, Menschengerechten. Es wäre tragisch, wenn die Vergangenheit der Adressat*innen in der Gegenwart immer auch ihr Schicksal bliebe und sie keine neue Erfahrung außerhalb der Dynamik des biografisch Erlebten verankern könnten. Wenn wir also nun auf der Beziehungsebene korrigierende Beziehungsangebote machen wollen, dürfen wir nicht voreilig sein und dabei *nur* die Biografie oder *nur* das Normale zum Maßstab nehmen – sondern immer beides.

Am Beispiel der Frage, wohin sich die Pädagog*innen setzen, wenn sie Jessi eine Gute-Nacht-Geschichte vorlesen, ist diese Vorgabe am Anfang des vorigen Kapitels schon durchexerziert worden. Orientieren wir uns bei unserem Beziehungsangebot ausschließlich an der Biografie des Mädchens, werden wir aus Angst vor neuerlichen Grenzüberschreitungen Berührungen möglicherweise zu stark vermeiden. Orientieren wir uns nur an dem, was wir für das normale Maß halten, fehlt uns in unserem Berührungshandeln möglicherweise die Sensibilität für die Brisanz, die das Thema der körperlichen Nähe für Jessi nun einmal aufweist. Auf der Sache nach der

Antwort auf die Frage, welche Erfahrungen für das Mädchen korrigierend sein könnten, müssen wir die Situation analysieren, zu der wir das Korrektiv suchen.

➤ Der Mensch, der Jessi sexuell missbraucht hat, ist ihr *zu nahe* gekommen. Das bloße Gegenteil wäre nun, ihr *zu fern* zu bleiben. Das wäre aber lediglich die andere Seite der gleichen traurigen »Medaille«. Korrigierend wäre es, ihr *weder zu nahe zu kommen noch ihr zu fern zu bleiben*.

➤ In der Missbrauchssituation wurden Jessis Grenzen missachtet. Das Gegenteil bestünde darin, ihre Grenzen zu achten. Allerdings wurden Jessis Grenzen nicht nur missachtet, sondern dabei auch nachhaltig verletzt, wie an ihrem Sexualverhalten noch viele Jahre später zu erkennen ist. Das Korrektiv zu der *Verletzung* der Grenze ist die *Hilfe beim Verheilen* der Grenze. Was zur Heilung beiträgt, muss genau analysiert werden – die Wahrung ihrer Grenze ist anfangs sicherlich sehr wichtig, auf Dauer aber zu wenig. Mit der Grenze muss gearbeitet werden.

➤ Missbrauch ist durch eine totale Fremdbestimmung charakterisiert. Das Gegenteil bestünde darin, dem Mädchen maximale Selbstbestimmung zuzugestehen. Korrigierend wäre es, ihr *so viel Selbstbestimmung wie möglich* zu gewähren, ohne dass das Selbstbestimmungsrecht anderer missachtet wird. Gewährte man Jessi aufgrund ihrer Geschichte »Narrenfreiheit«, würde sie früher oder später aus jeder Gemeinschaft, in der sie lebt, ausgeschlossen werden. Eine Opfererfahrung wird nicht – jedenfalls nicht funktional und entwicklungsförderlich – durch Täterverhalten korrigiert.[11]

---

11 Hier stellt sich eines der Grundprobleme der pädagogischen Arbeit mit traumatisierten Kindern und Jugendlichen: Häufig werden die traumatischen Erfahrungen – in der Regel unbewusst – auf der Täter- oder der Opferseite re-inszeniert und so im Hier und Jetzt lebendig gehalten. Halten die Pädagog*innen aufgrund der Dysfunktionalität dieser Bewältigungsstrategie nun »mit aller Macht« dagegen, bewegen sie sich im anderen Extrem. So konstituieren sich Muster, die sich im pädagogischen Alltag rasch chronifizieren und die Gefahr bergen, dass jegliche Interaktionen in der Logik der Traumadynamik erfolgen. Der Ausstieg aus solchen Mustern gehört zu den schwierigsten Aufgaben in der Pädagogik. Ich habe deshalb darauf hingewiesen (Volmer, 2017), dass sich in der pädagogischen Arbeit mit traumatisierten Menschen unbedingt mit Mustererkennung und -unterbrechung beschäftigt werden muss.

Verabschieden wir uns also von der Idee, die gegenteilige Erfahrung wäre automatisch eine korrigierende Erfahrung. Bei der Suche nach dem Korrektiv ist mehr Genauigkeit gefordert. Eine korrigierende Erfahrung ist eher ein *Entwicklungssubstitut*: die Unterstützung einer Entwicklung, die durch belastende Lebensereignisse oder Lebensumstände gehemmt oder blockiert wurde. Sie setzt da an, wo schlechte Erfahrungen ihren Anfang nahmen. So macht es natürlich einen Unterschied, ob ein/e Adressat*in erst als Jugendliche/r unzureichende oder schlechte Berührungen erfuhr oder schon als Säugling. Im ersten Fall hat der/die Adressat*in keinen frühen Mangel erlitten, der kompensiert werden müsste: Er/Sie hat im Säuglingsalter die Skin-to-skin-Kommunikation mit seinen/ihren Eltern erlebt, über die er/sie Liebe, Angenommensein, Zärtlichkeit, Geborgenheit und Liebkosungen wahrgenommen hat und die maßgeblich zur Entwicklung seines Urvertrauens beigetragen hat (vgl. Wanczek-Sielert, 2012, S. 113). Hat ein/e Adressat*in wie im zweiten Fall aber von Geburt an nicht die Berührungen erhalten, die er/sie für seine Entwicklung gebraucht hätte, sollten wir ihm/ihr ermöglichen, diese – nicht in gleicher, aber in geeigneter kompensatorischer Weise – nachzuholen (dazu später mehr). Eine eher körperferne Arbeit würde lediglich den herrschenden Mangel verwalten. Korrigierende Erfahrungen hingegen sollen den Adressat*innen ermöglichen, das Gesunde in sich nachreifen zu lassen. Das funktioniert nicht, wenn man dem Gesunden – der für die Entwicklung notwendigen, angemessenen emotionalen oder körperlichen Berührung – keinen Raum gewährt. Es ist deshalb der Versuchung zu widerstehen, sich vordergründig logischer, aber letztlich zu kurz gedachter Lösungen (»Bloß kein Körperkontakt bei sexuell traumatisierten Kindern!«) zu bedienen.

Eine wesentliche Voraussetzung für korrigierende Erfahrungen bildet unsere Unaufgeregtheit im Umgang mit der Thematik. Adressat*innen, die die Aufgeregtheit ihrer biografischen Belastungen verständlicherweise in sich tragen, benötigen unsere Ruhe als Wellenbrecher ihres inneren Aufruhrs – und kein hektisches Mitagieren, das ihre Aufgeregtheit noch potenziert. Die Pädagog*innen sind demnach gefordert, ihre eigene Aufregung (»Ein sexuell traumatisiertes Kind! Auf keinen Fall zu nahe kommen! Besser gar keine körperliche Nähe!«) im Dienste der betroffenen Adressat*innen *in sich* zu regulieren. Bessel van der Kolk (vgl. van der Kolk, McFarlane & Weiseath, 2000) hat den Verlust der Fähigkeit zur Selbstregulation als nachhaltigste Auswirkung eines Traumas beschrieben. Da sich Selbst- und Fremdregulation wechselseitig beeinflussen, kann diese

Fähigkeit meistens nur mit der Hilfe gut regulierter Bezugspersonen wiedererlangt werden. Die Dysregulation der Adressat*innen darf daher nicht auf uns übergreifen, sondern unsere Regulationsfähigkeit muss umgekehrt auf sie wirken: Die betroffenen Kinder und Jugendlichen benötigen für ihre Genesung im Hinblick auf die Nähe-Distanz-Regulation von uns kein extremes, sondern ein gesundes Maß, das weder von einem Zuviel noch von einem Zuwenig geprägt ist.

Eine korrigierende Berührung zeichnet sich zudem durch ihre besondere Behutsamkeit aus. Der Berührende weiß um die Verletzungen des Anderen und lässt deshalb viel Vorsicht walten, damit die Berührung keine Schmerzen verursacht. Er unterlässt die Berührung aber deshalb nicht, weil sich letztlich in ihr jene Verbundenheit konstituiert und äußert, die zur Heilung und Entwicklung benötigt wird. Machen wir uns auch bewusst: Die Adressat*innen fürchten nicht die Berührung an sich, sondern die unachtsame, die zu grobe und zu schnelle Berührung.

Konkretisieren wir nun das Gesagte im Hinblick auf emotionale und körperliche Berührungen.

5.2.4 Korrigierende emotionale Berührungen

Wie sehen unangemessene emotionale Berührungen aus, die einer korrigierenden Erfahrung bedürfen? Anstelle einer Auflistung, die ohnehin nicht vollständig sein könnte, schildere ich an dieser Stelle zwei Fallbeispiele.

Jakob ist zwei Jahre alt, als er von seiner Mutter getrennt wird und zu Pflegeeltern kommt. Im Alter von neun Jahren – er lebt inzwischen in einer Jugendhilfeeinrichtung – erhält Jakob per Post ein Buch, das ihn sehr berühren wird. Es ist ein Buch, das seine Mutter mithilfe ihrer sozialpädagogischen Familienhelferin für ihn geschrieben hat. Jakob und seine Mutter hatten seit der Herausnahme aus der Familie kaum Kontakt, sie sahen sich höchstens einmal im Jahr und telefonierten nur sporadisch. Mit dem Buch möchte die Mutter emotional Kontakt zu ihrem Sohn aufnehmen – sie möchte, dass sich ihre Leben wieder mehr berühren. In dem Buch erzählt sie Jakob von seinem Vater, den er nie kennengelernt hat; von seinen jüngeren Halbgeschwistern; von ihrer psychischen Erkrankung, die es ihr so schwer machte, zu ihm Kontakt zu halten.

Das Buch stellt den Versuch einer Mutter dar, den eklatanten Mangel an Berührungen zu korrigieren. Sie hatte ein schlechtes Gewissen, so wenig für ihren Sohn dagewesen zu sein, und wollte es »wieder gut« machen. Dabei machte sie das Gegenteil von dem, was sie bis dato gemacht hatte: Sie berührte Jakob intensiv. Zunächst ist hier zu prüfen, *für wen* das Buch einen korrigierenden Charakter haben konnte oder haben sollte. Sicherlich hatte die Mutter im Vorfeld innerlich Kontakt zu Jakob aufgenommen. Ging es ihr nun darum, Jakob ein »Beziehungsgeschenk« zu machen, ein Angebot zur Kontaktaufnahme, das die bisherige Bindungslosigkeit korrigieren sollte? Vielleicht. Allerdings legen die Inhalte des Buches die Vermutung nahe, dass sich die Mutter vor allem selbst entlasten wollte.

In dem Buch schreibt die Mutter viel über ihre Beziehungen zu den Vätern von Jakob und seinen Halbgeschwistern. Jakob erfährt, dass seine Mutter für seinen Vater geschwärmt habe, aber sich für ein Kind noch zu jung gefühlt habe und sich auch sicher war, dass der Mann kein guter Vater wäre. Dennoch habe sie sich gegen eine Abtreibung und für ihn, Jakob, entschieden. Vom Vater habe sie sich noch vor der Geburt getrennt. Jakob erfährt weiter, dass die Mutter bald nach seiner Geburt von einem anderen Mann schwanger wurde, mit dem sie sich eine Familie vorstellen konnte. Dieser Mann habe ihn, Jakob, jedoch abgelehnt, weswegen sie ihn zu Pflegeeltern geben wollte, bis die Beziehung stabiler geworden sei und sie ihn wieder hätte zurücknehmen können, wozu es dann aber leider nicht gekommen sei, da ... und so weiter.

Im Bemühen um die Korrektur des jahrelangen (Ver-)Schweigens erzählt Jakobs Mutter nahezu ungefiltert aus ihrer Geschichte. Hat sie ihren Sohn dabei im Blick? Leider nicht. Es ist sehr schön, dass Jakobs Mutter ihre Biografie aufarbeitet, und es ist berührend, dass sie den verloren gegangenen Bindungsfaden zu Jakob wieder aufnehmen möchte. Zu einer korrigierenden Erfahrung wird ihr Buch deshalb für ihren Sohn jedoch nicht. Der emotionalen Berührung fehlt es an Unaufgeregtheit und Behutsamkeit: Die Aufgeregtheit spiegelt sich in der geringen emotionalen Distanz wider, die die Mutter zu den Dingen hat. Sie schreibt sehr detailliert und abstrahiert kaum, man spürt zwischen den Zeilen ihre emotionale Aufgewühltheit. Doch der Empfänger ist kein Therapeut oder Tagebuch, sondern ein Kind, das mit dem ganzen kaum verarbeiteten emotionalen Material seiner Mutter restlos überfordert ist. Dem Buch fehlt die vorausschauende Vorsicht, wie der Empfänger es lesen wird.

Welchen Mangel litt Jakob in all den Jahren in Pflegefamilien und Einrichtungen? Seine Mutter war nicht für ihn da, hat nicht für ihn gesorgt, sich kaum für ihn interessiert. Dieses Buch ist aus dem Grund keine korrigierende Erfahrung, weil es diesen Mangel nicht kompensiert. Vielmehr ist es so, dass Jakob als Leser des Buches unfreiwillig in die Situation kommt, seiner Mutter bei der Verarbeitung ihrer Geschichte zu helfen. Damit ist *er* für *sie* da, nicht umgekehrt. Das ist für Jakob, zumal es ja auch seine eigene schmerzhafte Geschichte betrifft, eine heillose Überforderung. Das Buch hat trotz des positiven Ursprungsgedankens – nach Jahren der Kontaktlosigkeit wieder emotionalen Bezug herzustellen – eine missbräuchliche Dimension. Eine korrigierende emotionale Erfahrung wäre in diesem Beispiel dadurch gekennzeichnet gewesen, dass sich Jakob nach der langen Zeit endlich mal von seiner Mutter gesehen gefühlt hätte: in seiner Traurigkeit, seiner Wut, seiner Verwirrung, in seinem Wunsch nach mütterlicher Anerkennung.

Was hätte die Mutter ihm schreiben können? Vielleicht einen Brief: »*Mein lieber Jakob, es tut mir unendlich leid, dass ich so lange Zeit so wenig für dich da war. Es tut mir leid für dich, weil du mich als Mutter bestimmt gebraucht hättest, und es tut mir auch leid für mich, weil ich nicht sehen konnte, wie du größer wirst. Ich kann das nicht wieder gut machen, aber ich kann und will es ab jetzt besser machen. Vielleicht kannst du mit deiner Bezugserzieherin besprechen, was du dir von mir wünschst und mir das dann schreiben. Ich würde mich sehr über eine Antwort von dir freuen. Deine Mama.*«

Es ist schwierig, für solch einen Brief die richtigen Worte zu finden. Wichtig wäre es, nahe bei sich zu sein, um authentisch und von Herzen sprechen zu können, und gleichzeitig nahe am Kind zu sein, um die notwendige Behutsamkeit für dieses hypersensible Thema aufzubringen. Die Mutter darf Jakob einerseits mit ihrer Emotionalität nicht überfordern – er muss den Brief noch »verdauen« können –, aber sie möchte ihm andererseits auch verdeutlichen, dass er ihr etwas bedeutet, dass all die Jahre des spärlichen Kontaktes nicht bedeuten, dass er keinen Platz in ihrem Herzen hat. Wenn das gelänge, wäre das für Jakob eine sehr heilsame Erfahrung.

*Doch wie gehen nun die Pädagog*innen der Einrichtung, in der Jakob lebt, mit dem Buch der Mutter um? Jakob liest es gierig in einem Zug, zuckt mit den Achseln, legt es beiseite und sagt kein Wort dazu. Auf die Frage seiner Bezugserzieherin, ob sie das lesen könne, nickt er. Sie liest es sich, während er ins Leere starrt, in seiner Gegenwart durch und schweigt danach lange. Wie »berührt« sie dieses schwierige Thema nun? Irgendetwas muss sie ja tun. Versucht sie mit Jakob darüber zu reden? Wenn ja, wie? Sie fragt ihn leise und langsam:* »*Möchtest du über das Buch sprechen?*« *– Kopfschütteln. Nach einer weiteren Pause:* »*Was möchtest du sonst damit machen?*« *–* »*Nimm es mit ins Büro und leg es in mein Fach.*«

Jakob gibt die Richtung vor: Er bringt das Buch in Distanz, nachdem es ihm zu nahe gekommen ist. Es soll raus aus seinem Zimmer und stattdessen im Büro der Pädagog*innen aufbewahrt werden. Eine sehr verständliche Reaktion. Doch natürlich arbeitet das Gelesene nun in ihm weiter und er wird die Hilfe der Erwachsenen bei der Verarbeitung benötigen. Das wird für ihn angesichts der Mangelerfahrung des Gehalten-Werdens durch die Mutter eine korrigierende emotionale Erfahrung sein.

Ich möchte noch ein anderes Beispiel zur Diskussion stellen:

Mandy ist zwölf Jahre alt. Sie hat vor zwei Jahren ihren Vater durch Suizid verloren, ihre Mutter ist alkohol- und tablettenabhängig. Wenige Monate nach dem Tod des Vaters kommt sie aufgrund einer schweren depressiven Symptomatik und wegen der Verweigerung des Schulbesuchs in eine therapeutische Wohngruppe für Mädchen. In der wöchentlich stattfindenden Gruppensitzung wird der bevorstehende Abschied mehrerer Mädchen aus der Wohngruppe thematisiert. Mandy hat zu einigen der Mädchen eine emotionale Verbindung, während sie die Erwachsenen weitgehend auf Distanz hält. Den Tod des Vaters, ihrer primären Bezugsperson, hat sie nie zur Sprache gebracht, eine psychotherapeutische Einzelbehandlung hat sie abgelehnt. Sie spricht überhaupt sehr wenig, zeigt kaum Emotionen und zieht sich viel zurück. In der Gruppensitzung wird nun spürbar, wie ihr der Abschied eines Mädchen sehr nahe geht: Sie zieht sich aus dem Sitzkreis zurück und setzt sich in eine Ecke des Raumes. Dabei umklammert sie die angewinkelten Beine mit ihren Armen und versteckt ihr Gesicht hinter den Knien. Die Gruppenleiterinnen vermuten, dass nicht nur der Abschied an sich für Mandy belastend ist, sondern dadurch auch die bislang totgeschwiegenen Gefühle im Zusammenhang mit dem Verlust des Vaters angetriggert werden.

Wie sollten oder wie könnten die Gruppenleiterinnen mit der Situation umgehen? Mandy ist offenbar emotional berührt, »nahe dran an ihren Gefühlen«. »Endlich mal«, könnte man meinen, aber auch »Oh je«. Lange aufgestaute Traurigkeit sowie nach innen genommene Wut steigen hoch an die Oberfläche und sind nur noch ein kleines Stück vom »Ausbruch« entfernt. Wie spricht man sie nun an? Spricht man sie überhaupt an oder lässt man sie lieber in Ruhe? Wie »berühren« die Gruppenleiterinnen Mandy in dieser sensiblen Situation?

In der Realität haben die Gruppenleiterinnen Mandy in Ruhe gelassen. Zur Abschlussrunde wurde sie zurück in den Kreis gerufen, sie kam dann auch, sagte aber nichts mehr.

Das Taktgefühl gebot den Gruppenleiterinnen, Mandy mit einer weiteren Konfrontation mit ihren Gefühlen zu verschonen. Hätte man es auch anders lösen können? Was wäre eine »korrigierende« emotionale Berührung gewesen? Vor dem Hintergrund der Erkrankungen ihrer Eltern hat sich das Mädchen in ihrer Einsamkeit eingerichtet: Sie ist es gewohnt, mit ihren Gefühlen alleine zu bleiben. Wenn das so bleibt, besteht wenig Hoffnung auf eine Linderung der depressiven Symptomatik. In der Gruppensitzung ist Mandy nun immerhin im Raum geblieben. Dadurch haben die anderen Mädchen und die Leiterinnen etwas »von ihr mitbekommen« – das hat sie zugelassen. Früher bei ihren Eltern machte sie in Momenten, in denen sie ihre Gefühle zeigte, die Erfahrung, dass die Eltern vor allem um sich selbst kreisten und von ihrer Tochter kaum Notiz nahmen. Vielleicht wäre es in der Gruppensitzung eine korrigierende emotionale Erfahrung für sie gewesen, ihre Gefühle validiert zu bekommen und den Raum zu erhalten, ihre Gefühle auch zu äußern. Vielleicht benötigte sie überhaupt erst einmal die Erlaubnis, zu weinen, zu schreien oder was auch immer in ihrem Inneren rumorte, auch nach außen zu bringen. Vielleicht hätte sich auch eine der Gruppenleiterinnen neben sie setzen und sie eventuell auch körperlich berühren können: »Ich bin da«, signalisierte sie ihr damit, »Du bist nicht allein«. Vielleicht wäre das ein Weg gewesen, das möglicherweise überfordernde »Darüber-Sprechen« zu umgehen und dennoch eine korrigierende Erfahrung zu verankern: »Ich sehe dich in deiner Traurigkeit und in deiner Wut, aber auch in deiner Angst oder Überforderung, darüber zu sprechen.«

Nachdem die Gruppenleiterinnen die Situation in diesem Sinne reflektiert hatten, fassten sie den Entschluss, Mandy bei einer passenden Gelegenheit in einer der kommenden Gruppensitzungen zu dem Thema Abschied/Tod des Vaters »näher« zu kommen. Als eines der anderen Mädchen in der nächsten Stunde über einen Verlust in ihrem Leben sprach, griff eine der Gruppenleiterinnen den Ball auf und sagte langsam und bedächtig in den Raum hinein: »Ich glaube, hier im Raum wissen einige, wie es sich anfühlt, jemanden zu verlieren.« Sie sagte es in den Raum hinein, meinte aber Mandy. Die indirekte Kommunikation ersparte Mandy die unmittelbare Konfrontation, die ihr vermutlich »zu nahe« gekommen wäre. So aber konnte Mandy sich entscheiden, ob sie sich gemeint fühlen wollte. Sie wollte. Und begann unmittelbar aus tiefstem Herzen zu weinen, erstmals nach über zwei Jahren nach dem Tod ihres Vaters. Die Gruppe war sehr berührt, manche weinten mit. Mandy hat danach ganz weiche Gesichtszüge und ist sehr präsent. Im Anschluss an die Sitzung wird sie von den Mitarbeiterinnen der Wohngruppe ungewohnt fröhlich und aufgeräumt erlebt.

Auch wenn die Gruppensitzungen einen therapeutischen Charakter aufweisen und die Leiterinnen über viel Erfahrung verfügen, so soll das Fallbeispiel dennoch illustrieren, welchen hohen Wert eine korrigierende emotionale Berührung haben kann. Sie kann auf das Lebensglück und die Entwicklung des Berührten einen großen Einfluss nehmen. Natürlich erfordert diese Arbeit viel Achtsamkeit für das Gegenüber und ein gutes Taktgefühl für das richtige Timing und die richtige »Dosierung« der Intervention. Diese Kompetenz entwickelt sich nicht »von jetzt auf gleich«. Aber der Takt – hier: der Sinn für angemessene Berührungen – kann eingeübt werden, und dazu müssen wir uns mit den schweren Themen der Adressat*innen und mit der Frage, wie wir diese auf eine gute, heilsame Weise berühren könnten, eingehend beschäftigen.

5.2.5 Korrigierende körperliche Berührungen

Was sind es nun für Erfahrungen körperlicher Berührungen, denen wir kompensatorische Kräfte gegenüberstellen wollen? Und wie äußern sich diese in unserem pädagogischen Alltag? Aus der Beantwortung dieser Fragen leitet sich die Richtschnur für unseren Umgang mit körperlichen Berührungen ab. Ich hole eingangs etwas weiter aus, um die Entstehung von Körperrepräsentanzen noch einmal zu konkretisieren.[12]

Entstehung und Ausdruck körperlicher Repräsentanzen
Wie bereits erläutert, führen die verinnerlichten Körpererfahrungen zu Repräsentanzen des Körpers. Dazu gehört, unabhängig vom Zeitpunkt des Widerfahrens, auch der Missbrauch und/oder die Misshandlung: Dieses im Körpergedächtnis gespeicherte emotionale Belastungsmaterial taucht in der Gegenwart als Körperrepräsentanz in Form von Schmerzen unterschiedlicher Art, aber auch in Körperhaltungen und Bewegungsmustern wieder auf (vgl. Plassmann, 2007, S. 39ff.). Plassmann (ebd.) unterscheidet auf Organebene drei unterschiedliche Erscheinungsformen körperlicher Repräsentanzen: den kohärenten, den chaotischen und den traumatischen Zustand. Der kohärente Zustand ist Ausdruck eines gut arbeitenden Verarbeitungsapparates: Die körperlichen Rhythmen (Puls, Herzschlag) sind

---

12 Einige Textpassagen aus diesem Kapitel sind meinem Buch *Bewegt ins Gleichgewicht* (2013) entnommen.

ungestört und arbeiten harmonisch. Bei zu starker Belastung wechselt der Organismus in einen chaotischen Zustand, der sich zum Beispiel in Unregelmäßigkeiten in der Herzschlagvariabilität äußert.

Der Däne Kristian Ditlev Jensen (2004; zit. n. Bange, 2007, S. 27) gibt in seinem autobiografischen Buch *Ich werde es sagen* eindrücklich Einblick in seinen körperlichen Zustand während einer Missbrauchssituation:

> »Seine Hände tasten im Dunkeln herum, und er wird immer erregter. Er sagt, ich solle ihn anfassen, aber ich habe keine Lust dazu. Er bettelt immer weiter, bis ich schließlich ganz still liege, ohne etwas zu sagen. Mein Körper ist steif wie ein Brett. Ich versuche, so zu tun, als ob ich schlafe. Überlege, ob ich ein wenig schnarchen soll, damit es echter wirkt, oder es besser lasse.«

Bei einem weiteren Anstieg der Affekte kommt es – wie hier beschrieben – zu einer kompletten Destabilisierung des Systems, das seine Tätigkeit nur noch auf das Überleben ausrichtet, »dazu gehört auch die emotionale Desintegration des Erlebten durch Dissoziation« (Plassmann, 2007, S. 42). Um das Leid aushalten zu können und das psychische Überleben zu sichern, tritt der Mensch aus seinem Körper heraus und rettet damit einen Teil seiner Persönlichkeit – auf Kosten der Beziehung zum eigenen Körper, der im Zuge dieser Überlebensstrategie abgespalten wird (Depersonalisation).

So sinnvoll die Dissoziation im Moment der traumatischen Situation auch sein mag, so gravierend sind dennoch die Nachwirkungen: Auch im Prozess der Abspaltung des Körpers oder einzelner Körperteile bleiben die hohen Affektstärken auf Organebene weiter wirksam, so dass »in Triggersituationen mit spezifischer emotionaler Belastung« (ebd.) die traumatischen Gefühle wieder aktiviert werden und der Körper der Betroffenen in einen chaotischen oder traumatischen Zustand geraten.

Die Eltern des achtjährigen Jason leben ihre Sexualität ungebremst vor den Augen und Ohren des Kindes aus. Auch pornografische Videos hat Jason bereits gesehen. Die Lehrerinnen aus der Grundschule berichten von einem stark sexualisierten Verhalten des Kindes. In der Tagesgruppe, die er daraufhin besucht, findet er einigermaßen zur Ruhe. Das ändert sich, als ein anderes Kind mit sexualisierten Verhaltensweisen in der Gruppe aufgenommen wird. Kaum geht es im Entferntesten um ein sexuelles Thema, wechseln die beiden Jungen von einem gut regulierten in einen völlig »verrückten« emotionalen Zustand. Die Stimme überschlägt sich, sie zappeln wie wild herum, der Schweiß schießt ihnen aus allen Poren heraus.

Die beiden Kinder zeigen körper- und bewegungsbezogene Verhaltensweisen, die sich bei Adressat*innen mit schlechten körperlichen Erfahrungen häufig beobachten lassen. Die Erscheinungsformen chaotischer oder traumatischer körperlicher Zustände umfassen:

➤ Hyperaktives Bewegungsverhalten
➤ Waghalsiges, parasuizidales und autoaggressives Bewegungsverhalten
➤ Erstarrung, Lähmung, Apathie
➤ Mangelndes oder sehr starkes Schmerzempfinden
➤ Vegetative Übererregtheit und erhöhte Schreckhaftigkeit
➤ Grenzverletzendes, sexualisiertes Verhalten anderen gegenüber
➤ Vermehrte autoerotische Aktivität

All das sind Beispiele für Körperrepräsentanzen, die an unregulierte emotionale Zustände gekoppelt sind. Mitarbeiter*innen aus der Kinder- und Jugendhilfe kennen diese Bewegungsmuster und körperlichen Erscheinungen nur zu gut. Subsumiert man die Symptome aus dieser Liste in Kategorien, so lassen sich drei benennen und unterscheiden, in denen die Auswirkungen der traumatischen Körpererfahrungen im pädagogischen Alltag unmittelbar sichtbar werden:

Bewegungsverhalten: Körperlich traumatisierte Kinder und Jugendliche lassen sich nach klinischen Beobachtungen in ihrem Bewegungsverhalten in zwei Typen unterscheiden: der »draufgängerische« Typus zeigt ein waghalsiges, getriebenes und enthemmtes Bewegungsverhalten, während der »unlebendige« Typus in einem übertrieben vorsichtigen, schlaffen und adynamischen Bewegungsverhalten zum Ausdruck kommt. Beide Formen können als Bewegungsäquivalente von zwischen Übererregung und emotionaler Taubheit oszillierenden inneren Gefühlszuständen verstanden werden.

Umgang mit dem eigenen Körper: Der Umgang mit dem eigenen Körper schwankt zwischen einer übertrieben intensiven Beschäftigung mit ihm auf der einen und einem vernachlässigenden, unachtsamen Verhalten auf der anderen Seite.

Körperlicher Umgang mit anderen: Den Kindern ist ein natürlicher, angemessen aufeinander bezogener Körperkontakt kaum möglich. Das Spektrum ihrer körperbezogenen Beziehungsgestaltung reicht von distanzlosem sexualisierten/gewalttätigen Verhalten bis zur vollständigen Vermeidung körperlichen Kontaktes.

Es sind diese Repräsentanzen, aus denen sich die Notwendigkeit körperbezogener korrigierender Erfahrungen ableitet. Damit ist auch gesagt, welche körperlichen Erfahrungen für die Adressat*innen als korrigierend anzusehen sind: jene, in denen es dem Körper gut geht; Momente, in denen sie ruhig atmen, ihr Herz gleichmäßig schlägt und der Körpertonus der Situation angemessen ist.

In der zuvor aufgeführten Situation kommen wir nicht umhin, Körperkontakt zu Jason und dem anderen Jungen aufzunehmen: Sie sind so aufgeregt und »in ihrer eigenen Welt«, dass wir sie mit Worten alleine nicht erreichen können. Um sich wieder beruhigen zu können, benötigen sie unsere Unterstützung. Dazu könnten wir uns ihnen gegenüberstellen, sie an den Händen halten und sie bitten, uns anzuschauen. Dann könnten wir sie anleiten, einige bewusste Atemzüge zu nehmen und mal mit der Hand auf dem Herzen zu überprüfen, ob sich ihr Herzschlag dadurch wieder normalisiert.

Die Intervention, die Kinder an den Händen zu berühren und körperorientierte Beruhigungsstrategien anzuwenden, kann sie wieder aus dem traumatischen körperlichen Zustand herausführen. Eine korrigierende körperliche Erfahrung ist demnach »jede körperliche Situation, in der sich der Organismus im kohärenten Zustand befindet oder auf diesen zusteuert« (Volmer, 2013, S. 120). Wenn dazu das Herstellen von Körperkontakt erforderlich ist, dann handelt es sich um eine »korrigierende« Berührung. Wichtig ist, dass wir die Adressat*innen dabei unterstützen, aus dysregulierten körperlichen Zuständen herauszukommen und ein positives Körpergefühl herzustellen. Viele der biografischen körperlichen Erfahrungen unserer Adressat*innen durch Berührungen anderer erzeugten den gegenteiligen Effekt: Sie verursachten einen chaotischen oder traumatischen, dissoziativen körperlichen Zustand (s. das Zitat von Jensen: »Mein Körper ist steif wie ein Brett«). *Eine korrigierende Berührung bemisst sich folglich nicht in ihrer Intensität oder in einer konkreten Form, sondern in ihrer wohltuenden und regulierenden Wirkung, die sie auf den/die Adressat*in hat.*

Korrigierende körperliche Erfahrungen im pädagogischen Alltag

Es ist ein großer Verdienst von Richard Hammer (1995, 2001), den Wert körper- (oder besser: leib-)orientierter Arbeit in der Kinder- und Jugendhilfe herausgearbeitet zu haben. Hammer plädiert dafür, Körper und Bewegung als Gestaltungsprinzipien in der pädagogischen Arbeit zu verankern: Den Menschen seien nur da optimale Entwicklungsbedingungen geboten, wo sie in ihrem Körper wohnen und von diesem bewegt werden dürfen und wo sie ihn als Ausdrucksmittel ihrer Emotionen und als Werkzeug für die Auseinandersetzung mit der Umwelt nutzen können. »Verleugnen wir den Körper, so entziehen wir dem Menschen seine Grundlage, denn der menschliche Körper stellt das Fundament dar« (Hammer, 2001, S. 73).

Folgen wir dieser Argumentation, so ist der Einbezug des Körpers in den pädagogischen Alltag das »Normale«, also das der menschlichen Entwicklung Gemäße. Weiter stehen demnach gewaltbelastete und körperlich mangelversorgte Menschen auf einem sehr wackeligen Fundament. Insofern dürften Berührungen des Körpers gerade bei diesen Adressat*innen aus den Überlegungen zur Beziehungsgestaltung nicht ausgeklammert werden: Korrigierende körperliche Erfahrungen – auch über Berührungen – sind für sie existenziell bedeutsam. Wir kennen in der Kinder- und Jugendhilfe genügend Kinder und Jugendliche, die nicht in ihrem Körper zu »wohnen« scheinen. Was können wir tun, damit sie wieder dort »einziehen« können? Die Frage soll gleich anhand eines ausführlichen Fallbeispiels bearbeitet werden.

Zuvor habe ich den Wert korrigierender Erfahrungen auch mit einer Kompensation früherer Mangelerfahrungen begründet. Eine korrigierende Berührung wäre demnach eine Berührung, die zu einem früheren Zeitpunkt für eine gesunde Entwicklung gebraucht worden wäre, aber versagt wurde. Jetzt ist es aber nicht angemessen und auch nicht umsetzbar, sehr früh geschädigte Adressat*innen auf den Arm zu nehmen, ihnen über den Kopf zu streicheln oder sie zu stillen. Es wäre aber denkbar, ihnen annähernd äquivalente Erfahrungen zu ermöglichen.

In einer Fallsupervision wird über die 15-jährige Doro diskutiert, die die ersten sieben Lebensjahre in einem deprivierten Milieu aufgewachsen ist. Beide Eltern waren Alkoholiker, arbeitslos und ausgesprochen adipös. Das (spindeldürre) Mädchen fällt in der ersten Klasse der Grundschule durch Ungepflegtheit und sexualisiertes Verhalten auf. Sie erzählt der Lehrerin, dass der Vater sie »anfasse«, woraufhin sie aus der Familie herausgenommen wird und in ein Kleinstheim kommt. Der Fall wird in die Supervision eingebracht, weil Doro auch acht Jahre später noch immer einnässt, hyperaktives und extrem kindliches Verhalten zeigt, körperlich stark retardiert ist, wahllos Kontakt zu Fremden herstellt und über keinerlei Strategien verfügt, sich selbst zu beruhigen.

Der erlittene Mangel der Jugendlichen ist für mich sehr spürbar, sie kommt mir sehr haltlos vor. Die Bezugspersonen in der Einrichtung haben Doro kognitiv gut gefördert und sie trotz massiver Verhaltensauffälligkeiten und eines immensen so titulierten »Nerv-Faktors« nie aufgegeben. Es fällt ihnen schwer zu verstehen, warum die Auffälligkeiten persistieren, und es ist ihnen zunehmend unangenehm, sich mit Doro in der Öffentlichkeit zu zeigen.

Vor meinem inneren Auge sehe ich, wie Doro sanft in einer Hängematte geschwungen wird; abends eine warme Milch ans Bett bekommt; sie zugedeckt wird und eine Geschichte vorgelesen bekommt; die Pädagoginnen eine »Regentropfenmassage« auf ihrem Rücken machen. Diese Bilder stelle ich zur Verfügung und ernte zunächst Widerspruch: Doro sei doch kein Kleinkind mehr und außerdem wahre man eigentlich viel Distanz. So etwas wie Massagen gebe es bei ihnen in der Gruppe nicht.

Tatsächlich wäre unter normalen Umständen eine solche Versorgung bei einer Jugendlichen unangemessen. Ich pflichte auch dem Argument bei, dass man Doro nicht *durchgehend* wie ein Kleinkind behandeln dürfe. Aber wie kompensiert sie ihren Mangel an adäquater körperlicher Zuwendung? Mehrere psychiatrische Aufenthalte und unzählige Therapiestunden haben auf der körperlichen Ebene keinerlei Entwicklungsfortschritte gezeitigt. Sie sieht aus wie eine Zehnjährige, spielt am liebsten mit Puppen und nässt immer noch ein (Doro war noch nie über einen längeren Zeitraum »trocken« – trotz verschiedener Therapieansätze wie Klingelhose und Klingelmatte). Gepaart mit ihrem zappeligen Verhalten wirkt sie auf mich wie ein kleines Kind, das dringend emotional nachnährende Angebote benötigt. Im Spiel mit dem Puppenhaus arbeitet sie – weil sie in dem Kleinstheim den äußeren und inneren Raum dafür hat – selbsttätig Themen aus früheren Entwicklungsstadien nach, aber körperliche Zuwendung bräuchte sie von außen. Ich habe keine andere und bessere Idee, als mich zu fragen: Welche regressiven Nischen mit versorgenden Angeboten könnten geschaffen werden, damit Doro körperlich »nachgenährt« werden kann? Der Begriff der Nische ist bedeutsam, da es mir lediglich um die Bereitstellung von Inseln geht, in denen in vergangene Entwicklungsstadien »eingetaucht«, aus denen dann aber auch wieder »aufgetaucht« wird. Doro ist in der Realität 15 Jahre alt und sollte mit den Anforderungen an eine 15-Jährige konfrontiert werden. Sie ist aber in ihrer emotionalen und körperlichen Entwicklung gleichzeitig auf dem Niveau eines Kindes, das noch viele Entwicklungsaufgaben aus dieser Zeit zu bewältigen hat. Beiden Realitäten sollte Rechnung getragen werden.

In der Supervision entwickelt sich die Idee, Doro in einem ersten Schritt beim therapeutischen Reiten die Erfahrung des Getragen- und geschaukelt-

Werdens zu ermöglichen und ein Zu-Bett-geh-Ritual zu etablieren. Kontrovers wurde die Frage diskutiert, ob man Doro auch eine warme Milch aus einer Nuckelflasche und eine abendliche Massage mit oder ohne direkten Körperkontakt anbieten solle. Das Team war sich aber einig, dass man auch weiterhin Doros wiederholt geäußerten Wunsch ablehnen werde, sich bei den Pädagog*innen auf den Schoß zu setzen.

Was genau letztlich stimmig ist, muss noch herausgefunden werden. Es gab aber einen Konsens, Doro Erfahrungen von Zuwendung und Geborgenheit zu ermöglichen, die die früheren Entbehrungen aufgreifen und hoffentlich ein wenig kompensieren können. Gleichzeitig war allen klar, dass man ihr keinen » regressionsfördernden Kosmos « bereitstellen, sondern das Angebot auf Nischen begrenzen wolle. Die konkrete Frage, ob körperliche Berührungen nun erlaubt oder verboten seien, rückte interessanterweise in den Hintergrund. Dafür rückte das Team im Verlauf der Supervision emotional näher an Doro heran: Dieses vertiefte Fallverstehen verschob den Fokus von abstrakten Überlegungen zur Angemessenheit näherer oder distanzierterer Beziehungsgestaltung zu den tatsächlichen Bedürfnissen der Jugendlichen. Im pädagogischen Team erwuchs vor diesem Hintergrund die Zuversicht, das stimmige Maß an körperlicher Nähe mit der gebotenen Achtsamkeit in der konkreten Situation sicherlich ermitteln zu können.

5.3 Rahmung und Merkmale gelungener Berührungen

Wenn die Prüfung der Pädagog*innen nun ergeben hat, dass eine Berührung des/der Adressat*in stimmig wäre, wie sieht dann die praktische Umsetzung aus? Welche situativen Bedingungen müssen gegeben sein, um auf stimmige und korrigierende Weise berühren zu können? Woran erkennen wir im Moment der Berührung deren Stimmigkeit? Und was können wir tun, wenn wir uns nach der Berührung unsicher sind, ob diese wirklich stimmig gewesen ist?

Zur Einstimmung und Sensibilisierung möchte ich Auszüge aus einem interessanten Threadverlauf aus einem Psychotherapieforum wiedergeben (Diverse Forumsbeiträge, o.J.).[13] Er wird von der Benutzerin » Nachtauge «

---

[13] Die Threadbeiträge sind eins zu eins, also mit Rechtschreibfehlern, von mir übernommen worden.

eröffnet, deren Therapeut es offensichtlich stimmig fand, seiner Patientin eine Umarmung anzubieten. Alleine schon das Angebot löste viel in ihr aus:

Hallo,

   ich mache seit längerer (oder besser langer) Zeit eine tiefenpsychologische Gesprächstherapie da ich an einer posttraumatischen Belastungsstörung leide. Dieser liegen mehrere heftige Gewalttaten durch einen nahen Verwandten zugrunde. Nun hatte ich in einer vergangenen Therapiestunde mal wieder das Gefühl, mich von meinem Thera sehr zurückzuziehen. Dieser Rückzug hatte keinen Grund, zumindest keinen offensichtlichen, zumal mein Therapeut sehr umsichtig und auch nachsichtig und vorsichtig mit mir umgeht. Er hat aber direkt mitbekommen, daß irgend etwas nicht stimmt und mir Zeit gegeben, mich mitzuteilen. Ich habe lange geschwiegen und ihm dann aber gesagt, daß es diese Rückzugstendenz gibt. Er meinte dann nach einiger Zeit, ob er mich nicht ein bißchen in den Arm nehmen solle. Aufgrund des daraus resultierenden Augenkontakts hat er aber direkt gesagt, daß er verstanden habe, daß ich das nicht möchte. Es sei aber so der beschützende Impuls den ich bei ihm auslöse. Ich habe dann gesagt, daß ich gar nicht wirklich wisse, ob ich das nicht möchte, also es war schon irgendwie klar, daß ich es nicht tatsächlich wollte, aber irgendwie gibt es da bei mir doch die Überlegung, ob ich es nicht hätte zulassen sollen. Aber wäre das denn überhaupt in Ordnung? Hat jemand von Euch schon einmal ähnliche Erfahrungen gemacht? Und wenn ja, wie habt Ihr Euch entschieden und wie ging es Euch mit Eurer Entscheidung?

                                             LG Nachtauge

Die Benutzerin »Nachtauge« ringt mit sich: Sie fühlt zwar ein »Nein«, aber dennoch ist ein Thema in ihr aufgekommen. Ist es nur eine Überlegung, weil sie dem Impuls ihres Therapeuten vertraut, oder ist es eine leise Ahnung, dass ihr eine Umarmung vielleicht wirklich helfen könne? Vielleicht ist es auch eine noch ferne, frisch geweckte Sehnsucht, von der sie nicht weiß, ob sie gestillt werden dürfe. Die Benutzerin mit dem Namen »Pantoffeltierchen« antwortet:

Hallo Nachtauge!

   Ja, solche Erfahrungen (also das mit dem »Umarmungs-Impuls im Thera auslösen«) kenne ich aus meiner vergangenen Therapie. Mein Thera hat vorher leider nicht gefragt und gleich umarmt, was für mich ganz, ganz schlimm war und dazu geführt hat, dass ich geritzt habe, was ich zuvor nie gemacht habe. Muss aber nicht so sein, ich habe hier auch immer wieder von sehr positiven Erfahrungen von Körperkontakt in der Therapie gelesen. Ich will damit nur sagen, achte darauf was du willst und zulassen kannst. Du öffnest dich damit sehr, gibst dich schutzlos preis und das muss man erst mal zulassen können. Wenn du bereit bist, dann bitte ihn darum. Wenn du Zweifel hegst, dann mache vielleicht doch eher ohne Umarmung weiter. Körperkontakt ist ein mächtiges Mittel, das einem viel geben kann – aber es kann auch seht viel zerstören.

Ich wünsche dir, dass du deinen Weg findest!

gglg, Pantoffel

Die Benutzerin »Pantoffeltierchen« berichtet von dem »Triggerpotenzial« einer aufgedrängten, nicht gewollten Nähe. Zudem weist sie auf die Gefahren auch einer eingewilligten Umarmung hin (»Du [...] gibst dich schutzlos preis«) und rät dazu, zuvor die innere Bereitschaft genau zu ergründen. Die Benutzerin »Graue Seifenblase« schreibt:

Hallo!

Also letzte Woche als ich in der Therapie war, habe ich die ganze Doppeleinheit nur geheult, das ist das erste und einzige mal bis jetzt gewesen.

Meine Thera hat dann gesagt, dass sie sich mit dem Sessel näher zu mir setzt, hat dann während sie ihre Hände auf mich gelegt hat (eine auf die Schulter, andere am Arm) das verbal begleitet und mich gefragt ob dies ok sei. Da ich sie nicht abgewehrt habe, hat sie es als ja angenommen, was es auch war. Dann hat sie mir über den Rücken gestreichelt, weil die Tränen einfach nicht weniger werden wollten und hat mich wieder gefragt ob das für mich passe. Von mir keine Reaktion, also hat es gepasst. Sie hat mir dann angeboten, dass ich sie mal drücken dürfe, dies konnte ich dann nicht, was ich durch ein kaum wahrnehmbares Kopfschütteln gezeigt habe.

Naja ich hätte es emotional gebraucht, konnte mich aber aus meiner körperlichen Starre nicht lösen, ich hatte sonst das Gefühl, dass ich ertrinke, alles verliere, ...

Letzten Endes hat sie mich dann beim Verabschieden noch einmal in den Arm genommen, was ich dann auch erwidern konnte, da ich schon aufgestanden war. Und es hat für mich total gepasst.

Also ich rate dir, lass in solchen Momenten deinen Körper sprechen, ob er die physische Nähe wünscht und handle nicht nur aus dem Kopf heraus.

Wenn er es anbietet, dann passt es für ihn. Wenn es für dich passt, dann passt es, wenn nicht, dann nicht.

Manchmal kann so ein Körperkontakt echt weiterhelfen und wenn es ist, dass im ersten Moment alles noch etwas ärger wird, weil unbewusst oder auch bewusst das Gefühl da ist, dass man gehalten wird, auch psychisch oder es kann einfach nur angenehm, kraftgebend, positiv sein.

»Graue Seifenblase« beschreibt ihre Unfähigkeit, sich sprachlich auszudrücken, und ist froh darüber, dass ihre Therapeutin die körperlichen Signale richtig deutet. Am Schluss ihres Beitrags betont sie das heilungsfördernde Potenzial von körperlicher Nähe und ermutigt »Nachtauge«, auf ihre innere Stimme zu hören. »Aisha40« merkt nun an:

Hallo,

mein Therapeut nimmt mich auch in den Arm und meistens tut es mir gut. Er fragt vorher und sagt auch immer ich solle es sagen wenn ich es nicht möchte, zu dem spricht auch mein Körper, wenn ich mich anspanne oder verkrampfe oder mich ein weg drehe, dann hört er auf, er ist sehr vorsichtig, da auch ich Gewalt erfahren habe. Kommt auf die Tagesform an, aber meistens kann ich es zulassen gehalten und getröstet zu werden.

Hör auf dein Gefühl und lasse dir Zeit mit einer Entscheidung oder probiere es vorsichtig aus, der Therapeut wird es dir auch nicht übelnehmen wenn du ablehnst.

Ebenso wie im vorherigen Beitrag kommt »Aisha40« auf die Sprache des Körpers zu sprechen und empfiehlt »Nachtauge«, auf das Gefühl zu hören. Auch sie hat überwiegend gute Erfahrungen mit Umarmungen durch ihren Therapeuten gemacht.
»SuspiriaHysteria« schreibt:

Liebe Nachtauge,

ich würde die Angelegenheit in der nächsten Stunde ansprechen. Dass Dich die Sache sehr beschäftigt und welche Gefühle sein Angebot bei Dir ausgelöst haben und auch, dass Du Dich einerseits nach Nähe sehnst gleichzeitig aber Angst davor hast, dass mehr daraus wird oder Du eine Gegenleistung erbringen musst. Bitte korrigiere mich, wenn ich das falsch interpretiert habe.

Liebe Grüße und eine *wenigstens* virtuelle Umarmung,

Suspiria

»SuspiriaHysteria« bildet die Hypothese, dass das Angebot des Therapeuten eine Sehnsucht weckt und gleichzeitig Angst erzeugt. Sie rät zu einer Meta-Kommunikation.

»Ohweia« schaltet sich mit folgendem Kommentar in die Diskussion ein:

Also ich finde daß es nicht umsonst so ist daß die Mehrheit der Therapeuten mit denen ich gesprochen habe eine Umarmung als grenzwertig einstufen würden, bzw. grenzüberschreitend. Natürlich kann man sagen das ist doch situationsbedingt und es wäre stupide das apriori abzustempeln als Angriff.

Aber ich persönlich hätte Angst daß der Therapeut (vor allem wenn es ein Mann ist; Männer denken sich immer was im Hintergrund auch Therapeuten. ... meine Erfahrung) versucht Gefühle in mir zu wecken oder meinem Unterbewußten zu suggerieren daß er für mich zu haben ist bzw. Gefühle für mich hat. Und anschließend wenn bei mir auch Gefühle entstehen könnte er das ausnützen (wollen oder planen!)

Ich wäre nach meiner Therapieerfahrung (Therapeut hat mich angebaggert obwohl er wußte daß ich das Null vertrage) schon sehr misstrauisch und hätte die Therapie allein bei dem Vorschlag schon abgebrochen!

Nur meine Meinung. Bitte seid vorsichtig!

Vor dem Hintergrund eigener Erfahrungen mahnt diese Benutzerin zur Vorsicht und bringt erstmals den möglicherweise sexuellen und manipulativen Charakter einer Umarmung zur Sprache. Sie hätte schon bei dem Vorschlag des Therapeuten, sie zu umarmen, die therapeutische Beziehung beendet.

Die Threaderöffnerin »Nachtauge« bilanziert nun:

Ich weiß, daß mein Thera wirklich vorsichtig ist, da er ja schließlich auch ganz genau weiß, wie sehr ich Probleme mit Nähe habe, gerade mit körperlicher. Von daher war das Angebot für mich auch eher etwas überraschend und unerwartet. Ich bin mir absolut sicher, daß er es tatsächlich und wirklich nur gut mit mir meint – warum kann ich es also nicht annehmen? Kann es nicht einfach als positiven Aspekt sehen und dadurch versuchen, etwas Nähe an mich heranzulassen? [...] Recht kompliziert das Ganze. Ich bin absolut durcheinander und weiß gar nicht wirklich wie ich mich fühle.

»Nachtauge« scheint mit sich zu hadern, weil sie das überraschende Angebot ihres Therapeuten nicht annehmen kann. Würde sie es *eigentlich* gerne annehmen? Möchte sie also *lernen*, es anzunehmen? Das hieße, sie würde ihre geschlossene Grenze gerne mal öffnen und prüfen, wie sich das anfühlen würde. Oder muss sie eher lernen, ihre eigene Stimme höher zu gewichten als die vermeintliche Erwartung bzw. den Heilungsimpuls, den der Therapeut an sie heranträgt? Die Diskussion im Thread geht noch weiter und verdeutlicht, wie vielschichtig das Thema ist und was eine von uns initiierte Berührung (bzw. auch nur das Angebot einer Berührung) auslösen kann. Widmen wir uns deshalb nun der konkreten Rahmung von Berührungen und wechseln wir wieder in das pädagogische Setting: Was ist also zu beachten, wenn Doro künftig zu Bett gebracht wird?

Vor der Berührung: Einer stimmigen Berührung geht der Blick der Pädagog*innen nach innen voraus: Sagen Herz und Bauch uneingeschränkt »Ja« zu der Berührung, ist der Impuls zu berühren ambivalenzfrei? Oder taucht ein Zögern auf, ein inneres Zurückweichen, das mir signalisiert, dass »etwas nicht passt«. Dann muss ich diesem Gefühl Raum geben, es ernst nehmen und ihm nachgehen. Oft schenken Menschen diesem Gefühl nicht ausreichend Gehör und bereuen es später: *Hätte ich doch nur besser auf mich gehört!*, sagen sie dann und ärgern sich damit, dass ihr Kopf den Bauch »getrumpft« hat. Umgekehrt sollte aber gerade im professionellen Kontext gelten: Einer stimmigen Berührung eines/einer Adressat*in gehen gleichermaßen Fragen an den Kopf voraus: Welche Anforderungen stellt die Situation und welche Gebote sind bei der Suche nach der angemessenen Lösung zu beachten? Dazu benötige ich Klarheit über meine Rolle und Funktion, umfangreiches Wissen über Chancen und Risiken von Berührungen sowie ein möglichst tiefes Fallverstehen. Ich sollte vor meinem Handeln einschätzen können, welche Wirkung meine Berührungen bei den Adressat*innen entfalten könnten und im Licht dieser Einschätzung eine bewusste Entscheidung für oder gegen die Berührung herbeiführen.

Neben der Aufmerksamkeit nach innen für meine Regungen und meiner fachlichen Einschätzung zur Angemessenheit der Berührung muss sich meine Aufmerksamkeit deshalb auch in der konkreten Situation auf mein Gegenüber richten. Selbst wenn das Team es als stimmig empfunden und deshalb beschlossen hat, Doro abends eine Massage anzubieten, muss das *für Doro* deshalb nicht ebenfalls stimmig sein. Ihre Resonanz kann »tagesformabhängig« variieren (wie bei »Aisha40«); alleine schon die Frage könnte als Übergriff gewertet werden (wie bei »ohweia«) oder ambivalente Gefühle hervorrufen (wie bei »SuspiriaHysteria«); das Angebot könnte aber auch auf Dankbarkeit stoßen (wie bei »Graue Seifenblase«).

Wie die Threadbeiträge bezeugen, sind vor allem die nonverbalen Signale zu beachten. Genau das schien der Therapeut von »Nachtauge« sorgfältig zu tun: *Er meinte dann nach einiger Zeit, ob er mich nicht ein bißchen in den Arm nehmen solle. Aufgrund des daraus resultierenden Augenkontakts hat er aber direkt gesagt, daß er verstanden habe, daß ich das nicht möchte.* Ein Augen-Blick genügte dem Therapeuten, um zu verstehen, dass eine Berührung für »Nachtauge« nicht stimmig wäre. Wer ermitteln möchte, ob eine Berührung angebracht ist, muss also »die Gesten und Zeichen seines Gegenübers ›lesen‹ lernen« (Probst, 2012, S. 187).

Die Bezugserzieherin könnte zunächst mit Doro sprechen: »Wir haben uns gestern in der Teamsitzung Gedanken über dich gemacht, weil du oft so unruhig bist und abends nicht gut einschlafen kannst. Vielen aus dem Team hat früher, als sie selbst noch Kinder waren, geholfen, wenn sie vor dem Schlafen von ihren Eltern noch ein wenig massiert oder gekrault worden sind. Wir sind zwar nicht deine Eltern und du bist ja eigentlich auch schon jugendlich, aber wie fändest du das, wenn ich dich heute Abend dennoch ein bisschen mit einem Igelball massieren würde oder wir eine Regentropfenmassage machen würden?« Möglicherweise wird Doro erfreut zustimmen, vielleicht schaut sie aber auch verschämt zur Seite oder schüttelt stumm den Kopf. Wir sollten Doro nun helfen, sich für die Prüfung noch Zeit zu nehmen: »Bis heute Abend ist es ja noch ein bisschen Zeit, du kannst es dir noch überlegen. Wenn du das möchtest, mache ich das gerne und wenn nicht, dann ist es auch vollkommen okay. Es geht nur darum, ob es dir gut tun würde.«

Am Abend wiederholen wir dann unser Angebot, das bis dahin sicherlich *in Doro gearbeitet* haben wird. Wenn sich die Pädagogin sicher ist, dass Doro es gerne annehmen würde, dann können nun Modalitäten verabredet werden, die für beide stimmig sind: ob mit oder ohne direkten Körperkontakt; welche Körperteile keinesfalls berührt werden sollen; ob das Licht an oder aus sein soll etc. Dann vereinbart man, dass jeder jederzeit sagen kann, wenn es für ihn »nicht mehr passt« oder wenn irgendwas unangenehm ist. Wenn sich die Bezugserzieherin aber nicht sicher ist, ob Doro die Nähe tatsächlich möchte, muss sie ihren Spürsinn weiter bemühen. So lange sie kein klares Gefühl dazu entwickeln kann, verzichtet sie vorläufig besser auf eine Berührung. *Während der Berührung:* Während der Berührung geht die »Spurensuche« weiter: Aisha40, die in ihrer Therapie Nähe zulässt und als wohltuend empfindet, attestiert ihrem Therapeuten eine große Feinfühligkeit für ihre körperlichen Signale: *Er fragt vorher und sagt auch immer*

ich solle es sagen wenn ich es nicht möchte, zu dem spricht auch mein Körper,
wenn ich mich anspanne oder verkrampfe oder mich ein weg drehe, dann
hört er auf, er ist sehr vorsichtig. Ihr Therapeut verlässt sich nicht alleine
auf die verbale Zustimmung seiner Patientin *vor* der Umarmung, sondern
versucht auch, ihre innere, nicht sprachlich veräußerte Zustimmung oder
Ablehnung während der Berührung zu erspüren. Es wäre möglich, dass
Doro die Regentropfenmassage eine Zeit lang genießen kann, es ihr aber
mit zunehmender Dauer zu nahe und eng wird. Sie würde möglicherweise
anfangs ruhig liegen und atmen sowie einen entspannten Tonus aufweisen
und sich im weiteren Verlauf unruhig im Bett herumwälzen und vermehrt
reden können. Es ist nicht davon auszugehen, dass Doro ihr Unwohlsein
mit der Situation kommuniziert, es ist nicht einmal selbstverständlich, dass
sie ihre körperlichen Signale selbst überhaupt wahrnimmt. Umso wichtiger
ist unser Gespür: »Doro, ich merke, dass du unruhig wirst. Ich glaube, ich
höre jetzt besser mit der Massage auf, oder?« Solche Spiegelungen können
Doro helfen, ihren Körper als Ausdrucksorgan ihrer Innenwelt zu verstehen und ernst zu nehmen. Erst dadurch wird sie mit der Zeit in der Lage
sein, den Vorschlag von »Graue Seifenblase« zu befolgen: *Also ich rate dir,*
lass in solchen Momenten deinen Körper sprechen, ob er die physische Nähe
wünscht und handle nicht nur aus dem Kopf heraus. Die enorm bedeutsame
Fähigkeit des eigenleiblichen Spürens, auf die »Graue Seifenblase« rekur-
riert, wird sich bei unseren Adressat*innen ohne den Einbezug des Körpers
in die pädagogische Arbeit kaum entwickeln können.

Diese Fähigkeit benötigen wir Pädagog*innen auch selbst, um festzustel-
len, ob die hergestellte Nähe noch eine Ressource (für die Adressatin; für
die pädagogische Beziehung) darstellt oder in eine Bedrohung umschlägt.
Die Bezugspädagogin könnte zum Beispiel beim Massieren bemerken, dass
sie für Doro eine Zärtlichkeit empfindet, die sie lieber abwehren sollte. Sie
könnte auch bemerken, dass sie nicht richtig »bei der Sache ist«, und das
als Hinweis auffassen, dass die Situation nicht mehr stimmig für sie ist. Für
dieses eigenleibliche Spüren benötigt sie nicht nur eine gute Wahrnehmung
für ihre inneren Regungen, sondern muss sich auch die Erlaubnis geben,
diese Regungen überhaupt zu haben: Mit Blick auf die Lehrer-Schüler-Be-
ziehung, die wir hier analog auf unseren pädagogischen Kontext übertragen
können, formulieren Sielert und Schmidt (2012) nach eigener Einschätzung »etwas provokant«: »Bedenklich und gefährlich ist nicht der Lehrer,
der sich zugesteht, seine Schülerinnen erotisch anziehend zu finden, sondern der, der kategorisch solche Gefühle ausschließt« (S. 146). Der Dis-

kurs über die Gefühle der Pädagog*innen und ihr Umgang mit den selbigen kommen immer noch viel zu kurz (vgl. Volmer, 2017): Insbesondere heikle Gefühle wie Verliebtheit oder Ekel gelten als hochgradig unprofessionell und können kaum eingestanden werden. Das Problematische an zärtlichen Gefühlen sind aber nicht die Gefühle an sich, sondern ihnen über die Intimitätsgrenzen der Adressat*innen hinweg Raum zu geben.[14]

Nach der Berührung: Die zunehmende Zappeligkeit von Doro lässt uns mit der Massage innehalten. Ihr Körper signalisiert uns, dass die Berührung nicht mehr gut und nicht mehr stimmig ist. Deswegen ist die Situation aber nicht verloren oder gescheitert: Doro macht nun die wertvolle Erfahrung, dass hier jemand sensibel für ihr Befinden ist und dass ihre Grenze, die gerade offenbar berührt wurde, wahrgenommen und akzeptiert wird. Im Gespräch können sie und die Bezugserzieherin versuchen herausfinden, wie die Zu-Bett-geh-Situation künftig stimmiger gestaltet werden kann. Die hergestellte Transparenz über den Umgang mit Nähe oder Distanz »ist im konkreten Leben und alltäglichen wie fachlichen Denken ein Generalschlüssel für den grenzwahrenden Umgang miteinander« (Sielert & Schmidt, 2012, S. 159).

Wir können nämlich trotz sorgfältiger Vorbereitung nicht immer mit letzter Sicherheit vorhersagen, welche Reaktionen eine Berührung hervorrufen wird. Ich wiederhole mein Credo, dass uns diese Unkenntnis nicht lähmen sollte: Uns steht immer noch die Möglichkeit der Reflexion einer missglückten Berührung mit den Adressat*innen offen. Diese Meta-Kommunikation markiert einen entscheidenden Unterschied zu missbräuchlichen Interaktionen. Während die gewalttätigen oder vernachlässigenden Bezugspersonen früher in der Regeln kein Interesse am Empfinden der Adressat*innen zeigten, zielt unser Augenmerk gerade darauf. Wir haben die Berührung schließlich allein aus diesem einen Grund angestrebt: Wir wollten damit zum Wohlbefinden der Adressat*innen beitragen und im Sinne ihrer Entwicklung handeln. Ob dieses Ziel erreicht wurde oder nicht, können wir erfragen.

Bei Mandy (der Jugendlichen, die in der Gruppentherapie den Verlust ihres Vaters betrauert hat) hat die Berührung ihres Themas eine starke emotionale

---

14 Interessant ist nach meiner Erfahrung, dass hingegen »Gleichgültigkeit« gegenüber Adressat*innen viel leichter eingeräumt und auch gelebt wird – offenbar ist die »kalte« Gleichgültigkeit rationeller und professioneller konnotiert als »heiße« Gefühle. Dabei ist sie, vgl. Kapitel 3, ebenfalls schädlich.

Reaktion hervorgerufen. Die Gruppenleiterin hatte zwar den Eindruck, dass Mandys Weinen einen befreienden Charakter hatte, sie war nach der Stunde aber dennoch in Sorge, ob sie ihr zu nahe gekommen ist. Sie sucht Mandy daher am Abend noch einmal in ihrem Zimmer auf: »*Kann ich dich nochmal kurz etwas zur Gruppensitzung eben fragen?* [...] *Du hast ja ziemlich stark geweint und ich bin mir nicht ganz sicher, wie das für dich war. Könntest du mir eine kleine Rückmeldung geben?*«

Mandy wird darin ein *Anliegen* erkennen können: Die Gruppenleiterin möchte *wirklich* wissen, wie es ihr, Mandy, mit der Situation geht. Das ernsthafte Interesse an ihrer Person schafft die Basis für ein Gespräch, in dem die Berührung reflektiert werden kann. Diese Reflexion wiederum vertieft das Verstehen und vermindert die Wahrscheinlichkeit einer erneuten Grenzüberschreitung erheblich. Manchmal ist bei psychosozialen Fachkräften jedoch der Ehrgeiz zu beobachten, die Adressat*innen »zu knacken«. Hier fehlt das ernsthafte Interesse am Gegenüber. Mit »Knacken« ist der Versuch gemeint, die emotionale Schutzmauer aufzubrechen und die brisanten biografischen Themen offenzulegen. Ein solches Ansinnen macht die *Berührung an sich* – die Terminologie verweist bereits darauf – zu einer invasiven und schmerzhaften. Mandy kam durch die Berührung in der Gruppensitzung zwar auch mit dem Schmerz in Kontakt, aber es war der natürliche Schmerz eines Menschen, der seine wichtigste Bezugsperson verloren hat. Die Berührung war nicht der Verursacher des Schmerzes, sondern die Türöffnung, die sein Heraustreten ermöglichte. Dadurch hatte er einen Raum bekommen und konnte beginnen, sich in etwas anderes zu verwandeln. *Das* war das Ziel der Berührung. Wenn Mandys Tränen hingegen als erfolgreiches »Knacken« ihres Panzers verstanden werden, fehlte der Berührung nicht nur die Feinheit, sondern auch von vornherein die gute Absicht: Einer guten Berührung liegt, wie schon mehrfach betont, immer das ernsthafte Bestreben um das Wohl und die Entwicklung der Adressat*innen zugrunde. Das bringt uns zurück zum Takt.

5.4 Taktvoller Körperkontakt

Wenn man »Takt« in Anlehnung an Vöhler (2012) als »gelungene Berührung« (vgl. Kap. 3.6.1) übersetzt, müsste eine korrigierende, stimmige Berührung immer auch den Ansprüchen des Taktes genügen. Untersuchen wir, wie der Takt oder die Taktlosigkeit als Begleitmusik einer Berührung deren Stimmigkeit beeinflusst.

Wahrscheinlich erinnern sich viele Menschen an den berüchtigten »dicken Schmatzer«, den sie in ihrer Kindheit als Begrüßung, Abschieds- und Zwischendurch-Ritual von Tanten oder Großmüttern empfangen haben. Welche Begleitumstände verursachten damals die unangenehmen Gefühle, wo ein Kuss zwischen Kindern und den erwachsenen Familienangehörigen doch vermeintlich normal ist? Ich glaube, das hat mit der Inbesitznahme des Gesichts der Kinder zu tun: Oft wird bei dem Vorgang das Gesicht des Kindes von dem Erwachsenen in beide Hände genommen und gewissermaßen fixiert, sodass für das Kind keine Möglichkeit besteht, dem nahenden Mund auszuweichen und so dem feuchten Kuss zu entrinnen. Dadurch gewinnt der eigentlich zärtliche Vorgang des Küssens eine eigentümliche Grobheit, den nicht wenige Menschen als sehr unangenehme Erfahrung gespeichert haben. Im Vergleich zu einem Kuss, den man empfängt, wird der »Schmatzer« *aufgedrückt*. Diese Aufdringlichkeit verträgt sich nicht mit dem Takt.

Sehen wir uns einige andere Berührungen unter der Fragestellung an, ob sie den für den Takt zentralen »Respekt vor der anderen Seele« aufweisen. Zeigt das Kneifen in die Wangen eines Kindes zur Begrüßung Respekt vor dessen Seele? Nein, auch bei diesem unliebsamen bekannten Ritual lässt sich schnell konstatieren, dass diese Berührung eine Bemächtigung des anderen Körpers ist. Oder was ist vom Verwuscheln der Haare zu halten, eine der häufigsten Berührungen Kindern gegenüber? Ist es nicht eine Geste von »oben nach unten«, also eine herrschaftliche Berührung? Das »Verwuscheln« verhält sich zum Streicheln der Haare wie der Schmatzer zum Kuss. Hammer (2001) sieht in solchen »im Gewand von Freundlichkeit und Zuneigung« ausgeübten Berührungen »unterschwellig die Überlegenheit der Pädagogen, Pfleger oder Therapeuten gegenüber den rangniedrigeren (Kinder, Behinderte, alte Menschen) demonstriert und zementiert« (S. 106f.). Henley (1991) nennt diese Formen der Berührung – wie ich finde sehr treffend – »spielerische Entweihungen«. Entweiht werden kann aber nur etwas, das zuvor heilig war: Dieses Heilige wohnt in der ideellen Sphäre eines Menschen, deren Grenze nicht überschritten werden darf. Die mit dieser Grenzüberschreitung einhergehende Bedrohung der Würde lässt sich besser nachvollziehen, wenn wir uns in die Situation versetzen, dass uns ein »Ranghöherer« (z. B. ein Vorgesetzter) die Haare verwuschelt: Wir würden diese Situation als Demütigung empfinden. Das hat damit zu tun, dass wir uns diese Geste umgekehrt niemals erlauben würden. Hammer (s. zuvor) hat also Recht: Solche Berührungen sehen nach einem netten und herzlichen Kontakt aus, sind aber Insignien der Macht.

Stellen wir uns eine Berührung des Kopfes eines Kindes durch einen Kuss oder durch das Streicheln der Haare einmal mit und einmal ohne die taktvolle Haltung des Berührenden vor. Die Annäherung an den Kopf eines Kindes, auf das der/die Pädagog*in einen liebenden Blick richtet und vor dessen Seele er/sie gleichzeitig Respekt hat, geschieht langsam und prüfend. Diese Behutsamkeit ermöglicht es, die vom Kind ausgehenden nonverbalen Signale wahrzunehmen und sie im eigenen Handeln zu berücksichtigen. Dadurch können die Impulse beider Interaktionspartner synchronisiert werden und in eine *für beide* stimmige Berührung münden. Fehlen der liebende Blick und der Respekt vor der anderen Seele jedoch bei der Annäherung an den Kopf des Kindes, so weichen aus der Situation jede Feinheit und jede Zärtlichkeit. Als Beobachter einer »Schmatzer-Szene« mag man angesichts der mangelnden Kongruenz zwischen der Intimität der Handlung und der ihr innewohnenden Achtsamkeit gar nicht hinschauen.

Als Fazit bleibt: Eine Berührung ohne Respekt vor der anderen Seele kann niemals stimmig sein. Pädagog*innen, die die andere Seele jedoch gut im Blick haben und liebend auf sie blicken, werden die Angemessenheit ihrer Berührungen gut ermitteln können.

6 Was dem Herstellen einer taktvollen Nähe im Weg stehen kann

Wenn taktvolle Nähe einfach herzustellen wäre, durchzöge die meisten pädagogischen Einrichtungen ein anderer Geist: Die Achtsamkeit füreinander und der Respekt voreinander wären größer; Schrilles und Lärmendes kämen seltener vor; die Atmosphäre wäre unaufgeregter und wohlwollender. Es gibt jedoch viele Gründe, warum der Takt den Taktstock in vielen Institutionen eben *nicht* schwingt, manche davon sind im Verlauf des Buches schon angeklungen. An dieser Stelle unternehme ich den Versuch, die Hindernisse beim Herstellen einer taktvollen Nähe systematisch zu ordnen.

In Kapitel 6.1 richte ich den Blick auf die Adressat*innen: Viele von ihnen weisen vor dem Hintergrund traumatischer Bindungserfahrungen Dysregulationen im Bereich der Beziehungsgestaltung auf. In der Logik ihrer Beziehungsmuster machen sie uns Beziehungsangebote, die unseren Takt sehr auf die Probe stellen und das Finden des angemessenen Abstands erheblich verkomplizieren.

In Kapitel 6.2 gehe ich der Frage nach, welche Eigenheiten und Haltungen der Pädagog*innen den Weg zu einer taktvollen Nähe verstellen. Die Ausbildung des Taktes ist mit harter Arbeit an sich selbst verbunden: Wir müssen uns unangenehmen Fragen stellen und in der Folge manche gewohnten Denk- und Verhaltensmuster möglicherweise verändern.

In Kapitel 6.3 greife ich die Verantwortung der Leitung von pädagogischen Einrichtungen auf. Was ist ihr Beitrag zum Takt oder zur Taktlosigkeit im Miteinander zwischen Pädagog*innen und Adressat*innen? Welche Hebel könnten sie betätigen, um dem Takt in ihrer Einrichtung mehr Raum zur Entfaltung zu geben?

6.1 Erschwernisse, die mit den Adressat*innen zu tun haben

Es ließe sich ohne Weiteres ein ganzes Buch mit der Frage füllen, wie und warum die biografischen Erfahrungen und sonstige Dispositionen unserer Adressat*innen in einem dysregulierten Beziehungsverhalten Ausdruck finden und warum es so schwierig ist, angesichts dieser Dysregulationen das angemessene Maß an Nähe zu ermitteln. Es war bereits viel von den verschobenen, verletzten oder gar fehlenden persönlichen Grenzen vieler Adressat*innen die Rede: Wer sich seiner eigenen Grenzen nicht gewahr ist, kann sie auch nicht markieren und dem fehlt oft auch die Sensibilität für die Grenzen des Gegenübers. Die Schwierigkeiten für eine grenzwahrende und taktvolle Beziehungsgestaltung liegen auf der Hand. An dieser Stelle sollen diese Schwierigkeiten nun konkretisiert und aus einer anderen Perspektive diskutiert werden: In welchem erkennbaren Beziehungshandeln äußern sich die biografischen Erfahrungen und welche Gefahren für die Beziehung – und für den Takt im Besonderen – ergeben sich dadurch?

Vor dem Hintergrund traumatischer Bindungserfahrungen entwickeln Menschen bestimmte »Beziehungsmuster«: Diese Muster sind als verfestigte Bewältigungsstrategien in der Folge nicht adäquat gestillter früher Bindungsbedürfnisse zu verstehen. Zwangsläufig mussten die Kinder nach Wegen suchen, wie sie die für sie existenziell bedeutsame Aufmerksamkeit von Bindungspersonen sichern konnten. Ein Beispiel:

In einer Therapiestunde berichtet mir eine erwachsene Patientin, sie habe sich als kleines Mädchen immer sehr die Nähe zu ihrem Vater gewünscht, der sie aber keines Blickes gewürdigt habe. Ihre Mutter erlebte sie als kaltherzig. Als sie in die Grundschule kam, kümmerte sich zu ihrer Freude zunehmend der Großvater um sie. Dann sagt sie mir mit großer Selbstverständlichkeit und ohne einen Hauch von Ironie: »Tja, und der hat es dann wohl falsch verstanden, als ich mich auf seinen Schoß gesetzt habe«.

Der Großvater hat sie über Jahre hinweg im Rahmen einer nach außen harmonisch wirkenden Großvater-Enkelin-Beziehung sexuell missbraucht. Die Frau nimmt die Schuld dafür aber auf sich, indem sie den Missbrauch vor dem Hintergrund ihres vermeintlich missverständlichen Verhaltens erklärt. Sie wollte, dass der Opa »gut« bleiben konnte, da er in ihrem Erleben der einzige ihrer Bindungspersonen war, der sich für sie interessierte – dafür musste sie das »Böse« seines Verhaltens quasi *zu sich* nehmen. Das Beziehungsmuster, das sie in der Folge im Kontakt mit Männern entwickelte, leitet sich logisch aus diesen traumatischen Bindungserfahrungen ab: Die Patientin erotisierte den Kontakt zu Männern und versuchte ihnen sexuell zu gefallen – in der Hoffnung, dadurch ihre Aufmerksamkeit zu erregen und diese aufrechtzuerhalten. Ihre sexuelle Freizügigkeit war nichts anderes als ihr Versuch, ein Bindungsbedürfnis zu stillen: Es ging im Kern um Aufmerksamkeit durch männliche Personen *für ihre Person,* der Körper war lediglich das Mittel zum Zweck. Bei ihrem Großvater hatte die Patientin dieses Muster »erlernt« und in der Folge in zahlreichen Männerbeziehungen praktiziert. Dysfunktional war das Muster aus dem Grund, weil es immer nur kurzfristig »half«: Die Männer verschwanden immer so schnell, wie sie gekommen waren, und ließen jedes Mal eine Frau zurück, deren eigentliches Bindungsbedürfnis natürlich noch immer nicht gesättigt war.

Auch unsere Adressat*innen haben dieses oder andere Beziehungsmuster entwickelt, die sie natürlich auch in die pädagogische Beziehung einbringen. In der Regel sind in den Mustern – mit unterschiedlicher Gewichtung und Ausprägung – sowohl die bindungssuchenden als auch die bindungsfeindlichen Anteile der Persönlichkeit sichtbar: Es besteht eine starke und schlecht regulierte Bindungsambivalenz zwischen der Sehnsucht nach verlässlichen und fürsorglichen Bindungspersonen auf der einen Seite und einer »archaischen Angst vor Nähe« (Romer & Riedesser, 2004) auf der anderen Seite. Insofern sind in den Beziehungsangeboten der Adressat*innen an uns in der Regel stets beide Aspekte enthalten. Wann immer wir auf den bindungssuchenden oder den bindungsfeindlichen Anteil im gleichen Extrem wie dem des Angebots reagieren, bewegen wir uns im Muster. Dann sind wir darin verstrickt und verwickelt – und nicht mehr in der Lage, uns angemessen und taktvoll zu verhalten.

Ihr tiefsitzendes Misstrauen veranlasst viele bindungstraumatisierte Kinder und Jugendliche dazu, die Erwachsenen immer wieder zu testen. Insbesondere wenn sich die Herstellung einer guten Beziehung angebahnt hat und die Kinder sich verstanden und angenommen fühlen, stellen sie diesen Kontakt durch zerstörerisches Beziehungsverhalten auf die Probe. Diese zunächst bindungsfeindlich erscheinenden Kräfte können als Absicherung verstanden werden, ob die Kinder und Jugendlichen der Beständigkeit der Beziehung zum/zur Pädagog*in tatsächlich vertrauen können. Wir können nun auf diese vermeintlich bindungsfeindlichen Anteile reagieren und resigniert aufgeben: »Es hilft alles nichts« – und mit einer entsprechend Haltung an der Zerstörung der Beziehung »mitarbeiten«.

Wir bestätigen damit die mangelnde Verlässlichkeit und Stärke der Erwachsenen: »Mich hält sowieso keiner aus!« Wir können im anderen Extrem auch auf die dahinter stehenden bindungssuchenden Anteile reagieren und dem/der Adressat*in trotz seines/ihres absolut destruktiven Verhaltens immer und immer wieder unsere Bindung versichern: »Egal, was du tust, ich halte dich aus«. Dann leisten wir dem Muster aber auch Vorschub, denn der/die Adressat*in lernt, dass er/sie über destruktives Beziehungsverhalten das Bindungsverhalten der Bezugspersonen besonders gut aktivieren und damit vermeintlich »sichern« kann. Die Grenzen der Bezugsperson werden durch das destruktive Beziehungsverhalten jedoch immer wieder überschwemmt, was auf Dauer nicht auszuhalten ist. Ein taktvolles und angemessenes Beziehungsverhalten muss deshalb beide Aspekte berücksichtigen: Wir stehen den Adressat*innen weiterhin als verlässliche und zugewandte Bezugsperson zur Verfügung und grenzen uns gleichzeitig gegenüber bindungsfeindlichen und dysfunktionalen Beziehungsangeboten mit großer Klarheit und Bestimmtheit ab. Vielleicht könnte man sagen: Wir singen nicht das gleiche dramatische Beziehungslied von »Sehnsucht, Zerstörung und Verlust« wie die Adressat*innen (in der Dynamik ihrer traumatischen Bindungserfahrungen), sondern eines von liebevoller Beständigkeit und angemessener Abgrenzung (in der Logik einer normalen, gesunden Bindungsentwicklung).

Für die Herstellung angemessener pädagogischer Beziehungen ist es enorm wichtig, die vor dem Hintergrund traumatischer Bindungserfahrungen zu interpretierenden Beziehungsmuster zu erkennen und sie – sofern sie dysfunktional sind – zu unterbrechen. Das ist nicht so leicht, denn die Dynamik von Mustern breitet sich schnell aus und ist sehr »ansteckend«. Einige prägnante Muster möchte ich im Folgenden vorstellen.

6.1.1 Angst vor Nähe

Manche Adressat*innen lassen keinen Wunsch nach Bindung erkennen, sondern präsentieren sich pseudoautonom und bedürfnislos. Hintergrund dafür ist ein eklatanter Mangel an Urvertrauen und ein tief verwurzeltes Misstrauen gegenüber anderen Menschen: Der Mensch, der nicht einmal, sondern oft über viele Jahre hinweg vernachlässigt und/oder misshandelt wurde, hat nicht »nur« mit den Folgen an sich zu kämpfen, sondern zusätzlich mit dem Umstand, schlimmstenfalls das Vertrauen in Menschen verloren zu haben und von ihnen keinen Schutz, keinen Trost und keine Hilfe mehr zu erwarten.

Bei autark auftretenden Adressat*innen sind Pädagog*innen häufig gehemmt, ihnen nahe zu kommen – sie wirken schließlich absolut bedürfnislos. Doch handelt es sich bei ihrer vermeintlichen Reife um eine »Notreifung«, der eine Mangelversorgung durch Erwachsene zugrunde liegt: Sie *mussten* sich selbst versorgen, weil es ansonsten niemand getan hat. Wird das Beziehungsmuster (»Ich brauche niemanden!«) von den Pädagog*innen unhinterfragt hingenommen, ist weder eine Kompensation früherer Mangelerfahrungen möglich noch kann in der Gegenwart ein angemessenes Maß an Nähe gefunden werden. Wir sollten im Bestreben um taktvolle Nähe die Angst der Adressat*innen vor Nähe deshalb zur Kenntnis nehmen und bei unseren Beziehungsangeboten berücksichtigen, uns davon aber auch nicht dominieren lassen: In unserer therapeutischen Wohngruppe sind schon einige vermeintlich bedürfnislose Kinder aufgenommen worden, die mit der Zeit die Versorgungsangebote der Pädagog*innen sehr zu schätzen gelernt haben.

Man muss jedoch auch aufpassen, sich den autark wirkenden Kindern und Jugendlichen auch nicht – im anderen Extrem – aufzudrängen oder anzubiedern. Das passiert leicht, wenn wir ihre tiefe Einsamkeit und ihre Mangelversorgung hinter der Fassade sehr deutlich wahrnehmen und empfinden. Unsere Aufdringlichkeit könnte ihre Angst vor Nähe aber noch verstärken.

*Im Umgang mit diesem Muster ist das Geschick des Taktes gefragt, unsere Beziehungs- und Versorgungsangebote auf beiläufige und unaufdringliche Weise zu unterbreiten. Wer Angst vor Nähe hat, empfindet Nähe schnell als Enge – und in selbige könnten sich die Adressat*innen durch unsere Angebote ansonsten gedrängt fühlen. Sie benötigen Raum und Zeit, sich irgendwann aus freien Stücken dafür zu entscheiden, ihre Angst vor Nähe zu überwinden und mehr Nähe zu uns zuzulassen.*

6.1.2 Wahlloses Beziehungsverhalten

Viele bindungstraumatisierte Kinder und Jugendliche zeigen ein sozial promiskuitives Bindungsverhalten mit wahlloser Kontaktaufnahme, sie vertrauen sich ohne Scheu jedem an, der ein wenig Aussicht auf Bindung verspricht. Hier sind sehr deutlich die Hilfe suchenden Bindungskräfte aktiv, also Anteile der Persönlichkeit des Kindes, die gerettet werden möchten.

Meistens freuen wir uns nur sehr kurz über diese Offenheit. Danach gehen uns diese Adressat*innen auf die Nerven (und finden deshalb besonders häufig Eingang in Fallsupervisionen). Sie werden als »klebrig« erlebt, als »aussaugend« und »anstrengend« – die vordergründig bindungsfreundlichen Anteile erreichen sehr schnell das Gegenteil dessen, was sie anstreben: Die Pädagog*innen stoßen die Adressat*innen weg. Kommen sie auf uns zu, verdrehen wir innerlich die Augen und lassen uns etwas einfallen, was unsere Flucht vor einem Kontakt legitimiert. Natürlich ist das weder taktvoll noch dient es der Entwicklung der Betroffenen – es ist ein reiner Selbstschutz: Wir wollen verhindern, dass der/die Adressat*in Besitz von uns ergreift. Bei diesem Beziehungsmuster besteht unsere Aufgabe darin, die Kontrolle über die Beziehung zurückzugewinnen, damit wir *unsere* Maßstäbe für ein angemessenes Nähe-Distanz-Verhältnis etablieren können. Auf dem Weg dorthin müssen wir uns freundlich und sehr bestimmt gegen die Bemächtigung unserer Person abgrenzen und jede Gelegenheit ergreifen, von uns aus ein Beziehungsangebot zu unterbreiten. Während der erste Schritt oft gelingt, scheitert jedoch der zweite: Meistens sind wir so froh, endlich mal unsere Ruhe vor dem/der Adressat*in zu haben, dass wir diesen Nicht-Kontakt auch genießen wollen. Das wäre menschlich zwar verständlich, würde das dysfunktionale Muster aber nicht unterbrechen und die Beziehungsdynamik nicht zum Guten verändern.

*Im Umgang mit diesem Muster benötigen wir Takt, um die Würde der Adressat*innen nicht durch eine zu schroffe Abgrenzung oder durch die Verweigerung einer Begegnung zu verletzen. Mit ersterem kämen wir ihnen zu nahe – mit letzterem blieben wir ihnen zu fern. Zugleich müssen wir unseren eigenen Raum schützen, damit uns die Adressat*innen nicht zu nahe kommen.*

6.1.3 Machtausübung

Wir kennen dieses Beziehungsmuster als leidvolle Erfahrung: Kein anderes Muster vermag den pädagogischer Alltag in vergleichbarer Weise »zur Hölle« zu machen wie dieses: Adressat*innen, die alles selbst bestimmen wollen, sich keinen pädagogischen Forderungen fügen und ihrem Dominanzstreben notfalls mit manifester Gewalt Ausdruck verleihen.

In vielen pädagogischen Beziehungen ist es ein riesiges Problem, wenn

Kinder und Jugendliche ihre biografisch erlebte Ohnmacht in machtvolles Verhalten in der Wohngruppe umkehren wollen. Häufig kommt es zwischen ihnen und den Pädagog*innen in der Folge zu heftigen Machtkämpfen. Nähe und Distanz in der hitzigen Erregung von symmetrischen Machteskalationen taktvoll auszubalancieren, ist eine Sache der Unmöglichkeit. Die hohe Kunst besteht darin, *rechtzeitig* aus solchen Mustern auszusteigen und dennoch dem Erziehungsauftrag nachzukommen. Das ist eine der wichtigsten und am schwierigsten zu bewerkstelligenden Musterunterbrechungen im pädagogischen Alltag (vgl. Kapitel 3.5.3).

*Im Umgang mit diesem Muster ist der Takt gefordert, zur Schonung des Anderen und seiner selbst die Hässlichkeit eskalierender Machtkämpfe durch Bedacht, Klarheit, Nachsichtigkeit und Güte (aber nicht durch Unterwerfung!) zu besiegen. Hier gilt es in besonderem Maße, der Enge einer drohenden Verstrickung durch Distanzierung zu entkommen: Es geht im Kern nicht darum, wer was zu bestimmen hat oder nicht, sondern was der Entwicklung der Adressat*innen zuträglich ist und was nicht. Ständig eskalierende Machtkämpfe sind es nicht.*

6.1.4 Parentifizierung

Parentifizierte Adressat*innen fallen durch altruistisches und angepasstes Verhalten auf. Sie machen uns im Alltag keinen Ärger und fordern wenig Aufmerksamkeit ein. Erst mit der Zeit erkennen wir ihre Traurigkeit und ihre mangelnde Fähigkeit, sich von uns trösten und versorgen zu lassen. In der Gruppe der Gleichaltrigen ist zu beobachten, dass sich die Adressat*innen durch ihr erwachsenes, pseudorationales Auftreten über andere erheben. Sie sind aus diesem Grund häufig unbeliebt, finden wenig Anschluss an ihre Peergruppe und suchen deshalb überwiegend Kontakt zu den Mitarbeiter*innen.

Mit »Parentifizierung« wird eine Bindungsstörung bezeichnet, bei der es zu einer Rollenumkehr zwischen dem Kind und dem Erwachsenen kommt. Das Muster wurzelt meistens in traumatischen Erfahrungen: Wenn sich ein Opfer in die Schwäche des Täters empathisch einfühlt, kann es durch diese Überlegenheit scheinbar die Kontrolle über die Beziehung erobern. Auch in einer Missbrauchssituation ist das Kind gezwungen, die Bedürfnisbefriedigung des Erwachsenen zu übernehmen. Anstatt Fürsorglichkeit, Zärtlichkeit und Schutz durch wohlwollende Bindungspersonen zu erfahren, lernt es früh, die Bindung dadurch zu retten, dass es umgekehrt die Bedürfnisse der Erwachsenen befriedigt. Gleiches gilt für die Kinder vieler psychisch kranker und suchtkranker Eltern, die früh gezwungen sind, Verantwortung für diese zu übernehmen: So können die Kinder ihren (emotional abwesenden) Eltern wenigstens auf diese Art nahe sein können. Die Unstimmigkeit der Interaktionen in solchen Beziehungskonstellationen liegt demzufolge nicht in einem zu kleinen oder zu großen Abstand, sondern in ihrem *verqueren Charakter*.

Für die Angemessenheit der pädagogischen Beziehung ist dieses Muster ein Risiko, weil uns diese Adressat*innen neben den vielen wilden und aufmerksamkeitsfordernden Kindern und Jugendlichen »ganz recht« sind. Weil ihr Auftreten so angenehm für uns ist, geraten uns die Inadäquatheit ihres sehr erwachsenen und das Fehlen kindlich-rebellischen Verhaltens leicht aus dem Blick. Wir loben sie stattdessen viel für ihre Vernunft und für die Unterstützung, die sie im pädagogischen Alltag leisten – und tragen damit ungewollt zur Chronifizierung ihres Musters bei.

*Im Umgang mit diesem Muster ist der Takt gefragt, um die erlernten Kompetenzen zwar zu würdigen, sich gleichzeitig aber auch nicht von ihnen beeindrucken zu lassen – und die Adressat*innen auch gegen ihren anfänglichen Widerstand liebevoll und vorsichtig auf ihre Rolle als Heranwachsende, die Erziehung und Fürsorge benötigen, zurückzuführen.*

6.1.5 Sexualisierung

Als Versuch, Bindungssicherheit herzustellen, sind auch viele der provozierenden und verführerischen Beziehungsangebote insbesondere sexuell missbrauchter Kinder zu verstehen. Neben dem Aspekt des Wiederholungszwangs, »durch Umwandlung von Passivität in Aktivität die Gefühle des hilflosen Ausgeliefertseins durch wiederholte Kontrolle des Ablaufes zu bewältigen« (Romer & Riedesser, 2004, S. 54), steckt in dieser Form der sexualisierten Kontaktgestaltung auch der verzweifelte Versuch, den Bindungshunger zu stillen.

Die Schwierigkeit, auf dieses Beziehungsmuster adäquat zu reagieren und Nähe und Distanz angemessen zu regulieren, ist offenkundig: »Lolitahaftes« Verhalten der Adressat*innen birgt die Gefahr, dass sich die Pädagog*innen sexuell angesprochen fühlen und einer Sexualisierung der Beziehung keinen Einhalt gebieten. Die andere Gefahr besteht in der Zurückweisung des eigentlich präsexuellen Bindungswunsches, der hinter dem sexualisierten Angebot steht. Im Idealfall gelingt es, den Bindungswunsch zu erkennen und ihm auf adäquate Weise – natürlich unter Zurückweisung der sexuellen Avancen – nachzukommen: Dann kann der/die Adressat*in die Erfahrung verankern, dass er/sie der Zuwendung und Aufmerksamkeit auch ohne sexuelle Gefälligkeiten wert ist.

*Im Umgang mit diesem Muster benötigen wir den Takt, um trotz des anbiedernden und manchmal abstoßenden Verhaltens den »Respekt vor der Seele« der Adressat*innen nicht zu verlieren – und um die Kinder und Jugendlichen dabei zu unterstützen, ihre beschädigte Würde wieder aufzurichten. Alle dysfunktionalen Beziehungsmuster – daran müssen wir uns immer wieder erinnern – entspringen einer Not.*

6.1.6 Täuschung

Ein 14-jähriger Junge wird nach mehreren gewalttätigen Eskalationen in eine Jugendhilfeeinrichtung aufgenommen. Er lebte zuvor bei seinem gewalttätigen und alkoholkranken Vater, die Mutter hat zu beiden den Kontakt abgebrochen. Im Gespräch gibt sich der Jugendliche besonnen und reflektiert. Die Zigarette habe er dem Mitschüler nur deshalb auf dem Nacken ausgedrückt, weil er dessen ständige Hänseleien nicht mehr ertragen hätte. Das Mobbing in der Schule würde ihn sehr verletzen und eigentlich wünsche er sich nichts sehnlicher als seine Ruhe. Der Kontaktabbruch zur Mutter mache ihn »schon traurig«, er versuche es aber »zu akzeptieren«.

Der Junge sagt in etwa das, von dem er glaubt, dass ich es hören will. Auf diese Weise versuchen manche bindungstraumatisierte Menschen, eine Übereinstimmung mit dem Erwachsenen herzustellen und sich an dessen Erwartungen chamäleonartig anzupassen. In der Hoffnung, die dauerhaft antizipierte Bedrohung dadurch abwehren zu können, lächeln sie überdurchschnittlich oft (»social smile«) und zeichnen sich durch eine überempathische, vorauseilende Gefälligkeit aus (vgl. Streek-Fischer, 2010, S. 167). Sie antizipieren genau, welches Verhalten und welche Aussagen man von ihnen erwartet und »bedienen« diese Erwartungen entsprechend. Ihre dennoch vorhandene Wut bahnt sich dann den Weg über »stille« dissoziale Verhaltensweisen.

Es dauerte nicht lange, da begann der Junge in der Gruppe zu stehlen, wegzulaufen und heimlich die anderen Gruppenmitglieder gegen die

Pädagog*innen aufzuhetzen. Im Gespräch mit uns tat er jedoch immer so, als könne er im Prinzip »kein Wässerchen trüben«.

Werden die Adressat*innen mit ihren »Missetaten« konfrontiert, finden sie vermeintlich treffende Erklärungen und Interpretationen für ihr Verhalten, sie verbleiben jedoch abgetrennt von ihren Affekten und wirken dadurch »papageienhaft«. »Kann dieser Als-ob-Modus mit Hilfe der Pseudo- oder Hypermentalisierung (vgl. Fonagy, 2008) als Abwehrform nicht durchgehalten werden – etwa in Verbindung mit Demütigungen und Beschämungen – so ›platzt‹ diese Bewältigungsform und es kann blinde Wut durchbrechen« (Streek-Fischer, 2010, S. 167).

Die große Schwierigkeit dieses Musters im Hinblick auf die Nähe-Distanz-Regulation liegt darin, dass die wahren Gefühle und Bedürfnisse der Adressat*innen in der hintersten Ecke der Seele verborgen sind. Die Kinder und Jugendlichen sind derart darauf »programmiert«, es uns »recht zu machen«, dass jede Authentizität aus ihrem Verhalten gewichen ist. Hier geht es zunächst darum, eine angstfreie Atmosphäre herzustellen, die es den betroffenen Adressat*innen nach und nach ermöglicht, sich zu zeigen. Das kann ein längerer Weg sein, der von beständigen, aber betont unaufdringlichen Beziehungsangeboten begleitet werden sollte.

Es ist schwer, dem Jugendlichen seine eher versteckten dissozialen Verhaltensweisen und seine mangelnde Echtheit im Kontakt nicht als hoffnungslose charakterliche Verdorbenheit auszulegen. Auch wenn es uns wahnsinnig macht, nicht zu ihm vorzudringen, dürfen wir ihn nicht aufgeben.

Allerdings dürfen der liebende Blick und die Unterstützung für den/die Adressat*in auch nicht zu offenkundig werden, denn: »Liebevolles Unterstütztwerden aber weicht die schützende Schale des einsamen Helden auf, verweist eben durch die neue Beziehungserfahrung auf Veränderung und wird dadurch zum bedrohlichen Angriff auf das gewohnte Selbstbild« (Schmid, 2012, S. 59). Der/Die taktvolle Pädagog*in weiß um diese Gefahr und dosiert seine/ihre Angebote entsprechend feinfühlig.

Im Umgang mit diesem Muster beweist sich der Takt in der Kompetenz, den schmalen Grat zwischen Beständigkeit und aufdringlicher Penetranz unserer Angebote nicht zu verlassen und trotz der fehlenden Authentizität den liebenden Blick nicht zu verlieren. Es gilt, die Distanz des/der Adressat*in als Selbstschutz zu akzeptieren und sie nicht als feindselige Zurückweisung unserer Person zu interpretieren – aber die generelle Beziehungsfeindlichkeit des Musters dennoch herauszuarbeiten und zu benennen.

6.1.7 Regression

Regressives Verhalten von Kindern und Jugendlichen kann als Versuch verstanden werden, an Zeiten anzuknüpfen, »als die Welt noch in Ordnung« war. Es ist ein Versuch der Selbstregulation in Situationen, in denen die Gegenwart bedrohlich erlebt wird und in denen der Glaube fehlt, die aktuellen Schwierigkeiten überwinden zu können. Einen regressiven Zustand erkennen wir zum Beispiel daran, dass am Daumen gelutscht oder mit piepsiger Kinderstimme gesprochen wird. Oft stellen sich die Kinder und Jugendlichen übertrieben naiv und arglos dar. Das Verhalten entspricht nicht dem biologischen Alter der Adressat*innen, sondern dem einer früheren Entwicklungsstufe. In therapeutischen und pädagogischen Settings wird manchmal bewusst regressionsfördernd gearbeitet, um den Adressat*innen die Möglichkeit zu geben, notwendige Erfahrungen aus früheren Entwicklungsstadien nachzuholen (s. dazu das Fallbeispiel aus Kap. 5.2.5). Problematisch wird die Regression erst, wenn sich dieses Verhalten als Muster chronifiziert und nicht nur in regressiven Nischen, sondern auch *im Alltag dauerhaft präsent* ist: Es besteht nämlich die Gefahr, dass wir dieses Verhalten ausgesprochen »süß« finden und deshalb dazu neigen, die Adressat*innen gemäß ihres regressiven Zustands zu behandeln. Wir versorgen sie übertrieben stark und ersparen ihnen dazu noch die Konfrontation mit altersangemessenen Aufgaben. Eine andere Gefahr besteht wiederum darin, dass wir das regressive Verhalten als »Masche« interpretieren und die Adressat*innen abwerten (»Mach hier keinen auf Baby«). In beiden Reaktionsweisen geht die Angemessenheit verloren: Im ersten Fall wird dem Bedürfnis nach Nähe in inadäquater Weise entsprochen, im zweiten Fall wird die Bedürftigkeit in rigoroser Form abgewehrt.

*Bei diesem Muster zeigt sich der Takt darin, regressive Bedürfnisse nicht als pathologisch zurückzuweisen und die Adressat*innen dadurch zu beschämen, sondern sie in regressiven Nischen aufzugreifen – um dann im Alltag jedoch die altersgemäße Form der Nähe anzustreben und die progressiven Kräfte der Adressat*innen zu stärken.*

6.1.8 Fazit

Das Beziehungshandeln in der Logik der skizzierten Beziehungsmuster seitens der Adressat*innen ist durch einen Mangel an Takt gekennzeichnet: Der Sinn für Angemessenheit geht in dem verzweifelten, unkultivierten Beziehungsverhalten, das auf die Turbulenzen der taktlosen biografischen Erfahrungen zurückzuführen ist, verloren. Jedes Mitagieren der Pädagog*innen in diesen Mustern ist daher ebenfalls taktlos. Im Muster verstrickt und gefangen ist auch, wer das taktlose Extrem eines Beziehungsangebots mit dem anderen Extrem beantwortet: die regressive Bedürftigkeit der Adressat*innen mit der aggressiven Forderung nach Progression oder mit der Pathologisierung der Bedürftigkeit; den Machtanspruch der Adressat*innen mit der Demonstration der eigenen Macht; die Abwehr der Nähe mit dem Aufdrängen von Nähe usw. Immer geht es darum, nicht in diese Beziehungsfallen zu tappen, sondern aus diesen Mustern auszusteigen und »das Normale« anzustreben. Ich wiederhole mich vielleicht: Das ist die hohe Kunst der pädagogischen Arbeit mit bindungstraumatisierten Menschen.

Im Laufe des Kapitels werde ich noch manches Mal auf dieses Thema zurückkommen. Im nächsten Abschnitt wird nun die Frage behandelt, welche Fallstricke aufseiten der Pädagog*innen das Bemühen um taktvolle Beziehungen torpedieren könnten.

6.2 Erschwernisse, die mit den Pädagog*innen zu tun haben

Pädagog*innen arbeiten, davon war bereits ausgiebig die Rede, viel mit ihrer Person. Sie könnten nicht aufrichtig und authentisch sein, wenn sie ihre Person komplett hinter ihrer Rolle versteckten, und sie könnten damit auch keine echten Beziehungen anbieten. Eine Institution, in der die Mitarbeiter*innen die jungen Menschen jedoch lediglich routiniert und geschäftsmäßig versorgen und begleiten, wäre mit »seelenlos« treffend beschrieben. Insbesondere in stationären Einrichtungen mit langen Verweildauern würde den Adressat*innen eine emotionale Deprivation und auf lange Sicht ein Hospitalismus drohen.

Wenn Pädagog*innen aber intensiv *mit ihrer Person* arbeiten müssen, dann sollten sie auch intensiv *an ihrer Person* arbeiten: nicht nur, weil sie aufgrund ihrer Macht über die Adressat*innen die Möglichkeit hätten, an ihnen ihre persönlichen Bedürfnisse zu stillen, sondern auch, weil eine wirklich gute Beziehung zu einem anderen Menschen auch einen guten, lebendigen Kontakt zum eigenen Innern voraussetzt. Die Arbeit *an* der eigenen Person nimmt in den pädagogischen Ausbildungen jedoch allenfalls einen geringen Raum ein und bereitet Absolvent*innen nicht im Ansatz auf die Wucht vor, mit der sie im Berufsleben (insbesondere in der Arbeit mit traumatisierten Menschen) mit sich selbst konfrontiert werden.

Von Carl Gustav Jung wird das Zitat überliefert »Zur Persönlichkeit kann niemand erziehen, der sie nicht selber hat«. Das größte aufseiten der Pädagog*innen zu verortende Hindernis bei der Herstellung einer hilfreichen Beziehungsgestaltung wurzelt in einer mangelnden Bereitschaft zur Selbstentwicklung ihrer Persönlichkeit. Die Entwicklung der Persönlichkeit der Pädagog*innen – ihres »professionellen Selbst« – geschieht in einem spiralförmigen Wechselspiel zwischen theoretischem Wissen und reflektierter Erfahrung. Im Hinblick auf Fragen der Nähe-Distanz-Regulation richtet der/die Pädagog*in sein/ihr Handeln an seinem/ihrem theoretischen Wissensbestand aus, handelt danach, reflektiert anschließend seine/ihre Handlung (in Supervision, in kollegialer Beratung) und generiert damit einen neuen, veränderten und vertieften Wissensbestand. Die Entwicklung eines professionellen Selbst erfordert die Bereitschaft zur Entwicklung – und dazu gehört auch, sich Fragen zu stellen und sich infrage stellen zu lassen. Welche persönlichen »Unfertigkeiten« könnten einer taktvollen Beziehungsgestaltung nun im Wege stehen und welche Fragen könnten wir uns stellen, um unsere berufsbezogene Selbstentwicklung voranzutreiben?

6.2.1 Mangel an Wissen

Wer taktvoll handeln will, muss wissend sein.

In der Beziehungsarbeit mit unbegleiteten minderjährigen Flüchtlingen zum Beispiel ist ein taktvolles Handeln ohne kulturspezifisches Wissen schwierig. Wie soll ich ein Gefühl für den passenden Abstand entwickeln, wenn ich nichts darüber weiß, wie mein Gegenüber mein Beziehungsangebot vor seinem kulturellen Hintergrund interpretieren wird? Ich erinnere mich, wie ich in jungen Jahren im Rahmen meiner systemischen Therapieausbildung eine türkische Kollegin zum Abschied umarmen wollte und diese mich entgeistert zurückwies. Ihrer kulturellen Gepflogenheiten nicht mächtig, überschritt ich ihre persönliche Grenze und kam mir danach nicht nur wie ein unbeholfener Narr, sondern auf eine Art auch wie ein Täter vor. In solch einem wechselseitigen Unwissen über kulturelle Bräuche und Konventionen wurzeln etliche Missverständnisse zwischen einheimischen Pädagog*innen und Migrant*innen, die unter Umständen auch schlimm eskalieren können. Besonders in der Anfangszeit der aktuellen Flüchtlingsbewegung ist der Mangel an kulturspezifischem Wissen häufig nicht erkannt und das Verhalten der unbegleiteten minderjährigen Flüchtlinge entsprechend unzureichend interpretiert worden.

Neben dem kulturspezifischen Wissen ist auch ein Milieuwissen für taktvolles Handeln vonnöten: Wie fühlt es sich zum Beispiel an, in Armut aufgewachsen zu sein? Wie prägt es die Persönlichkeit eines Menschen? Ich muss viel davon verstanden haben, um taktvoll darüber sprechen zu können – oder zumindest eine vorsichtig-fragende Haltung einnehmen, wenn ich mit betroffenen Adressat*innen über diese Dinge rede. Unzutreffende Vorurteile oder unbedachte Äußerungen können sehr verletzend sein und die Beziehung nachhaltig beschädigen. Da viele Pädagog*innen aber nicht im gleichen Milieu sozialisiert worden sind wie die Adressat*innen, müssen sie sich das notwendige Wissen erst aneignen. Das kann über die Theorie erfolgen, aber auch im direkten Kontakt mit den Adressat*innen: Man kann offen zugeben, wenig Ahnung davon zu haben, wie es ist, in diesem Milieu aufzuwachsen, es aber gerne besser verstehen zu wollen. Taktvoll sind hierbei das aufrichtige Eingeständnis der eigenen Unwissenheit und das ernsthafte Interesse am Erleben der Adressat*innen.

Eine taktvolle Arbeit mit unseren Adressat*innen ist nicht denkbar, ohne über traumaspezifisches Wissen zu verfügen. Wie sollten wir ohne Wissen um die Auswirkungen schwerer seelischer Verletzungen die oftmals schwer verständlichen und auch taktlosen Verhaltensweisen traumatisierter Menschen einordnen und taktvoll beantworten können? Wie soll ich ohne jede Vorstellung über die durch traumatische Ereignisse verursachten seelischen Verletzungen ein Gespür dafür entwickeln, was zur Heilung benötigt wird?

Der Takt ist auf ein möglichst tiefes Verstehen angewiesen, um sich entfalten zu können. Zwar kann niemand von Pädagog*innen erwarten, dass sie alles wissen, doch wer mit einer bestimmten Gruppe von Menschen arbeitet, sollte sich ein vertieftes Wissen über diese Gruppe aneignen und sich mit der Zeit zu einem Experten für deren Spezifika entwickeln. Dieses Expertenwissen erst befähigt Pädagog*innen, die für taktvolles Handeln notwendige Sensibilität und den gebotenen Respekt für das Gegenüber aufzubringen. Gleichzeitig ist es ein Irrglaube, jemals *alles* wissen zu können, was einen anderen Menschen im Inneren bewegt – dafür ist dessen Wirklichkeit viel zu komplex. Zu dem großen Fachwissen sollte sich also als Schwesterntugend die Demut gesellen, damit aus dieser wichtigen Kernkompetenz keine hybride Anmaßung wird. Letztere ist mit dem Takt nicht kompatibel.

Die Frage, die wir uns zur Kultivierung unseres Taktes stellen müssen, lautet: Tun wir ausreichend viel dafür, unser Wissen über die uns anvertrauten Menschen zu vertiefen?

6.2.2 Mangel an Demut

Unter Demut verstehe ich die Erkenntnis und die Akzeptanz, dass es etwas Unerreichbares gibt. Für taktvolles Handeln benötigen Pädagog*innen nach meiner Ansicht in zweierlei Hinsicht Demut: Das erste unerreichbare Ziel besteht in dem totalen Verstehen, das zweite in der totalen Steuerbarkeit unserer Adressat*innen.

Kein Wissen der Welt ermöglicht Pädagog*innen ein totales Verstehen der inneren Welt der Adressat*innen. Sie mögen über sehr viel kultur-, milieu- oder traumaspezifisches Wissen verfügen und können dennoch im Einzelfall nicht-wissend sein. Nehmen wir zur Veranschaulichung einen umfangreich gebildeten Anthropologen, der ein bestimmtes Gebiet auf der Welt erforscht hat und sich nun mit den Einheimischen befassen möchte. Er verfügt vielleicht über eine gute Kenntnis der Geografie und der Geschichte des Gebietes und weiß trotzdem noch nicht, wie es sich *anfühlt*, dort zu leben. Selbst wenn er bereits 50 Einheimische zu dieser Frage interviewt hätte, so würde er die Antwort des 51. dennoch nicht mit letzter Sicherheit vorhersagen können – zu viele Faktoren spielen in die Antwort hinein. Er wird vor dem Hintergrund seines fundierten Wissens aber gute Fragen stellen können (was für den Interviewten ein Glück ist). Analog dazu zieht der Taktvolle deshalb stets in Erwägung, dass sein Wissen nicht vollumfänglich ist, und nähert sich den Adressat*innen wie der Wissenschaftler dem 51. Interviewpartner: mit viel wertvollem Wissen und reflektierter Erfahrung im Gepäck, aber immer noch fragend und auf respektvolle Weise neugierig. Würde er das nicht tun, besäße das Gegenüber für ihn nämlich letztlich keine Subjekthaftigkeit mehr. Dem Takt stünde eine solche Haltung entgegen: Wer glaubt, schon alles zu wissen, hört und spürt nicht mehr genau zum Anderen hin und vernachlässigt damit sein »Gefühl für das Du« (vgl. Muth, 1967).

Das zweite unerreichbare Ziel, von dem taktvolle Pädagog*innen wissen, dass sie es niemals erreichen können, besteht in der Steuerbarkeit des Anderen. Das ist für viele Menschen immens schwer anzuerkennen und zu akzeptieren: Sie glauben schließlich zu wissen, was gut für den Anderen sei und verzweifeln dann an der mangelnden »Einsicht« ihres Schützlings. Ohnmächtig müssen sie zur Kenntnis nehmen, dass ihre schönen Erziehungspläne nicht funktionieren. Hier schützt eine demütige Haltung die Pädagog*innen davor, den Adressat*innen mit sukzessiv aggressiverem Veränderungswillen zu begegnen und die Beziehung zu ihnen dauerhaft zu ruinieren: »Und bist du nicht willig, so brauch ich Gewalt!« Ein gebrochener Wille kann jedoch niemals das Ziel taktvollen Handelns sein.

*Die Frage, die wir uns zur Kultivierung unseres Taktes stellen müssen, lautet: Erkennen und akzeptieren wir sowohl die Grenzen unseres Verstehens als auch die Begrenztheit der Steuerbarkeit unserer Adressat*innen?*

6.2.3 Mangel an Selbstfürsorge

Es gibt eine einfache Geschichte, die mir eine Supervisorin vor langer Zeit mal erzählt hat und die sich tief in meinem Gehirn eingebrannt hat:

Sie handelt von einer Mutter, die neun Kinder zu versorgen hat und eines Tages mit schweren Einkaufstaschen beladen nach Hause kommt. Die Kinder schreien, dass sie Hunger haben und schnell etwas zu essen haben wollen. Die Mutter geht mit ihren Einkaufstaschen in die Küche und schließt die Tür hinter sich ab. Sie bereitet eine leckere Suppe zu und isst, bevor sie die Kinder zu Tisch ruft, zunächst selbst eine Schüssel. Als die Kinder das beim Eintreten in die Küche bemerken, schimpfen sie sie eine Rabenmutter und beschuldigen sie, ihre Kinder verhungern zu lassen. »Ihr wollt eine starke Mutter, die sich gut um euch kümmern kann«, sinniert die Mutter, »dann muss sie sich zunächst unbedingt gut um sich selbst kümmern.«

Die Geschichte mag banal sein und wahrscheinlich wird jeder/jede Pädagog*in mal etwas über den Wert von Selbstfürsorge gehört haben. Dennoch ist in der sozialen Arbeit immer wieder das sogenannte Märtyrersyndrom zu beobachten: Man müsse bei der Arbeit vieles »aushalten« können und manches »Opfer bringen«, aber man dürfe trotzdem – hier wird dann auf die eigene Professionalität hingewiesen – »keine Dankbarkeit« von den Adressat*innen erwarten. Ich finde nicht, dass Pädagog*innen vieles »aushalten« müssen und stelle es infrage, warum Menschen, die sich Gutes tun, nicht dankbar füreinander sein sollen. Sehr stimmig empfinde ich die von Baer und Frick-Baer (2009, S. 38) vorgeschlagene Vokabel des »Mittragens«: In diesem Begriff spiegelt sich gegenüber dem passiven »Aushalten« oder »Ertragen« die aktive Bereitschaft wider, die Adressat*innen beim Schultern ihrer schweren lebensgeschichtlichen »Päckchen« zu unterstützen.

Wer aber lediglich »aushält«, ist ein passives Opfer der Umstände und wird seine eigenen Bedürfnisse irgendwann ganz verleugnen oder die Adressat*innen für ihre Bedürftigkeit zu hassen beginnen. In beiden emotionalen Zuständen geht das Taktgefühl verloren. Wer den Kindern und Jugendlichen etwas (Nähe) geben möchte, soll das aus einem freundlichen Impuls heraus ohne heimlichen Groll und im Einklang mit seinen eigenen Gefühlen tun. Pädagog*innen, die bis zur Selbstaufgabe für ihre Schützlinge da sind, steigern den wichtigen und notwendigen Altruismus in ein schädliches Extrem. Ein Zuwenig an Abgrenzung und ein Zuviel an aufopferungsvoller Nähe führt früher oder später zu einem »empathischen Ausbluten« oder einer »Mitempfindensmüdigkeit«, die in Gleichgültigkeit oder Zynismus endet. Beides verletzt den Takt auf grobe Weise. Eine gute Selbstfürsorge dient deshalb nicht nur dem Erhalt der psychischen Gesundheit der Pädagog*innen, sondern langfristig auch dem Wohl der Adressat*innen. Wer sich schlecht abgrenzen kann, sollte sich deshalb in Selbstfürsorge üben.

Die Frage, die wir uns zur Kultivierung unseres Taktes stellen müssen, lautet: Passen wir ausreichend auf uns auf und halten wir Fremd- und Selbstfürsorge in einer gesundheits- und empathieerhaltenden Balance?

6.2.4 Überidentifikation

Neben dem Märtyrersyndrom ist die Überidentifikation eine weitere schädliche Helferideologie, die das Herstellen eines angemessenen Abstands erschwert. Überidentifizieren können wir uns sowohl mit den Adressat*innen selbst als auch mit den Erwartungen, die sie an uns herantragen.

Manchmal glauben sich Pädagog*innen so stark in den Adressat*innen wiederzuerkennen und sich in ihre Situation einfühlen zu können, dass ihre Perspektive mit jener der Adressat*innen verschmilzt. Dann geht der notwendige »letzte« Abstand verloren, den Pädagog*innen aber benötigen, um regulierend Einfluss auf das Erleben und perspektiverweiternd auf die möglicherweise verengte Wahrnehmung der Adressat*innen zu nehmen. Durch eine symbiotische Verschmelzung der Perspektiven gibt es kein Außerhalb mehr und die Innenwelt der Adressat*innen wird zur Wirklichkeit der Pädagog*innen.

Das ist jedoch keine Gegenrede zu parteilicher, anwaltlicher Arbeit für die Adressat*innen! Wir *müssen* uns sogar mit ihnen identifizieren, um ihre Sichtweise nachvollziehen zu können und gegebenenfalls an ihrer Seite für ihre Rechte zu kämpfen. Ohne Identifikation wird es uns auch nicht gelingen, ihre Nöte und Bedürfnisse zu erspüren und darüber eine Idee zu entwickeln, was ihnen zu mehr Lebensglück verhelfen könnte. Aber die Identifikation darf kein Dauerzustand, nicht *absolut* sein. Wie dysfunktional eine allzu parteiliche und demzufolge eindimensionale Sicht der Wirklichkeit sein kann, soll folgendes Beispiel illustrieren:

*In einer Klinik für psychosomatische Medizin, in der ich tätig war, gab es eine Mutter-Kind-Abteilung. Die Mütter und ihre Kinder konnten jeweils für sich eine stationäre Psychotherapie machen und hatten auch die Möglichkeit, in gemeinsamen Therapiestunden ihre interaktionellen Probleme und Belastungen zu bearbeiten. Der Erfolg dieser Arbeit war stark abhängig davon, wie gut sich die Therapeut*innen der Mütter und Kinder aus der Identifikation mit ihren Patient*innen lösen und sich für die Sichtweise des jeweils anderen öffnen konnten: Naturgemäß fühlten die Therapeut*innen der Mütter in hohem Maße mit ihnen und die Therapeut*innen der Kinder besonders mit ihren Patient*innen mit. Oft stand in den Therapien der Mütter die Gewalt im Fokus, die sie in ihrer Kindheit selbst erlitten hatten, während gleichzeitig in den Therapien der Kinder die Gewalt offenkundig wurde, die die Mütter gegenwärtig gegenüber ihren Kindern ausübten. Die Mütter-Therapeut*innen sahen vor allem die Opferseite der Mütter, die Kindertherapeut*innen ihre Täterseite. Beide Seiten waren aber lediglich ein Teil der Wirklichkeit. Bei einer Überidentifikation mit den Patient*innen ging die dritte Perspektive, dass die Mütter sowohl Opfer ihrer Eltern als auch Täterinnen an ihren Kindern waren, regelmäßig verloren. In den Teamsitzungen mit Mütter- und Kindertherapeut*innen drohten sich dann ähnliche dysfunktionale Muster zu wiederholen wie zwischen den Müttern und ihren Kindern respektive ihren Eltern.*

Mit Abstand betrachtet ist das eine triviale Erkenntnis. Schwierig wird es erst, wenn man »drinsteckt«: wenn man als Mütter-Therapeut*in angesichts der Geschichten, die die Mütter aus ihrer Kindheit erzählen, erschaudert und tiefstes Mitgefühl entwickelt, während man als Kinder-Therapeut*in die bittere Lage der Kinder angesichts der Härte und Lieblosigkeit ihrer Mütter so unmittelbar mitempfindet. Erst dann wird deutlich, wie herausfordernd sich die Aufgabe darstellt, sich zwar notwendigerweise zu identifizieren, aber nicht zu überidentifizieren. Besonders schwierig wird es, wenn eigene biografische Themen der Therapeut*innen berührt werden: Der Kindertherapeut beispielsweise, der selbst unter seiner Mutter gelitten hat und eine Wiederholung dieses Musters zwischen seinem Patienten – dem er sich verbunden fühlt – und dessen Mutter *vor seinen Augen* beobachtet, droht, seine Geschichte mit der seines Patienten zu vermischen. Er kämpft dann zwar vorgeblich für die Gerechtigkeit gegenüber seinem Patienten, im Grunde aber für seine eigene. Dabei geht unweigerlich das professionelle Maß verloren.

Pädagog*innen können sich auch mit den Erwartungen überidentifizieren, die Adressat*innen auf sie übertragen. »Rette mich!«, lautet eine dieser Erwartungshaltungen und »Gib mir Recht!« Tatsächlich bräuchten gerade traumatisierte Menschen in ihrem Leben einen Retter und jemanden, der ihnen die Berechtigung für ihre Perspektive zuspricht – was ist also so gefährlich daran, sich mit diesen Erwartungen zu identifizieren? Gefährlich ist der verführerische Aspekt, uns als der oder die »Auserwählte« zu fühlen: Wir drohen dann die Allmachtsfantasie zu entwickeln, dass nur wir, die wir über diese eine scheinbar besondere Gabe verfügen, den/die Adressat*in »retten« könnten. Diese Größenidee wird durch Aussagen genährt wie: »Du bist echt der Einzige, der mich versteht« oder »Ich wüsste echt nicht, was ich ohne Sie machen würde – ich glaub, dann könnt ich mir gleich einen Strick nehmen«. »Der Einzige« oder der vermeintlich letzte Halt zu sein, der einen Mitmenschen am Leben hält, wertet uns narzisstisch massiv auf. Ich verspotte das nicht, denn manchmal haben wir tatsächlich eine hohe Bedeutung. Aber: Wir sind eben nicht der/die eine »Auserwählte«, sondern wurden aus einer Gruppe mehrerer zur Verfügung stehender Pädagog*innen als der- oder diejenige gewählt, auf die bestimmte Erwartungen *übertragen* wurden. Wären wir nicht da gewesen, wären sie mit großer Sicherheit auf jemand anderen übertragen worden, der seinen Job mit ebenso großer Sicherheit auch ganz gut macht. Wenn wir glauben, nur wir könnten den/die Adressat*in retten, identifizieren wir uns mit dessen/deren Omnipotenzzuschreibungen und entwickeln zwangsläufig eine Größenfantasie.

Die Gefahr der narzisstischen Verführung kann ziemlich groß sein. Erliegen wir ihr, drohen größte Verstrickungen mit dem/der Adressat*in und viel Streit im Team. Taktvoll kann die Nähe, die wir im Zuge der Über-identifikation mit den Adressat*innen entwickeln, ohnehin nicht sein: Der Respekt vor der »letzten Unnahbarkeit« des Anderen ist uns in der Verschmelzung bereits verloren gegangen.

*Die Frage, die wir uns zur Kultivierung unseres Taktes stellen müssen, lautet: Gelingt es uns, intensiv am Erleben unserer Adressat*innen teilzuhaben und unserer Verantwortung ihnen gegenüber gerecht zu werden, ohne uns mit ihnen gemein zu machen und uns in unserer Bedeutung zu erhöhen?*

6.2.5 Leugnung eigener Vulnerabilitäten

Pädagog*innen sind keine unbeschriebenen Blätter. Sie haben eine Biografie und charakterliche Dispositionen, die ihre Persönlichkeit prägen und sie bei der Ausübung ihrer pädagogischen Tätigkeit beeinflussen. Je größer das Bewusstsein für diese »eigenen Anteile« ist, desto geringer ist die Gefahr, dass sie einen schädlichen Einfluss auf die Qualität der Arbeit ausüben. Einleitend folgt ein Beispiel aus einer Klinik für Kinder- und Jugendpsychiatrie, bei der die aktuellen Lebensumstände einer Mitarbeiterin Auswirkungen auf ihre Arbeit hatten:

*Eine Krankenschwester von ca. 55 Jahren begann plötzlich damit, den jungen Patient*innen der Station immer ein »Betthupferl« unter das Kopfkissen zu legen. Die Kolleg*innen waren nicht damit einverstanden, dass die Kinder nach dem Zähneputzen noch etwas Süßes aßen. Es kam zu einem großen Streit im Team, bei dem die Krankenschwester ihre Teamkolleg*innen als »kaltherzig« bezeichnete und das Betthupferl als liebevolle Geste in der für die Patient*innen so schwierigen Klinikzeit verteidigte. Nachdem der Streit nicht beigelegt werden konnte, sprach das Team das Thema vorsichtig in der Supervision an. Diese Vorsicht war geboten, weil – wie sich herausstellte – die Kollegin privat gerade sehr darunter litt, aufgrund eines Streits mit ihrer Tochter keinen Kontakt zu ihrem Enkelkind haben zu dürfen. Sie lenkte ihre großmütterliche Energie um und kompensierte die fehlende Möglichkeit der Zuwendung zu ihrem Enkelkind mit der Versorgung der Patient*innen durch Süßigkeiten.*

In diesem zunächst unspektakulär und harmlos scheinenden Fall wird deutlich, wie persönliche Bedürfnisse in der Arbeit mit Hilfsbedürftigen oder Untergebenen gestillt werden können. Tatsächlich jedoch war das Vorenthalten des Enkelkindes für die Krankenschwester ein großes Drama und ihr Versuch nachvollziehbar, die Dramatik durch Großzügigkeit gegenüber den Patient*innen zu lindern. Die Situation drohte das Team jedoch zu spalten und hat nicht umsonst Eingang in die Supervision gefunden: Dort war es ein sehr schmerzhafter Prozess für die Krankenschwester, anzuerkennen, dass der Vorwurf der Kaltherzigkeit im Grunde nicht den Kolleg*innen galt, sondern ihrer eigenen Tochter. Ohne diese Anerkennung wäre der Streit kaum aufzulösen gewesen.

Warum ist das Verhalten der Mitarbeiterin aber taktlos? Weil ihr Handeln nicht dem Wohl der Patient*innen, sondern zuvorderst ihrem eigenen dient. Die Patient*innen sind nicht als Subjekte *gemeint* bzw. *angesprochen*, sondern lediglich Objekte, an denen die Mitarbeiterin ihren Schmerz zu lindern versucht.

Während Karies aufgrund von Süßigkeitenverzehr zwar ärgerlich, aber keine Katastrophe ist, sind sexuelle und gewaltsame Entgleisungen selbstverständlich sehr schwerwiegend. Dass sich solche Situationen manchmal ereignen, hat in der Regel mit einer unglücklichen Verquickung von Anteilen der Adressat*innen und Anteilen der Pädagog*innen zu tun. Außerhalb jeder Frage steht dabei, dass die *Verantwortung* für derartige Verfehlungen einzig und allein bei den Pädagog*innen liegt, aber natürlich leisten Adressat*innen in vielen Fällen mit ihrem Verhalten ihren Beitrag dazu. Ob sie den Kontakt erotisieren oder uns körperlich angreifen; ob sie uns beleidigen, beschimpfen oder bespucken; ob sie sich eklig machen oder dumm stellen: Sie rufen damit natürlicherweise Impulse und Gefühle hervor, die erst einmal reguliert werden müssen und nicht ausagiert werden dürfen. Erschwert wird die Regulationsfähigkeit der Pädagog*innen, wenn die Adressat*innen mit ihrem Verhalten etwas in ihnen »antriggern«: Manche Pädagog*innen reagieren sehr empfindlich auf bestimmte Gerüche, andere auf bestimmte Gesten, wieder andere auf bestimmte Ausdrücke. Der eine Pädagoge ist narzisstisch verführbar, der andere fühlt schnell Verachtung; die eine Pädagogin ist sexuell ansprechbar, die andere ekelt sich vor Avancen von Adressat*innen; der eine Pädagoge sehnt sich nach Zärtlichkeit, der andere fürchtet sich vor Nähe; bei der einen Pädagogin erzeugen Provokationen und körperliche Angriffe schnell eine Gewaltbereitschaft, die andere bekommt große Angst vor der Aggression der Adressat*innen. Manche Pädagog*innen halten es kaum aus, wenn es um das Thema Verlust geht, andere werden beim Thema Sexualität sehr nervös, wieder andere können nicht gut mit dem Thema Gewalt umgehen.

Das alles ist niemandem vorzuwerfen. Worauf wir stark reagieren, hat mit unserer eigenen Geschichte zu tun. Für manche Themen sind wir »anfällig«, weil wir einschlägige Erfahrungen gesammelt haben, die uns verletzbar werden ließen. Wer in seinem Elternhaus viel Abwertung erlebt hat und nur über ein brüchiges Selbstwertgefühl verfügt, wird mit der Abwertung der Adressat*innen mehr Schwierigkeiten haben als die diesbezüglich unbelasteten Kolleg*innen. Er/Sie wird dann versuchen, die Gefahr der Abwertung durch wohlgefälliges Verhalten den Adressat*innen gegenüber im Keim zu ersticken oder sich gegen jede Kritik zu immunisieren. Beide Strategien beeinträchtigen sowohl die eigene Professionalität als auch das Taktgefühl.

Unprofessionell ist nicht das Empfinden, sondern das unregulierte Ausagieren dieser Gefühle. Wenn ein unregulierter emotionaler Zustand nicht reguliert wird, geht im Furor der starken Affekte der Takt – der Sinn für Angemessenheit – verloren. Im Bann dieses Furors schießt man über das Ziel hinaus: Dann führt die Angst vor der Aggression der Adressat*innen zur Unterwerfung und die Gewaltbereitschaft zu manifester Gewalt; dann schmeichelt das erotische Angebot nicht nur, sondern es mündet in sexuellen Handlungen; dann kann die Abwertung nicht professionell beantwortet werden, sondern schlägt in blinde Wut um. Auch wenn es womöglich im letzten Beispiel gelingen sollte, die Wut nicht gewaltvoll auszuagieren, so droht sie sich im Untergrund einen Weg zu bahnen: Der Adressat wird mit besonders strengen Regeln bedacht, ungerecht behandelt, es werden ihm Steine in den Weg gelegt. Die Boshaftigkeit übernimmt die Regie und auch hier hat der freundliche Takt dann keine Chance mehr.

Einschlägige biografische Erfahrungen der Pädagog*innen *müssen* aber keine Hypothek sein, sondern können auch eine Ressource darstellen. Dies ist dann der Fall, wenn sich die Pädagog*innen ihrer Vulnerabilitäten bewusst sind. Wer seine emotionalen Achillesfersen kennt, kann seine auftauchenden starken Affekte viel besser einordnen und reflektieren. Diese Sensibilität für sich selbst schützt im besonderen Maße vor unkontrollierten und beziehungsschädlichen Reaktionen auf die Angebote oder Angriffe der Adressat*innen. Da alle Pädagog*innen Schwachstellen haben und die Berührung dieser Schwachstellen im pädagogischen Alltag auf Dauer nahezu unvermeidlich ist, ist niemand vor unregulierten und unprofessionellen Entgleisungen (offen) oder Boshaftigkeiten (verdeckt) gefeit – es sei denn, er oder sie stellt sich seinen/ihren Vulnerabilitäten und verleugnet sie nicht. Das erfordert Mut und bedeutet Arbeit.

Die Fragen, die wir uns zur Kultivierung unseres Taktes stellen müssen, *lauten: Haben wir die Bereitschaft, uns mit unseren blinden Flecken und ungeliebten Anteilen auseinanderzusetzen? Oder laufen wir Gefahr, die Adressat*innen unter dem Mantel des Gutgemeinten zur Befriedigung unserer eigenen Bedürfnisse zu missbrauchen bzw. unsere persönlichen Themen unprofessionell an den Adressat*innen auszuagieren?*

6.2.6 Voyeurismus

»Und lieber behält man intimen Schmutz für sich, als sich einer schmutzgierigen Welt auszusetzen, die sich nur respektlos erschüttert zeigt« (Kirchhoff, 2010, S. 150). Dieser Satz stammt aus einem Text, den der Schriftsteller Bodo Kirchhoff unter dem Titel »Sprachloses Kind« kurz nach dem Aufdecken der Missbrauchsskandale im Nachrichtenmagazin *Der Spiegel* veröffentlicht hat. Ohne den Begriff explizit zu benutzen, kritisiert er darin die Taktlosigkeit des öffentlichen Umgangs mit dem »sexuellen Schicksal« (Kirchhoff, 2010) betroffener Menschen: »Im Internat gab es keinen Skandal, es gab nur Verhöre durch Leute, die es ganz genau wissen wollten, um sich darüber, eher aber daran zu erregen« (ebd.). Diese Form des Voyeurismus ist das Gegenteil einer taktvollen Beschäftigung mit dem intimen Leid anderer Menschen. Kirchhoff nahm die Aufarbeitung der Geschehnisse im Internat Gaienhofen, in dem er selbst als Zwölfjähriger von einem Kantor sexuell missbraucht wurde, offenbar nicht als Interesse an dem Erleben der Opfer wahr: Stattdessen empfand er die von den »Aufklärern« offen zur Schau gestellte Empörung als Respektlosigkeit. Was Kirchhoff hier beschreibt, ist die Taktlosigkeit der Sensationslüsternheit, bei der die Kenntnis von dem Leid anderer Menschen für die eigene Unterhaltung und Erregung missbraucht wird.

Man versteht, was gemeint ist. Es ist ein Kennzeichen für einen Mangel am »Respekt vor der anderen Seele«, wenn man deren Not zur Befriedigung der eigenen Bedürfnisse nutzt. Dabei handelt es sich um das Bedürfnis, an etwas Spektakulärem teilzuhaben: Viele Adressat*innen haben grelle, spielfilmreife Dramen erlebt, die uns als Zuhörer*innen oder Zuschauer*innen durch die Faszination des Bösen fesseln. Ich habe das selbst einmal sehr eindrücklich erlebt, als ich das Gerichtsurteil vom Stiefvater von Leonora (s. Kap. 3.1.3) las. Die Abscheulichkeit der dort minutiös geschilderten Verbrechen hat mich tief erschüttert, was erst einmal verständlich und normal ist. Diese Erschütterung durfte aber nicht meinen

Blick auf Leonora verstellen: Die Erschütterung war eine Mixtur *meiner* Gefühle – aber um die ging es nicht. Meine schwierige Aufgabe bestand darin, Interesse und Mitgefühl für *ihre* Gefühle zu entwickeln. Leonoras Gefühle unterschieden sich von meinen jedoch grundlegend: Während ich Hass, Ekel, Verachtung und allertiefste Empörung empfand, war Leonora vor allem verwirrt und verängstigt. Sie empfand keinen Funken von dem, was ich beim Lesen des Urteils empfand. Sie hatte Angst vor der Reaktion ihrer Familie, Angst vor der Rache ihres Stiefvaters und sie stellte sich die bange Frage, wie ihr Leben nun weitergehen solle. Erst als ich meine Gefühle überwunden hatte und mich auf Leonora einlassen konnte, bekam ich etwas von diesem Empfinden mit. Wäre ich bei meiner eigenen Erschütterung geblieben, wäre das – weil es in der Therapie um ihre und nicht um meine Seele geht – eine ihr gegenüber *respektlose Erschütterung* gewesen. Wir erinnern uns an die »Gedämpftheit des Ausdrucks«, die dem Takt zu eigen ist: Laute Empörung und schrilles Geschrei zählen nicht dazu.

Die Frage, die wir uns zur Kultivierung unseres Taktes stellen müssen, lautet: Setzen wir uns mit dem gebotenen Respekt mit der Not unserer Adressat*innen auseinander oder erregen wir uns – der Terminologie Kirchhoffs folgend – an ihrem Schicksal?

6.2.7 Fazit

Die ideale Voraussetzung für taktvolles Handeln besteht in dem Zusammenspiel von einem möglichst tiefen Fallverstehen und der ebenso tiefen Einsicht, dass es sich dennoch lediglich um ein Teil-Verstehen handelt. Das erfordert ein großes Wissen um die Besonderheiten der *Gruppe* der Adressat*innen, ohne dass durch dieses Wissen das Interesse am *Einzelfall* erschlafft – Takt ist schließlich »der Geschmack für den besonderen Fall«, wie Hans-Georg Gadamer betont (1990; zit. n. Zirfas, 2012, S. 169). Hindernisse für das Herstellen einer taktvollen Nähe bestehen in verschiedenen Helferideologien wie dem Märtyrersyndrom oder der zu starken Identifikation mit den Adressat*innen sowie der sich daraus ableitenden Rettungsfantasien. Die vor dem Hintergrund solcher Ideologien entstehende Nähe ist zu stark von einem Zuviel geprägt, als dass sie taktvoll sein könnte. Hier sind wir in besonderer Weise auf die Unterstützung von Teamkolleg*innen angewiesen, die uns auf Verstrickungen hinweisen und uns damit helfen, uns aus ihnen wieder zu befreien. Das gilt auch für Situationen, in denen

wir – weil eigene biografische Themen berührt sind – Professionalität vermissen lassen und über das Ziel hinausschießen. Fast alle Pädagog*innen
dürften auf die eine oder andere Weise verletzlich sein und entsprechend
sensibel auf bestimmte Themen »anspringen«. Weil das Gespür für Angemessenheit in der Wallung der eigenen Gefühle verloren geht und
Überreaktionen schlimme Folgen für die Adressat*innen und auch die
Pädagog*innen selbst haben können, ist eine Bewusstmachung und Anerkennung der eigenen Vulnerabilitäten unbedingt ratsam. Zuletzt ist auch
der Voyeurismus nicht zu vernachlässigen, der insbesondere in der Arbeit
mit aufsehenerregend traumatisierten Menschen eine verbreitete Gefahr ist.
Zum Takt verhält sich der Voyeurismus wie Shakespeare zu einem Redak-
teur der Bildzeitung: Beide beschäftigen sich mit Dramen, ersterer mit Stil
und Respekt, der andere ohne.

Zum Abschluss des Kapitels über die Fallstricke auf dem Weg zu takt-
vollem Handeln geht es nun um die institutionellen Bedingungen, in deren
Rahmen sich die pädagogischen Beziehungen, von denen die ganze Zeit die
Rede ist, schließlich ereignen.

6.3 Erschwernisse, die mit der Einrichtung zu tun haben

Sind die Rahmenbedingungen der pädagogischen Arbeit so gestaltet, dass
sich der Takt der Mitarbeiter*innen kultivieren und sich eine taktvolle
Nähe zwischen den Adressat*innen und ihnen tatsächlich herstellen kann?
Bislang war sehr viel von der Verantwortung der Pädagog*innen und wenig
von der Verantwortung der Einrichtungsleitenden die Rede – abgesehen
von der Diskussion um die Dienstleistungsorientierung sozialer Einrichtungen im zweiten Kapitel. Manchmal verweisen Pädagog*innen aber darauf,
dass sie selbst zwar gerne den Takt kultivieren würden, Struktur und Kultur
ihrer Einrichtung das jedoch nicht zuließen. Sie berichten auf struktureller
Ebene von chronischer Überforderung durch schlechte Personalschlüs-
sel, lange Arbeitszeiten und wenig Reflexionszeiten. Natürlich leuchtet es
sofort ein, dass Hektik und Zeitmangel des pädagogischen Alltags Handi-
caps für den eher langsamen Takt sind. Das kann und soll an dieser Stelle
nicht wegdiskutiert, aber auch nicht weiter vertieft werden. Jedem steht es
frei, sich auf seine Weise und mit seinen Möglichkeiten auf der politischen
Ebene für bessere Rahmenbedingungen in der sozialen Arbeit zu engagieren.

Es soll im Weiteren auch nicht explizit um institutionelle Schutzkonzepte zur Prävention sexuellen Missbrauchs oder anderer Formen der Gewalt gehen. Das wäre ein Thema für sich. Aber ein in der Theorie gut durchdachtes Beschwerdemanagement oder ein sexuelles Bildungsangebot haben in der Praxis ohnehin nur dann einen Wert, wenn sie sich in der *Kultur* der Einrichtung wiederfinden. Ich habe das in Kapitel 2 bereits kritisiert: Da werden für die Adressat*innen Veranstaltungen organisiert, in denen das Recht auf sexuelle Selbstbestimmung proklamiert wird, und unterminiert es gleichzeitig mit Haltungen und Regeln, die auf ein Verständnis von Sexualität als Bedrohung oder Sünde zurückgehen.

Die Erschwernisse für den Takt sollen deshalb an dieser Stelle auf der Ebene der *Einrichtungskultur* diskutiert werden. Hier wird von den Pädagog*innen häufig ein pädagogischer Trott beobachtet, in dem sich müde und bequem eingerichtet wurde: »Unsere Arbeitsweise hat sich jetzt 25 Jahre lang bewährt, warum sollten wir daran etwas ändern?«, schallt es ihnen mancherorts entgegen, wenn sie Neuerungen anstoßen wollen, die dem Takt und der Würde mehr Raum verschaffen könnten. Ich bewerte das Festhalten am Bewährten dann kritisch, wenn es zur Trägheit des Denkens führt. Wenn es an der Bereitschaft mangelt, sich als Einrichtung irritieren und infrage stellen zu lassen, ist die Herstellung einer taktvollen Atmosphäre ein schwieriges Unterfangen: Zur Kultivierung des Takts müssen Fragen und Reflexionen gelebt und geliebt werden. In der Komfortzone einer schematischen und routinierten Pädagogik mit kaum noch hinterfragten Arbeitsansätzen und Glaubenssätzen droht ansonsten die Tradierung und stetige Chronifizierung einer möglicherweise zwar funktionalen, aber takt- und würdearmen Beziehungskultur.

6.3.1 Betriebsblindheit

*»Haben Sie sich nicht so«, sagt der Assistenzarzt kumpelhaft, »die sehen das hier jeden Tag« – und schlägt die Bettdecke zurück, damit Chef- und Oberarzt, Krankenschwester und eine Gruppe Medizinstudent*innen bei der Visite im Krankenhaus die Wundverheilung der Operation am Unterleib des Patienten begutachten können.*

In manchen stationären Einrichtungen ist es mit der Wahrung der Würde nicht weit her. Die frische Wunde des Patienten kann hier sinnbildlich für die Verletzungen derer stehen, die stationär betreut werden müssen.

Für die meisten betroffenen Menschen fühlt es sich schrecklich an, in einer autonomen Lebensführung eingeschränkt und auf Hilfe angewiesen zu sein. Sie haben das Recht darauf, dass wir ihre mitunter ohnehin schon beschädigte Würde wahren. Dafür benötigen wir jedoch ein Höchstmaß an Achtsamkeit und Taktgefühl. Auch wenn das angeführte Beispiel aus einem medizinischen Betrieb stammt, lässt es sich leicht auf den pädagogischen Bereich übertragen: Hier kann die Routine im Umgang mit menschlichem Leid ebenso in Unachtsamkeit gegenüber den persönlichen Grenzen der Adressat*innen münden.

In einer Einrichtung für körperbehinderte Menschen spreche ich im Rahmen eines Seminars über den Umgang mit persönlichen Grenzen. Ein Teilnehmer schildert den Fall einer jungen Frau, die seit einem Unfall mobilitätseingeschränkt ist und aufgrund anderer widriger Umstände seit Kurzem in der Einrichtung leben muss. Diese junge Frau lehnt es ab, von einem männlichen Mitarbeiter beim Toilettengang begleitet zu werden. Das sei bei den Strukturen in der Einrichtung aber schlicht unmöglich, bedeutet mir der Mitarbeiter: »Da muss ich ihr dann sagen: Junge Frau, wenn Ihnen das so wichtig ist, dann sprechen Sie mal mit unserem Chef, dass er den Dienstplan so gestaltet, dass immer, wenn Sie ihr Geschäft verrichten müssen, eine Kollegin von mir im Dienst ist«.

Hier findet sich das häufig anzutreffende Phänomen, dass das Plädoyer für Sensibilität im Umgang mit den persönlichen Grenzen der Adressat*innen mit einem Verweis auf die Strukturen der Einrichtungen beantwortet wird. »Wie soll ich unter diesen Umständen auch noch sensibel sein?«, wird eher rhetorisch als mit ernsthaftem Interesse gefragt. Es mag sein, dass es strukturbedingt nicht möglich ist, immer einen weiblichen *und* männlichen Mitarbeiter im Dienstplan einzuteilen – aber hätte man das Anliegen der Adressatin nicht dennoch taktvoller beantworten können? Der Seminarteilnehmer verspürte offenbar selbst ein diffuses Unbehagen, die Grenzen der Bewohner*innen überschreiten zu müssen, sonst wäre ihm diese Begebenheit sicher nicht an der Stelle des Seminars in den Sinn gekommen. Er nimmt dieses Unbehagen aber nicht zum Anlass, mit der Adressatin in einen reflektierenden Dialog zu treten, sondern wehrt es in einer Art ab, die ihre Grenzen in doppelter Weise verletzt: Zum einen führt er an ihr, über ihre Grenzen hinweg, routiniert die notwendigen hygienischen Maßnahmen durch, zum anderen nimmt er ihr Schamgefühl nicht ernst, verspottet es beinahe. Was mag ihn dazu motiviert haben, so zu handeln? Ich vermute, dass die jahrzehntelange Mitarbeit in der Einrichtung ihn emotional hat abstumpfen lassen. Tagtäglich ist er mit der körperlichen Intimsphäre der Klient*innen konfrontiert, sodass sie ihm – wie dem Arzt aus dem Eingangsbeispiel – längst zur Routine geworden ist. Routine kann jedoch zur Betriebsblindheit und Unachtsamkeit führen, wenn sie nicht einem ausreichenden Reflexionsprozess unterzogen ist. Hiermit ist nicht nur ein Reflexionsraum wie zum Beispiel die Supervision gemeint, sondern überhaupt erst einmal die Wahrnehmung des eigenen Unbehagens, der inneren Widerstände, der möglicherweise vorhandenen Ekelgefühle oder Abstoßungsimpulse. Stattdessen tut der Pfleger so, als finde die Pflegehandlung in einem Raum ohne Emotionen statt, weder seine noch die der jungen Frau finden Resonanz. Ich persönlich arbeite nicht in diesem Berufsfeld und deshalb lasse ich mir auch sagen, dass ein solches Vorgehen seine Richtigkeit hat, weil die von beiden Seiten ungewollte Intimität nur auf diese Weise zu bewältigen sei. Vielleicht ist es tatsächlich einfacher, wenn beide – Pfleger und Adressatin – dissoziieren. In diesem Beispiel dissoziiert die Frau aber (noch) nicht, sodass ihr zu wünschen wäre, dass ihre Gefühle ernst genommen werden und Raum bekommen. Wenn dem dauerhaft nicht so ist, wird sie bei Pflegehandlungen zwangsläufig dissoziieren müssen, um die für sie unerträgliche, weil nicht durch reflektierte Achtsamkeit begleitete Überschreitung ihrer Grenzen psychisch zu ertragen. Die Traumatisierung läge dann aber nicht in dem Vorgang an sich, sondern in ihrer Seelenlosigkeit.

Böhnke (2012) beschreibt eine vergleichbare, sehr eindrucksvolle Szene aus der Pflegepraxis eines Altenheims, in der »vonseiten der Pflegerin in dramatischer Weise die institutionell deformierten Handlungsmuster körperlich und sprachlich zur Aufführung« (S. 207) gebracht werden. In dieser Szene wird die Bewohnerin des Altenheims, nachdem sie in ihr Bett genässt hatte, von der Pflegerin verächtlich behandelt: »Zugespitzt ausgedrückt, zeichnet sich eine Beziehungs- und Machtdynamik ab, in der die hilfebedürftige Bewohnerin in einer doppelten Nacktheit, nämlich der körperlichen und der existenziellen Nacktheit, sowie der damit einhergehenden Demütigungspraxis konfrontiert ist« (ebd.). Diese Szene wäre wie wahrscheinlich Millionen andere unkommentiert geblieben, wenn nicht eine Schwesternschülerin die Szene beobachtet und mitgeteilt hätte. Deshalb ist es für stationäre Einrichtungen so bedeutend, ihr institutionalisiertes Beziehungshandeln durch »Blicke von außen« regelmäßig hinterfragen zu lassen. Langjährige Kolleg*innen der Pflegerin hätten an der Szene möglicherweise nicht den geringsten Anstoß genommen.

Im Sinne einer takt- und würdevollen Einrichtungskultur bleibt festzuhalten: Nicht alle Einrichtungen lassen sich gerne »in die Karten« oder »hinter die Kulissen« schauen. Infragestellungen von Praktikant*innen oder Berufsanfänger*innen werden manches Mal als ideologische Überformungen unerfahrener »Jungspunde« abgetan, die sich ihre Hörner in der Tretmühle des Alltags mit der Zeit schon abstoßen werden. Dabei ist – wie im obigen Beispiel – die Würdelosigkeit des Umgangs aus der Außenperspektive viel deutlicher zu erkennen als aus der Innenperspektive. Ein solcher »Blick von außen« könnte zum Beispiel durch den zeitlich befristeten Austausch von Mitarbeiter*innen zwischen Einrichtungen institutionalisiert werden und deren Rückmeldungen in konzeptionellen Überarbeitungen Berücksichtigung finden.

Man kann die Mitarbeiter*innen auch anregen, sich häufiger mal in die Rolle der von ihnen betreuten Adressat*innen zu versetzen: Die Teilnehmer*innen an meinen Weiterbildungskursen sind in der Regel unter sehr hoher Spannung, wenn sie im Rahmen der Selbsterfahrung zum Beispiel ihr Genogramm oder ihre Lebenslinie vorstellen sollen. Sie fürchten, »vollkommen entblößt« vor der Gruppe zu stehen – obwohl die Gruppe schon vertraut und die Schweigepflicht gewährleistet ist. Zudem steht es ihnen frei, über welche Aspekte ihrer Biografie sie reden und über welche sie schweigen möchten. Andersherum eruieren wir psychosozialen Fachkräfte mit unseren Adressat*innen jedoch mit großer Selbstverständlichkeit sehr intime und belastende Lebensereignisse. Um dabei empathisch und feinfühlig vorgehen zu können, benötigen wir ein hohes Bewusstsein für die Sensibilität der Materie. Ein solches entwickelt sich zum Beispiel in Situationen wie in der zuvor beschriebenen Selbsterfahrungsübung »am eigenen Leib«. Ist uns eigentlich klar, welche Offenheit wir von den Klient*innen verlangen (und in der Regel auch verlangen müssen)? Wissen wir, auf welche Feinheiten in unserem Verhalten es ankommt, damit sich das Reden über Persönliches für die Adressat*innen nicht wie eine Entblößung anfühlt? Jahrelange Routine ohne ausreichende Reflexion – ohne mal einen Blick von oben auf das, was man da eigentlich tut, zu werfen – mindert fast schon zwangsläufig die Sensibilität und Achtsamkeit. Wir dürfen uns deshalb probehalber ruhig mal in die Situation hineinversetzen: Wie würden wir unsere Würde gewahrt wissen, wenn wir bei dem Toilettengang auf fremde Hilfe angewiesen wären? Welche Ängste hätten wir, wenn wir demnächst in einer Institution leben müssten – und was würden wir uns dann von dem Personal erhoffen oder wünschen?

Im Sinne einer takt- und würdevollen Einrichtungskultur bleibt festzu-
halten: Mit der Anregung solcher Gedankengänge oder sogar mit Planspie-
len könnten Einrichtungsleiter*innen die Sensibilität für die Situation der
Adressat*innen fördern.

6.3.2 Permissive Atmosphäre

An Teamsitzungen ist einer der wichtigsten Parameter für die Qualität der
pädagogischen Arbeit festzumachen: Es geht dabei um die Fähigkeit, sich
als Kolleg*innen kritisch miteinander auseinanderzusetzen.

In einer Kinder- und Jugendhilfeeinrichtung herrscht große Betroffenheit
über den Umstand, dass eine inzwischen dienstbefreite Kollegin ein sexuelles
Verhältnis mit einem Adressaten hatte. Lange wird darüber gerätselt, wie es
dazu kommen konnte. Eine Kollegin äußert schließlich, schön länger ein Un-
behagen mit sich herumgetragen zu haben: »Wenn ich ehrlich bin, hatte ich
schon länger kein gutes Gefühl bei ihr. Die war irgendwie zu nahe dran an
den Jugendlichen«.

In manchen Teams gibt es eine ausgeprägte Tendenz, sich wechselseitig
nicht mit solchen Beobachtungen zu konfrontieren. Man befürchtet, den
Kolleg*innen damit *zu nahe* treten zu können und dadurch dauerhafte
Spannungen zu erzeugen – das aber wäre problematisch in Einrichtungen mit einer hohen emotionalen Arbeitsbelastung und Intensität. Also
wird lieber lange nichts gesagt; nichts zu der großen körperlichen Nähe,
die Kolleg*innen herstellen; nichts zu der Gewalt, die die Kolleg*innen
ausstrahlen oder sogar ausüben; nichts zu der Gleichgültigkeit gegenüber
den Bedürfnissen der Kinder und Jugendlichen; nichts zum Verspotten
oder zu der Infantilisierung der Adressat*innen; nichts zu den Schikanen, denen manche Adressat*innen ausgesetzt sind, wenn Kolleg*innen
sie »auf dem Kieker« haben. Selbst wenn wir allen Pädagog*innen die
positive Absicht unterstellen, die Adressat*innen in bestmöglicher Weise
unterstützen zu wollen: Manchmal vergaloppiert man sich eben oder
stumpft ab. Dann benötigt man seine Teamkolleg*innen, die einen mit
ihrer Wahrnehmung konfrontieren, die das Handeln infrage stellen oder
die auch klar sagen: »Das geht so nicht!« Die Reife eines Teams macht
sich daran fest, wie konstruktiv die Mitarbeiter*innen Kritik äußern und
annehmen können. Gift ist für die Adressat*innen eine gewähren las-
sende, permissive Atmosphäre, denn in solchen Teams und Einrichtungen

werden selbst Ungeheuerlichkeiten nicht angesprochen oder nach außen getragen.

Ein unkritischer, auf Harmonie ausgerichteter Umgang im Kollegenkreis leistet Grenzverletzungen Vorschub: Mitarbeiter*innen einzelner Wohngruppen und ganze Einrichtungen neigen beizeiten dazu, die eigene Gruppe oder Institution als Hort der Sicherheit und des Friedens zu verklären – ähnlich wie viele Eltern die Familie. »Das Böse« hingegen sei draußen, es laure im Gebüsch oder hinter der nächsten Straßenecke. Die Zahlen sprechen dagegen: Die meiste Gewalt – auch sexuell – erfahren Menschen durch Bezugspersonen aus dem nahen oder fernen Bekanntenkreis: der Pfarrer, der Trainer, die Erzieherin, der nette Bademeister, der Onkel, die Mutter, der Nachbar, der Lehrer. Und natürlich auch der Pädagoge oder die Pädagogin aus der Einrichtung der Kinder- und Jugendhilfe oder der Pfleger oder die Pflegerin aus den Einrichtungen für alte oder behinderte Menschen. Es ist eine traurige Realität, dass Missbrauch, Misshandlung und Vernachlässigung in Einrichtungen nicht nur ein Phänomen lang vergangener Jahre, sondern ein bis heute manifestes Problem sind. Um diese Missstände zu beseitigen, müssen wir in Betracht ziehen, dass es auch in unserer Einrichtung, in unserem Team, zu gravierenden Grenzverletzungen kommen kann. Die Adressat*innen – insbesondere solche, die sich nicht selbst mit der Bitte um Unterstützung nach außen wenden können – sind nämlich der Verletzung ihrer Rechte und ihrer Würde relativ hilflos ausgesetzt, wenn sich die Mitarbeiter*innen auf ein kritikloses Miteinander verständigt haben.

Es wäre wünschenswert gewesen, dass die Mitarbeiterin ihre Kollegin mit der Beobachtung, sie sei »zu nahe dran an den Jugendlichen«, rechtzeitig in einer Teamsitzung konfrontiert hätte. Man hätte das dann reflektieren und geeignete Maßnahmen treffen können, die der Kollegin ermöglicht hätten, wieder Distanz zu gewinnen – oder die, wenn die Kollegin kein Fehlverhalten bei sich erkannt hätte, durch arbeitsrechtliche Maßnahmen Distanz erzwungen hätten.

Damit Kritik ansprechbar und eine kontroverse Diskussion möglich wird, braucht es eine konstruktive Streitkultur: Kritik muss an der Sache orientiert, deutlich und gesichtswahrend formuliert werden. Eine beschämende Kritik schließt den Raum für eine offene Auseinandersetzung, eine bis zur Unkenntlichkeit verschwommene Kritik hinterlässt bei den Beteiligten nichts als ein diffuses Unbehagen.

Im Sinne einer takt- und würdevollen Einrichtungskultur bleibt festzu-

halten: Es gehört zu den wichtigsten Aufgaben der Leitung, im Sinne der Adressat*innen und der Qualität der pädagogischen Arbeit eine kritische Teamkultur zu entwickeln. Das ist nach meiner Überzeugung die wirksamste Prävention gegen Grenzverletzungen. Jeder in der Einrichtung muss angstfrei die Dinge ansprechen können, die er als ethisch fragwürdig empfindet.

Kritik wird als heikel empfunden, weil sie schnell als Infragestellung der Professionalität verstanden wird. Abgesehen von den Fällen, in denen Mitarbeiter*innen von vornherein beabsichtigen oder billigend in Kauf nehmen, die Grenzen der Adressat*innen zu verletzen, ist ein pädagogisches Fehlverhalten häufig das Ergebnis eines sich langsam aufbauenden Prozesses: Man wird langsam, aber sicher mitempfindungsmüde; immer tiefer in dysfunktionale Beziehungsmuster verwickelt; angesichts des Arbeitsstresses zunehmend dünnhäutiger oder bedürftiger etc. Solche Prozesse können durch kritische Reflexion innerhalb des Teams auch angehalten werden: »Stopp, ich beobachte bei dir eine ungünstige Entwicklung, lass uns bitte mal genauer hinschauen, was da los ist!« Um nämlich mit einem weit verbreiteten Missverständnis aufzuräumen: Verstrickungen sind zunächst kein Merkmal mangelnder Professionalität! Problematisch ist die mangelnde Bereitschaft zur »Entstrickung«. Verstrickungen geschehen unwillkürlich, das ist bei der Intensität der Arbeit mit den Adressat*innen unvermeidlich. Selbstverständlich tappen auch erfahrene Mitarbeiter*innen in die Fallen der in Kapitel 6.1 beschriebenen Beziehungsmuster und geraten aufgrund ihrer individuellen Vulnerabilitäten in Bedrängnis.

Im Sinne einer takt- und würdevollen Einrichtungskultur bleibt festzuhalten: Leiter*innen können durchaus mit gutem Beispiel vorangehen und ihre eigenen Verstrickungen transparent machen. Das ist für die Teams nicht nur entlastend, sondern fördert auch ihre eigene Bereitschaft, sich kritisch zu reflektieren.

Es gilt, was Streek-Fischer (2010, S. 171) so formuliert: »Grundsätzlich ist es wichtig, das Miteinander-verstrickt-Sein frühzeitig zu erkennen und sich durch ein auf das interaktionelle Geschehen fokussierendes interaktionelles Vorgehen als eine andere Person außerhalb des vertrauten Musters zu zeigen«. Ansonsten, so könnte man ergänzen, ist die weitere Chronifizierung des Musters nicht aufzuhalten. Ich halte es für unmöglich, dem von Streek-Fischer formulierten Anspruch in der pädagogischen Arbeit mit hochbelasteten Kindern und Jugendlichen ohne die Unterstützung des Teams und ohne ausreichende Reflexionsräume gerecht zu werden. Dies führt zum nächsten Punkt.

6.3.3 Mangel an Reflexionsräumen

Die Virulenz von Beziehungsmustern und Verstrickungen im stationären pädagogischen Setting ist enorm. Wenn Brisch (2006) für den Aufbau einer sicheren therapeutischen Beziehung die Notwendigkeit der enormen Feinfühligkeit des Therapeuten betont, »weil die Patienten sich mit allen bizarren Bindungsmustern bis zur psychopathologischen Ausprägung der Bindungsstörungen in die therapeutische Beziehung einbringen« (ebd., S. 111), dann gilt das für die Pädagogik im besonderen Maße: In der Enge und Hektik des pädagogischen Alltags ist es noch viel schwieriger als im komfortableren Therapiesetting, die erforderliche Feinfühligkeit aufzubringen und die »bizarren Bindungsmuster« zu durchschauen und zu unterbrechen. Es war schon viel die Rede davon, dass Pädagog*innen in der Kinder- und Jugendhilfe noch viel unmittelbarer als Therapeut*innen und andere Berufsgruppen in die Lebensgeschichten und Lebensthemen der Kinder verwickelt und verstrickt werden. Damit die daraus resultierende Nähe zu bewältigen ist, muss es Orte geben, wo »Verstrickungen aufgelöst, wo Problemdistanz entstehen kann« (Müller, 2012, S. 154). Müller fordert in diesem Zusammenhang »die Herstellung eines Reflexionsraumes, der Distanz von Übermaßen der Nähe ermöglicht« (ebd.). Ein solcher Raum ist klassischerweise die Supervision, die aufgrund zeitlich und finanziell limitierter Ressourcen in vielen Einrichtungen jedoch nicht im erforderlichen Umfang stattfindet und deren Wert manchmal auch verkannt wird. Die Supervision soll hier ohnehin nur stellvertretend für die immense Bedeutung von Reflexionsräumen genannt werden.

Im Sinne einer takt- und würdevollen Einrichtungskultur bleibt festzuhalten: Einrichtungen müssen ihren pädagogischen Mitarbeiter*innen Gelegenheiten schaffen, sich immer wieder aus der unvermeidbaren Nähe zu befreien – dazu müssen sie diese Notwendigkeit zunächst anerkennen und sie als ein Merkmal qualitativ hochwertiger pädagogischer Arbeit begreifen. Reflexionsräume – ob Supervisionen, ausgiebige (ethische) Fallbesprechungen, Fort- und Weiterbildungen, Einzelgespräche mit Vorgesetzten oder Kolleg*innen aus dem Fachdienst, Intervisionsgruppen – sind kein »Luxus«, kein »Goodwill«, kein »nice-to-have«, keine Garnierung der »eigentlichen« Arbeit, sondern sie sind Teil der eigentlichen Arbeit. Niemand sollte sich über Taktlosigkeiten in der pädagogischen Arbeit beschweren dürfen, der die Bedeutung solcher Räume infrage stellt.

Umgekehrt sind die Chancen, die im reflektierenden Nachdenken liegen, immens. Gerade nach Situationen schlecht bewältigter Nähe ist das Erkennen der Ursachen, die diesem Scheitern zugrunde liegen, Balsam für die Pädagogen-Seele: Nach meinen Erfahrungen kehrt dann augenblicklich viel innere Ruhe bei dem/der betroffenen Mitarbeiter*in oder dem Team ein.

6.3.4 Fazit

Der Takt spiegelt sich in der Einrichtungs*kultur* wider, die aber wiederum von Einrichtungs*strukturen* beeinflusst wird. Während Veränderungen an Strukturen relativ schnell beschlossen und umgesetzt werden können, wandelt sich die Kultur einer Institution weniger schnell. Damit aber auf lange Sicht ein taktvolleres Miteinander in der Einrichtung gelebt werden kann, müssen unter anderem – das ist die Verantwortung der Einrichtungsleitung – entsprechende Rahmenbedingungen geschaffen werden.

6.4 Zusammenfassung

Sicher sind die Hindernisse für taktvolles Beziehungshandeln nicht vollumfänglich beschrieben. Aber bereits so dürfte deutlich geworden sein: Leicht hat es der Takt in unserem Berufsfeld nicht. Je bindungstraumatisierter die Adressat*innen, je größer der Widerstand der Pädagog*innen gegenüber der Selbstreflexion und je desinteressierter die Einrichtung an qualitativer Weiterentwicklung sind, desto höher werden die Hürden für eine taktvolle Nähe. Es ist aber dennoch nicht unmöglich, die dysfunktionalen Beziehungsmuster der Adressat*innen zu erkennen und aus ihnen auszusteigen; es ist nicht unmöglich, im Laufe der Jahre sein »professionelles Selbst« immer weiterzuentwickeln, und es ist auch nicht unmöglich, die Kultur einer Einrichtung langsam zu verändern. Dazu gehört viel Arbeit, aber man kann ja auch im Kleinen anfangen. Um die notwendige Anstrengungsbereitschaft aufzubringen, muss man – meines Erachtens – den Wert des Taktes nicht nur für die Adressat*innen, sondern auch für sich selbst erkennen: Gelingende, genau richtig dosierte Berührungen oder Begegnungen sind – gerade unter den sehr erschwerten Bedingungen stationärer Einrichtungen – von großer Schönheit. Man möchte gerne davon umgeben sein.

7 Schlusswort

Die zu Beginn des dritten Kapitels erwähnte Parabel »Die Stachelschweine« von Schopenhauer endet übrigens so: »*Wer jedoch viel eigene,
innere Wärme hat, bleibt lieber aus der Gesellschaft weg, um keine Beschwerde
zu geben, noch zu empfangen.*«

Schopenhauer ist hier energisch zu widersprechen, es ist ganz anders:
Wer viel eigene, innere Wärme hat, der komme jenen taktvoll nahe, die diese
Wärme zum Wachsen und Genesen so dringend benötigen. Dazu möchte
ich Sie als Mitarbeiter*in »an der Basis« zum Schluss gerne kurz und nach-
drücklich ermutigen: Unterschätzen Sie nicht den Wert Ihrer Arbeit und
ihre immense Bedeutung für die Adressat*innen! Bilden Sie Ihren Takt deshalb weiter aus und nutzen Sie ihn für die Gestaltung Ihrer pädagogischen
Beziehungen. Entwickeln Sie Ihr Feingefühl für das Richtige und lassen Sie
sich nicht durch allzu pauschale Betrachtungen eines sehr komplexen Geschehens verunsichern. Nähe kann für die Entwicklung der Adressat*innen
von genauso großer Bedeutung sein wie das Wahren von Distanz. Eine
Grenze zu achten, kann genauso richtig und wichtig sein, wie eine Grenze
infrage zu stellen. Berührungen sind nicht per se unangemessen oder angemessen, sondern immer nur situativ. Vergeuden Sie nicht das große Potenzial Ihres wunderbaren Berufes, indem Sie Ihr Beziehungshandeln so
neutral wie möglich gestalten, um sich nicht angreifbar zu machen! Setzen
Sie sich aber intensiv mit der ethischen Dimension Ihres Tuns auseinander
und hinterfragen Sie sich kritisch, ob Sie in Ihrem Beziehungshandeln das
Wohl Ihrer Adressat*innen im Blick haben. Sprechen Sie es an, wenn Sie
den Eindruck haben, dass Ihre Kolleg*innen die Würde und das Eigenrecht

der Adressat*innen nicht ausreichend achten. Streiten Sie sich mit Ihren Kolleg*innen, die Mitmenschlichkeit und Nächstenliebe für unprofessionell halten, aber fordern Sie mehr Professionalität ein, wenn das pädagogische Handeln von den Kolleg*innen ausschließlich mit dem Bauchgefühl begründet wird. Fördern Sie eine kritische Teamkultur auch dadurch, dass Sie sich selbst gründlich reflektieren und infrage stellen lassen. Machen Sie es sich und Ihren Kolleg*innen nicht leicht, denn das ist es nicht – wenn es einfach wäre, wäre es nicht so schwer.

An Sie als Lehrende oder Lehrenden in einem Ausbildungsbetrieb oder als Leiter bzw. Leiterin einer Einrichtung appelliere ich, sich stets der Komplexität der pädagogischen Anforderungen in der Beziehungsarbeit und besonders der dabei aufgeworfenen Moralfragen gewahr zu sein. Vielleicht fühlen Sie sich nach der Lektüre ermutigt, die ethische Dimension stärker in Ihre Überlegungen zu integrieren und den Wert des Taktes zu betonen: Die Arbeit »an der Basis« ist – wie Sie selbst wissen – sehr herausfordernd, wenn man sie ernst nimmt. Sie ist einer jener Orte, an dem sich nicht weniger als die Humanität unserer Gesellschaft beweist. Ich habe manchmal den Eindruck, dass sich die Kolleg*innen dessen selbst nicht immer bewusst sind und sie ihrem Beruf nicht den Wert zuschreiben, den er nach meinem Dafürhalten hat. Eine Gesellschaft kann sich glücklich schätzen, wenn sich in ihren Einrichtungen »gute Leute« um die hilfsbedürftigen jungen, psychisch belasteten, alten und behinderten Menschen kümmern. Sie benötigen eine gute Ausbildung und später, wenn sie im Beruf stehen, eine gute Begleitung.

Für mich endet nun die Arbeit an diesem Buch, nicht aber die Beschäftigung mit der Thematik der Nähe-Distanz-Regulation und erst recht nicht die Kultivierung meines eigenen Taktes. Gerne höre ich deshalb von Ihnen, wenn Sie mir Ihre fachlichen Meinungen, ihre persönlichen Geschichten oder die Fragen, die das Buch bei Ihnen aufgeworfen hat, mitteilen wollen.

Zum Schluss möchte ich allen Adressat*innen, Kolleg*innen und anderen mir nahe stehenden Menschen von Herzen danken, dass sie mir ihre Erfahrungen und Gedanken anvertraut haben und mich an ihrem (Er-) Leben teilhaben ließen. Das hat mich sehr bereichert und bedeutet mir viel.

Literatur

Abrahamczik, V., Hauff, S., Kellerhaus, T., Küpper, S., Raible-Mayer, C. & Schlotmann, H.-O. (2013). *Nähe und Distanz in der (teil)stationären Erziehungshilfe.* Freiburg i. B.: Lambertus.

Ahrbeck, B., Dörr, M., Göppel, R., Kreis, H. & Wininger, M. (Hrsg.). (2016). *Innere und äußere Grenzen. Psychische Strukturbildung als pädagogische Aufgabe.* Gießen: Psychosozial-Verlag.

Baer, U. & Frick-Baer, G. (2008). *Vom Schämen und Beschämtwerden.* Weinheim, Basel: Beltz.

Baer, U. & Frick-Baer, G. (2009). *Würde und Eigensinn.* Weinheim, Basel: Beltz.

Bange, D. (2007). *Sexueller Missbrauch an Jungen. Die Mauer des Schweigens.* Göttingen: Hogrefe.

Bieri, P. (2015). *Eine Art zu leben, Über die Vielfalt menschlicher Würde.* Frankfurt a. M.: Fischer.

Bittner, G. (2016). Drama um ein Kaugummi. Über äußere, verinnerlichte und wirklich innere Grenzen. In B. Ahrbeck, M. Dörr, R. Göppel H. Kreis & M. Wininger (Hrsg.), *Innere und äußere Grenzen. Psychische Strukturbildung als pädagogische Aufgabe* (S. 14–34). Gießen: Psychosozial-Verlag.

Böhnke, U. (2012). Die bewegten Leibkörper in Pflegesituationen. In R.-B. Schmidt & M. Schetsche, M. (Hrsg.), *Körperkontakt. Interdisziplinäre Erkundungen* (S. 201–218). Gießen: Psychosozial-Verlag.

Brenner, A. (2012). Der richtige Abstand. Takt trumpft Ethik. In G. Gödde & J. Zirfas (Hrsg.), *Takt und Taktlosigkeit. Über Ordnungen und Unordnungen in Kunst, Kultur und Therapie* (S. 147–164). Bielefeld: transcript.

Brisch, K. H. (2006). Bindungsstörungen und Trauma. In K. H. Brisch. & T. Hellbrügge (Hrsg.), *Trauma und Bindung* (S. 105–134). Stuttgart: Klett-Cotta.

Brisch, K. H. & Hellbrügge, T. (Hrsg.). (2006). *Trauma und Bindung.* Stuttgart: Klett-Cotta.

Bucher, A. (Hrsg.). (2004). *Erziehung – Therapie – Sinn.* Münster: Lit Verlag.

Buchholz, M. (2012). Takt in der Konversation. Mit Bemerkungen zu Rücksicht und Respekt, Verletzungen und Rhythmus. In G. Gödde & J. Zirfas (Hrsg.), *Takt und Taktlosigkeit. Über Ordnungen und Unordnungen in Kunst, Kultur und Therapie* (S. 247–276). Bielefeld: transcript.

Bundeszentrale für politische Bildung (2010). Behinderung und Menschenrechte: Die UN-Konvention über die Rechte von Menschen mit Behinderungen. https://www.bpb.de/apuz/32709/behinderung-und-menschenrechte-die-un-konvention-ueber-die-rechte-von-menschen-mit-behinderungen?p=all (20.04.2018).

Catherine Deneuve wirbt für »Freiheit, lästig zu sein« (2018). *Zeit-Online* vom 09.01.2018. http://www.zeit.de/gesellschaft/zeitgeschehen/2018-01/metoo-catherine-deneuve-feminismus-sexismus (12.02.2018).

Diverse Forumsbeiträge (o.J.). https://www.psychotherapiepraxis.at/pt-forum/viewtopic.php?t=28728 (12.07.2018).

Dörr, M. (2018). Verliebtheit und aggressive Verwicklung im Kontext pädagogischer Generationenverhältnisse. Vortrag auf der Tagung der Pro Juventute am 20.04.2018 in Salzburg. https://www.projuventute-akademie.at/de/info/downloads (10.07.2018).

Dörr, M. & Müller, B. (Hrsg.). (2012a). *Nähe und Distanz. Ein Spannungsfeld pädagogischer Professionalität.* Weinheim, Basel: Beltz Juventa.

Dörr, M. & Müller, B. (2012b). Einleitung: Nähe und Distanz als Strukturen der Professionalität pädagogischer Arbeitsfelder. In M. Dörr & B. Müller (Hrsg.), *Nähe und Distanz. Ein Spannungsfeld pädagogischer Professionalität* (S. 7–31). Weinheim, Basel: Beltz Juventa.

Egle, T.U., Hoffmann, S.O. & Joraschky, P. (Hrsg.). (2000). *Sexueller Missbrauch, Misshandlung, Vernachlässigung. Erkennung und Therapie psychischer und psychosomatischer Folgen früher Traumatisierungen.* Stuttgart: Schattauer.

Enders, U. (Hrsg.). (2012). *Grenzen achten. Schutz vor sexuellem Missbrauch in Institutionen.* Köln: Kiepenheuer & Witsch.

Fachbereich Soziale Arbeit und Gesundheit Fachhochschule Frankfurt a.M. (Hrsg.). (2011). *Grenzverletzungen. Institutionelle Mittäterschaft in Einrichtungen der Sozialen Arbeit.* Frankfurt a.M.: Fachhochschulverlag.

Fachhochschule Dortmund (2008). Empirische Studie zum Umgang mit Sanktionen in Heimen und Wohngruppen. http://www.magazin-auswege.de/data/2008/10/PM_FH-Dortmund_Gewalt_als_Strafe.pdf (25.03.2018).

Feuerbach, L. (2016). Warum sich Hunderte mit Gina-Lisa Lohfink solidarisieren. http://www.faz.net/aktuell/gesellschaft/gina-lisa-lohfinks-vergewaltigung-loest-sexualstrafrecht-debatte-aus-14277535.html (13.02.2018).

Fonagy, P. (2008). Psychoanalyse und Bindungstrauma unter neurobiologischen Aspekten. In M. Leuzinger-Bohleber, G. Roth & A. Buchheim (Hrsg.), *Psychoanalyse, Neurobiologie, Trauma* (S. 132–148). Stuttgart: Schattauer.

Fonagy, P. & Target, M. (2006). *Psychoanalyse und die Psychopathologie der Entwicklung.* Stuttgart: Klett-Cotta.

Gödde, G. (2012). Takt als emotionaler Beziehungsregulator in der Psychotherapie. In Gödde, G. & Zirfas, J. (Hrsg.), *Takt und Taktlosigkeit. Über Ordnungen und Unordnungen in Kunst, Kultur und Therapie* (S. 213–246). Bielefeld: transcript.

Gödde, G. & Zirfas, J. (Hrsg.). (2012a). *Takt und Taktlosigkeit. Über Ordnungen und Unordnungen in Kunst, Kultur und Therapie.* Bielefeld: transcript.

Gödde, G. & Zirfas, J. (2012b). Die Kreativität des Taktes. Einblicke in eine informelle Ordnungsform. In G. Gödde. & J. Zirfas (Hrsg.), *Takt und Taktlosigkeit. Über Ordnungen und Unordnungen in Kunst, Kultur und Therapie* (S. 9–32). Bielefeld: transcript.

Graf, K. (2014). *Ethik in der Kinder- und Jugendhilfe. Grundlagen und Konkretionen.* Stuttgart: Kohlhammer.

Habekuß, F. (2017). Der Geheimnis-Hüter. Interview mit Frank Warren. *Zeitmagazin, 25/2017,* 32–36.

Hacke, A. (2017). *Über den Anstand in schwierigen Zeiten und die Frage, wie wir miteinander umgehen.* München: Kunstmann.

Hammer, R. (1995). *Bewegung in der Heimerziehung. Die Psychomotorik als Grundlage der Alltagsgestaltung einer Heimwohngruppe.* Dortmund: Inaugural Dissertation.

Hammer, R. (2001). *Bewegung allein genügt nicht.* Dortmund: Verlag modernes lernen.

Henley, N. M. (1991). *Körperstrategien.* Frankfurt a. M.: Fischer.

Huber, M. (2005). *Wege der Traumabehandlung.* Paderborn: Junfermann.

Huber, M. (2006). Die Phobie vor dem Trauma überwinden. Ein Gespräch mit Onno van der Hart. https://www.michaela-huber.com/files/links/michaela_huber_inter view_mit_onno_van_ der_hart_0609191.pdf (29.01.2018).

Jensen, K. D. (2004). *Ich werde es sagen. Geschichte einer missbrauchten Kindheit.* Stuttgart: Klett-Cotta.

Joraschky, P. (2000). Die Auswirkungen von Vernachlässigung, Misshandlung, Missbrauch auf Selbstwert und Körperbild. In T. U. Egle, S. O. Hoffmann & P. Joraschky (Hrsg.), *Sexueller Missbrauch, Misshandlung, Vernachlässigung. Erkennung und Therapie psychischer und psychosomatischer Folgen früher Traumatisierungen* (S. 140–153). Stuttgart: Schattauer.

Juul, J. & Jensen, H. (2017). *Vom Gehorsam zur Verantwortung.* Weinheim: Beltz.

Kavemann, B. (2011). Grenzen und Grenzverletzungen. In Fachbereich Soziale Arbeit und Gesundheit Fachhochschule Frankfurt a. M. (Hrsg.), *Grenzverletzungen. Institutionelle Mittäterschaft in Einrichtungen der Sozialen Arbeit* (S. 19–34). Frankfurt a. M.: Fachhochschulverlag.

Kirchhoff, B. (2010). Sprachloses Kind. Was damals im Internat wirklich geschah. *Der Spiegel, 11/2010,* 150–151.

Klatetzki, T. (2012). Wie die Differenz von Nähe und Distanz Sinn in den Einrichtungen der Sozialen Arbeit stiftet. Eine organisationstheoretische Deutung. In M. Dörr & B. Müller (Hrsg.), *Nähe und Distanz. Ein Spannungsfeld pädagogischer Professionalität* (S. 76–89). Weinheim, Basel: Beltz Juventa.

Kommission für Erziehung und Schule der Deutschen Bischöfe (2011). *Prävention von sexualisierter Gewalt an Kindern, Jugendlichen und jungen Erwachsenen.* Handreichung.

Landolt, M. A. (2004). *Psychotraumatalogie des Kindesalters.* Göttingen: Hogrefe.

Lang, B. & Lang, T. (2013). Die Annahme des guten Grundes als Grundhaltung. In B. Lang, C. Schirmer, T. Lang, I. de Hair, T. Wahle, J. Bausum, W. Weiß & M. Schmid (Hrsg.), *Traumapädagogische Standards in der stationären Kinder- und Jugendhilfe* (S. 107–112). Weinheim, Basel: Beltz Juventa.

Lang, B., Schirmer, C., Lang, T., de Hair, I., Wahle, T., Bausum, J., Weiß, W. & Schmid, M. (Hrsg.). (2013). *Traumapädagogische Standards in der stationären Kinder- und Jugendhilfe*. Weinheim, Basel: Beltz Juventa.

Leuzinger-Bohleber, M., Roth, G. & Buchheim, A. (Hrsg.). (2008). *Psychoanalyse, Neurobiologie, Trauma*. Stuttgart: Schattauer.

Luepnitz, D. A. (2007). *Schopenhauers Stachelschweine. Psychotherapiegeschichten über die Nähe und ihre Tücken*. Gießen: Psychosozial-Verlag.

Meyer-Deters, W. (2016). *Chancen, Möglichkeiten und Herausforderungen sexualpädagogischer Arbeit in der stationären Jugendhilfe*. https://www.uni-siegen.de/ heimerziehungsforschung/fachtagung_sexualitaet_und_heimerziehung.de (09.05.2018).

Müller, B. (2012). Nähe, Distanz, Professionalität. Zur Handlungslogik von Heimerziehung als Arbeitsfeld. In M. Dörr & B. Müller (Hrsg.), *Nähe und Distanz. Ein Spannungsfeld pädagogischer Professionalität* (S. 145–162). Weinheim, Basel: Beltz Juventa.

Muth, J. (1967). *Pädagogischer Takt*. Heidelberg: Quelle & Meyer.

Oberthür, J. (2012). Intaktheit Schiller, das Schöne und die Menschheit des Menschen. In G. Gödde & J. Zirfas (Hrsg.), *Takt und Taktlosigkeit. Über Ordnungen und Unordnungen in Kunst, Kultur und Therapie* (S. 69–94). Bielefeld: transcript.

Patry, J.-L. (2004). Der Pädagogische Takt – Brücke zwischen Theorie und Praxis. Ein Essay. In A. Bucher (Hrsg.), *Erziehung – Therapie – Sinn* (S. 145–168). Münster: Lit Verlag.

Plassmann, R. (2007). *Die Kunst des Lassens. Psychotherapie mit EMDR für Erwachsene und Kinder*. Gießen: Psychosozial-Verlag.

Plassmann, R. (Hrsg.). (2014). *Die Kunst, seelisches Wachstum zu fördern. Transformationsprozesse in der Psychotherapie*. Gießen: Psychosozial-Verlag.

Pörksen, B. & Schulz von Thun, F. (2014). *Kommunikation als Lebenskunst. Philosophie und Praxis des Miteinander-Redens*. Heidelberg: Carl-Auer-Verlag.

Potschka, H. (1988). Vertrauen und pädagogisches Verhältnis. Das Vertrauen als konstitutiver Faktor im Erziehungsprozeß. *Pädagogische Welt, 42*, 386–391.

Probst, A. (2012). Bedeutung von Berührung und Körperkontakt für das Arbeitshandeln von Therapeuten und Therapeutinnen in somatisch orientierten Therapien. In R.-B. Schmidt & M. Schetsche (Hrsg.), *Körperkontakt. Interdisziplinäre Erkundungen* (S. 183–200). Gießen: Psychosozial-Verlag.

Richter-Appelt, H. (Hrsg.). (2002). *Verführung – Trauma – Missbrauch*. Gießen: Psychosozial-Verlag.

Rietzschel, A. (2017). Missbrauchsopfer setzt sich für Polanski ein. https://www.sueddeutsche.de/panorama/prozess-wegen-vergewaltigung-missbrauchsopfer-setzt-sich-fuer-polanski-ein-1.3541149 (17.06.2017).

Romer, G. & Riedesser, P. (2004). Beziehungstrauma und Bewältigung bei sexuellem Kindesmissbrauch. Implikationen für das psychotherapeutische Verständnis von Bindungs- und Beziehungsstörungen bei sexuell traumatisierten Kindern. *Zeitschrift für Psychotraumatologie und Psychologische Medizin, 2*(4), 47–61.

Schmauch, U. (2011). Körperlichkeit und Sexualität in der Sozialen Arbeit. In Fachbereich Soziale Arbeit und Gesundheit Fachhochschule Frankfurt a. M. (Hrsg.), *Grenzverletzungen. Institutionelle Mittäterschaft in Einrichtungen der Sozialen Arbeit* (S. 35–50). Frankfurt a. M.: Fachhochschulverlag.

Schmid, V. (2012). Nähe und Distanz aus der Perspektive der Psychoanalytischen Pädagogik. In M. Dörr & B. Müller (Hrsg.), *Nähe und Distanz. Ein Spannungsfeld pädagogischer Professionalität* (S. 50–61). Weinheim, Basel: Beltz Juventa.

Schmidt, R.-B. & Schetsche, M. (Hrsg.). (2012a). *Körperkontakt. Interdisziplinäre Erkundungen.* Gießen: Psychosozial-Verlag.

Schmidt, R.-B. & Schetsche, M. (2012b). Körperkontakte. Eine vergessene Wirklichkeit? In R.-B. Schmidt & M. Schetsche (Hrsg.), *Körperkontakt. Interdisziplinäre Erkundungen* (S. 7–28). Gießen: Psychosozial-Verlag.

Schopenhauer, A. (1851). Die Stachelschweine. http://gutenberg.spiegel.de/buch/die-stachelschweine-9831/1

Schulz von Thun, F. (1998). *Miteinander reden 3. Das Innere Team und situationsgerechte Kommunikation.* Reinbek b. H.: Rowohlt TB.

Schulz von Thun, F., Ruppel, J. & Stratmann, R. (2003). *Miteinander reden. Kommunikationspsychologie für Führungskräfte.* Reinbek b. H.: Rowohlt TB.

Schwabe, M. (2016). Auf dem »Bösen« kann man nicht lange genug »herumkauen«! Gedanken zum Text von Günther Bittner. In Ahrbeck, B., Dörr, M., Göppel, R., Kreis, H. & Wininger, M. (Hrsg.), *Innere und äußere Grenzen. Psychische Strukturbildung als pädagogische Aufgabe* (S. 35–56). Gießen: Psychosozial-Verlag.

Sielert, U. & Schmidt, R.-B. (2012). Körperkontakte in pädagogischen Kontexten. In R.-B. Schmidt & M. Schetsche (Hrsg.), *Körperkontakt. Interdisziplinäre Erkundungen* (S. 141–160). Gießen: Psychosozial-Verlag.

Simmel, G. (1968). *Das individuelle Gesetz. Philosophische Exkurse.* Frankfurt a. M.: Suhrkamp.

Staub-Bernasconi, S. (2018). *Soziale Arbeit und Menschenrechte: Vom beruflichen Doppelmandat zum professionellen Tripelmandat.* Berlin, Leverkusen: Budrich.

Streek-Fischer, A. (2010). Traumatisierte Bindung – Chancen und Gefahren in der Psychotherapie von Jugendlichen mit selbst- und fremddestruktivem Verhalten. In K.-H. Brisch & T. Hellbrügge (Hrsg.), *Bindung, Angst und Aggression* (S. 162–176). Stuttgart: Klett-Cotta.

Strobele-Eisele, G. & Roth, G. (Hrsg.). (2013a). *Grenzen beim Erziehen. Nähe und Distanz in pädagogischen Beziehungen.* Stuttgart: Kohlhammer.

Strobele-Eisele, G. & Roth, G. (2013b). Einleitung: Koordinaten pädagogischer Beziehungen. In G. Strobele-Eisele & G. Roth (Hrsg.), *Grenzen beim Erziehen. Nähe und Distanz in pädagogischen Beziehungen* (S. 9–22). Stuttgart: Kohlhammer.

Thiersch, H. (2012). Nähe und Distanz in der sozialen Arbeit. In M. Dörr & B. Müller (Hrsg.), *Nähe und Distanz. Ein Spannungsfeld pädagogischer Professionalität* (S. 32–49). Weinheim, Basel: Beltz Juventa.

Van der Kolk, B., McFarlane, A. & Weiseath, L. (Hrsg.). (2000). *Traumatic Stress: Grundlagen und Behandlungsansätze.* Paderborn: Junfermann.

Vöhler, M. (2012). Taktlosigkeit in der Antike. Zu den Charakteren von Theophrast. In G. Gödde & J. Zirfas (Hrsg.), *Takt und Taktlosigkeit. Über Ordnungen und Unordnungen in Kunst, Kultur und Therapie* (S. 129–146). Bielefeld: transcript.

Volmer, J. (2011). Entwicklung und Evaluation eines klinischen Behandlungsansatzes für traumatisierte Jungen – unter besonderer Berücksichtigung körper- und bewegungsorientierter Interventionen. http://hdl.handle.net/2003/28168 (01.07.2018).

Volmer, J. (2012). Der Körper in der Traumapädagogik. In BAG Prävention und Prophylaxe: *Traumapädagogik* (S. 105–124). Berlin: Verlag die Jonglerie.

Volmer, J. (2013). *Bewegt ins Gleichgewicht. Misshandelte und missbrauchte Jungen in psychomotorischer Therapie.* München: Ernst Reinhardt Verlag.

Volmer, J. (2014). Fass mich nicht an! Sensibilität für Grenzen in der Arbeit mit traumatisierten Menschen. In R. Plassmann (Hrsg.), *Die Kunst, seelisches Wachstum zu fördern. Transformationsprozesse in der Psychotherapie* (S. 257–266). Gießen: Psychosozial-Verlag.

Volmer, J. (2017). ... damit traumapädagogische Ideen nicht an der Realität zerschellen – Dreierlei Anregungen für die Weiterbildung. In D. Zimmermann, L. Dabbert & H. Rosenbrock (Hrsg.), *Praxis Traumapädagogik* (S. 222–235). Weinheim: Beltz Juventa.

Wanczek-Sielert, C. (2012). Die Bedeutung von Körperkontakten im Verlauf der Kindheit. In R.-B. Schmidt & M. Schetsche, M. (Hrsg.), *Körperkontakt. Interdisziplinäre Erkundungen* (S. 109–124). Gießen: Psychosozial-Verlag.

Worm, G. (1997). Berührung als Abstinenzverletzung – Berührung als Heilungsweg. In H. Richter-Appelt (Hrsg.), *Verführung – Trauma – Missbrauch* (S. 51–67). Gießen: Psychosozial-Verlag.

Wurmser, L. (1997). *Die Maske der Scham: Die Psychoanalyse von Schamaffekten und Schamkonflikten.* Berlin: Springer.

Zimmermann, D., Dabbert, L. & Rosenbrock, H. (Hrsg.). (2017). *Praxis Traumapädagogik.* Weinheim, Basel: Beltz Juventa.

Zirfas, J. (2012). Pädagogischer Takt. Zehn Thesen. In G. Gödde & J. Zirfas (Hrsg.), *Takt und Taktlosigkeit. Über Ordnungen und Unordnungen in Kunst, Kultur und Therapie* (S. 165–188). Bielefeld: transcript.

Psychosozial-Verlag

Ursula Henzinger

Bindung und Autonomie in der frühen Kindheit
Humanethologische Perspektiven für Bindungstheorie und klinische Praxis

2017 · 466 Seiten · Broschur
ISBN 978-3-8379-2672-9

»**Sich das Eltern-Kind-Verhalten fernab von Moralität, Wünschenswertem, Modeerscheinungen und Zeitgeist anzusehen, verändert die Wahrnehmung, fordert zum Weiterdenken heraus und gibt Orientierung auch in systemisch anspruchsvollen Situationen.**«

Ursula Henzinger

Ursula Henzinger untersucht in diesem Buch das Wesen der frühen Eltern-Kind-Interaktion und macht die Ergebnisse dieser Untersuchung für die klinische und beratende Arbeit mit Eltern und Kleinkindern auf anschauliche Art nutzbar. Anhand von Beispielen humanethologischer Feldforschung in traditionalen Kulturen zeigt die Autorin im ersten Teil des Buches, wie tief elterliche Fürsorge im menschlichen Verhaltensrepertoire verankert ist.

Vor dem Hintergrund der Bindungstheorie und ihrer Erweiterung durch das »Zürcher Modell« von Norbert Bischof erläutert Henzinger im zweiten Teil des Buches mithilfe eines reichen Schatzes konkreter Beschreibungen die Charakteristika spontanen frühkindlichen Sozialverhaltens. Es wird deutlich, dass spezifische Nähe-Distanz-Muster bedeutsame, doch bisher meist vernachlässigte Indikatoren für die sozialen Leistungen von Kindern sind und als Ansatzpunkt für gezielte Interventionen in der klinischen Praxis genutzt werden können.

Walltorstr. 10 · 35390 Gießen · Tel. 0641-969978-18 · Fax 0641-969978-19
bestellung@psychosozial-verlag.de · www.psychosozial-verlag.de

Christine Ann Lawson

Borderline-Mütter und ihre Kinder
Wege zur Bewältigung einer schwierigen Beziehung

2018 · 274 Seiten · Broschur
ISBN 978-3-8379-2823-5

»Eine wertvolle Hilfe zum Verständnis der eigenen Kindheit mit
all ihren verwirrenden, befremd-
lichen und damals nicht mit Worten benennbaren Erlebnissen und
Gefühlen.«
Daniela Schreyer, Kontakt 4/2007

»Das erste, was wir im Leben ver-
stehen müssen, ist unsere Mutter.
[…] Indem wir unsere Mütter
verstehen, machen wir den ersten
Schritt, uns selbst zu verstehen.«
Christine Ann Lawson

Die erste Liebe in unserem Leben ist
unsere Mutter. Es ist für uns überlebens-
wichtig, ihr Gesicht, ihre Stimme, die Bedeutung ihrer Stimmungen und ihre Mi-
mik zu erkennen. Christine Ann Lawson
beschreibt einfühlsam und verständlich,
wie Kinder von Borderline-Müttern unter den Stimmungsschwankungen und
psychotischen Anfällen leiden und verzweifelt nach Strategien der Bewältigung dieser Erlebnisse suchen. Border-
line-Mütter treten dabei ihren Kindern
in vier verschiedenen Figuren gegenüber:
als verwahrloste Mutter, Einsiedlerin,
Königin und Hexe. Lawson zeigt, wie
man sich um die Verwahrloste kümmern
kann, ohne sie retten zu müssen, und um
die Einsiedlerin, ohne ihre Angst zu verstärken; wie man die Königin liebt, ohne
ihr Untertan, und wie man mit der Hexe
lebt, ohne ihr Opfer zu werden.

Walltorstr. 10 · 35390 Gießen · Tel. 0641-969978-18 · Fax 0641-969978-19
bestellung@psychosozial-verlag.de · www.psychosozial-verlag.de

Eva Pattis Zoja, Liliana Liturri

Träume im Klassenzimmer erzählen

Eine praktische Anleitung für die Traumstunde

2017 · 99 Seiten · Broschur
ISBN 978-3-8379-2671-2

Träume zeigen, was uns im Inneren bewegt. Anderen von ihnen zu erzählen, baut Brücken der Empathie. Gerade Kinder profitieren von der kathartischen Wirkung der Traumerzählung. Das vorliegende Buch stellt ein leicht zu verwirklichendes Projekt für die Grundschule vor, durch das Kinder direkten Zugang zu ihrer Innenwelt bekommen. Die »Traumstunde« kompensiert die visuelle und virtuelle Reizüberflutung, der viele Kinder im Grundschulalter heutzutage ausgesetzt sind, und fördert deren Empathiefähigkeit: Während ein Kind seine Träume erzählt oder zeichnet, werden die anderen Kinder dazu angeleitet, den dargestellten Trauminhalten offen und wertfrei gegenüberzustehen. Kinder lernen Bewunderung und Respekt vor der eigenen Innenwelt und der der Anderen: Soziale Kompetenz, Fantasie und Empathiefähigkeit verbessern sich.

Das Buch richtet sich an LehrerInnen aller Jahrgänge, ErzieherInnen, Eltern, Großeltern, SozialarbeiterInnen, PsychologInnen und PsychotherapeutInnen. Die LeserInnen erwartet nicht nur eine an Beispielen orientierte Schritt-für-Schritt-Anleitung der »Traumstunde« und die Erläuterung von Schwierigkeiten, die in der Klasse auftreten können, sondern auch Antworten auf Fragen, wie Eltern einbezogen werden können und auf welche Weise die Dokumentation erfolgt. Ergänzt werden die Anleitungen mit Beispielbildern sowie Reflexionen allgemeiner Konflikte zwischen Eltern und Kindern, die häufig zur Sprache kommen.

Walltorstr. 10 · 35390 Gießen · Tel. 0641-969978-18 · Fax 0641-969978-19
bestellung@psychosozial-verlag.de · www.psychosozial-verlag.de

Donald W. Winnicott
Familie und individuelle Entwicklung

2017 · 248 Seiten · Broschur
ISBN 978-3-8379-2664-4

Donald W. Winnicott gehört zu den ersten Psychoanalytikern, die die Bedeutung der realen Mutter-Kind-Beziehung für die psychische Entwicklung erkannt und untersucht haben. Seine Formulierung der »good enough mother«, also der Mutter, die zwar nicht ideal, aber doch »gut genug« ist, um ihrem Kind eine gesunde Entwicklung zu ermöglichen, ist berühmt geworden. Mit seiner provokanten Formulierung, es gebe das Baby gar nicht, sondern nur das Baby in der Einheit mit der Mutter, hat er uns zu der Einsicht in die eminent soziale Verfasstheit der menschlichen Natur verholfen. Die ungewöhnliche Fähigkeit Winnicotts, mit schöpferischem Spürsinn in die Tiefe der menschlichen Seele zu sehen und dies in einfachen Worten mitzuteilen, macht das Buch nicht nur für Kinder- und ErwachsenenpsychotherapeutInnen, sondern auch für all jene, die mit Kindern oder mit kindlichen Vorstellungen oder Verhaltensweisen von Erwachsenen zu tun haben, zu einer Fundgrube tiefer Einsichten.

Das vorliegende Buch umfasst eine Reihe von Vorträgen über den Einfluss elterlicher Konflikte und Störungen auf die seelische Entwicklung des Kindes, beschäftigt sich aber auch mit den familiären Bedingungen einer gesunden Reifung. Winnicott erweist sich in diesem Buch als hoch aktueller Autor.

Walltorstr. 10 · 35390 Gießen · Tel. 0641-969978-18 · Fax 0641-969978-19
bestellung@psychosozial-verlag.de · www.psychosozial-verlag.de